直言三段论

每一个标准形式的直言三段论恰好有三个项：

大项：结论的谓项（P）。
小项：结论的主项（S）。
中项：在两个前提中出现而结论中不出现的项（M）。

包含大项的前提叫大前提。
包含小项的前提叫小前提。

如果一个三段论的前提与结论都是以标准形式出现，且其顺序依次为大前提、小前提、结论，则此三段论为标准形式的三段论。

直言三段论中的每一个命题都必定是下列四种类型之一：

A——全称肯定命题　例如：所有柯利狗都是狗。
E——全称否定命题　例如：没有狗是猫。
I——特称肯定命题　例如：有些狗是柯利狗。
O——特称否定命题　例如：有些狗不是柯利狗。

三段论的式是由其前提与结论的类型决定的，比如 AAA、EIO，等等。其排列顺序为：大前提、小前提、结论。

标准形式的三段论的格是由其中项的位置决定的：

第一格	第二格	第三格	第四格
M—P	P—M	M—P	P—M
S—M	S—M	M—S	M—S
∴ S—P	∴ S—P	∴ S—P	∴ S—P

第一格：中项是大前提的主项与小前提的谓项。
第二格：中项是大前提和小前提的谓项。
第三格：中项是大前提和小前提的主项。
第四格：中项是大前提的谓项、小前提的主项。

直言三段论的有效式（在布尔型解释下）

第一格	第二格	第三格	第四格
AAA–1	AEE–2	AII–3	AEE–4
EAE–1	EAE–2	IAI–3	IAI–4
AII–1	AOO–2	EIO–3	EIO–4
EIO–1	EIO–2	OAO–3	

周延性

如果直言命题中的词项指涉的是一个类的全部，那么它就是周延的。下面的表格总结了周延情况如下（D=周延；U=不周延）：

所有 S^D 是 P^U。

没有 S^D 是 P^D。

有些 S^U 是 P^U。

有些 S^U 不是 P^D。

直言三段论的规则（在布尔型解释下）

1. 三段论必须恰好包含三个项，且每一个项都有相同的意义。
2. 中项必须至少周延一次。
3. 如果一个项在结论中周延，那么它在相应的前提中也必须周延。
4. 两个前提不能都是否定的。
5. 如果有一个前提是否定的，则结论也一定是否定的。
6. 从两个全称的前提不能得出特称的结论。

连接词的真值表定义

p	$\sim p$	p q	$p \cdot q$	$p \vee q$	$p \supset q$	$p \equiv q$
T	F	T T	T	T	T	T
F	T	T F	F	T	F	F
		F T	F	T	T	F
		F F	F	F	T	T

推理规则和等值式

推理规则和归属替换规则的等值式

基本的有效论证形式

1. 肯定前件式（M.P.）：
   $p \supset q, p, \therefore q$
2. 否定后件式（M.T.）：
   $p \supset q, \sim q, \therefore \sim p$
3. 假言三段论（H.S.）：
   $p \supset q, q \supset r, \therefore p \supset r$
4. 析取三段论（D.S.）：
   $p \vee q, \sim p, \therefore q$
5. 构成式二难推理（C.D.）：
   $(p \supset q) \cdot (r \supset s), p \vee r, \therefore q \vee s$
6. 吸收律（Abs.）：
   $p \supset q, \therefore p \supset (p \cdot q)$
7. 消去律（Simp.）：
   $p \cdot q, \therefore p$
8. 合取律（Conj.）：
   $p, q, \therefore p \cdot q$
9. 附加律（Add.）：
   $p, \therefore p \vee q$

逻辑等值表达式

10. 德摩根律（De M.）：
    $\sim(p \cdot q) \mathrel{\underline{\underline{T}}} (\sim p \vee \sim q)$
    $\sim(p \vee q) \mathrel{\underline{\underline{T}}} (\sim p \cdot \sim q)$
11. 交换律（Com.）：
    $(p \vee q) \mathrel{\underline{\underline{T}}} (q \vee p)$
    $(p \cdot q) \mathrel{\underline{\underline{T}}} (q \cdot p)$
12. 结合律（Assoc.）：
    $[p \vee (q \vee r)] \mathrel{\underline{\underline{T}}} [(p \vee q) \vee r]$
    $[p \cdot (q \cdot r)] \mathrel{\underline{\underline{T}}} [(p \cdot q) \cdot r]$
13. 分配律（Dist.）：
    $[p \cdot (q \vee r)] \mathrel{\underline{\underline{T}}} [(p \cdot q) \vee (p \cdot r)]$
    $[p \vee (q \cdot r)] \mathrel{\underline{\underline{T}}} [(p \vee q) \cdot (p \vee r)]$
14. 双重否定律（D.N.）：
    $p \mathrel{\underline{\underline{T}}} \sim\sim p$
15. 易位律（Trans.）：
    $(p \supset q) \mathrel{\underline{\underline{T}}} (\sim q \supset \sim p)$
16. 实质蕴涵律（Impl.）：
    $(p \supset q) \mathrel{\underline{\underline{T}}} (\sim p \vee q)$
17. 实质等值律（Equiv.）：
    $(p \equiv q) \mathrel{\underline{\underline{T}}} [(p \supset q) \cdot (q \supset p)]$
    $(p \equiv q) \mathrel{\underline{\underline{T}}} [(p \cdot q) \vee (\sim p \cdot \sim q)]$
18. 输出律（Exp.）：
    $[p \supset (q \supset r)] \mathrel{\underline{\underline{T}}} [(p \cdot q) \supset r]$
19. 重言律（Taut.）：
    $p \mathrel{\underline{\underline{T}}} (p \vee p)$
    $p \mathrel{\underline{\underline{T}}} (p \cdot p)$

推理规则：量词

名称	简写	形式	作用
全称示例	U.I.	$(x)\Phi x$ $\therefore \Phi\nu$ （ν 为常元） 或者 $(x)\Phi x$ $\therefore \Phi y$ （y 为个体变元）	这条规则消去全称量词，并把那个变元替换成一个常元或一个变元。
全称概括	U.G.	Φy $\therefore (x)\Phi x$ （y 为个体变元）	这条规则引入一个全称量词。只能从命题函数出发进行全称概括。
存在示例	E.I.	$(\exists x)\Phi x$ $\therefore \Phi\nu$ （ν 为当前证明中的新常元）	这条规则消去存在量词，并把那个变元替换成一个常元。
存在概括	E.G.	$\Phi\nu$ $\therefore (\exists x)\Phi x$ （ν 为常元）	这条规则引入一个存在量词。只能从借助常元给出的陈述出发进行存在概括。

量词等值式

下列陈述在证明中可以互相替换：

$[\sim(x)\Phi x] \equiv_T [(\exists x)\sim\Phi x]$

$[(x)\sim\Phi x] \equiv_T [\sim(\exists x)\Phi x]$

$[(x)\Phi x] \equiv_T [\sim(\exists x)\sim\Phi x]$

$[(\exists x)\Phi x] \equiv_T [\sim(x)\sim\Phi x]$

"**大学堂**"开放给所有向往知识、崇尚科学，对宇宙和人生有所追问的人。

"**大学堂**"中展开一本本书，阐明各种传统和新兴的学科，导向真理和智慧。既有接引之台阶，又具深化之门径。无论何时，无论何地，请你把它翻开……

Essentials of Logic, 2e

（第 2 版）

逻辑要义

[美] 欧文·M·柯匹　卡尔·科恩　丹尼尔·E·弗莱格——著
胡泽洪　赵艺　王龙海　邓雄雁　刘德华　牛奔玉——等译
宋文淦——审校　　陈波——推荐

Irving M. Copi
Carl Cohen
Daniel E. Flage

北京联合出版公司
Beijing United Publishing Co.,Ltd.

致中国读者

新版《逻辑要义》在中国翻译出版是为发展国际文化迈出的美好一步。国际文化不依赖于区域环境和语言，而是能够以统一、客观、公平的标准来评价各类智力活动。我为能够推进国际文化的发展而感到骄傲。

逻辑原理的应用是超越时间和国界的。因此，逻辑学是最有用的学问之一。好的推理具有不可替代的价值，并被各个研究领域所推崇。区分好的推理和坏的推理是有一些已为人知的标准的。本书为读者们提供了一个清晰简明的、具有普遍性的逻辑标准，因而能够让不同语言背景的学生受益。

在这里，我想针对关于逻辑学学习的两个错误观点进行回应。

第一个观点认为，逻辑学有时被认为是过于抽象的，而如果一门学问是有用的，那么她必须涉及现实世界，处理社会和人们面对的具体问题。而逻辑学研究的原理并不直接处理人类事务，因此逻辑学仅仅是一种与日常生活无关的、无足轻重的智力游戏。

这个观点是非常错误的。逻辑学家确实不解决科学或道德领域的具体问题。抽象性是逻辑原理具有普遍性的必然结果。处理具体问题时，得到满意方案所用到的论证必须是好的和逻辑上可靠的论证。逻辑学确实是抽象的，因为她研究的是脱离于具体事物对象的推理标准。逻辑学必须是抽象的，因为只有高度抽象的逻辑原理才能保有我们所崇尚和珍视的普遍性。说逻辑学是抽象的，并不意味着逻辑学不涉及任何实际问题。逻辑学确实是抽象的，因为它处理人类面临的各类问题，这也正是逻辑学的独特之处和价值所在。

第二个观点，与第一个有关，认为逻辑学与日常生活中要解决的重要问题无关，因此，逻辑学是教授、学者感兴趣的研究对象，但是不值得关心诸如商品生产和法律的公正应用等日常生活问题的人们学习。

这个观点同样是非常错误的。其错误在于它假定相关联的研究必须明显地处理当前的具体问题，而这一假定是不正确的。逻辑学确实是与具体问题有关联的，因为她研究关于各种事物间的推理。假如我们论证经济领域的革新，如改进产品；论证法律界的变革，如完善刑事审判系统，这些论证以及其他领域的论证都必须是好的推理和逻辑上可靠的。逻辑学本身并不能为我们提供推理中的真前提，但如果想从可靠的前提推出结论，我们就必须严格遵守推理规则。任何领域的好判断和可靠结论都本质地依赖于我们思维中的逻辑的正确性。因此，我们说，逻辑学不仅是与具体问题有关联的研究，而且它与所有问题的研究都非常有关联，我们要得到可靠的判断就必须运用逻辑学。

有鉴于此，中国乃至其他国家的学习者应该对《逻辑要义》的重大价值充满信心。读者们能通过学习本书掌握正确推理的原理，没有什么学问比逻辑学更具有实用性和更与所有具体问题相关联的了。

我坚信中国读者和世界其他国家的读者一样，能通过学习逻辑学得到实用的回报和思考的满足。

卡尔·科恩

于美国密西根大学

2012年12月

目　录

致中国读者　001
前　言　006

第1章　基本的逻辑概念　001

1.1　什么是逻辑？　002
1.2　命题和语句　002
1.3　论证、前提和结论　003
1.4　论证和说明　006
1.5　论证的辨识　008
　　A.前提指示词和结论指示词　008
　　B.语境中的论证　011
　　C.非陈述形式的前提　011
　　D.未陈述的命题　012
1.6　演绎和有效性　015
1.7　有效性和真假　017
1.8　归纳与概率　020
1.9　论证的分析　021
　　A.解析论证　021
　　B.图解论证　022
　　C.交织的论证　023
1.10　复杂的论证性语段　024

第2章　非形式谬误　031

2.1　什么是谬误？　032
2.2　相干性谬误　033
　　R1.诉诸无知　033
　　R2.诉诸不当权威　035
　　R3.人身攻击　038
　　R4.诉诸情感　039
　　R5.诉诸怜悯　040
　　R6.诉诸威力　041
　　R7.结论不相干　042
2.3　预设性谬误　045
　　P1.复杂问语　045
　　P2.虚假原因　046
　　P3.窃取论题　047
　　P4.偶性　047
　　P5.轻率概括（逆偶性）　048
　　P6.隐藏证据　049
　　P7.假二分法　050
2.4　歧义性谬误　052
　　A1.一词多义　052
　　A2.歧读　053
　　A3.重读　054
　　A4.合举　055
　　A5.分举　056

第3章　直言命题　063

3.1　直言逻辑　064
3.2　直言命题与类　064
3.3　直言命题的符号表示和文恩图　068
3.4　周延性　071
3.5　存在含义　073
3.6　亚里士多德型对当方阵和
　　直接推论　075
　　A.矛盾关系　075
　　B.反对关系　076
　　C.下反对关系　076
　　D.差等关系　077
3.7　布尔型对当方阵　080

3.8 逻辑等值和直接推论 081
    A. 换位 081
    B. 换质 083
    C. 换质位 085

第4章　直言三段论 093

4.1 标准形式直言三段论 094
    A. 大项、小项和中项 094
    B. 式 095
    C. 格 095
4.2 三段论论证的性质 097
4.3 用于检验三段论的文恩图方法 099
4.4 三段论规则和三段论谬误 105
    规则1：避免四词项 105
    规则2：中项必须至少在一个前提中周延 106
    规则3：在结论中周延的词项必须在相关的前提中周延 107
    规则4：避免两个否定前提 108
    规则5：如果有一个前提是否定的，那么结论必须是否定的 108
    规则6：从两个全称前提得不出特称结论 109

第5章　日常语言中的论证 115

5.1 日常语言中的三段论论证 116
5.2 三段论论证中词项数量的归约 116
5.3 直言命题的标准化 119
    A. 单称命题 119
    B. 谓项是形容词或形容词短语的直言命题 120
    C. 动词不是标准形式联项"是"的直言命题 121
    D. 语词不按标准顺序排列的直言命题 122
    E. 量词不标准的直言命题 122
    F. 区别命题 123
    G. 不带量词的命题 124
    H. 不具有标准形式但有逻辑等值的标准形式供选的命题 124
    I. 除外命题 125
    J. 另外的复杂量词 125
5.4 统一翻译 127
5.5 省略三段论 129

第6章　符号逻辑 135

6.1 现代逻辑的符号语言 136
6.2 符号语101：命题逻辑的语言 136
    A. 否定 138
    B. 合取 138
    C. 析取 139
    D. 实质蕴涵（实质条件句）139
    E. 双条件句（实质等值）140
    F. 分组记号 140
6.3 作为复合命题分析工具的真值表 146
6.4 重言的、矛盾的和偶真的陈述形式 151
6.5 检验论证有效性之真值表 156
    A. 若干常见的有效论证形式 159
    B. 常见的无效论证形式 161
    C. 较复杂的论证 162
6.6 不完全真值表和逆向真值表 165
    A. 不完全真值表 165
    B. 逆向真值表 167
6.7 论证、条件句和重言式 170

第7章　演绎方法 173

7.1 与真值表相对的自然推演 174
7.2 有效性的形式证明 174
7.3 替换规则（1）182
7.4 替换规则（2）188
    经验法则：进行演绎证明的策略 193
7.5 条件证明 198
7.6 间接证明 202

第8章　量词理论　209

　　8.1　命题逻辑不够用　210
　　8.2　符号语102：量词逻辑的语言　210
　　　　　A. 单称命题、主项和谓项　210
　　　　　B. 全称命题和特称命题　212
　　　　　C. 有时陈述更复杂　213
　　8.3　有效性证明　218
　　8.4　条件证明与间接证明　225
　　　　　构造量化条件证明和间接证明的
　　　　　经验法则　227
　　8.5　无效性的证明　228

第9章　归纳　235

　　9.1　归纳概述　236
　　9.2　类比论证　239
　　9.3　类比论证的评价　241
　　9.4　说明与假说　246
　　9.5　对最佳说明的论证　250

附录　真值树　259

　　A.1　命题逻辑　260
　　A.2　量词逻辑　266
　　　　　量词否定　266
　　　　　存在示例　266
　　　　　全称示例　267

重要词汇　272
译后记　290
出版后记　291

前　言

> 在一个其公民为理性与说服而非暴力所引导的共和国里，推理的艺术变得最为重要。
> ——托马斯·杰弗逊

自从1953年第1版出版以来，欧文·M·柯匹的《逻辑学导论》一书已经被成千上万的教师和学生用于经典逻辑和现代逻辑基础的教学。《逻辑要义》的第1版是应众多教师在其课程中要求有一本简明的导论性的逻辑教科书之需而写的。第2版则根据许多教师的建议作了一些修订：在保持柯匹半个世纪以来著称的严谨的同时，力图作更清晰的说明，并扩展了其范围，为学生提供更多的帮助。我们相信，这一版的修订在保留柯匹的逻辑严谨性的同时，将使那些区分更为清楚。

第二版的特色

章节的删减和范围　在第2版中，节数从62减少为54，但是议题范围却扩展了。非形式谬误的讨论（第2章）被修改为更清晰地说明非形式谬误是如何与可接受的论证相关联的。这反映了新近对非形式谬误的认识。第4章中，阐述了逻辑等值陈述形式与直接推理之间的区别。第5章包括了如何在一个省略的直言三段论中发现其省略前提的系统讨论。第6章新增一节论述不完全的和逆向的或"一行的"真值表。第7章新增一节论述命题逻辑的条件证明和间接证明。第8章新增一节论述量词逻辑的条件证明和间接证明。论述归纳的一章（第9章）现在包括关于评价假说和对最佳说明的论证的讨论。新的附录论述如何在命题逻辑和量词逻辑中使用真值树。

习题集　本版总共有1200多道练习题，其中几乎有一半是新的。此外，本书提供了所有奇数号练习题的答案。

增加了图形、表格和对学生的提示　增加了相当数量的"重要提示"，以便给学生一些提示、建议和鼓励。第5章中，有一个用于直言逻辑的非标准量词的图表。第6章中，有一个用于命题逻辑的容量很大的词典（翻译指引）。第7、8章中，有一些构造证明的展开的经验规则（策略）。第8章中，有一个用于量词逻辑的容量很大的词典。

致谢

《逻辑要义》第2版的修订，极大地获益于来自下列各位的许多建议，特向他们表示感谢：Norman R. Schulta（Metro State College）、Robert Kimball（University of Louisville）、Andrew Aberdein（Florida Institute of Technology）、A. T. Anchustegui（Boise State Universtity）、Keith W.

Krasemann（College of Du Page），and Harlan Miller（Virginia Polytechnic and State University）。

还要感谢Prentice Hall出版公司的Mical Moser和Carla Worner以及GGS图书服务公司的Emily Autumn，我们的合作非常愉快。我也要感谢我的家人，感谢他们的挚爱和宽容。

第 1 章
基本的逻辑概念

1.1　什么是逻辑？
1.2　命题和语句
1.3　论证、前提和结论
1.4　论证和说明
1.5　论证的辨识
　　A. 前提指示词和结论指示词
　　B. 语境中的论证
　　C. 非陈述形式的前提
　　D. 未陈述的命题
1.6　演绎和有效性
1.7　有效性和真假
1.8　归纳与概率
1.9　论证的分析
　　A. 解析论证
　　B. 图解论证
　　C. 交织的论证
1.10　复杂的论证性语段

1.1 什么是逻辑?

逻辑是研究论证的性质的。宽泛地说,一个论证就是试图为接受某一主张为真提供理由。(我们将在1.3节给出一个关于论证的更为精确的定义)一些论证提供好的理由,一些论证并不提供好的理由。本书将教你如何识别和评价论证以便你能够区分好的论证和坏的论证。逻辑是属于自我防卫的。懂点逻辑将有助于你免于上当受骗。逻辑鼓励你为你的信念去寻找好的理由。懂点逻辑也能使你为自己构造更好的论证。论证有助于我们确定是否相信我们在报纸上读到的或电视上看到的那些东西。论证帮助我们作出决策。它们是我们阅读和写作论文的主要成分。甚至我们在同朋友交谈时也会使用论证。本书所教的技巧在日常生活中都是有用的。

1.2 命题和语句

所有的论证都是由命题或陈述构成的,因此,我们先从讨论命题或陈述入手。**命题就是可以被肯定或否定的东西**。一个命题或者是真的或者是假的。如果命题与它所描述的事实相一致,则它为真,否则为假。在这一点上,命题不同于问题、请求、命令和感叹,这些都不能被肯定或否定。虽然命题的一个明确特征就是或者为真或者为假,但我们可能并不总是知道一个给定的命题究竟是真的还是假的。

命题"大卫·莱特曼在他21岁生日时打了3次喷嚏"或者是真的,或者是假的,但我们可能从不知道事实真相。

与命题不同,问题、命令、请求和感叹并不产生关于世界的断定,它们没有真值,它们本身既不真也不假。

陈述句被用来在书面或口头上表达命题。语句并不是命题。一个命题是一个陈述句在某一确定的语境中所表示的意思。两个语句可以陈述同样的命题。命题是独立于陈述它的语言的。例如,"Il pleut"(法语)、"Es regnet"(德语)和"Está lloviendo"(西班牙语)是三个不同的语句,但它们断定同样的命题:它们都断定下雨了。当然,在一个给定的语言中有许多不同的方式来断定同一个命题。

A. 乔治·布什赢得了2004年的美国总统大选;
B. 2004年美国总统大选的获胜者是乔治·布什;
C. 乔治·布什在2004年被选为美国总统。

上述三个语句在结构上互不相同，但它们有相同的意义，它们在同样的条件下都是真的。它们断定了同一个命题。

要注意的是，同一个语句也可以被用在不同的语境中来断定不同的命题。一个语句被说出的时间和地点，就可能影响它所断定的命题。

> **重要提示**
>
> 逻辑学家对命题、陈述、语句进行了区分。命题是被断定的东西。陈述是在某一特定语言中被一个语句所断定的命题。命题和陈述的意义非常接近，我们以后将不加区分地使用。

人类已经登上了月球。
如果该语句在1969年以前被说出，那么它将是假的。
如果在1969年以后被说出，则是真的。

下雨了。
如果该语句被说出的地点和时间在下雨，则它是真的；在其他地点和时间，它是假的。

你是贼！
在某一时间和地点，该语句可以是（依赖于事实，或正确或错误的）断定波比是贼；而在另一时间，它可以是（正确或错误的）断定琼是贼。

在后面的章节，我们将讨论命题的性质。一些命题以其他命题作为部分（它们是复合命题）。另一些命题则不如此（它们是简单命题）。有时候，命题的不同结构会在它们显现于其中的论证里造成重要的区别。

1.3 论证、前提和结论

推论是在设定作为出发点的一个或多个命题的基础上得出并肯定一个命题的心智过程。 为了确定一个推论是否正确，逻辑学家要考察这一过程从开始至结束的那些命题以及它们之间的关系。这一命题序列就构成一个论证。

现在，我们准备给论证下一个更精确的定义。一个论证（argument）就是一个命题的汇集，其中某些命题（前提）被给出作为接受另一个命题（结论）为真的理由。看下面的论证：

所有人都是会死的。⎫
苏格拉底是人。　　　⎬前提
苏格拉底是会死的。　　结论

在这个论证中，前两个命题是前提，它们为相信结论"苏格拉底是会死的"为真提供理由。

在日常话语中，我们还在其他义项下使用"argument"一词。例如在"争论"的意义上使用。但是，在逻辑中，我们把术语"argument"限于只是指提供前提以支持结论的努力。论证并不必争论。

论证不只是命题的汇集。为了成为论证，那些命题必须具有一种确定的关系。一个论证的前提必须提供相信结论为真的理由。在实践中，一个论证的前提是在得知结论之前被知道或被假定的。

有两种基本类型的论证：演绎论证与归纳论证。**演绎论证是试图确然地证明其结论为真的论证**。本书讨论的主要是演绎论证的逻辑。**归纳论证是试图带有某种程度的或然率来建立其结论的论证**。演绎论证与归纳论证又各有许多种类，而刚才给出的一般性的描述总是适用的。本章的1.8节将介绍关于归纳的更多知识，本书的最后一章则会详细地考察一些日常的归纳论证类型。对归纳论证和演绎论证的评价有非常不同的标准。

在开始讨论对不同种类的论证进行评价的标准之前，让我们继续对论证进行一般性的分析。一个论证总是至少有一个前提。前提的数量没有上限，但一般是两个或三个。每个论证总是恰好有一个结论。单独一个命题本身不能组成一个论证。下面是一些论证的例子：

前提：所有学生都是辛劳的人。
结论：如果卡拉是学生，那么她就是辛劳的人。　　　　　演绎论证

前提：所有蛛形纲动物都是无脊椎的。
前提：所有蜘蛛都是蛛形纲动物。　　　　　　　　　　　演绎论证
结论：所有蜘蛛都是无脊椎的。

前提：如果路易斯去跳舞，那么柏拉德就去跳舞。
前提：路易斯去跳舞。　　　　　　　　　　　　　　　　演绎论证
结论：柏拉德去跳舞。

前提：约翰是ΔKΦ的成员，并且约翰去跳舞了。
前提：乔治是ΔKΦ的成员，并且乔治去跳舞了。
前提：德米特里是ΔKΦ的成员，并且德米特里去跳舞了。　归纳论证
结论：可能所有ΔKΦ的成员都去跳舞了。

前提：山姆和黛娜很多地方相似，他们都喜欢历史课、
　　　科学课和数学课。
前提：山姆喜欢逻辑课。　　　　　　　　　　　　　　　归纳论证
结论：很可能黛娜也喜欢逻辑课。

这五个范例论证都是按标准形式安排的。在标准形式中，前提先陈述，结论最后陈述，每一行只写单独一个命题，前提与结论之间划一条横线。通过用标准形式陈述论证，可以显示出前提与结论之间的关系。但是，在日常的书面和口头交际中，论证往往不是用标准形式陈述的。例如，非常普遍的一种情况是论证的结论先陈述而前提后给出：

> 食品和药品管理部门应该马上停止所有的烟草交易，毕竟，吸烟是导致可预防的死亡的首要原因。

在这个例子中，第一个语句是结论，第二个语句是我们应该接受第一个语句所作断言为真的理由。

重要提示

描述要回答的是"谁""什么""何时""何地"，有时还有"怎么样"这些问题。说明要回答的是"为什么"，有时还有"怎么样"这样的问题。论证则是给出相信一个命题（结论）为真的理由。

逻辑学家研究出的用于评估论证的各种方法都要求我们区分一个论证的前提和结论。如果你从用标准形式陈述论证开始，前提和结论的区分就很清楚。当阅读某一语段时，最好的办法是先确认结论。你可以问自己："在阅读该语段时，我作为结果要相信的是什么？"无论如何，那很可能就是结论。至于前提，你可以通过这样问自己来确认："要我相信结论是真的，给出的理由是什么呢？"

然而，要注意的是，虽然每一个论证都是一个被构造出的命题序列，但并非每一个被构造出的命题序列都是一个论证。这也就是说，你需要确定，一个给定的语段是否包含一个论证——而不是描述、说明或其他什么。再说一遍，寻找结论通常是确定论证的有效方法：如果没有结论，那该语段就不包含论证。

> 科学家现在相信存在于我们的银河系中的无数其他行星上很可能形成过生命。因为，火星在其大气层和气候与地球相似的早期非常有可能形成过生命。①

这里的结论是"因为"之前的命题，前提则在"因为"之后。所述论证的标准形式是：

前提：火星在其大气层和气候与地球相似的早期非常有可能形成过生命。
结论：所以，科学家现在相信存在于我们的银河系中无数的其他行星上很可能形成过生命。

下面这段话则没有包含论证，而只是一个关于骆驼如何使用其体内的水的说明：

> 骆驼并不是把水储存在驼峰中。它们每次喝水都很猛，10分钟内可以喝28加仑水，并把这些水均匀地分布至全身。而后则非常节约地用水。它们的尿液黏稠，粪便干燥。它们用鼻子呼吸而紧闭其口。非不得已，它们一般不出汗……它们在失水达到体内三分之一时仍受得住，然后再一次痛饮并感觉良好。②

练习题

确定下列论证的前提和结论：③

1. 既然管理得当的民兵组织对于一个自由国家的安全是必要的，人民保存和持有武器的权利不得侵犯。
   ——*The Constitution of the United States*, Amendment 2
3. 我的粥都没了，一定有人吃了它。
5. 这不可能是堪萨斯，所有的事物都是有颜色的。
7. 雪是白的，该物是黄的，所以该物一定不是雪。
9. 周一、周三、周五我们都有课，今天是周一，所以我们一定有课。

---

① Richard Zare, "Big News for Earthlings", *The New York Times*, 8 August, 1996.
② William Langewiesche, *Sahara Unveiled: A Journey across the Desert*（New York: Pantheon Books, 1996）.
③ 为减轻读者经济负担，特将练习题答案放于后浪出版公司官网：www.hinabook.com/zz/Copi。

11. 你的车你从不换油，也从不检查冷却剂，这样，你的发动机不久就会出毛病。
13. 不要去审判别人，因为我们都是罪人。

——William Shakespeare, *Henry Ⅵ*, *Part Ⅱ*, act 3, scene3

15. 不知道爱就不知道上帝，因为上帝就是爱。

——1 John 4: 8

17. 我们［关于20世纪70年代堕胎的合法化使90年代的犯罪明显减少了的］论证的理论辩护依托两个简单的假设：（1）合法的堕胎导致少生"多余的"婴儿；（2）多余的婴儿更可能受到虐待和忽视，因此在以后的生活中更容易卷入犯罪。

——Steven Levitt, www.slate.com/dialogues/, 23 August, 1999

19. ［对性骚扰的］起诉是建立在"影响（impact）"而非意图的基础上的，因此，如果起诉者相信被告是有罪的，被告就是有罪的。

——Herbert London, New York University Dean, quoted in Alan Kors and Harvey Silverglate, *The Shadow University*（New York: The Free Press, 1998）

1.4 论证和说明

许多语段看起来好像论证，实际并不是论证而是说明。**说明要回答的是"为什么？"或"怎么样？"的问题**。"为什么我的汽车发动不起来？"和"你怎样组装这辆自行车？"都是需要说明的问题。"你的电池没有电了。那就是你的汽车发动不起来的原因，"解答了你的机械学问题。所有机械上无能的父母都害怕的培训手册会说明如何组装自行车。注意你最先知道的是什么：你知道你的汽车发动不起来了，你知道你想组装一辆自行车。这些都是需要说明的现象。你正在寻求为什么那样或者怎样做的解释。

在一个论证中，前提是在一开始就被知道或被假定为真的。它们据称是为相信结论为真提供理由。

所以，在一个论证中，最先被知道的是前提；而在一个说明中，最先被知道的是需要说明的现象。

考虑下面两段话：

A. 我们对该建筑物的检测表明，在其建造中使用了不合格的材料。因为这个，我们相信，它可能会在不久的将来倒塌。

B. 该建筑物倒塌了，因为它在建造中使用了不合格的材料。

在A中，使用"因为"一词是指明，该信息用来预测尚未发生的某事。第一个命题"我们对该建筑物的检测表明，在其建造中使用了不合格的材料"是被提出来作为前提支持"我们相信，它可能会在不久的将来倒塌"这一结论的。

在B中，建筑物倒塌已经成为事实，在提出该信息的同时，"它在建造中使用了不合格的材料"是为这一事实提供一个说明。

下面我们再看另外一个例子。在回答关于类星体（远离我们的银河系的一些天体）的颜色这一问题时，一位科学家这样写道：

大多数遥远的类星体看上去都像红外辐射的浓烈点。这是因为空间散布着吸收蓝光的氢原子（大约每立方米2个）。如果我们从看得见的白光中过滤蓝光，剩下的就是红光。在其向地球的数十亿年的旅行中，类星体的光线失掉了太多的蓝光最后只剩下红外线了。[1]

这并不是一个论证；它并没有为相信类星体具有它们那表面的颜色提供理由。它假定类星体表面上具有那种颜色。这段话说明了为什么类星体具有它们那被观察到的颜色。它试图告诉你的是，类星体具有其表面上的颜色的原因是什么。

再来看下面的例子：

如果卡洛斯同玛丽亚去跳舞，路易基就会嫉妒。卡洛斯同玛丽亚去跳舞了。所以，路易基嫉妒了。

这是一个论证还是说明呢？你回答不了。你需要把它放在具体的语境下考察。

语境A：你正在跳舞。你注意到卡洛斯同玛丽亚在一起，他们很明显是在约会。你知道路易基已经爱慕玛丽亚一段时间了。路易基是有名的醋坛子。你知道如果卡洛斯同玛丽亚去跳舞，那么路易基将会嫉妒。于是你得出结论：路易基嫉妒了。

语境E：那是跳舞后的第二天。你看到路易基处于嫉妒的激愤中。你纳闷那是为什么。你碰到索维奇问她为什么路易基会这样。索维奇回答说："你知道，路易基对玛丽亚有意思。"玛丽亚昨天晚上同卡洛斯去跳舞了。这就是路易基嫉妒的原因。

语境A是论证的语境。你知道如果卡洛斯同玛丽亚跳舞是真的，那么路易基将会嫉妒。你还知道卡洛斯同玛丽亚去跳舞了。问题是从你所知道的可以得出什么。

语境E则是说明的语境。这里你知道路易基处于嫉妒之中，而你纳闷那是为什么。索维奇给出了一个说明。

为了区分说明和论证，你必须视语境随机应变。尽管这样，还会有其原来目的无法确定的语段。一个未决的语段可以容许作不同的解读。它可以在一种解释下被视为论证，在另一种解释下被视为说明。

—练习题—

Ⅰ.确定下列语段哪些是论证，哪些是说明：
1.他今天没有来上课。一定是因为病了。
3.许多人最近迷恋超自然的神秘异教。这一定是因为他们对传统宗教失望。
5.家用计算机的价格近年来令人不可思议地大幅下跌。我相信，这是因为微晶片的制造成本已经直线下降。
7.我不戴眼镜阅读时就头痛。眼睛疲劳一定是我头痛的原因。

---

[1] Jeff Greenwald, "Brightness Visible", *The New York Times Magazine*, 14 May, 2000.

9. 有时候，来自另一种文化的人们的身体语言是很难理解的。在他们的文化中，直视别人或许是不礼貌的。如果你认为当他们不看着你时他们是在说谎，你可能并不相信他们对你所说的。当你老是看着他们时，他们则可能认为这是不友善的，表示不那么信任。了解像这样的文化差异，对于与其他文化背景的人们成功沟通是很重要的。

Ⅱ. 下面一些语段，有的包含说明，有的包含论证，有的可能既可以被解释为说明，也可以被解释为论证。对下面每一语段的主要功能你是如何判断的？它们要成为论证必须是什么情形？要成为说明呢？找到论证，请辨明其前提和结论。找到说明，请指出被说明的部分和说明的部分。

11. 在今天的研究中不使用动物将是不道德的和自私的，如果使用动物的研究被阻止，将会对我们的后代造成危害。

——*Science*, *Medicine*, *and Animals*（Washington, DC: National Academy of Sciences, Institute of Medicine, 1991）

13. 列举事态的原因不是为了辩解。事情是因其后果而不是因其先行条件而被认为是正当的或应受谴责的。

——John Dewey, "The Liberal College and Its Enemies", *The Independent*, 1924

15. 爱不是用眼睛而是用心灵观察的；所以，长着翅膀的丘比特被描画为瞽者。

——William Shakespeare, *A Midsummer Night's Dream*, act 1, scene 1

17. 不断增长的监禁率并没有引起犯罪率的下降，因为没有多少罪犯被关押或逮捕。这不是因为法官对罪犯太软弱，而是因为百分之九十的罪行没有被告发或没有被判决。

——Elizabeth Alexander, "Look to More Cost-effective Antidotes than Prison", *The New York Times*, 25 January, 1996

19. 乔治·马森，我的一个祖先，他主张在宪法公约中废除奴隶制，称它"对人类是不光彩的"。这个尝试失败以后，他要求国会将他的"权利宣言"作为权利法案通过。这也被拒绝了。所以，马森拒绝签署该宪法。

——Thomas C. Southerland, Jr., "A Virginia Model", *The New York Times*, 5 July, 1997

1.5 论证的辨识

A. 前提指示词和结论指示词

用于评价论证的方法依赖于对前提和结论的区分，但是，在日常的口头和书面语中，一个论证中出现的各命题的排列次序并不能作为区分前提与结论的依据。一些我们称之为"前提指示词"和"结论指示词"的词或短语，有助于我们确认自然语言里一个论证中那些命题所起的作用。下面所列的是部分结论指示词：

therefore/所以	I conclude that/我得出结论
hence/因此	ergo/所以
accordingly/故而	*which means that/这意味着
in consequence/结果	*which entails that/这衍涵
consequently/因之	*which implies that/这蕴涵
proves that/证明	*which allows us to infer that/这容许我们推出

as a result/ 其结果	*which points to the conclusion that/ 这指向结论
for this reason/ 因此之故	*is a reason to believe that/ 是相信……的理由
for these reasons/ 因此等之故	*is a reason to hold that/ 是认为……的理由
it follows that/ 于是有	*is evidence that/ 是……的证明
we may infer/ 可以推出	*implies that/ 蕴涵
thus/ 是以	*means that/ 意味着
so/ 因而	*which shows that/ 这表明

对上述那些标有星号（*）的表达式来说，一般有一个或多个前提位于结论指示词之前。

下面所列的是部分前提指示词：

since/ 由于	in so far as/ 只要
because/ 因为	†as indicated by/ 如……所揭示的
for/ 因为	†from/ 来自
as/ 由于	†follow from/ 得来自
given（that）/给定	†may be derived from/ 可以从……推导出
assuming（that）/假定	†may be deduced from / 可以从……推演出
due to/ 由于	†may be inferred from/ 可以从……推出
in view of the fact that/ 鉴于事实	†as shown by/ 如……所表明的
inasmuch as/ 因……之故	†the reason is that/ 其理由是

对上述那些标有剑号（†）的表达式来说，结论一般位于前提指示词之前。

要注意的是，前提指示词和结论指示词都只是向导而不是依据。很多这样的词或短语也有其他的用法。例如，前提指示词"since/由于"也用来表示时间段（"自……以来"）："Airport security has changed since September 11，2001."（自2001年9月11日以来，机场安全状况已经改变了。）"because/因为"有时也用来谈论原因："Abby cried because she scratched her finger."（安

重要提示

如果……，那么……

一些学生相信，凡是包含有"如果……，那么……"结构的条件陈述，就一定是一个论证。正如我们将在第六章中看到的，许多论证包含条件陈述。但是，一个条件陈述本身并不是一个论证。我可以说"如果我有一百万美金，那么我就去爱荷华度假"。这句话并没有告诉你关于我的财务状况或度假计划的任何东西，而只是简单地描述了一个假设的情境。为了得出"我将去爱荷华度假"这一结论，你还必须有"我有一百万美金"（这是假的）这一陈述。为了得出"我没有一百万美金"这一结论，你还必须有"我将不去爱荷华度假"（这也是假的）这一陈述。条件陈述本身仅只是描述性的。在用于计算机程序的指令中，你会发现条件陈述："如果你想保存你的文件，按control-S键"。有时候你想保存你的文件，有时候你不想。在这两种情况下该陈述都是真的，但是，单从它本身，你并不能得到关于你的行动的结论。

贝哭了，因为她抓伤了手指。）这些指示词很多既被用于论证中，也被用于说明中："结论指示词"指示被说明的现象，"前提指示词"则指示说明该现象的状态。[①]如果你还记得前提是为结论之（为）真提供证据的话，你就会意识到这些指示词都是一种缩写。作为前提指示词和结论指示词，它们的后面应该都跟着"it is true that/这是真的:（或者就说:真的、真的是）"这样一个短语。

  因为（这是真的:）琼去看了新的《星球大战》电影，并且因为（这是真的:）新的《星球大战》电影很有趣，所以，我们可以得出结论（这是真的:）琼喜欢这部电影。

通过增加设想的短语"这是真的:"，你就应该能够将这些词作为指示词的用法与其他的用法区分开。如果你还记得在一个论证中，前提之为真是在结论之为真之前被知道或被假定的，那么，你就应该能区分这些指示词是用于论证还是用于说明之中。

练习题

使用前提和结论指示词可以帮助你辨认下列论证的前提和结论。试写出下列论证的标准形式：

1. 基因和蛋白质是被发现而不是被发明的。发明是可以取得专利的，发现则不然。所以，蛋白质的专利权本质上是有缺陷的。
  ——Daniel Alroy, "Invention vs. Discovery", *The New York Times*, 29 March, 2000

3. "在城中心区，基岩接近地表，这就意味着蓄水层也如此。"
  ——Jeffrey Deaver, *The Bone Collector*（New York: Signet Books, 1997), p.56

5. 为什么要谴责财富差距呢？第一，不平等关系到政治的不稳定。第二，不平等关系到暴力犯罪。第三，经济的不平等关系到预望寿命的减少。第四个理由呢？很简单，就是公正。主管的薪酬是普通雇员的几百倍，这在道义上是不正当的。
  ——Richard Hutchinsons, "When the Rich Get Even Richer",
The New York Times, 26 January, 2000

7. 已婚者比单身者身体更健康，经济更稳定，并且已婚者的子女在各项指标上都做得更好。所以，婚姻是一种对社会负责任的行为。应该有某种办法在税收法规中贯彻支持婚姻的原则。
  ——Anya Bernstein, "Marriage, Fairness and Taxes",
The New York Times, 15 February, 2000

9. "关于合同都做了什么决定？"拉比问道。
  "我们什么也没决定，推迟到下次会议也就是下个星期天了！"华赛曼说。
  拉比把玩着茶杯，眉毛皱成一团。然后他眼皮不抬，像出声地思考似地说："今天晚上是星期四，离下次会议还有三天。如果一定会通过而投票只是形式问题的话，你会一直等到星期天才告诉我。如果很有可能会通过但没有绝对把握的话，你或许会在下次碰见我时提到它，那将是星期五晚上做礼拜时。但是，如果看起来投票结果很难说甚至很有可能反对我，那么，你就

---

① 例如，可以看如下读物：Michael Faraday, *The Chemical History of a Candle*, introduction by L. Pearce Williams（New York: Collier Books, 1962), pp. 24–25. 在该书中，作者说明了在燃烧的蜡烛的顶部为什么形成一个杯子。在其说明中，作者在as a result（其结果是……）的意义上使用therefore（所以）。

会因为怕扰乱安息日而不想在星期五晚上提到它。所以，你今天晚上来只能意味着你有理由相信我不会被重新任命。就是那么回事，对不？"

华赛曼赞赏地摇着头。然后他转向拉比的妻子，挥动着食指带有警告意味地说："不要想欺骗你的丈夫，斯密尔太太。他会立刻看穿你。"

——Harry Kemelman, *Friday the Rabbi Slept Late*
（New York: Fawcett Crest, 1964）pp.40–41

B.语境中的论证

虽然指示词经常能作为一个论证的标志并且用来识别前提和结论，但是，有一些具有论证性质的语段缺乏这些指示词。这些语段的论证性的功能是通过其语境和意义来显示的——同样，如果我说"带只龙虾回家吃饭"，你不大会怀疑我是想吃它而不是喂养它。包含论证的语段也常常包含一些既不是前提也不是结论的其他东西。这些东西在有些情况下是无关紧要的，但在另外一些情况下则可以提供有助于我们了解该论证的背景知识。

我不相信我女儿向学校的窗户投掷石头。她的朋友宣称她同他们在一起并且事情发生时他们并没有靠近该学校。所以，她不可能做这件事。

诠释这个论证，揭示出命题之间的关系。
前提1：她的朋友宣称事情（有人向学校的窗户投掷石头）发生时她同他们在一起。
前提2：他们当时并没有靠近该学校。
结 论：她不可能做这件事。

一旦澄清该论证，我们可以看出，第一个语句并没有对结论提供支持，所以，它不是前提。然而，它帮助我们理解该论证是关于什么的。

C.非陈述形式的前提

问句本身虽然并不断定任何东西，但有时它们也可以作为前提而起作用。这类问句就是反诘问句。当作者相信问句中问题的答案显而易见时，反诘问句就暗示或假定了一个作为前提的命题。其中一个前提是其答案被认为非常明显的问句的论证是十分普通的。

吸烟不是令人讨厌的吗？没有人应该吸烟。

这里的问句隐含了一个前提"吸烟是令人讨厌的"，它在这里是当作支持结论"没有人应该吸烟"的理由。

因为问句既不真也不假，所以，只有当它们的答案被认为是显而易见时它们才能充当前提。如果其答案不是显而易见的，那么，该论证就是有缺陷的。为了避免直截了当地肯定一个前提，作者有时候使用一个其答案是可疑的或假的问句。通过暗示所希望的答案，可以增强论证的说服力。

你还没有花够钱去修理那堆破烂吗？该买辆新车了。

很明显，说话者希望听话者对其问句的回答是同意：他已经花了够多的钱去修理那辆车。说话者真正要表达的是如下意思：

前提：你已经花了太多的钱去修理那辆车了。
结论：你该买辆新车了。

有时候，一个论证的结论采取祈使句或命令句的形式。给出理由劝导我们去实施某一给定的行为，指示我们那样行动。因为命令句像问句一样不能陈述一个命题，它不能是一个论证的结论。然而，在某些语境下，命令句也可以被诠释为命题，它告诉我们应当按命令句中所列示的方式去行动。

打扫好你的房间吧。会有人来，看到这脏乱样。再说，脏乱的房间也是一个人头脑迷离混乱的标志。

诠释这一论证，可以看出，第一个语句中的命令可以被解释为作为此论证的结论的命题。

前提1：会有人来，看到这脏乱样。
前提2：脏乱的房间是一个人头脑迷离混乱的标志。
结　论：你应当打扫好你的房间。

在论证中，我们需要把注意力集中于命题本身。我们要知道的是：(1)它们是真的还是假的，(2)它们蕴涵什么，(3)它们自身是否被其他命题蕴涵，(4)它们是否充当某论证中的前提或结论。

D. 未陈述的命题

有时候，一个论证的前提和结论并没有都被陈述出来。这样的论证我们称之为省略式。如果你面对一个省略形式的论证，那么，在分析该论证之前，你必须先把省略的部分补充完整。人们之所以构造省略式论证，至少有如下两个原因：(1)省略式有很强的修辞效果，读者或听者会因为自己被看成足够机敏能补充其省略部分而受到"恭维"。(2)留下一个前提不说出来可以掩盖论证中的缺陷。在一个有效的演绎论证中，你能看出省略的前提必须是什么。在一个有效的演绎论证中，不可能所有的前提都真而结论假。

如果这是一个省略式论证，那么你需要找到被省略的前提。所以，如果这是一个省略式，在分析该论证之前你就必须想到它。

陈述出的前提：
1.如果这是一个省略式，那么你需要找到被省略的前提。
省略的前提：
2.如果你需要找到被省略的前提，那么，在分析该论证之前，你就必须想到它。
结论是：
3.如果这是一个省略式，那么，在分析该论证之前你必须想到它。

与已经给出的前提一起产生结论的仅有的前提是"如果你需要找到被省略的前提，那么，在分析该论证之前，你就必须想到它"。一旦你发现了被省略的前提，你应当问它是不是真的。它是的。

没有两岁的人是读者。所以，没有两岁的人是厨师。

如果该论证有效，则它必定是如下形式：

陈述出的前提：

1.没有两岁的人是读者。

省略的前提：

2.所有厨师都是读者。

结论：

3.没有两岁的人是厨师。

那个省略的前提是假的。你的远祖中至少有一个能烹饪但不会阅读。如果你假定省略的前提是"所有读者都是厨师"，那该论证就将是无效的（所以这不是最好的选择），并且该前提将是假的。难道你不知道有的人是读者但却不用火烧连水都煮不开吗？

如果一个有效的演绎论证的结论是没有陈述出来的，那么，你能确定它必须是什么。

我们都从内心懂得正义原则让我们明白了什么，就是说，所有的奴隶制制度都是错误的和应当被废除的。可悲的真相是，在苏丹还存在着活跃的奴隶贸易。

这里的前提是"所有的奴隶制都是错误的和应当被废除的"和"在苏丹存在着活跃的奴隶贸易"，就是说，"在苏丹存在着奴隶制制度"。随之而来的结论是"苏丹的奴隶制制度是错误的和应当被废除的"。虽然该结论没有被明确地陈述，但它大概是论辩者想要我们得出的结论。

没有办法确定一个归纳论证的省略的前提必须是什么，因为归纳论证只是表明结论很可能是真的。虽然如此，语境通常都给出假定的前提的线索。

克利斯从不学习。所以，他的逻辑课可能考不好。

你自问为什么任何人都会要求基于该前提的结论有其证据。你可能会推断这个论证该给出如下：

陈述出的前提：

1.克利斯从不学习。

省略的前提：

2.大多数从不学习的人逻辑课都考不好。

结论：

3.克利斯的逻辑课可能考不好。

对省略式的处理可能很棘手。省略的前提应当是真的。它应当为任何知道所讨论议题的人欣然接受。一般而言，应当应用"善意解释原则"。这一原则要求，当有任何问题时，应当将疑点利益归于论辩者。这就是说，作为重建该论证的人，你应当选择合理的前提。你要这样来重建该论证，要为与其前提之为真一致的结论提供最好的证据。①然而，正如我们已经看到的，有时候，形成一个有效论证的省略的前提是假的。通常语境有助于我们确定被假定的

---

① 该原则不只是运用于省略的前提，也可以应用于论证中任何含糊之处。

前提是什么。有时候，你会发现，被假定的前提之为真是有问题的。

> 你女儿没有按时偿还她的教育贷款，所以，你必须为她偿还。
> 这个论证中隐藏和有争议的前提是，如果女儿违约则其父母对该贷款负有责任。但是，如果女儿的年龄已经足够大并且她未经父母署名而以自己名义借了贷款的话，则该前提就是假的。

> 没有人想被熊袭击。所以，你不应该用棍棒去打熊。
> 在这里，省略的前提是一个对任何对熊有所知晓的人都很明显的事实：如果你用棍棒打熊，它们很可能就袭击你。

练习题

Ⅰ. 在下面的每一段话中，确定并用数字标出所有的命题，指出其前提和结论，需要的话，补充没有陈述出的命题，重新塑述反诘问句和命令句。

1. 最高法院鉴于有充分证据表明以往联邦政府本身曾有歧视行为，只是认定存在联邦种族歧视；但是，近20年来，联邦政府已经特别优待少数族裔承包商而不是反对他们。因此，亦可判定在政府采购上联邦对少数族裔有所偏爱。

——Jeffery Rosen, cited by Ian Ayres, "Remedying Past Discrimination", *Los Angeles Times*, 26 April, 1998

3. 你不知道不系安全带驾驶是十分危险的吗？统计显示，如果你不系安全带，你在交通事故中受伤的可能性是系安全带的十倍。此外，在美国，如果你被抓住不系安全带驾驶，将被罚款一百美金。即使在很短的距离内驾驶，你也应当系安全带。

5. 你听说过"如果你没有与你爱的人在一起，那就爱与你在一起的那个人吧"吗？那是拥有美满婚姻的方法吗？如果婚姻是以信任为基础的话，那么，这一说法就不是拥有成功的婚姻所必需的那种态度。相反，你应该想到"小别胜新婚"。

7. 2000年5月30日的《纽约时报》报道，一些科学家正在寻找一种逆时向发送信号的方法。对此，一位持批评态度的读者回应说：
> 对我来说似乎很明显，科学家在未来永远也不会找到一种逆时向发送信号的方法。如果他们能做到，我们现在不就已经收听到它们了吗？

——Ken Grunatra, "Reaching Back in Time," *The New York Times*, 6 June, 2000

9. 个人自主和公认的国家权威之间的冲突不会消解。在一个人履行其义务而使自己成为他的决策的制定者时，他将……否认他有遵守国家法律的义务，仅仅因为它们是法律。在这个意义上……无政府主义是唯一与自主的美德相一致的政治学说。

——Robert Paul Wolff, *In Defense of Anarchism*, 1970

Ⅱ. 下面的每一段话都可以被解释为包含两个论证，每一个论证都有一个以上的前提。分析这些论证，如果你认为有助益，诠释其前提与结论。

11. 在最近一篇批评市郊扩张的弊端的文章中，作者论辩如下：
> 市郊扩张的主要特征是，社区的各个组成部分——住房、购物中心、公园、城市的社会事业机构——被分离，物理上相互分离，这使得市郊的居民要花费大量的时间和费用从一个地方到另一个地方。并且，因为几乎每个人都单独驾车，甚至人口稀少的地区都会产生一个相当大

的传统城镇才会有的交通流量。①
13. 体育运动对高等教育所有的积极贡献受到一些陈规陋习的威胁，特别是一些重要的项目。这些陈规陋习植根于制度的冷漠、校长的忽视，以及与急于不择手段地取胜相关联的不断增长的体育商业化趋势。不幸的事实是，太多的校园内获利丰厚的运动已经失控。

——*Keeping Faith with the Student-Athlete: A New Model for Intercollegiate Athletics*, Knight Foundation Commission on Intercollegiate Athletics, Charlotte, NC, March 1991

15. 认知功能依赖于大脑中受酶影响的神经化学作用，这些酶由基因构成。如果智力功能不受基因的影响，那将是令人不可思议的。

——Dr. Gerald E. McClearn, "Genes a Lifelong Factor in Intelligence", *The New York Times*, 6 June 1997

17. 以前的中间等级的下层，即小工业主、小商人和小食利者、手工业者和农民——所有这些阶级都降落到无产阶级的队伍里来了，有的是因为他们的小资本不足以经营大工业，经不起较大的资本家的竞争；有的是因为他们的手艺已经被新的生产方法弄得一钱不值了。无产阶级就是这样从居民的所有阶级中得到补充的。

——Karl Marx and Friedrich Engels, *The Communist Manifesto*, 1848

19. 削减学费会减少那些机构来自政府财政资助项目的收入，这些政府财政资助项目在某些情况下是基于整个费用总额的。因此，在降低学费问题上有一个内在的制约因素。

——David Spadafora, "Don't Expect Many Colleges to Lower Tuition", *The New York Times*, 29 January 1996

1.6 演绎和有效性

每一个论证都要求其前提为接受结论为真提供理由。但是，依据它们的前提支持结论的方式，论证分为两大类——演绎论证和归纳论证。一个演绎论证包含这样的要求：它的结论是被前提决定性地支持的——换言之，如果前提是真的，结论就必定是真的。在解释一段话时，如果我们断定作了如此的要求，我们就是把该论证当作演绎的。如果我们断定没有作决定性的要求，我们就是把该论证当作归纳的。因为每个论证都或者做出或者不做出决定性的要求，所以，每个论证都或者是演绎的或者是归纳的。

当作出要求要一个论证的前提（如果是真的）为其结论的真提供无可辩驳的理由，而且这一要求被证明是正确的时候，那个演绎论证就是有效的。如果该要求是不正确的，那么那个演绎论证就是无效的。对逻辑学家来说，有效性这一概念只适用于演绎论证。**一个演绎论证，如果其前提都为真而结论为假是不可能的，那么它就是有效的；否则该论证是无效的。**需要注意的是，演绎有效性并不依赖于前提实际上为真，而只是依赖于这一事实：如果前提都将是真的，那么结论为假就是不可能的。有效性问的是关于前提与结论的真假什么是可能的。如果在前提都为真的同时结论为假是可能的，那么该论证就是无效的。否则就是有效的。

---

① 部分地摘自 Andres Duany, Elizabeth Plater-Zyberk, and Jeff Speck, *Suburban Nation: The Rise of Sprawl and the Decline of the American Dream* (North Point Press, 2000).

每一个演绎论证都必定是有效的或者无效的。

所有哺乳动物都有肺。
狗是哺乳动物。
所以，狗有肺。

这一论证是有效的。如果前提都是真的，则结论不可能为假。

哺乳动物都是多毛的。
猴子是哺乳动物。
所以，这只猴子身上正好有200,127根毛发。

这一论证是无效的。即使其前提都为真，其结论为假也是可能的。

有效性是一个论证形式或结构的性质。一个论证的形式就好像一座房子的设计图。如同你会发现具有同一设计的许多房子一样，你也会发现带有同样形式或论证模式的许多论证。下面的两个论证就有同样的形式：

所有哺乳动物都是脊椎动物。　　　所有猫都是哺乳动物。
所有狗都是哺乳动物。　　　　　　所有暹罗猫都是猫。
所有狗都是脊椎动物。　　　　　　所有暹罗猫都是哺乳动物。

我们可以用变元来代替其中的词项，把该论证的形式表示如下：

所有 M 都是 P。
所有 S 都是 M。
所有 S 都是 P。

下面两个论证也有相同的形式：

如果琼喜欢猫，那么托雅喜欢狗。
托雅不喜欢狗。
琼不喜欢猫。

如果太阳是红的，那么月亮是蓝的。
月亮不是蓝的。
太阳不是红的。

我们可以用变元代替其中的单个命题，把该论证的形式表示如下：

如果 p，那么 q。
并非 q。
并非 p。

在以后的章节中，我们对演绎论证主要关注的是确定一个论证形式是否有效，以及表明一个结论是如何在有穷步内从一组前提演绎得出的。

重要提示

你对"形式"的理解还有困惑吗？可以这样来看。论证形式与论证就好像税单表格与税单信息。你和我都填过1040税单表格。那表格（空白表格）对你和我都是相同的。但我们填写的内容不同。论证形式由某种结构中的"空格"（变元）组成。通过填入命题或词项（内容），其结果就是一个论证。

1.7 有效性和真假

有效性是演绎论证中前提和结论之间的一种特殊关系。它是一种"保真"关系。一个有效的演绎论证其前提都真而结论为假是不可能的。因为有效性是一种命题与命题之间的关系，所以，它决不能用于单个的命题。另一方面，真和假则是单个命题的属性。因为前提和结论都是单个的命题，所以，它们可以是真的或假的，但决不能是有效的或无效的。

正如有效性概念不能用于单个的命题一样，真和假也不能用于论证。演绎论证可以是有效的或无效的，但却不能是真的或假的。一个演绎论证的有效性只保证如果其前提都真，则结论就真。它并不保证前提事实上是真的。所以，即使其结论和一个或多个前提是假的，该论证也可以是有效的。

演绎有效性概念是本书的关键概念。这是一个人们从纯抽象的观点理解往往有些困难的概念，所以，下面我们来看一些论证的例子以便说明有效性这一概念是如何起作用的。

在有效和无效的论证中，真假前提和结论有许多可能的组合。考察下面这七个例子将使我们可以塑述一些关于命题的真假与论证的有效性之间关系的重要原则。

Ⅰ.有些有效论证只包含真命题——真前提和真结论：

所有哺乳动物都有肺。
所有鲸都是哺乳动物。
所以，所有鲸都有肺。

Ⅱ.有些有效论证只包含假命题：

所有四条腿的动物都有翅膀。
所有蜘蛛都有四条腿。
所以，所有蜘蛛都有翅膀。

重要提示

注意：论证Ⅰ和Ⅱ有相同的形式：
所有 M 都是 P。
所有 S 都是 M。
所以，所有 S 都是 P。
因为它们的形式是有效的，所以，其前提真而结论假是不可能的。

这个论证是有效的，因为，如果它的前提是真的，其结论就一定也是真的——哪怕我们知道事实上这个论证的前提和结论都是假的。

Ⅲ.有些无效论证只包含真命题——所有前提都真，结论也真：

如果我拥有诺克斯堡[①]的所有黄金，那么，我将是富有的。
我并不拥有诺克斯堡的所有黄金。
所以，我不是富有的。

Ⅳ.有些无效论证只包含真前提而有一个假结论。我们可以举一个其形式与例Ⅲ中的完全相似的论证，但是只作了足以使结论假的改动。

重要提示

注意：论证Ⅲ和Ⅳ有相同的形式：
如果 p，那么 q。
并非 p。
所以，并非 q。

---

① 诺克斯堡是美国联邦政府的黄金贮存地。——译者

> 如果比尔·盖茨拥有诺克斯堡的所有黄金，那么，比尔·盖茨将是富有的。
> 比尔·盖茨并不拥有诺克斯堡的所有黄金。
> 所以，比尔·盖茨不是富有的。

这一论证的前提是真的，但其结论是假的。这样的论证不能是有效的，因为一个有效论证的前提为真而结论为假是不可能的。

重要提示

注意：论证Ⅴ与论证Ⅰ和Ⅱ有相同的形式。

Ⅴ. 有些有效论证可以有假前提和真结论：

> 所有鱼都是哺乳动物。
> 所有鲸都是鱼。
> 所以，所有鲸都是哺乳动物。

这论证的结论是真的。而且，该结论是可以从已给出的均为假的前提有效地推导出来的。这说明，一个论证的有效性，其本身并不足以确立该论证的结论为真。只有可靠的论证——前提都真的有效论证——才能保证其结论为真。

Ⅵ. 有些无效论证可以有假前提和真结论：

> 所有哺乳动物都有翅膀。
> 所有鲸都有翅膀。
> 所以，所有鲸都是哺乳动物。

把例Ⅴ和例Ⅵ合起来看，很显然，我们不能从一个论证有假前提和真结论这一事实确定该论证是有效的还是无效的。

Ⅶ. 有些无效论证包含的全是假命题：

> 所有哺乳动物都有翅膀。
> 所有鲸都有翅膀。
> 所以，所有哺乳动物都是鲸。

上述七个例子清楚地表明，有效论证可以有假结论（例Ⅱ）而无效论证可以有真结论（例Ⅲ和Ⅵ）。**所以，一个论证的结论实际上的真假本身并不能让你确定该论证有效还是无效。**当然，你可以表明，如果具某一形式的论证有全真的前提和假的结论，那么该论证形式就是无效的（例Ⅳ）。只有当论证形式是有效的并且其前提是真的时，你才能确定其结论为真。

下面的两个表援引了上面七个例子。它们清楚地显示了真值与有效性的各种可能的组合。第一个表说明了无效论证可以有真假前提和结论的所有可能的组合：

	无效论证	
	真结论	假结论
真前提	例Ⅲ	例Ⅳ
假前提	例Ⅵ	例Ⅶ

第二个表则说明了有效论证只能有真假前提和结论的组合中的三种：

	有效论证	
	真结论	假结论
真前提	例Ⅰ	
假前提	例Ⅴ	例Ⅱ

第二个表中的空白处展示了一个基本点：如果一个论证是有效的并且其前提是真的，我们就可以确定其结论也是真的。换言之，如果一个论证是有效的并且其结论为假，那么，它的前提中至少有一个一定是假的。

知道一个论证有真前提和假结论，你就晓得该论证一定是无效的。但是，对有效和无效论证二者来说，前提和结论中真和假的所有其他排列都是可能的。所以，从知道一个论证的诸命题实际的真假，我们关于它的无效性或有效性并不能确定很多的东西。有效性与命题之间的关系相关。如果命题间的那些连接具有正确的形式（结构），那么当前提为真时结论为假就是不可能的。目前，我们依靠的是对那种不可能性成立的条件的直观把握。以后，我们将学习一些技法以发现和证明有效性的条件出现在一个论证中。

当一个论证是有效的并且其所有前提也都事实上是真的时，我们就称该论证是可靠的。**一个演绎论证，当它既是有效的而前提又都是真的时，它就是可靠的**。很重要的是要注意到，一个可靠的论证的结论是一定为真的（它不能是假的）。正是演绎论证的这一性质使得演绎如此地强有力和吸引人。可靠的演绎论证导致完全的确实性。知道如何评估论证的有效性和可靠性是非常重要的技巧。它使你能够避免被愚弄，在某事并没有被证明时认为已经被确实地证明了。

如果一个演绎论证是不可靠的——就是说，如果该论证不是有效的，或者它虽然有效但并非所有前提都是真的——那么，该论证就无法确立其结论的真，即使结论事实上是真的。

逻辑学只限于研究一个论证中的命题之间的关系。前提是不是真的，这是归科学管的问题，这类活动大部分都处于逻辑学的领域之外。在本书中，当我们讨论演绎论证时，我们感兴趣的主要是其有效性，其次（如果有的话）才是可靠性。但是，当你分析"现实世界"中的演绎论证时，要记住的是，可靠性对所要证明的结论来说是需要的。

注意，如果一个论证是有效的，但是你并不知道它的前提是否为真，那么，你就必须说，你不知道该论证是否可靠。结论是否为真也没有被知道。如果一个论证是无效的——不管前提的真假如何——并不说明结论是真的。结论的真没有被证明。然而，各种类型的不可靠性都没有表明结论是假的。"没有被知道"和"没有被证明"都不同于"被否证（被证明是假的）"！

在以后的章节中，当我们考察演绎论证时，我们将关注论证的形式或结构。许多论证有相同的形式。我们已经注意到，上述论证有三个具有同样的形式（Ⅰ、Ⅱ和Ⅴ）。有效性是论证形式的一个特征。如果一个给定形式的论证是有效的，那么，具有同样形式的其他所有论证也就都是有效的。正如我们已经看到的，论证的内容是与有效性问题无关的。如果一个论证形式是无效的，那么，具有这种形式的任何论证能为其结论的真提供的都只是归纳的证据。下面我们就来谈归纳论证。

1.8 归纳与概率

一个可靠的演绎论证能确然地确立其结论。相反，即使前提都真，归纳论证也不声称它们的前提确然地确立其结论。归纳论证有一个较弱的但重要的要求，那就是：它们的结论是以某种程度的概率确立的。因为归纳论证并不要求确然性，所以，对归纳论证评价的标准就不同于演绎论证。

对归纳论证进行评估是科学家的主要工作之一。在日常生活中，归纳论证也很普遍。归纳论证的前提为其结论提供某种支持。归纳论证在强度上各不相同。有些归纳论证为结论提供很好的证据（它们是强的）。其他的则提供很少的证据（它们是弱的）。但是，即使在其前提为真而且前提很强地支持它们的结论时，归纳论证的结论也从不是确然的。

因为一个归纳论证只能证明其结论是很可能的，所以，附加的信息总是可能加强或削弱支持结论的证据。另一方面，演绎论证则不可能逐渐变得更好或更坏。在达到确然性方面，它们或者成功或者不成功。有效性不存在程度之分。附加的前提不能加强或削弱一个有效的演绎论证的结论的证据。归纳论证则不然。增加新的前提可以加强或削弱一个归纳论证的结论的证据。

你在一个咖啡店停下来打算买一杯蒸汽咖啡。你从没有来过该店，但你依据你之前在同样的其他连锁店的经验推导这里的蒸汽咖啡可能味道鲜美。一些新的信息可能改变你的这一结论的强度。例如，如果一个朋友告诉你该店有很好的工作人员，那么，你将更加相信你买的蒸汽咖啡味道鲜美。相反，如果排在你前面的某个人抱怨说他的饮品味道很差，那么，你将不太相信你的饮品会很好。

演绎论证与归纳论证之间的区别可以很好地概述如下。**一般地说，演绎论证的结论不包含前提中不曾包含的信息。**[①]
考虑如下的论证：

如果沙恩去看电影，那么珍妮也去看电影。
如果珍妮去看电影，那么梅林就吃爆米花。
所以，如果沙恩去看电影，那么梅林就吃爆米花。

注意，在这里，结论中的所有信息都包含在前提中。所有告

重要提示

几种类型的归纳论证

在**类比**中你直接比较事物并得出结论。

琼和我很相像，我们都喜欢奶昔和冰激凌香蕉船，我喜欢巧克力圣代，所以，很可能琼也喜欢巧克力圣代。

在**归纳概括**中你从若干个体事物的特征推出一个群体的特征。例如：

我已经看到过500只乌鸦，它们都是黑的，所以，很可能大多数乌鸦都是黑的。

在对**最好的说明的论证**中你考虑一个事件的所有供选的说明以确定其中哪一种是更可能的。

我的车发动不起来了。可能是电池没电了，要不可能是没汽油了。我昨天加满了汽油并且直接开回了家。所以，很可能是电池问题。

[①] 正如我们将在第7章中看到的，存在一些场合，演绎论证的结论包含前提中没有的信息。然而，这种情况只发生在前提衍涵不一致的命题时，就是说在前提衍涵一个陈述与其否定时。从一对不一致的断言出发，可以得出任何命题。当然，如果前提衍涵矛盾，该论证是不可靠的。

诉你的就是沙恩、珍妮和梅林的行动之间的关系。如果前提是真的，则结论一定也是真的。

归纳论证则相反。**归纳论证的结论提供了前提中并不包含的信息**。例如，我们说，你、卡曼和艾安很相似，你们都喜欢香草精、黄油核桃和石板街冰激凌。卡曼和艾安也喜欢摩卡奶油冰激凌，所以，有理由相信，你也喜欢摩卡奶油冰激凌。在这里，前提没有提供你对摩卡奶油冰激凌的看法的信息。如果前提是真的，结论却可能是假的。是吗？

虽然归纳在科学和日常生活中是一种极其重要类型的推理，逻辑学家对于评估归纳论证的标准有一种不完备的说明。这一点与演绎不同，关于演绎，在一种意味深长的意义上，我们已经知道了长期以来所知道的一切。归纳逻辑的一些分支（例如概率论和统计学）比另一些分支（比如科学假说的确证的逻辑）研究得更详尽。在第九章，我们将讨论归纳论证，但是，本书主要关注的是演绎逻辑。

1.9 论证的分析

许多论证很简单。另一些论证则十分复杂。一个论证的前提可以以不同的方式支持其结论。论证中前提的数目和命题的顺序可以变动。我们需要有分析论证性语段和阐明其中前提和结论关系的方法。有两种方法是比较常用的：解析和图解。当你在分析论证时，可以根据具体语境选择其中最适用的一种。

A. 解析论证

构造论证的一个"解析"（显豁释义），是用清晰的语言和适当的顺序来表达论证的命题，直截了当地列出每个前提，重述结论，并且简化语言（在适当处）。解析一个论证常常有助于我们更好地理解该论证。可是，要注意的是，你的解析要准确地抓住原来的意思，否则你分析完以后的论证将与你想要分析的论证不同！

考虑下面的论证，它有两个以上的前提，而且先陈述结论：

> 包括霸王龙在内的直立行走的兽脚类恐龙不能进化成现代鸟类，主要理由有三个。首先，大多数类鸟的兽脚类恐龙化石发源时间比初始鸟类的化石遗存晚7500万年。其次，鸟的祖先必定已经适宜飞行——兽脚类恐龙则并非如此。再次，每一个兽脚类恐龙都有锯状牙齿，鸟类则没有。[①]

我们可以解析该论证如下：

> 1. 类鸟的兽脚类恐龙化石发源时间比初始鸟类的化石遗存要晚很久。
> 2. 鸟的祖先必定已经适宜飞行，但兽脚类恐龙并不适宜飞行。
> 3. 每一个兽脚类恐龙都有锯状牙齿，鸟类则没有。

---

① 改编自 Alan Feduccia，*The Origin and Evolution of Birds*（New Haven，CT：Yale University Press，1996）。

所以，兽脚类恐龙不能进化成现代鸟类。

解析常常可以帮助我们理解和分析一个论证，因为它要求我们必须把那些在原来论证中并没有清晰陈述的假定拿到表面上来。例如：

当埃斯库罗斯被遗忘的时候，阿基米德将被记住；因为语言可以消失，而数学观念不会消亡。[①]

为了解析该论证，我们必须详细地列出该论证视为当然的东西：

1. 语言会消亡。
2. 埃斯库罗斯的伟大剧作是用语言写的。
3. 所以，埃斯库罗斯的著作最终会消亡。
4. 数学观念不会消亡。
5. 阿基米德的伟大成就是关于数学观念的。
6. 所以，阿基米德的成就不会消亡。
所以，当埃斯库罗斯被遗忘的时候，阿基米德将被记住。

B. 图解论证

我们可以把前提与结论之间的关系表示为代表论证中的命题的围以圆圈的数字之间的关系，来"图解"一个论证。大致地说，步骤如下：首先，给论证中的每个命题按其出现的次序标上数字。其次，识别结论。然后，确定其余的命题（前提）之间相互关联以及与结论关联的方式，并且用箭头表示那些关系。

图解的好处是使论证中命题之间的关系易于直接检视，从而有助于理解。图解可以展示前提支持结论的方式，而解析则可能不行。

在一个给定的论证中，前提可以或者独立的或者非独立的支持结论。如果前提是独立的行动的，那么，每一个前提本身为接受结论提供某个理由，而且，即使没有其他的前提，它也提供这种支持。在图解中，每一个独立的前提都有它自己与结论相联结的箭头。

我不买这些鞋子。它们不大合脚。它们的颜色也与我的那些衣服不相配。而且它们都太贵。

首先，按它们出现的次序给命题标上数字：
① 我不买这些鞋子。
② 它们不大合脚。
③ 它们的颜色与我的那些衣服不相配。
④ 它们太贵。

然后，图解命题之间的关系。在这个例子中，结论①从其他每一个命题得到独立的支持；就是说，②、③和④每一个其本身都为接受①提供了某个理由。即使去掉这些

[①] G. H. Hardy, *A Mathematicians Apology* (Cambridge University Press, 1940)。

前提中的某一个，你仍然有理由接受①。

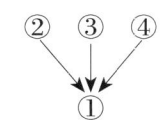

```
② ③ ④
 ↘↓↙
  ①
```

想象一下，一个起诉人写一个针对某一犯罪嫌疑人的状子。每一点证据都对相信嫌疑人有罪给出了某个理由。它们合在一起就为嫌疑人犯有罪行提供了相当强的证据。

①嫌疑人有杀人动机：她正在被勒索。②嫌疑人有实施犯罪的机会：受害人被杀时他们一起在舞会上。③嫌疑人有杀人武器。④杀人武器上有嫌疑人的指纹。⑤在嫌疑人的衣服上发现了被害人的血迹。所以，⑥嫌疑人犯有罪行。

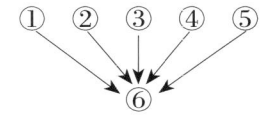

```
① ② ③ ④ ⑤
 ↘↓↓↓↙
     ⑥
```

当前提只是组合在一起共同支持结论时，它们就是非独立地行动的。在图解中，非独立的前提用大括号连结起来。用单独一个箭头将被大括号连结在一起的前提和结论联结起来。所有演绎论证和某些归纳论证的诸前提都只是组合在一起支持其结论的。

下面是一个我们称之为析取三段论的有效的演绎论证：
①或者朱丽亚骑阿拉伯种马，或者弗罗拉驾驶方程式1号赛车。②弗罗拉没有驾驶方程式1号赛车，所以，③朱丽亚骑阿拉伯种马。

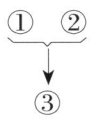

```
⎧① ②⎫
   ↓
   ③
```

下面是一个归纳论证，它是个类比论证：
①约翰、沙恩、艾安、伊万、乔万尼和汉斯都喜欢哈里森·福特的电影。
②约翰、沙恩、艾安、伊万、乔万尼也都喜欢罗伯特·大卫的电影。
所以，③很可能汉斯也喜欢罗伯特·大卫的电影。
这个论证的图解完全与上面析取三段论的图解相像：

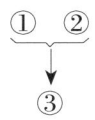

```
⎧① ②⎫
   ↓
   ③
```

C. 交织的论证

图解对分析带有两个或更多论证和若干其间关系并不明显的命题的复杂语段能给予特别的帮助。任何语段中论证的数目都是由结论的数目决定的。例如，如果一个语段带有单独一个前提而那前提支持两个结论，那么它就包含两个论证。

①加利福尼亚的电力危机正在损害该州经济和整个国民经济。我们可以得出如下结论：
②这场危机要求州政府立即行动，同时
③它也要求来自联邦政府的立即行动。

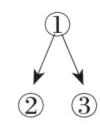

```
      ①
     ↙ ↘
    ②   ③
```

练习题

分析下列语段中的论证，必要时对它们进行解析和图解。

1. 我们应该起诉那些盗窃有版权的作品的人。无偿地使用别人的艺术作品的行为剥夺了艺术家本应得到的作品使用费。没有合理的作品使用费，艺术家就不能生存。艺术作品是理应得到支持的珍贵商品，我们通过购买艺术家们的作品来支持艺术家。

3. 时间是关键。如果我们现在就去，我们就能使舞会准时进行，如果我们使舞会准时进行，我们就可以更早地离开。如果我们去晚了，我们就必须在那里待得更晚以向主人显示我们很高兴参加这次舞会。如果我们至少能准时到达那里，那么我们早点离开也不会难堪。于是，我们就能够准时到达你母亲那里参加她的舞会。所以，抓紧时间穿好衣服，否则你母亲就会认为你不再爱她。

5. 纽约和德克萨斯州在20世纪90年代所走的不同道路说明过分依赖监狱来防治犯罪是没用的。德克萨斯90年代监狱中新增的人数（98,081）比纽约监狱中的全部人数（73,233）还要多。如果监狱是防治犯罪的办法，那么从控制犯罪这一点看，德克萨斯应该比纽约做得好得多。但是，从1990—1998年，在犯罪率下降方面，纽约超过德克萨斯26%。

——Vincent Schiraldi, "Prisons and Crime", *The New York Times*, 6 October, 2000

1.10 复杂的论证性语段

逻辑学的一个特别的任务就是论证的评价。成功的评价要求对我们面对的论证有一个清晰的把握。在一些语段中，许多论证相互交织在一起。出现不同的命题，有些只充当前提，有些则既是一个论证的结论又是另一个论证的前提。这样的情况分析起来就很困难。复杂语段可能会经受对它们的逻辑结构作各种合情理的解释。因此，在许多情况下，（对复杂语段）并不只有一种明显正确的解释。到目前为止我们已经考虑的所有事情——包括未陈述的前提或结论，论证和说明之间的区别，语境——当图解一个扩展的论证时都将开始有用。为什么两个人对一个论证性语段所声言的可以给出不同但都合理的说明？原因即在于此。

为了分析一个复杂的语段，我们必须辨识单个的论证，看它们是如何配置到一起的。然后，我们才能确定结论是否是从已经被断定的前提得来的。

在一个论证中，个别命题有时以不同词语表达的语句形式重复出现。这种重复使分析的任务更复杂了。分析论证时还必须考虑到这样一个事实：前提可以以压缩的形式出现，有时前提就是一个简短的名词性短语。如果碰到这样的情况，图解可以帮助我们澄清命题的意义。经过分析，许多复杂的论证性语段——包含许多前提和中间结论——将被看到是融贯和清楚的。

在理想的状况下，为了一个复杂的语段能辩正它想辩正的那个结论，该语段的那些部分相互之间以及与结论之间必须有一种清晰的关系。然而，日常生活中的论证往往达不到这个标准。可能包含作用不清楚的陈述，论证中几个陈述之间的联系可能相互纠缠不清或者被错述。分析，包括图解，可以揭示这样的缺陷。通过列示推理过程的结构，我们可以看出它试图如何去做以及它的长处和不足会是什么。图解展示了论证的逻辑结构。我们对它们的"解读"从图的"最高处"因而也是流程中最早处开始，沿着几条推理路线中的每一条，"向下"通向最后的结论。

让我们看如下论证：

①如果琼斯写诗，那么亚历山德拉就造飞机；并且如果多伊尔开第罗伦车，那么比阿特丽斯就开别克车。②所以，如果琼斯写诗，那么亚历山德拉就造飞机，③琼斯写诗，④所以，亚历山德拉造飞机。⑤所以，如果多伊尔开第罗伦车，那么比阿特丽斯就开别克车。⑥比阿特丽斯没有开别克车。⑦所以，多伊尔没有开第罗伦车。⑧亚历山德拉造飞机并且多伊尔没有开第罗伦车。⑨如果亚历山德拉造飞机并且多伊尔没有开第罗伦车，那么我就吃了我的帽子，⑩我要吃了我的帽子。

我们要注意该语段的各部分是如何组合起来形成单个的论证的。要注意的是，命题①是由两个命题组成的。①中的单个命题则是②和⑤中所陈述的结论。所以，最初的图解看来如下：

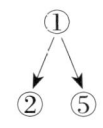

```
      ①
     ↙ ↘
    ②   ⑤
```

命题②和③衍涵④（这是一个演绎论证），而命题⑤和⑥衍涵⑦。所以，图解被扩展为下：

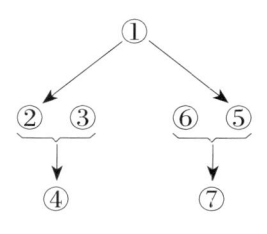

```
         ①
        ↙ ↘
      ② ③  ⑥ ⑤
       ↓      ↓
       ④      ⑦
```

命题④和⑦衍涵⑧：

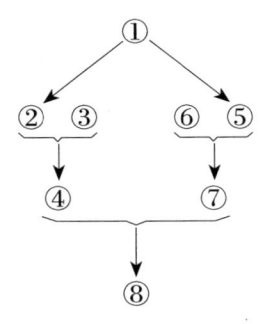

```
          ①
        ↙   ↘
      ② ③   ⑥ ⑤
       ↓     ↓
       ④     ⑦
        ↘   ↙
          ↓
          ⑧
```

最后，⑧和⑨隐含⑩：

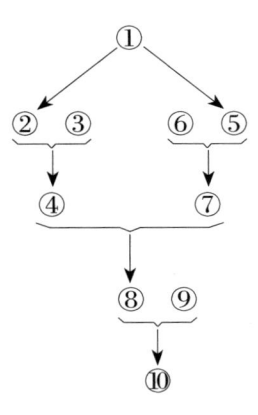

```
          ①
        ↙   ↘
      ② ③   ⑥ ⑤
       ↓     ↓
       ④     ⑦
        ↘   ↙
         ⑧ ⑨
          ↓
          ⑩
```

有时候，论证中的前提和结论并没有特定的顺序。（教授们有时写这样的论证是看你是否有备而来。）在那种情况下，你需要考察不同的命题，看出它们是如何组合在一起的。考虑下面的论证：

①只有苏珊是ΣΣΨ成员并且她出生于奥斯陆时，玛蒂才多半在周一做百果馅。②或者艾丽写电影剧本，或者玛蒂多半在周一做百果馅。③爱丽赛是ΣΣΨ成员并且她出生于奥斯陆。④艾丽不写电影剧本。⑤于是，玛蒂多半在周一做百果馅。⑥故而，苏珊是ΣΣΨ成员并且她出生于奥斯陆。⑦如果大多数ΣΣΨ成员都出生于奥斯陆，那么ΣΣΨ就是一个以草原家庭伙伴为特征的妇女团体。⑧因此，ΣΣΨ是一个以草原家庭伙伴为特征的妇女团体。⑨所以，ΣΣΨ的大多数成员都出生于奥斯陆。⑩巴贝特和爱丽卡都是ΣΣΨ成员并且都出生于奥斯陆。

分析从哪里下手呢？这里面有好几个结论指示词，你应该能确定作者想要的结论是什么。只要你找到了结论，你就应该能组合出单个的论证。在演绎论证的情况下，你将发现，或者结论是一个前提的一部分，或者如同⑧那样，就在前面那个论证中，结论是把早先的前提合在一起得到的。在归纳概括的情况下，单个的前提支持一个一般的结论。所以，你或许会把单个的论证合在一起如下：

```
②  ④      ⑤  ①      ⑥  ③  ⑩      ⑨  ⑦
 └┬┘        └┬┘       └──┬──┘        └┬┘
  ↓          ↓           ↓            ↓
  ⑤          ⑥           ⑨            ⑧
```

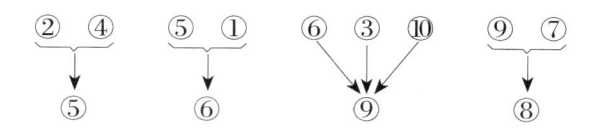

⑤是从一个论证和另一个前提得到的结论，⑥是从一个论证和另一个前提得到的结论，⑨是从一个论证和另一个前提得到的结论。因此，可以把语段中的整个论证合在一起如下：

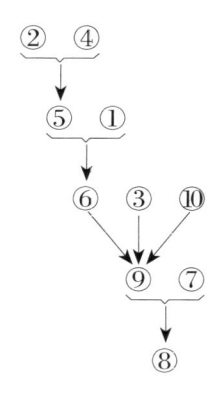

```
        ②  ④
         └┬┘
          ↓
        ⑤  ①
         └┬┘
          ↓
        ⑥ ③ ⑩
         └┬┘
          ↓
         ⑨ ⑦
         └┬┘
          ↓
          ⑧
```

我们上面提到的两种情况多少有点人工设计的痕迹。语段从头至尾都有结论指示词。也没有多余的命题。没有一个命题以不同的语句重复。在"现实世界"的论证中，往往要花更多的脑筋来整理挑拣。可能并不总是有作为指示词的语词。命题可能通过使用稍微不同的词语而被重复。前提或结论可能没有被陈述出来。你往往需要很努力地思考来分析一个论证。

考虑下面这个复杂的论证：

①逻辑学课程是非常重要的。②研究已经多次表明：哲学专业的学生相对于法学院或医学院的学生拥有最高程度的接受力。③因为学习逻辑学课程的学生获得了发展推理技巧的机会。④他们在GRE考试中涉及逻辑推理的部分倾向于比其他学生做得更好。⑤哲学专业的学生学了很多的逻辑学课程。⑥任何一个计划参加LSAT、MCAT或者GRE考试的人都会通过尽可能地学习逻辑学课程而获益。⑦许多雇主看好哲学专业的学生，因为这些雇主知道，哲学专业的学生已经学会了在解决问题时应用推理。⑧此外，哲学专业的学生一般都必须写大量的论证性论文，雇主们知道，这些学生可能有好的写作与沟通技巧。正如你会看到的，⑨对你来说，学习逻辑学课程是很重要的。

注意，这里的①和⑨断定同一个命题。所以，我们将忽略⑨。图解这一复杂的论证性语段的一种方式如下：

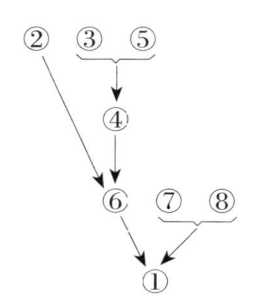

```
          ② ③ ⑤
             ↓
             ④
             ↓
             ⑥   ⑦ ⑧
             └────┬────┘
                  ↓
                  ①
```

这个图展示了该论证的逻辑结构。为把握该论证，我们可以解读与每一个前提或中间的结论相对应的命题，从图中的"最高处"开始，沿着几条推理路线中的每一条通达最后的结论。

你是以同样的方式图解上述论证的吗？如果不是，不用着急。图解复杂的语段常常是困难的，需要做大量的练习题。当你对论证更熟悉时，图解复杂的语段也就变得更容易了。

练习题

图解下列复杂的论证性语段的结构：

1. 由于为了生存你的大部分生活都必须工作，所以，你应该选择一个你所喜欢的职业。当然，并不总是能够正确地预测你将会多么喜欢某一职业。有时候，从外面看某一职业感觉很好，但当你真正做了一段时间以后，它就失去了吸引力。接受广泛的教育使你能获得可应用于许多职业的一般技能。有时候，过早的专业化将把你局限在一个你可能日后并不喜欢的领域内。这些都是接受文科教育可能是一个好的决定的理由。

3. 父亲的基因和母亲的基因会互相对抗。就怀孕来说，在大部分哺乳动物中，母亲的身体将不断长大的胚胎当作入侵者，努力限制胚胎对其体内营养的摄取。当然，父亲不生产后代，不必考虑这类问题。其基因的重要性是无疑的：促进胚胎发育，保护其不受母体自我防卫的影响。因此，只有男性才贡献促进称为胎盘的胚胎保护器官生长的基因；女性则不然。单独由母亲的基因创造的单性的鼠类卵细胞，也能发育成正常的胚胎，但是这个胚胎没有胎盘，因此不那么活跃。

——Laurence Marschall, in a review of *Genome*, by Matt Ridley (Harper Collins, 2000), appearing in *The Sciences*, August 2000

5. 想一想为什么联邦政府会向学生贷款？这是因为从国家利益考虑需要有一个受过教育的群体。从平均数来看，大学毕业生所挣的年薪几乎是高中毕业生的两倍。通过提高生产力和增加国家收入，国家用于学生贷款的教育费用得到许多倍的报偿。通过为数以百万计的美国人提供高等教育，联邦政府资助的学生贷款为美国国库和学生们创造了巨大的回报，学生们的收入——和他们所交的税——随着他们高等教育学位的提高而大大增加。

但是，大多数大学生都不是值得信任的借贷人。典型的学生是没有什么现钱，几乎没有可供抵押的资产，平常挣钱很少以至贷款信用度不高。如果这样的借贷人能够得到一笔贷款的话，那么往往百分之百会抬高利息——高得足以让许多学生做出不再继续受高等教育的决定。这就是为什么学生贷款需要由联邦资金支持而对其利率加以限定的原因。

——Richard W. Riley, "Should Washington Have a Bigger Share of the Student-Loan Industry？ Yes！", *Insight*, 29 April, 1996

7. 与量子研究相关的最困难的问题之一就是如何在使其不受影响的自然状态下去观察亚原子的粒子——可以说，不加破坏地观察它们。之所以困难，原因有二。第一，原子和亚原子的粒子是物质的最小成分，因为任何用来观察它们的工具都放射自身具有的能量，那个能量一定会影响被观察的粒子的能量。第二，在孤立状况下，原子的组成部分同时以两种量子状态存在——粒子和波。它们就好像是一捆捆的统计概率。只有在它们与其他组成部分相互作用时，它们才展示这种或那种表现形式。

——"Skinning Schrodinger's Cat", *Insight*, 15 July, 1996

9. 取消关于婚姻的税收听起来像是一个好主意。但是这样的想法也是合理的：对富人征收较高的税并且对全部收入相同的家庭征收同样多的税而不管配偶双方是如何划分的。没有哪一个税法能够同时实现上述三个目标。个人收入低至只能被征收15%的税的两个人，按照累进税制，当他们的收入被合计时，他们就进入税率为28%的阶层。国会可以取消婚姻税，但只能通过牺牲累进税制的办法。

— "Themptations of a Balanced Budget", Editorial in *The New York Times*, 31 December, 1997

章节摘要

逻辑学研究的是用于评价论证的方法和原则。逻辑学中，技能的价值呈现在无数的情境中：在评价政治候选人所作出的主张中，在理解错综复杂的法律文件中，在塑述一个有说服力的商业计划中，在评估科学实验中的研究要求中，如此等等。所以，逻辑学中的技能具有巨大的价值，而**提高技能的唯一途径就是实际练习**——所以，在本书中有大量的例子和练习题。不管老师有没有要求，你都应该争取做所有或大部分练习题，以保证你理解那些概念并且能够快速和可靠地应用所学的技巧。

命题是能够被肯定或否定的东西（或者为真或者为假的东西），要区别于可以表达它的语句（1.2）。

论证是一个命题集合，其中一个命题是结论，其他命题（都）是为结论提供支持的前提（1.3），论证不同于说明、描述和其他类型的命题集合之处在于它们的功能：论证试图基于其他一些命题，为接受某一命题为真提供根据（1.4）。**前提和结论指示词**经常有助于我们分析论证的结构（1.5A）。有时候，论证中包含语境的信息、暗藏的前提或者隐蔽的结论；在恰当地评估一个论证前我们必须把它们弄清楚（1.5）。

演绎论证是旨在确然地建立其结论的论证（1.3）。

归纳论证是旨在以不同程度的概率建立其结论的论证（1.3）。

一个论证的**标准形式**是先写出其前提，并用一条线把前提与结论分开（1.3）。

一个演绎论证，当它不可能前提（都）为真而结论为假时，就是**有效的**；就是说，**在如下情况下演绎论证是有效的：如果前提为真，就不可能结论为假**（1.6）。有效性并不依赖于论证的命题实际的真假。它只依赖于在前提为真的假定下结论的可能情况。论证的有效性只依赖于其形式（论证的命题之间的关系的结构），不依赖于其内容。

当一个演绎论证既是有效的并且其前提也事实上为真时，该演绎论证就是**可靠的**。一个可靠的论证的结论是确然的（它不能是假的）（1.7）。

在分析论证性的语段时有用的两种技法是解析和图解。在**解析**中（1.9A），我们用清晰的语言重写那个论证，补足该论证中没有明确陈述的省略的或假定的信息，小心地保留其原来的意义。在**图解**中（1.9B），我们按其出现的顺序给论证中的所有命题标上数字，用箭头和括号表示命题之间的关系。有时论证可能是复杂交织的；图解论证可以把这些内在联系弄得更清楚（1.9C）。同样，通过图解，很复杂的论证也可以变得更清楚（1.10）。

那些术语是如何搭配到一起的：

- **命题（陈述）**是或者**真**或者**假**的。只有命题才是真的或假的。
- 命题搭配到一起形成**描述**、**说明**和**论证**。
- 描述回答的是"谁""什么""何时""何地",有时还有"如何"（某事物是怎样的）等问题。
- 说明回答的是"为什么"和"如何"（怎样做某事或某事结果怎么样）的问题。
- 论证的前提给出相信一个命题（**结论**）为真的理由。一个论证或者是**演绎论证**或者是**归纳论证**。
- 一个**有效的**演绎论证的**形式**或结构保证了前提真而结论假是不可能的。一个前提为真的**无效的**演绎论证只能为其结论为真提供某种但不是决定性的证据。所有归纳论证都是无效的演绎论证。
- 归纳论证可以有**强弱**之分。一个强的归纳论证为其结论很**可能**为真提供好的**证据**。归纳论证包括**类比**、**归纳概括**和**对最好说明的论证**。
- 你可以这样来**分析**一个论证：确定哪些命题是前提、哪些是结论，确定前提为结论提供的证据的强度，确定前提是真的还是假的。你可以通过构造论证的**图解**作为分析的一部分。图解就是为论证画一幅轮廓图。它显示一些前提是否只是相互组合在一起共同支持结论——那些前提一起放在一个括号中——或者它们是否每一个都独自支持结论的真——在这种情况下，有一个箭头从那单个的命题通向结论。

第 2 章
非形式谬误

2.1 什么是谬误?
2.2 相干性谬误
    R1. 诉诸无知
    R2. 诉诸不当权威
    R3. 人身攻击
    R4. 诉诸情感
    R5. 诉诸怜悯
    R6. 诉诸威力
    R7. 结论不相干
2.3 预设性谬误
    P1. 复杂问语
    P2. 虚假原因
    P3. 窃取论题
    P4. 偶性
    P5. 轻率概括（逆偶性）
    P6. 隐藏证据
    P7. 假二分法
2.4 歧义性谬误
    A1. 一词多义
    A2. 歧读
    A3. 重读
    A4. 合举
    A5. 分举

2.1 什么是谬误？

一个谬误是一个有缺陷的论证，它是推理中的错误。正如我们将在第4章、第6章所看到的，论证的缺陷有时体现在演绎论证的形式或结构中。这些论证是无效的论证。这些缺陷被称为形式谬误。例如，以下论证犯了形式谬误，否定前件：

> 如果乔斯去跳舞，那么贝林达去跳舞。
> 乔斯没去跳舞。
> 所以，贝林达没去跳舞。

论证的形式或结构可用变元代替陈述来表达：

> 如果 p，那么 q。
> 并非 p。
> 所以，并非 q。

因为该论证形式是无效的，所以，具有那个形式的论证有可能有真前提和假结论：

> 如果比尔·盖茨得到电影《指环王》的所有收益，那么他会很富有。
> 比尔·盖茨没有得到电影《指环王》的所有收益。
> 所以，比尔·盖茨不富有。

这个论证的问题在于论证形式，而与论证内容，即乔斯、贝林达、比尔·盖茨、富有无关。

如我们在上一章所见，演绎无效不是使一个论证不能建立其结论的惟一途径。最好的归纳论证也可以有真前提和假结论。有时归纳论证是很弱的。同样，假前提不能提供使人相信结论为真的理由。

本章我们讨论的谬误称为非形式谬误或实质谬误。在大多数情况下，这类谬误的问题出在论证内容上，即构成论证的那些陈述中。有时，有了假的前提。有时，前提预设了比字面陈述更多的内容。有时，前提并没有给出使人相信结论为真的理由。在所有情况下，这些谬误与我们日常使用的好论证相似。在许多情况下，我们不得不问为什么在一个特例中会出问题，而在另一个中却不会。

有多少种非形式谬误呢？目前并没有一致的说法。古希腊哲学家亚里士多德（384—322 BCE）辨认了十三种[①]。其他人则辨认了超过100种[②]。为什么有这么大的分歧呢？如果

[①] Aristotle, *Sophistical Refutations*.

[②] 我们知道的最广博的谬误目录出现在大卫·费希尔（David H. Fischer）的《史学家的谬

你选择少量的谬误名称，那么往往有好几种方式犯同一谬误。你可以给每一变种一个不同的名称。这就是为什么谬误的列表显著各异的原因之一。

在本章我们将考察十九种普通的谬误。这些谬误分为三类：（1）相干性谬误，（2）预设性谬误，（3）歧义性谬误。我们的分类系统是有些武断的。会有那种时候，你正确地觉得一个论证可以看成犯了不止一种谬误。还会有那样的时候，你觉得一个论证有问题，但不能十分贴切地归为列表上的任何谬误。原则上，能够分析一个有缺陷的论证，说明为什么从那些前提不能证明结论为真，比能够随口说出谬误的名称更重要。事实上，由于有些可接受的论证具有与谬误相同的形式，如果你不假思索地说出谬误的名称，那么有时你就会把可接受的论证当作谬误。所以，识别谬误是以细致的论证分析为前提条件的。

尽管论证分析比学习谬误的名称更重要，但仍然有两个理由要求你学习谬误的名称。第一，谬误的名称都是公共使用的。因此，学习这些名称便于你与其他人交流。第二，你的导师希望你知道那些名字。

由于许多谬误有可接受的形式，我们区分这些论证的可接受使用方式和谬误的使用方式。一些谬误有几个名称，包括拉丁文名称。因此，我们指出某些谬误的不同名称。

2.2　相干性谬误

论证的前提提供相信结论为真的理由。如果论证是可接受的，那么前提与结论之间必定有一些联系。前提必须是与结论相干的，前提必须表明或试图表明结论是真的。当前提不能给出相信结论为真的理由时，就出现相干性谬误。

R1. 诉诸无知

你听到过这样的论证吗？

误》[*Historian's Fallacies*（New York：Harper & Row，1979）] 中。费希尔在该书中讨论并命名的谬误多达112种。在《谬误：论证的赝品》[*Fallacy：The Counterfeit of Argument*（Englewood Cliffs，NJ：Prentice-Hall，1959）] 中，费恩赛德（W. W. Fernside）和霍瑟尔（W. B. Holther）命名并阐述了51种谬误。汉布林（C. L. Hamblin）在《谬误》[*Fallacies*（London：Methuen，1970）] 中对这个主题进行了历史和理论探讨，而该主题的另一个精彩研究出现在伍兹（John Woods）和沃尔顿（Douglas Walton）的逻辑谬误 [*The Logic of Fallacies*（Scarborough，Ont.：McGraw-Hill Ryerson，1982）] 中。沃尔顿已经写的几部杰出著作中对谬误逐个进行了广泛细致的研究：*Informal Logic：A Handbook for Critical Argumentation*（Cambridge：Cambridge University Press，1989）；*Arguments from Ignorance*（University Park：Pennsylvania State University Press，1996）；*Appeal to Expert Opinion：Arguments from Authority*（University Park：Pennsylvania State University Press，1997）；*One-Sided Arguments*（Albany：State University of New York Press，1999）；*Appeal to Popular Opinion*（University Park：Pennsylvania State University Press，1999）。Howard Kahane，"The Nature and Classification of Fallacies"，edited by J. A. Blair and R. J. Johnson，*Informal Logic*（Inverness，CA：Edgepress，1980）。这一论文对谬误分类的通常方法提出了有洞见的评论意见。所有这些书都是恳切地推荐给想更深入了解谬误这个主题的读者。

> 我们不知道占星学家的断言是真的，因此它们是假的。

这个论证所犯的谬误就被称为**诉诸无知**。有着合理的理由质疑占星学家的断言，一个理由是，很难解释星座的位置如何能影响我们的日常生活。另一个理由是，许多占星学家的预言是错的。但是，我们不知道占星学家的断言是真的这一事实并不是一个宣称他们的断言是假的的充分理由。

令 p 是一个命题，一个诉诸无知论证的典型表现形式如下：

1. 我们不知道（或没有证据显示，或几乎没有理由相信）p 是真的，因此 p 是假的。
2. 我们不知道 p 是假的，因此，p 是真的。

如许多其他的非形式谬误一样，上述论证中有一个缺省的前提，一旦陈述出该前提，你就会质疑是否应该接受其结论。对于第一种情况，完整的论证应该是：

> 如果 p 是真的，那么我们知道 p 是真的。
> 我们不知道 p 是真的。
> 所以，p 不是真的（p 是假的）。

如果你不知道一个陈述是真的，那么谨慎的做法是不把它当作真的：暂缓判断。但这并不意味着这个陈述是假的。

假定以下论证出现在1850年：

> 如果成功的心脏移植手术是可实施的，那么我们（目前）知道它们是可实施的。
> 我们（目前）不知道成功的心脏移植手术是可实施的。
> 所以，成功的心脏移植手术是不可实施的。

如我们所知，结论为假。这个论证的问题在于第一个前提在1850年时为假。**一般而言，你不知道一个陈述是真的（或假的）的事实并不能使你知道这个陈述是真的（或假的）。**

诉诸无知论证与一些完全合法的论证很相似。你的室友问你他的逻辑课本是否在他的桌子上，你回答："我没看见它。"于是他推论他的逻辑课本不在他的桌子上。一位科学家论证，如果她的假设是真的，那么她构造出实验就能观察到特定的结果。她进行了实验但没有观察到预期的结果，因此，她推论假设是假的。又如一位历史学家论证，由于没有文献证明乔治·华盛顿年轻时砍了一棵樱桃树并说过"我不能撒谎，这是我干的"，那么很可能这个广为人知的故事是假的。这些事例不是诉诸无知吗？

不是。上述事例（科学家的例子除外）都有一个隐含的条件前提："如果 p 是真的，那么你将通过特定途径知道某些东西。"这不是笼统地要求：如果 p 是真的，那么 p 就是被知道的或者有支持 p 的证据。而且，如被追问，提出该论证的人必须能够证明那前提是真的。**举证责任**（the burden of proof），即证明前提为真的责任，总是在论证提出者一方。例如，如果历史学家被要求，那么她会说，樱桃树的故事的唯一所知来源是华盛顿的第一部传记。由于华盛顿是传记作者心目中的英雄，传记作者很可能对事实进行了润色。由于那个时代的文献证据是支持历史考证的唯一基础，缺乏支持这个故事的、那个时期的书面证据——日记、书信等——是质疑它的理由。

当然，有时候你会需要更多信息来确定一个看似诉诸无知的论证是否是谬误。

2005年5月27日，新闻报道伟哥和类似的药物使某些人致盲——更准确地说，视觉区域内某些部分失去清楚的视觉。许多人没有出现这种情况：该报道援引了2300万名服用伟哥者中查出的约50个案例。伟哥的制造商，辉瑞集团发表声明称"没有证据"证明伟哥会致盲。

这是一个诉诸无知论证谬误吗？很难说。如果，如同公众会（错误地？）认为的，指控与报告在同日发生，且辉瑞集团马上给予回复，那么人们会怀疑辉瑞集团给出了错误的诉诸无知论证。当所宣称的问题随产品的面世而出现时，厂家否认证据就不是不寻常的。这是一种危机控管策略。如果厂家的回应过快，那么厂家不大可能有时间来重新检查临床试验数据，看是否有使用伟哥与视力衰退相关的个案。由于所宣称的效验数量少，很可能即使存在这样的相关性，那也从未在临床试验中遇见；也很可能数量太少，以致不会怀疑有什么因果联系。

另一方面，如果辉瑞集团在事情"曝光"前就知道这个消息，那么他们就有时间重新检查临床试验数据，那么他们宣称"没有证据"就有更多的合理性了。假设他们在新闻公布几周前知道，且重新检查了临床试验数据，并发现只是在有其他情况诸如有高胆固醇或糖尿病的患者中出现视觉衰退，而且这种视觉衰退有时发生在甚至没有服用伟哥的这些患者中。这并不表明伟哥不是某种情况下服用者致盲的原因或因素之一，如果辉瑞宣称那就已经证明了，那么他们就犯了诉诸无知的谬误。但是由于所有出现视觉衰退的个案都是伟哥服用者遭受过其他药物作用的，那么就有理由怀疑是否伟哥本身就致盲。如果伟哥本身是其原因，那么应该有没有其他药物作用而致盲的个案。当然，目前卖这个药时有了可能有副作用的警告。

因此，有很多看似诉诸无知谬误的论证是完全合理的。谬误只在有前提为假时出现。

在继续往下讨论之前，我们应该考察那些有人认为是诉诸无知的特例的情况。美国的司法制度，被告在被证明有罪之前都被认为是清白的。这是司法程序规则。"有罪"（guilt）与"清白"（innocence）是法律的专业术语。法律还采取了一个不平常的"证明"（proof）概念。艾德被证明谋杀罪名成立当且仅当12名陪审员一致裁定——他们是怎么被说服的无关紧要——艾德有罪时。注意这不同于如下说法："如果艾德杀了赛尔玛，那么有充分证据证明是他杀的。并没有充分证据证明是艾德干的，因此，艾德没有杀赛尔玛。"艾德是否杀了赛尔玛是一个独立于所有证据考虑的事实。第一个前提很可能为假：许多被判有罪的案例并没有充分证据证明是被告干的。尽管如此，司法程序要求陪审员把这个条件句当作似乎是真的："如果艾德杀了赛尔玛，那么有充分证据证明是他杀的。"如果陪审员发现证据不能充分证明艾德杀了赛尔玛，那么他们就认为艾德无罪。就是说，他们引导法庭把"艾德没有杀赛尔玛"当作似乎是真的，而不是把艾德送到刑事法庭，等等。与典型的诉诸无知论证不同，在这里条件句前提之真被当作似乎是没有问题的。

R2. 诉诸不当权威

你几乎相信教授们所说的一切。当他们谈论自己专业时，你有理由这样做。他们是该领域的权威。但这并不意味着他们总是正确的——每个人都不时地会犯错——但有理由相信他们在大多数情况下是正确的。那么，你应该相信他们在专业领域以外的言论吗？

> **重要提示**
>
> 是否一个人在一个领域著名就表明他或她在另一个领域就不是权威呢？不是。20世纪上半叶，海蒂·拉玛是一位著名演员。她还是一位发明家。她发明的技术使手机成为可能。因此，在叫嚷"诉诸不当权威"之前，你必须调查那个你力挺的人的背景。

如果一个论证错把某人或某事物当作某领域的权威而实际不是，那么，该论证就犯了诉诸不当权威谬误。广告经常滥用不当权威，许多商业广告找名人做代言。詹姆斯·厄尔·琼斯是一位出色的演员。他曾在纽约的美国剧院之翼（American Theater Wing）学习表演。如果他赞扬美国剧院之翼，你有理由相信他所说的。他曾是一名谈论演员培训的演员。作为一名校友，他熟悉美国剧院之翼。你或许试图推论（其实推不出），由于他去了美国剧院之翼，成为优秀演员，如果你去那儿，也会成为优秀演员。其实一个学校每有一位著名校友，通常就有成百位默默无闻的毕业生。但是不管怎样，由于琼斯是一名演员，如果他赞扬一所表演学校，那他所谈的也是他的专业领域之内的。

据我所知，琼斯并没有为美国剧院之翼做广告。他是弗莱森电讯公司的代言人。他是位出色的代言人。他有磁性的嗓音，态度友好，善交际。当然，他还是一位受欢迎的优秀演员。所有这些导致"晕轮效应"：你会得出结论，因为琼斯是出色的，所以弗莱森电讯公司也是出色的。但是，你应该就因为是琼斯说的而相信他在广告中所说的吗？不，没有理由认为他比你我更了解电讯公司。

高尔夫球运动员老虎伍兹，出现在别克汽车的广告中。高尔夫球运动员阿诺德·帕默长年做宾索石油公司的代言人。前著名足球明星约翰·麦登为Ace电脑公司做广告。宾州足球教练乔·帕特诺出现在一家食品公司的广告中。许多运动明星的头像出现在麦片包装盒上。许多好莱坞名人参与慈善或政治活动。这些例子中，名人推销产品，但是这些名人都没有评价产品所必需的知识。在这些例子中，很有理由相信，结论"买我们的产品"是基于诉诸不当权威。

"好了，"你说，"那我们不应该相信从广告中听到的一切。这并不意外。但如果是一个科学家谈论科学论题，就没有问题了，是吗？"错。1970年，莱纳斯·鲍林（Linus Pauling）出版了专著《维他命C与一般感冒》（*Vitamin and the Common Cold*）。[①]他是一位化学家。他荣获1954年的诺贝尔化学奖和1962年的诺贝尔和平奖。难道你不应该认真看待他的大剂量维他命C能预防感冒的观点吗？不是。化学与医学分属不同的领域。鲍林是在他的专业领域以外发表言论。后来的研究发现，维他命C能减轻感冒的症状，但不能预防感冒。如果你正因为鲍林说维他命C能防止感冒而服用它，那么你就陷于诉诸不当权威。

你曾经因为"他们"说一个断言是真的就信以为真吗？"他们"是谁？"他们"凭什么那么说？"他们"所说的不过是传闻。传闻不应该被当作可信的信息源。基于传闻的结论包含诉诸不当权威。传闻有各种伪装。你可能会听到："许多研究表明……"，而没有说明所宣称的研究是谁实施的以及是如何实施的。只要有关于这些研究的信息，你就能够评价这些研究的大概的可靠性。没有这些信息而诉诸"许多研究"就是一种传闻。你会听说"众所周知……"，扪心自问，你知道吗？如果你相信你知道，那么你有什么样的证据支持你的信

---

① Linus Pauling, *Vitamin C and the Common Cold* (San Francisco: W. H. Freeman, 1970).

念呢？"众所周知加拿大有树"，这大概是真的。你也许看过加拿大旅游局印发的旅游手册，上面有森林密布的图片，或者也许你看到过来自加拿大的新闻报道，其背景上有树，或者也许你在地理课上学过关于加拿大林木业的知识。但是，人们诉诸周知时，往往是诉诸普通的但未确证的信念：它们是有另一种伪装的传闻。某人说："众所周知，当［选择你喜爱的政党］执政时，经济就会好转"，你应该怀疑。回顾历史。在过去的一个世纪里，美国由不同政党更替执政，每个政党执政期间都有经济很好和很坏的时期。

与此紧密相关的是诉诸公众意见的权威。① 几年前，福特汽车公司的广告称福特特使是美国最流行的中型车。买福特特使的人比买其他美国品牌的类似汽车的人要多。这能说明什么呢？受大众欢迎为什么成为购买福特特使的理由呢？在这里，受大众欢迎并不意味着好品质，也不意味着更安全、更舒适、更经济。当年的热销也不意味着汽车上路几年后仍然使人满意。质量、安全、舒适、经济才是你买车时要考虑的因素。诉诸公众似乎是带来暗示："大众是不会错的。"

选择你喜欢的"坏习惯"吧。许多人都参与其中。许多受欢迎的政治候选人一旦当选，表现并不好。"那许多人"可能是错的而且往往如此。大众相信一个陈述是真的，通常并不提供相信该陈述为真的理由。

传统或习惯可能是一种可疑的权威。为什么从某事总是那样处理的就能推出那样去处理就是正确的呢？

> 这家人总是投票给民主党候选人，这是传统！因此，你也应该支持他们。

传统是投票给谁的好理由吗？有些人认为投票给某个政党比投票给特定的候选人更合理。他们说该政党坚持某些理念，如果那政党得到全盘的支持，很有可能那些理念用法律规定下来。即使那是真的，同党人的政治理念也可能在不同时期有所变化。如果你因为家族传统而支持某政党，那么无法保证政党的理念与你的想法一致。难道不应该在投票前确定候选人或政党的政治理念是什么，而不仅只追随家族传统吗？如果家族传统的开创者的政见正是你所反对的，会有什么关系吗？

许多传统是好的。你的家族可能有庆祝节日的传统方式。你可能在休假前参加某些仪式。你的家族可能有传统的用餐方式：吃饭时坐在餐桌前，而不是站在洗手池边或边看电视边吃。这些传统没有问题。有时它们使事情变得有特色。但请考虑：

重要提示
民主制度

在民主制度中大多数人的意见享有特殊地位吗？大多数人的意见决定什么是正确的什么是错误的吗？是也不是。在民主制度中，大多数人的意见可被制定为法律。这些法律告诉我们做什么或不做什么是合法的权利。有时那些法律与高级的法律（宪法）相悖，于是它们在法庭上被推翻。有时法律在道德上是错的。诉诸道德上的正确与错误，大多数人的意见是无关紧要的。例如，种族歧视的法律，即使它们反映了大多数人的意见，那在道德上也是错误的。

---

① 这是一种从众论证（bandwagon argument）。它常被认为总是诉诸情感（ad populum）。如后面所见，诉诸情感总是导致有理由做某事的结论。我们考察的例子就可以这样理解。在这个例子中我们把诉诸公众意见看作要求某种品质之类的东西的基础。

"我们总是把我们的承诺入伙者扔进深泥潭里。这是传统。因此，如果你想加入，你也必须被扔进泥潭里。"

"蓄有奴隶是这里的传统，因此，拥有奴隶是对的！"

如果有要诉诸传统的情况，你应该问——如你关于任何一个论证的前提应该做的那样——这种诉诸传统是否为相信或去做某事提供了好的理由。如果没有，那么这种诉诸传统就是一种不当的诉诸权威。

R3. 人身攻击

如果你要批评一个论证，你需要要么说明它的一个或更多前提是假的，要么说明它的前提无法支持结论，哪怕它们都是真的。上述两种情况，针对的都是该论证。如果一个论证在回应一个论证时，攻击给出论证的人的可信性，而不是该论证的可信性，那么它就是人身攻击论证。这种类型的论证有几个变种，没有一个是原论证的决定性反驳。不过，在有些情况下，这样的反驳也许是有理由的。

一个诽谤型的人身攻击论证，通过攻击论证人的品格而不是所提出的论证来回应一个论证。

> 玛尔塔认为避免流浪动物泛滥的最佳方法是给宠物做绝育手术。但是玛尔塔是个有名的撒谎之徒。因此，我们应该拒绝她的结论。

这个对于玛尔塔的论证的回应并没有说明其论证前提为假或前提不能推出结论。因此，这个回应不能表明玛尔塔的结论是没有保证的。但是，它能给出质疑前提的某种理由。

当你评价一个人的证言时，你要问这个人以前的证言是否可靠。[1]如果这个人有歪曲事实的名声，那么你有理由怀疑他的证言。因此，如果玛尔塔没有说真话的好名声，那么她应该通过论证其前提为真来回应。理想状态是，那些论证是基于她的批评者承认的前提。

如我们将看到的，那些攻击个人信誉的论证基于对证言的评价。

尽管上面的人身攻击论证很弱，它提供了质疑前提及其结论的理由。在有些例子里，很难看出该"批评"与当下主题是如何关联的。举证责任落在批评方，要求她表明其观点是与主题相关的。如果她做不到，那么这种人身攻击就是错误的。

诽谤型的人身攻击在政治领域是司空见惯的，常被称为"泼脏水"。

> **重要提示**
> **政治与人口**
> 选民有权知道候选人是否诚实吗？那么，在政治领域里"泼脏水"是不是对论证的一种可接受的回应？对第一个问题的回答是"是"。对第二个问题的回答是"否"，因为它回避了该论证中所考察的主题。对论证的唯一一种可接受的回应要关注前提的真假以及推理的强度。

---

[1] 关于证词评价的讨论见 Daniel E. Flage，*The Art of Questioning: An Introduction to Critical Thinking*（Upper Saddle River, NJ: Prentice Hall, 2004），pp. 109–123。

几年前，有两位政务候选人，就称之为A和B吧。A是一位战斗英雄。B曾设法逃避了服军役，而当时他的许多同时代人都无法这样做。A称B为"逃兵"。A对B的任何论证的标准回应都是："B是一个逃兵，所以我们应该拒绝他的结论。"

不清楚当年逃避服军役与国防论题有多大关系，且不说社会议题。A没有提供根据来宣称逃避服军役与这些论题有关。因此，A的论证犯了人身攻击谬误。

不是所有人身攻击都是诽谤型的。有些是情境型的。一个环境性的人身攻击论证回应一个论证时诉诸某种情境，被攻击者从那个情境中发现他或她自己成为其论证不可信的一个理由。

> 墨菲神父论证道：堕胎不应该合法化。墨菲神父是罗马天主教神父。堕胎有罪是罗马天主教会的官方立场。因此，我们不应该把他的论证当真。

重要提示
投毒入井

英国小说家、牧师查理斯·京士理攻击著名的天主教智者约翰·亨利·卡丁诺·纽曼，论证道：卡丁诺·纽曼的言论是不可信的，因为作为一个罗马天主教神父，他首先效忠于天主教义而非真理。纽曼反驳道：这种人身攻击使得他其实是所有天主教徒不可能进行他们的论证，因为他们为自己辩护所说的一切都会被别人损毁，那些人宣称，总之，真理不是他们首要关心的。纽曼说，京士理试图"投毒入井"。

当评价一个人的证言时你要问，提供证言的那个人是否有偏见。如果一个人有偏见，那么，他或她在评价一个断言时可能不会注意到相关的信息。因此，上例的论证存在一种可能性：偏颇的断言并不表明前提为假或者相关信息没有被考虑到。它并不表明墨菲神父的前提是假的或不合理的。这个反驳暗示墨菲神父为他的立场提出的理由都不过是强词夺理。这是试图**投毒入井**。你会期望墨菲神父回应："如果你承认我的前提是真的，那么你不得不承认我的结论。如果你不承认我的前提是真的，那么你就有责任证明它们是假的。不然的话，你就犯了人身攻击谬误。"

有时一种对论证的回应，它暗示论辩者的行为与她的行为不一致。这称为"你也"（*tu quoque*，you too）。

> 拉什·林博论证道：别的不说，如果已婚人士都固守原配，如果人们参加宗教组织活动，那个国家会变得更好。有一天，一位出席林博节目的与会者说："为什么我要相信你？你已经结了6次婚了。你谈论参加宗教组织的好处，但你自己从来不参加！"林博回答道："这与我的论证有什么关系吗？"

林博的回答是完全正确的。为了表明他的论证不成立，你需要证明他的论证有问题。如果他不遵照他自己的忠告做，只能表明他的意志薄弱，但是那与他提出的论证不相干。

R4. 诉诸情感

如果我们有合理的根据接受一个结论，那么这个结论必须是由一个可靠的演绎论证或一个强的归纳论证所支持的。人不是纯理性的。我们有时诉诸情感来说服人接受一个结论。说法不同会有关系。你不会反对政府增加对穷人的资助，你会吗？你也会喜欢提高社会福利资费吧？你知道，这是一回事。①

一个犯了诉诸情感谬误的论证，具有如下形式：

> 如果相信命题 p 是真的使我"感觉良好"（被喜爱、被接受、重要、与众不同、有道德，等等），那么命题 p 就是真的。
> 相信命题 p 是真的使我"感觉良好"。
> 命题 p 是真的。

一般地几乎没有理由认为第一个前提是真的。也许真的，如果某名人喜欢或尊敬我，我会感觉良好，但是相信我如此并不蕴涵那个人真的喜欢或尊敬我。在实践中，第一个前提是隐含的。事实上，这个论证可能并未被意识到。

诉诸情感在哪些场合出现呢？通常在政治集会、布道会、销售会和广告中。一代德国人相信自己是"优等民族"，"一战"后被错误地对待，因此，他们得到的应该比已有的更多，这使得他们相信自己是与众不同的。他们得出结论，他们所宣称的都是真的。②如果相信"传播自由民主"使你充满正义感，你可能推出：传播自由民主是应该做的。如果相信"小人物理应享有均等机会"使你充满道德感，你可能推出：小人物理应享有均等机会是真的。在有些这样的例子中，结论不是没有理由的，但是将结论建基于诉诸情感并不能表明结论是真的。对结论一味地诉诸情感可能导致把结论当作追求的目的而不问达到它的手段。例如，如果 20 世纪 30 年代初的德国只通过外交手段来改善他们的国运——如果诉诸情感没有导致第二次世界大战——诉诸情感的结果不会是灾难性的。

广告也利用情感诉求。豪华轿车常被说成是成功人士的象征。你想表现得很成功。于是你推论你要有一辆豪华轿车。那是买凯迪拉克或奔驰的一个好理由吗？不是，如果它是你唯一考虑的话。你还要考虑是否付得起车款、保险费和保养费。换句话说，炫耀成功值得付出这么多吗？啤酒、软饮料、咖啡广告常标榜正在享受美好时光的有魅力人士。你想与那些优美人士有关系。可这是你买那个品牌的饮品的理由吗？③

附加情感在日常生活中并不是不重要。也许只有情感因素打动你以某种方式行动——这是心理学问题，不是逻辑学问题。但是仅考虑情感因素，几乎从来不是承认一个命题为真的充分理由。

R5. 诉诸怜悯

在 2004 年东南亚海啸和 2005 年卡特里娜飓风之后，存在大量的救灾诉求。电视影像令人心碎。谁看到那些图片、听到那些描述会不为之动容而慷慨解囊呢？

---

① 沃尔顿的一项研究发现，63% 的调查对象认为政府应该给予穷人更多的帮助，而只有 19% 的被调查者认为政府应该增加福利基金。Walton, *Appeal to Popular Opinion*, pp.5–6.

② 莱尼·里芬斯塔尔（Leni Riefenstahl）的电影《意志的胜利》（*Triumph of the Will*），描绘了纳粹德国 1934 年纽伦堡的街头集会。它满是诉诸情感。

③ 如果有人争辩说喝某种品牌的咖啡使你成为一个优美的人，这个论证就是一个虚假原因的实例了（见后文 P2）。

诉诸怜悯谬误是把对不幸情境的情感反应作为以某种方式相信或行动的理由。让我们分清这意味着什么和不意味着什么。这种情感反应不是做任何事的理由，即使它使你以某种方式行动。由于不是行动的理由，一种情感反应不能作为论证的前提。存在为灾难救助捐赠的理由吗？有的。我们有道德义务尽我们所能帮助那些如我们幸运的人。这是道德原则。这个原则适应如下论证：

> 我们应该帮助患难中的人。
> 灾难幸存者是患难中的人。
> 因此，我们应该帮助灾难幸存者。

因此，即使你捐助灾难幸存者完全出于一种情感反应——一种怜悯的感情——你也没有做错事。[①]

当然，存在很多明显的诉诸怜悯的事例，其中没有对应于怜悯感情的道德义务。你的教授可能在某个时候（通常是临近学期末）听过类似的话：

> 这门课你必须至少给我一个B。如果我不至少得个B，下学期就不能在我的专业内选课了（或者我就不能在这个学期毕业了，或者我就会延期毕业，或者我就会被开除而且必须开始偿还贷款了，或者……）。

> 请你务必接受我的论文，虽然迟交了6周。这个学期我很辛苦。我必须帮助室友戒毒瘾。我父母在闹离婚。我的猫怀孕了。这学期要早早集中精力写论文是不可能的。因此，请你务必接受这篇迟交的论文。

问题出在哪？教授的授课大纲已经说明了课程的要求，包括给分标准和迟交作业的对策。像道德原则那样，这些要求具有普遍适用性：适用于每一位选课学生。错误的诉诸怜悯认为，教授由于引发情感的情境，就有理由对一个学生特殊对待。

一个得到认可的道德的或程序的原则的标志是它具有普遍适用性，也就是适用于所有同类的情况。错误的诉诸怜悯不具有一致的普遍性。

R6. 诉诸威力

如果一个论证包括隐蔽的但无根据的（不恰当的）威胁，那就犯了诉诸威力的谬误。有时威胁是明目张胆的："如果你想继续在这里工作，你应该为绿色和平组织做贡献。"通常威胁是更巧妙的："你应该为绿色和平组织做贡献，毕竟你当下在这里工作。"这两个例子的论证如下：

[①] 这不一定意味着你做了什么道德上值得赞许的事。这里我们不讨论这样的问题：出于非道德的理由而去做有道德的事对伦理学者来说道德上是否是值得赞许的。不考虑那个问题，你往标有"海啸救助"的箱子投钱并不能保证你实施了援助。有些机构以某个灾难的名义募捐，却把捐款用于后来灾难的救助。另一些机构甚至把很大部分的捐款用于广告和其他开支。为此，你会想要核查你捐款给它的那个机构的实际运作情况，以便有理由确信你的捐赠起到作用。

> 如果你想继续在这里工作，那么你应该为绿色和平组织作贡献。
> 你想继续在这里工作。
> 因此，你应该为绿色和平组织作贡献。

这个论证是有效的。但是说你要为绿色和平组织作贡献这个理由属于错误的种类。你的工作状况与你的政治贡献之间没有关联。论证犯了诉诸威力谬误。①

有些诉诸威力是合法的。你以时速117公里的速度驾车穿越州界。而规定的速度限制是时速104公里。突然，警车出现了。你被迫靠边，一名警察走向你的车："你超速13公里了。我这次先警告你，让你走，如果再超速，你等着被罚至少240美元吧。"这是一个威胁，但这是执法者的执法职责。这个威胁是完全合法的。这是没错的诉诸威力。

类似地，有些事例看似诉诸威力其实是忠告。你的朋友告诉你不要吸烟了，因为吸烟会缩短你的寿命，缩小你的朋友圈，使你的牙齿变黑。这些都是吸烟带来的自然的不良后果。这是一个基于理性预见的忠告：吸烟会马上缩小你的朋友圈，若干年后，使你的牙齿变黑并缩短你的寿命。

R7. 结论不相干

如果一个论证得出的结论不是前提所启发的，它就犯了结论不相干的谬误。有时它是明显的：

> 如果你在学校表现好，你就能找到好的工作。如果你找到好的工作，你就有好的生活。所以你应该主修经济学。

所期待的结论（前提所衍涵的结论）是"如果你在学校表现好，你就有好的生活"。而陈述与所给出的结论之间没有明显联系。

如果一个论证以关于更大的或不同目标的动人概括来隐晦话题，那就犯了结论不相干的谬误。这类论证有时通过分散读者或听众对主题的注意力来使他们接受结论。

> 这座城市的所有父母都希望自己的孩子上好学校。我的新税收提议能筹到足够资金兴建10所新学校，并且完全配备极胜任的师资。我需要你们支持这个新提议。

我们很可能同意需要好学校，但不同意说话者的特别提议和为它付税。说话者没有给出为什么新提议是学校问题惟一可能的解决方案。没有相关的前提支持这个税收提议是得到想要结果的最佳途径。

有一类犯结论不相干谬误的论证被称为"红鲱鱼"（red herring）。该类论证总是在回应另一个论证时给出。它没有攻击原论证的前提。它讨论一个也许与原论证有关的不同话题，用这个话题的结论作为拒绝原论证的理由。

> 近来美国政府的一个委员会提出要关闭一些军事基地。其理由是这些军事基地所

---

① 即使这个人为绿色和平组织募捐部门工作，这个论证也是非法的，除非捐款是其工作内容的一部分。

做的事情，其他基地可以更有效率地做到。委员会称关闭某些基地并加强其他基地的建设，政府每年能节约数以十亿计的美元。一位受影响城市的发言人抗议说："不应该这样做！如果关闭那个基地，那么州政府每年要多花二十五亿。"话题是关闭基地是否是节约联邦政府开支的途径。它并没有说到关闭军事基地对当地经济有明显影响。但是那与节约联邦政府开支的话题无关。

另一类犯结论不相干谬误的论证被称为"稻草人"（straw person）。与"红鲱鱼"一样，它是攻击一个论证的。与"红鲱鱼"不同的是，它歪曲原论证。它或者（不正确地）宣称原论证假设了一个添加的前提并攻击那个"假设的前提"，或者宣称其结论强于或有所不同于所陈述的结论并攻击那个假定的结论。

> 娜塔莎论证政府应该立法保障没有公民被彻底剥夺医疗保险。伦尼回答如下："娜塔莎提倡的是社会医疗，在加拿大和欧洲都试行过。结果是医疗系统基于分类配置健康护理。一种治疗如果不是急需的，那么就会被搁置在轮候名单中。有加拿大人和欧洲人经常来美国治疗，那是他们在自己国家长年累月得不到的。因此，我们必须反对娜塔莎的论证。"论证立法不剥夺人的医疗保险是一回事。论证社会医疗即政府经营的医保系统是另一回事。伦尼的论证歪曲了娜塔莎的结论。这是一个稻草人论证。

相干性谬误	
诉诸无知	诉诸无知是具有以下两种形式之一的论证： 1. 我们不知道 p 是真的，因此 p 是假的。 2. 我们不知道 p 是假的，因此 p 是真的。 产生诉诸无知谬误的两个条件：第一，该论证的第一前提或第二前提是假的；第二，证明前提是真的举证责任落在提出论证方，而在谬误的情况下，论证方并没有提供前提为真的证据。
诉诸不当权威	如果一个论证把相关领域的某人或某事物作为权威来援引，而他/它实际上不是，那么该论证就犯了诉诸不当权威谬误。
人身攻击	一个人身攻击的论证在回应一个论证时，攻击的是论证者的可信性而不是所提出的论证。 诽谤型的：诽谤型的人身攻击论证在回应一个论证时攻击的是论证者的人格而不是所提出的论证。 情境型的：情境型的人身攻击论证回应一个论证时诉诸某种情境，被攻击者从那情境中发现他或她自己成为其论证不可信的一个理由。 "你也是"："你也是"专注于攻击论证与论证者行为的不一致。
诉诸情感	如果一个论证把相信一个陈述为真让你"感觉良好"作为相信这个陈述为真的充分理由，那就犯了诉诸情感谬误。
诉诸怜悯	诉诸怜悯谬误把对不幸情境的情感反应作为以某种方式相信或行动的理由。
诉诸威力	如果一个论证隐含无根据的或不适当的威胁，那它犯了诉诸威力谬误。
结论不相干	一个论证，当它得出并不隐含在前提中的结论时，就犯了结论不相干谬误。 红鲱鱼：回应一个论证时转移主题。 稻草人：回应一个论证时攻击一个被认为是未述出的（其实并未采取的）前提，或者歪曲结论并攻击之。

练习题

Ⅰ. 识别下列各段落中的相干性谬误。

1. 他失业了。我们不能因为喝醉酒和撞车而责备他。

3. 这盒麦片上面有泰格·伍兹的照片。因此，它一定对你有益。

5. 他是美国步枪协会的会员，因此他不应该被邀请参加我们的动物权利研讨会。

7. 你们的期末考试成绩我还没有给出来。我想知道你们对这所学校有多少支持度。我希望你们所有人都参加今晚的足球赛。

9. 你得通过测试不然我就揍你。

11. 一个基于文本的社会与一个基于影像的社会的思维方式是不同的。当你阅读时，你的思维是线性的，线性的思维是符合逻辑的思维。使用视觉记忆时你的思维是不同的，所以看电视长大的人不会像读书长大的人那样有逻辑。电视使我们的社会变得傻乎乎的。

13. 女人比男人更加容易情绪激动。作为一名总统需要在压力下保持镇定和理智，所以女人不能胜任总统职位。

15. 他说他是一个基督徒。他必定不相信进化论。

17. 正义要求对杀人犯处以死刑。他杀了我们的朋友，所以现在他必须死。我们都在这里等着看正义的实施。

19. 小行星是导致地球上大量种族灭绝的原因。下一次小行星进入地球轨道只是一个时间问题。我们必须建立一个卫星防卫系统来阻止下一次小行星对地球的撞击。

21. 每年只过一次生日，如果我们庆祝非生日的话，那么我们就有一整年的非生日聚会。

23. 一张汽车广告上写道："福特是你的大脑；雪佛莱是你吸毒的大脑。"

25. 然而，现在无论英国国王的言行如何都已经于事无补了；他已经邪恶地冲破了所有道德规范和人类责任，践踏了天性和良知，他凭借顽固的、与生俱来的厚颜无耻和粗鲁残暴招致普遍的仇恨。

——Thomas Paine, *Common Sense*

27. 因为这些探险家是不知名的人物而忽视非洲人发现美洲大陆的可能性是不负责任和骄傲自大的。如果我们不知道一件事，那就意味着它从未发生吗？

——Andrew J. Perrin, "To Search for Truth", *The New York Times*, 16 November, 1990

29. 在你掌握了亚里士多德的论断"所有元素包括空气都有重量"的确凿证据时，你还会怀疑空气有重量，而只有火是没有重量的吗？

——Galileo Galilei, *Dialogues concerning Two New Sciences*

Ⅱ. 下列各段落，有些人认为包含谬误，但有些人否定其论证有错，讨论每个论证的是非曲直，并说明你断定它是否包含相干性谬误的理由。

31. 通用电器公司的董事长杰克·韦尔奇在近日的一次股东大会上被一位修女质问，她坚持认为通用电气公司对哈德逊河的污水治理负有责任，因为来自通用电气公司工厂的污染物在这条河中积聚了很多年。韦尔奇断然否认该公司应负有责任："修女，不用再谈了。你仰仗上帝而在真理一边。"

——Elizabeth Kolbert, "The River", *The New Yorker*, 4 December, 2000

33. 想想用遗传工程改造鱼类。科学家希望包含新的生长激素的鱼可以比一般的鱼长得更大更快。另一些科学家正在研发可以在寒冷的北部水域生存的鱼，现在它们还不能在那里生存。他们的目的是提高食用鱼的产量。经济利益是显而易见的，但风险却不然。难道这就使种种风险合理了吗？

——Edward Bruggemann, "Genetic Engineering Needs Strict Regulation", *The New York Times*, 24 March, 1992

35. 在那部忧郁的著作《幻象的未来》中，欧洲资产阶级最后的伟大理论家，弗洛伊德，用简明的语言阐明了当今受教育的人不可能有宗教信仰。

——John Strachey, *The Coming Struggle for Power*

2.3 预设性谬误

论证很少是凭空产生的。检查语境能帮助你决定什么样的论证是能合理地接受的。当一个论证作了不是语境所保证的预设时，预设性谬误就出现。在一些情况下，它假定了论证的结论；在另一些情况下，则假定了所有已表达的相关信息。

P1. 复杂问语

一个复杂问语是一个问题，它假定了另一个问题已被回答。我们经常问复杂问语，在许多情况下它们是完全被认可的。有朋友问你："周六晚上干什么去了？"这就是个复杂问语，它预设了你周六晚上确实干了什么事。你可能会回答："我在图书馆学习"，或者"我去参加舞会了"。一个相识的人可能会问："你戒烟了吗？"假定这个人知道你过去吸烟，因而知道"你曾经吸烟吗？"的答案是"是"，那么，这样提问没有什么不妥。比较另一些例子：证人在法庭上被问道："你戒毒了吗？"无论证人如何回答，回答"是"还是"不是"，她都承认了预设的问题："你曾经吸毒吗？"的答案是"是"。在这个例子中，复杂问语是设下圈套的，回答它就自投罗网。无论怎么回答都为"你曾经吸毒"这个结论提供根据。

一个错误的复杂问语为基于回答那个假定问题的结论提供了根据。该复杂问语一定或者是"设下圈套的"——也就是说，对所假定的问题的回答使回答者陷入困境——或者对所假定的问题的回答是假的。注意，复杂问语真正说来是谬误的根据，其本身不是谬误，因为它不是论证。尽管如此，由于它的回答为一个论证提供了根据，传统上它也被置于非形式谬误之列。

你停止这门课中的作弊行为了吗？

这个问题是要求回答"是"或"不是"。不管你怎么回答，你都已经承认曾在这门课中作弊。

乔治·华盛顿在什么时候砍了樱桃树并且说"我不能说谎"呢？

如果你回答这个问题——"在他17岁生日那天的下午3点"——你就已经承认乔治·华盛顿曾经砍了樱桃树并说"我不能说谎"这个断言是真的，而当今大多数历史学家认为它是假的。

当你面临一个会导致推理谬误的复杂问语时怎么办？你要把问题分开。"问题'你停止这门课的作弊行为了吗？'，预设了我已经作弊了，而实际上我没有。""在我们确定乔治·华盛顿什么时候砍了樱桃树前，我们要问是否有证据证明他确实砍了樱桃树。"

P2. 虚假原因

我们通常要探求世界上的因果关系，当我们这样做时，我们不仅能解释事物产生的原因，有时还能阻止不想有的事情发生。**一个论证，当它错把不是原因的事物认作原因时，它就犯了虚假原因谬误。**

> 我打篮球时总是穿13号球衣。那是我成为球星的原因。
>
> 你球衣上的号码并不影响你在篮球场上的表现。你打得好，是因为你有天赋，并花了很多时间来砥砺技艺。

事件的原因总是先于该事件或者与该事件同时出现。如果发生地震，往往随之起火。那或许是因为地震导致煤气管线破裂，冒出来的气体燃烧而生火。然而，并非所有在时间上先后发生的事件之间都具有因果关系。要证明这种因果关系存在需要有一个很普遍的模式。

> 今天早上上班时我从一架梯子下走过。我再也不这么干了！今天倒霉透了！！！
>
> 从一架梯子下走过不是今天倒霉的原因。这只是日子质量对应一种旧迷信的巧合。当然，也可能有某种联系。如果你在梯子下走过时被油漆淋了一身，那就很难是一个好日子的开始了。但是即使在那种情况下，从梯子下走过，也不是整天倒霉的原因。

在一些情况下，事件之间并没有因果联系，而错误地认为它们之间有一种联系，可能产生所想要的结果。

> 几年前，有一支意气消沉的棒球队。有一天，球队的经理人冲进球队的更衣室说："把你们的球棒给我！"他拿了球棒就跑了。球赛开始前他拿着球棒回来了，说："镇上有个宗教复兴大会牧师，我让他为球棒祈福。现在你们不会输了！！！"结果球队以14比0赢了那场比赛。
>
> 为球棒祈福不大会是球队赢的原因。倒可能是错误的因果信念所灌输的必胜信心对球队赢球起了作用。

有时原因不是惟一的，而是一个因果链条：A导致B，B导致C，最后导致D。在所谓的"滑坡谬误"（slippery slope argument）的论证中，事情开始是很单纯的，但是沿着链条前进，事情逐渐变得越来越糟，就像你从斜坡上滑下来那样。在这种情况下，你同样需要询问所宣称的因果关系是否真实。以下可能是个好建议：

> 紧跟前车行驶容易导致追尾事故。作为事故责任人，追尾事故导致你的汽车保险费提高。汽车保险费提高导致你在娱乐上的花费减少。因此，你不应该紧跟前车行驶。

但是，下面至少包含了一个虚假原因的实例，因此以下论证应该被拒绝。

> 如果你吸烟，它会导致（引起你开始）吸大麻。如果你吸大麻，会导致你吸食烈性毒品。如果你吸食烈性毒品，那么你将为支持毒瘾而犯罪。如果你犯罪就会坐牢。因此，你不要吸烟了。
>
> 吸烟并不导致你吸大麻。成百万的人吸烟但不吸食其他毒品。因此，至少第一个因果断言是假的。而且，有理由相信至少一些后续的因果断言也是假的。

P3. 窃取论题

如果一个论证把它着手证明的结论假定为一个前提，那它就是窃取论题。它可能是极明显的。看父母们论证："为什么[有什么理由]你应该按照我说的做呢？因为我是这样说的，这就是为什么！"通常它们比较隐晦。论证的结论断定的是与前提相同的命题，只是表述不一样。以下体现窃取论题谬误的论证由理查·惠特利很久之前提出："言论自由总是对国家有利的，因为人人享有发表意见的自由对社会共同体是有益的。"

一个窃取论题的论证是一个有效的演绎论证。如果它的前提是真的，那么它也是个可靠的论证。问题是一个命题即使是真的也不能为它自身的真提供证据。由于前提和结论断定同一个命题，前提不能为结论的真提供证据。因此，这是一种谬误。

> 没有人比乔更有钱了。因此你必须同意，乔是世界上最富有的人。

如果其前提真，那么结论必定也真。但是只是因为结论重述了前提。

有时问题并不出现在单个论证中。问题是有一个论证链条，其中一个论证的前提是链条中后来的一个论证的结论。这种情况称为"循环论证"（arguing in a circle）。

> 由于圣经是上帝的启示，所以圣经上所说的都是真的。由于圣经上所说的都是真的，所以圣经是上帝的启示。

第一个论证的前提与第二个论证的结论是相同的。可能两个论证的结论都是真的，但是两个论证都没有提供它们的前提为真的理由。

第三种窃取论题是"性质词语窃取论题"（question-begging epithet）。性质词语是一个描述性形容词、名词或短语。如果论证的前提使用假设了结论中所断定内容的词语，那么该论证就是通过一个性质词语窃取论题。

> 所有的证据都表明贼坯子克里布斯偷了车。因此你别无选择，只能判定他是盗窃犯。

论证主题是克里布斯是否犯了偷车罪，把克里布斯叫做贼坯子就是窃取论题。

P4. 偶性

我们时时从一般真理和一般原则出发进行论证。如果所有人最终都会死是真的，而洛丽塔是人，我们就能正确地推出洛丽塔最终会死。类似的，有些一般原则告诉你你的义务（一般地）是什么。例如，你（一般地）有义务说真话；你的律师或心理医生有义务对你说的话保密。**偶性的谬误产生于下列两种情形：（1）论证所诉求的一般断言是假的；（2）在大多数情况下成立的一般原则被应用于并不适用的情况。**首先考虑情况（2）。

> 山姆答应克里斯一起吃午饭。山姆迟到了几分钟，在路上他看见一辆车驶出马路撞上一棵树。他论证："我答应克里斯一起吃午饭，我要守诺言。因此，我不应该去救助遇难者。"

这里有一对冲突的原则：（a）你应该守诺言。（b）你应该帮助遇难者。在这种情况下，第二条原则比第一条原则更重要。他耽误午饭约会的后果并不严重。如果他不去救助遇难者，他们也许会死。山姆的论证犯了偶性的谬误。

当原则之间出现冲突时，你的主要义务在哪一边并不总是明显的。例如，你是个律师，有义务保护你当事人的利益。你同时也有义务维护国家法律，保护公众利益。假如你的当事人是杀人嫌疑犯，在候审期间他不得保释。在这期间，又发生两桩谋杀案，虽然你的当事人一桩也不承认，可是增加了许多证据——只有你知道——指证那些都是你的当事人干的。在这种情况下你应该怎么办呢？

情况（1）的普通型式是以老套子为基础的。一个"老套子"是一种虽说是普遍做出的但是关于一类人的假的一般断言。"红头发的人都是火暴脾气的"就是一个老套子的例子。表达老套子的前提通常不被陈述出来。

> 丹是红头发的。因此，你等着吧他点火就着。

这里隐含的前提是："所有红头发的人都是火暴脾气的。"论证是有效的。但是，那个未表达的前提是假的：有些红头发的人易怒，而有些金发的、黑发的人也这样。有些红头发的人是很平和的。因此，这个论证不可靠。

老套子的一个变体是基于个人的来源地，这有时被称作"来历谬误"（genetic fallacy）。

> 布里奇特是从乡村地区来的，因此，她不会很聪明。

这里的隐含前提是："所有从边远地区来的人都不聪明。"那个前提是假的。你可以从诺贝尔奖得主（包括亚历山大·弗莱明、诺曼·博洛格、杰米·卡特）或过去美国总统（包括赫伯特·胡佛、杰米·卡特、比尔·克林顿）名单得到证明。[①]

P5. 轻率概括（逆偶性）

我们都基于有限数量的资料得出归纳概括。这样的概括——不管是普遍的还是统计的——的真假总是不确定的。它们可能因得到增补的资料而被修改。在澳洲被发现之前，论断"所有天鹅都是白的"曾是一个合理的概括，因为到那时为止所有已知的天鹅都是白的。（澳洲有黑天鹅。）**如果一个论证所得出的一般性断言——不管是普遍的还是统计的——基于不充分的证据，特别是，当支持这个概括的样本是非典型的时候，那它就是犯了轻率概括谬误。**

> 丹是红头发的，丹是火暴脾气的。因此，所有红头发的人都是火暴脾气的。

这是从一个例子得到一个一般的结论。只给出一个例子，没理由相信它具有典型性。

> 第一学期第一周，我调查了宿舍里的新生，发现2/3的被访者认为要获得好成绩，不需要在课外花费很多功夫。因此，2/3的大学生认为要获得好成绩，不需要在课外花费很多功夫。

---

① 有时原型论证被认为是虚假原因的例子。说法是红头发引发人易怒，或者来自乡村地区导致不聪明。如果诉之于这种老套子是作为拒绝一个人的论证的理由，那么这也是一个人身攻击的论证的例子。

第一学期新生并不是典型的大学生。通常他们要到第一学期末才会发现要获得好成绩必须在课外花功夫，往往是相当多的功夫。

如我们将在第9章看到的，要提高一个归纳概括的合理性的概率，有几个因素需要考虑。

亚历杭德拉发现了一种新的化学元素。她只有很少量该元素——远少于1克。她做了大量实验并在一个科学刊物上公布了该元素的一系列性质。

关于化学元素的一件令人高兴的事是一个样本的性质与另一个样本完全一样。而且，新发现的元素要顺应现有的一大堆科学知识。因此，基于它的一些性质，能够合理预测出它的其他性质。这是玛丽·居里和皮埃尔·居里能基于一个少于1/10克的样本描述出镭的性质的原因。然而，这种情况几乎是唯一的。因此，你应该总是对从少量实例得到的概括保持怀疑态度。

有些学生感到很难区分偶性的谬误和轻率概括谬误。它们的区别在于一般性陈述的地位。如果一个论证犯了偶性的谬误，那就有一个前提是一般性陈述。问题出在该命题或者是假的或者被误用。如果一个论证犯了轻率概括谬误，那么那个一般性陈述是结论。问题出在前提无法支持结论。

同一陈述既能在偶性的谬误也能在轻率概括谬误中出现，但是它们的地位不同。

偶性的谬误：
所有私立大学的毕业生都是有钱人。（此前提是假的。）
唐娜是私立大学的毕业生。
───────────────────────
唐娜是有钱人。

轻率概括谬误：
唐娜是私立大学的毕业生。
唐娜是有钱人。
───────────────────────
所有私立大学的毕业生都是有钱人。（此结论是假的。）

P6. 隐藏证据

讨论一个主题，总是至少有两个方面要考虑。但是，通常很难确定问题两方面的证据是什么。有时甚至很难确定什么算证据。此外，没有一个给出有说服力的论证的人有义务讨论问题的两方面，尽管他有义务不隐瞒相关的信息。如果一个论证忽视它所维护的结论的对立面的证据，那它就犯了隐藏证据谬误。

《商界大亨》中的巨先生论证，你们镇如果允许他建厂，那会受益不浅。他援引他建过厂的类似镇的事实：失业率平均降低了7%—10%，地方经济在五年内平均提高了15%—20%，财富增值了。

这是建厂的充足理由吗？巨先生知道，却没有提：(a)以往情况，大多数的工厂工人是外来人员，这往往会改变镇的特点。(b)类似的镇犯罪率在工厂开始运营的头两年上升了40%—70%。(c)工厂开始运营的头五年里学校和社区服务需求增加使得地方税收平均提高50%。这些负面证据与决策有关,但却被隐藏了。

史密斯先生试图说服你买一款终身寿险。"如果退休时你仍然健在,你可以把保单兑换成现金。如果你去世了,钱可以留给你的家人。而你再也不需要比你今天所支付的多付一分钱。"

虽说这都是真的,但不是整个事实。如果你的首要旨趣是家人的安全,你从定期保险就能得到大部分的保障。但是随着你年龄增加,保费率会提高,而且有生之年拿不到全部保额。如果你想投资,寿险大概不是最好的选择:它很安全,但回报通常很低。即使你想要同时具有保险和投资功能的保项,你也要让史密斯先生告诉你他们公司所卖的几个保险产品是如何平衡这两种目的的。

古话有云:"买者小心!"这是个好建议。无论你购买的是产品、服务或者点子,论证方似乎不会给出反对他们的例证。因此,明智的做法是寻求那些被隐藏的证据。

P7. 假二分法

如将在第7章中见到的,一种普通的演绎论证形式叫做选言三段论。令 p 和 q 是可用任意陈述替换的变元,它是具如下形式的论证:

或者 p 真或者 q 真。
p 不真。
─────────
因此,q 真。

预设性谬误

复杂问语	一个谬误的复杂问语为基于那个假定问题的回答的一个结论提供基础。该假定的问题一定或者是"设下圈套的",就是说,对所假定的问题的回答使回答者陷入困境,或者对所假定的问题的回答是假的。
虚假原因	一个论证,当它错把不是原因的事物当作原因时,它就犯了虚假原因谬误。
窃取论题	如果一个论证把它着手证明的结论假定为一个前提,它就是窃取论题。窃取论题谬误出现的三种情况为: (1)论证的结论只是前提的复述。 (2)在一个论证链条中,最后一个论证的结论是第一个论证的前提(循环论证)。 (3)论证的前提中使用了假定结论所断定的内容的词语(性质词语窃取论题)。
偶性	偶性的谬误出现在论证诉之于一个一般性论断时,而当时或者(1)该论证所诉诸的一般性论断是假的,或者(2)在大多数情况下成立的一般原理被应用于并不适用的情况。
轻率概括	如果一个论证所得出的一般性断言——不管是普遍的还是统计的——基于不充分的证据,特别是,当支持这个概括的样本是非典型的时候,就是犯了轻率概括谬误。
隐藏证据	如果一个论证忽视它所维护的结论的对立面的证据,它就犯了隐藏证据谬误。
假二分法	如果一个选言三段论的选言前提是假的,它就犯了假二分法谬误。

第一个前提被称作选言前提。如果一个选言三段论的选言前提是假的,那么它就犯了假二分法谬误。我们经常面临在两个选项之间作选择,而当时还有其他选择。

你或者投票给民主党或者投票给共和党。你告诉我你不会投票给民主党。因此你将投票给共和党。

事实上存在其他党派,而且你还可以不去投票。因此,该论证犯了假二分法谬误。

崔斯坦去了芝加哥或丹佛。他没有去丹佛。因此,他去了芝加哥。

假定崔斯坦去了洛杉矶,而不是芝加哥或丹佛。在这个例子中,选言前提是虚假的,论证犯了假二分法谬误。

练习题

识别下列各段落中的预设性谬误。

1. 每当气压计数值降低时都下雨。所以气压计一定能以某种方式让天下雨。
3. 你现在还偷停车计时器里面的硬币吗?
5. 我们应该在阿拉斯加野生动物保护区钻井取油,因为那里是油源所在地。
7. 你要么支持我要么反对我。如果你支持我,那么你将获救!如果你反对我,那么你将在地狱的烈焰中丧生。你选择与我在一起还是下地狱呢?
9. 在美国,人均拥有律师数量要比世界上其他任何地方都要多,所以毫不奇怪在美国什么事情都做不成。
11. 人生是一种精神状态。所以不要追问何处是天堂或者天堂何时到来。一切都环绕着你,只是你没有发现。
13. 首先是有了爱情,然后就有婚姻,再接着就是孩子。
15. 这种电脑游戏里面包含了很多战斗和冒险的内容。你会喜欢的。
17. 要么支持共和党,要么支持民主党。无论支持哪一方,政府都将日益增大,税收都会日益增多。
19. 每个在职人员都有一种逃避陪审员责任的办法,仅有的留在陪审团的那些人都不顾有什么指控或证据而任凭罪犯逍遥法外。
21. 统计数据显示,中学女生开始没有男生那么自负。由于女生比男生成熟早,所以那一定是因为女生的更为成熟使她们,与男生相比对自己有更加符合实际的看法。
23. 家具很昂贵。你要么花钱买家具,要么花钱买工具和木料自己动手制作家具。无论选择哪个办法,都要在家具上花费数千元。
25. 1960年,我们拥有世界上最好的公立学校。在花费了联邦政府数十亿资金的35年之后,我们的公立学校在工业化国家中处于最低水平。到底出了什么问题?联邦政府干预公共教育。现在我们在工业化国家中拥有为数最多的职能白丁。
——Ross Perot, 14 September, 1996, in a speech to the Christian Coalition in Washing, DC, during the presidential campaign of 1996

2.4 歧义性谬误

语词和语句往往具有歧义性和多义性，通常我们不难确定所想表达的含义。如果一个语词、短语或语句的含义在一个论证过程中游移不定，并且结论的可接受性依赖于这种含义转移，那么该论证犯了歧义性谬误。

A1. 一词多义

歧义就是在两个含义上使用一个语词。**如果在论证过程中语词或短语的含义有所转移，那么该论证就犯了一词多义谬误。**

> 本田汽车是当今美国 top（顶尖）的汽车。Top（陀螺）是一种儿童玩具。因此，本田汽车是儿童玩具。

一词多义有时是明显和荒唐的，一般见于笑话中。刘易斯·卡罗尔的《爱丽丝镜中奇遇记》中就充满了聪明有趣的一词多义，例如：

> "你在路上超过谁了吗？"国王继续走，伸手向信使要干草。
> "nobody（没有谁）。"信使回答。
> "很好，"国王说，"这位女孩也看见他了。因此，当然，'Nobody'（人名）比你走得慢"。

一词多义在这里是微妙的：第一个 "nobody" 简单地意指 "没有人"，但是后来用了代名词 "他" 好似 "nobody" 是个人名，最后 "Nobody" 的第一个字母改大写，直截用作想象的在路上超过的那个人的名字。

一词多义的论证总是谬误的，但一词多义并不总是愚蠢、滑稽的。例如：

> 短语 "have faith in"（相信）存在一词多义。当一个人说他 have faith in（相信）总统时，他是假定，显然而且人人知道有个总统，总统存在；而且他断然相信总统总体来说将会做好事。但是，如果一个人说他 have faith in（相信）心灵感应，则并不是表示他相信心灵感应总体来说将会做好事，而是他相信心灵感应有时真的出现，心灵感应存在。因此，短语 "to have faith in x" 有时意指对某人做好事有信心，这个人被认为存在或人们知道他存在；但是，在其他时候它的意思只是认为 x 存在。短语 "have faith in God" 表达的是哪种含义呢？它模棱地意指两者：在一种意义上所指者的自明性引发另一种意义上所指者。如果存在一个全能仁慈的上帝，那么相信他将做好事就是自明地合理的。在这种意义下，"have faith in God" 就是一个合理的布道词。但是，它也暗示了另一种意义："无论有无证据，都相信全能仁慈的上帝存在。" 这样，假如上帝存在就信赖上帝的合理性就被用来使相信上帝存在也似乎合理了。①

有一类一词多义值得一提。那种错误来自误用 "相对词" ——例如，"tall/高" 与 "short/矮"，

---

① Richard Robinson, *An Atheist's Values* (Oxford University Press, Oxford, 1964), p.121.

或者"big/大"与"little/小"——，它们在不同语境下含义不同。例如，一只大象和一只大老鼠的大小是不同的。某些形式的论证对非相对词有效，而把它们换成相对词时就坏事了。下面这个论证是有效的："象是动物；因此，灰色的象是灰色的动物。"但是与之相似的下面的论证却犯了一词多义谬误："象是动物，因此，小象是小动物。"

A2. 歧读

有时松散的语句结构导致语句所表达的命题不清晰。例如，当你读标题"Man Robs, Then Kills Himself"①时，你可能一时奇怪，怎么会有人自己抢劫自己？如果在"robs"后面加上类似"bank""store"的词，就会消除模棱两可。**一个论证，当一个有歧义的陈述充当它的一个带有使其为真的解释的前提，而结论是在使那个前提为假的理解下推出的时，就犯了歧读谬误。**

2001年，我收到一个通知："我们将纪念朱塞佩·威尔蒂逝世100周年在詹姆斯·麦迪逊大学。"（We are going to commemorate the 100th anniversary of Giuseppe Verdi's death at James Madison University.）我据此马上推论这位意大利作曲家是在詹姆斯·麦迪逊大学逝世的。但是，我发现结论是错的：这个学院在1908年才成立。基于上面的有歧义的语句，我建立了一个歧读论证。他们的真正意思是："我们将在詹姆斯·麦迪逊大学纪念朱塞佩·威尔蒂逝世100周年。"（We at James Madison University are going to commemorate the 100th anniversary of Giuseppe Verdi's death.）

一词多义

汤姆·克鲁斯是一个巨星（big star）。天文学家告诉我们行星围绕巨星（big star）转。因此，一定有行星围绕汤姆·克鲁斯转。

在这个例子中我们看到一个三重一词多义。第一是star的两种意义。第二是big的两种意义，一个是相对意思的大，另一个是非相对意思的广为知名。第二个一词多义引发第三个，即在big的相对意义上，一个天文学意义上的巨大星体在大小上不同于一个大电影明星。

牧师史密斯称他昨天有权结婚6人。因此，牧师史密斯严重重婚。（Rev. Smith said it was his privilege to marry six people yesterday. So, Rev. Smith is a bigamist.）
在这里，如果第一句话理解为牧师史密斯为3对夫妇证婚，它或许是真的。

记住，必须有论证才有谬误。因此，马克斯兄弟的电影《疯狂的动物》（*Animal Crackers*）中的著名台词不可能出现谬误：

格劳乔说：一天早上，我在睡衣里射死了一头大象。它是怎么跑进我的睡衣的呢？我不知道。（One morning I shot an elephant in my pajamas. How he got into my pajamas, I don't know.）②

---

① 引自 The Bathroom Reader's Institute, *Uncle John's Biggest Ever Bathroom Reader*（Thunder Bay Press，2002），p.410。
② *Animal Crackers*（Paramount Pictures，1930）.

A3. 重读

一个论证，当其中的意义随着它的语词或部分重音的变化而变换时，它可能是欺骗性的和无效的。**一个论证，当其一个前提的表层意义依赖于一种可能的重读，而从它得出结论则依赖于对相同词语作不同重读的意义，它就犯了重读谬误。** 作为例子，考虑下面的陈述，依据重音放在不同语词上，它的含义有多少种（五种？还是更多？）："We should not speak ill of our friends"。

我晚餐用的调味料的标签上写着："shake well before using."因此，我决定早餐后就摇晃它。

原意的重音是"*shake* well before using"，但是说话者却把重音放在"shake *well before* using"

另一类重读谬误源于引语。引语离开语境或不完整都会改变它的意思。希瑟论证道：没有一种情况下，堕胎是被允许的。她的论证的一部分是对一种反对意见的回应："有人认为妇女有控制自己身体以及它所发生的一切的权利，作为王牌打倒了任何反堕胎论证，但这是不合理的，因为……"桑娅针对希瑟的论证回应道："希瑟说'妇女有控制自己身体以及它所发生的一切的权利，作为王牌打倒了任何反堕胎论证'——这可是她说的。因此，必须拒绝她的反堕胎的论证"。通过脱离语境援引那些话，希瑟的意思被曲解了。①

上例可看作一个故意歪曲的例子。这种谬误也会出现于不经心。如果你读一部哲学或文学著作的释文，你要好好考核结论所根据的引语的语境。例如休谟（1711—1776）在《人性论》中的一处论辩道，依据笛卡尔对实体的定义，所有的感知（心智状态）都必须看作是实体。②因此，你应该推论休谟认为感知是实体吗？他随后一段文字明确说："实体完全不同于感知"，③这有什么关系吗？

类似的歪曲见于图画表达。几年前，我收到一个过敏药广告。它有两幅图。第一幅图上画着两把空的摇椅，反映服药前的状态。第二幅图画着两个在聊天的人，远景是那两把空摇椅，反映服药后的状态。广告印得不好，图片上布满了模糊的蓝线。我推论这两幅图是由一幅图通过不同的裁剪方

重要提示

在理查德·罗帕点名《撒旦之子》为2000年最差影片之后，罗杰·伊伯特评论道："我对亚当·桑德勒的许多电影并不怎么喜欢，而你记得我说过我认为《撒旦之子》是他最好的作品，尽管我给了它差评。"很奇怪，在广告里他们只援引说：""亚当·桑德勒最好的电影。'——罗杰·伊伯特。"

罗帕："你是这样说的。"

伊伯特："你知道，它很糟。我无法插话，谢谢你给我一个澄清事实的机会。"

"The Worst Movies of 2000", *Ebert and Roeper and Movies*, January 2001.

---

① 假定桑娅认为希瑟的观点是不一致的——当不是因为那些话引出反驳时——这也可以看作是人身攻击论证。

② David Hume, *A Treatise of Human Nature*, edited by L. A. Selby-Bigge, 2nd edition revied by P. H. Nidditch (Oxford: Clarendon Press, 1978), p. 233.

③ Hume, *A Treatise of Human Nature*, p. 234.

式得来的。①

即使是字面上的真话也能通过重读来进行欺骗。船长嫌恶他的大副一再在当班时喝醉酒，几乎每天都在航海日志里写上："大副今天是醉酒的。"愤懑的大副终于报复了：有一天船长病了，大副掌管航海日志，他记下"船长今天是清醒的"。

A4. 合举

如果一个论证不正当地推断，对一个整体的部分成立的性质适用于该整体，或者对一类成员成立的性质适用于整个类，它就犯了合举谬误。

>这台机器的每个部件都很轻，因此，整部机器都很轻。
>这里的错误是明显的：如果有足够多的轻部件加在一起，整体将不再是轻的。因此，这个结论是假的，即使前提是真的。

第二类型的合举谬误混淆了一个普通词项的"分举（分散）使用"和"合举（集合）使用"（the distributive use and the collective use）。一个词项，当它指称一群或一类对象中每个个体成员的属性时，是分举使用的。一个词项，当它指称当作整体的那个群体（集合）中的成员的属性时，是合举使用的。

>大巴比小轿车更耗油。

如果词项"大巴"和"小轿车"是分举的使用的，那么这个命题是真的。一辆大巴比一辆小轿车更耗油。

>小轿车比大巴更耗油。

如果词项"小轿车"和"大巴"是合举的使用的，那么这个命题是真的。因为小轿车远比大巴数量多，合举地说，小轿车比大巴更耗油。

当推理是从对一个分举地看的词项成立的什么推出对一个分举地看的词项成立的什么时，就出现这类合举谬误。

>大巴比小轿车更耗油，因此，如果我们弃用私人小轿车而改乘公交大巴，并不会节能。

这个论证犯了合举谬误。分举地看，一辆大巴比一辆小轿车多耗油。但小轿车远比大巴数量多。因此，合起来，小轿车总体比大巴总体更耗油。所以，弃用私人小轿车而改乘公交大巴，几乎肯定能节能。

你不能每当看到一个从部分到整体或者从类的成员到整个类的论证就不由分说地嚷"合举！"有时这种推进是合法的，因此，你必须具体情况具体分析。

>我的汽车发动机重量超过300磅。因此，我的汽车重量超过300磅。

---

① 我夫人过敏，她使用了所说的这种药。她说药有效。当然，我问她服药是否导致了她用不同方式裁剪图片。我有犯虚假原因谬误之嫌。

发动机是汽车的一部分。如果光是发动机重量就超过300磅，那么加上其他部分——它们都各有某个正重量——肯定超过300磅。

A5. 分举

分举是合举的镜像。如果一个论证非法地宣称一个对整体成立的词项对部分也成立，或者一个对一类事物成立的词项对那个类中的一个成员也成立，它就犯了分举谬误。

中国人比美国人需要更多的饮用水。因此，中国人比美国人更容易口渴。

前提是合举地比较中国人民与美国人民。因为中国人合举地说，数量比美国人多，他们需要更多的饮用水。但是，这并不能推出分举地说，一个住在中国的人比一个住在美国的人需要喝更多的水。

另一个分举谬误的例子：常规武器比原子武器杀的人更多，因此，常规武器比原子武器更危险。这是第二种类型的分举谬误。

与合举一样，分举也有合法的情况。如果我的电脑重量不超过15磅，那么我能正确地推出我的电脑的任何部分重量不超过15磅。因此，如在合举例子中一样，在宣布一个推理犯误之前，需要动动脑筋。

源于一类歧义的分举谬误，与源于不可靠预设的偶性的谬误相似。类似地，合举谬误也流于歧义，它与另一种预设性谬误轻率概括相似。但这种相似是表面的。

我们针对一台大机器推论，因为其中的一两个部件碰巧是设计精良的，所以，它的许多部件每一个都是设计精良的，那么我们就犯了轻率概括谬误。因为确实对一两个部件成立的未必对所有部件成立。如果我们检查机器的每一个部件，发现全都制作精细，并从那个发现推断整台机器制作精细，我们也将推理错误。因为无论机器的一个个部件制作得如何精细，仍然可能装配拙劣马虎或在机器设计上出错。而这样的谬误是一种合举谬误。在轻率概括谬误中，人们从一类事物中某些非典型成员具有特定的属性，推论这类事物的所有成员分举地都具有那个属性；在合举谬误中，人们论证，由于那个类中的每一个成员都具有那个属性，因此，那个类本身（合举地）具有那个属性。这里的区别很大。在轻率概括中，所有的谓述都是分举的，而在合举谬误中，推理的错误在于从分举的谓述推到合举的谓述。

类似地，分举谬误和偶性的谬误是两种不同的谬误。它们表面上的相似，掩藏着内里的类似的区别。在分举谬误中，我们（错误地）论证，由于一整类本身具有一个给定的属性，所以它的每个成员也具有那个属性。因此，分举谬误在于推论：因为一支军队整体差不多是不可战胜的，所以，它的每个组成单位也多是不可战胜的。但是在偶性的谬误中，我们（也是错误地）论证，因为有些原则是普遍适用的，所以不存在它会不适用的特殊场合。因此，当我们坚持认为一个人不顾"禁止游泳"标志跳入水中救溺水的人应该受到指摘时，我们是犯了偶性的谬误。

偶性和轻率概括是预设性谬误，其中我们假定了没有正当理由支持的东西。这包括不恰当地从一般陈述或原理出发的或者达到它们的推理。**合举和分举谬误是歧义性谬误**，它们源自词项的**多重用法和意义**。这包括关于整体或部分以及类或成员的不恰当的推理。无论在哪里，所用的语词或短语在论证的一个部分意指一个事物而在另一个部分意指另一个事物，而且那些意义有意或无意地被混淆了，我们就可以预期那个论证是不好的。

歧义性谬误

一词多义	如果在论证过程中语词或短语的含义有所转移，那么该论证就犯了一词多义谬误。
歧读	一个论证，当一个有歧义的陈述充当它的一个带有使其为真的解释的前提，而结论是在使那个前提为假的理解下推出的时，就犯了歧读谬误。
重读	一个论证，当其一个前提的表层意义依赖于一种可能的重读，而从它得出结论则依赖于对相同词语作不同重读的意义，它就犯了重读谬误。 一种类型的重读谬误出现在引用语不完整或脱离语境而其含义改变时。
合举	如果一个论证不正当地推断，对一个整体的部分成立的性质适用于该整体，或者对一个类的成员成立的性质适用于整个类，它就犯了合举谬误。
分举	如果一个论证非法地宣称一个对整体成立的词项对部分也成立，或者一个对一类事物成立的词项对那个类中的一个成员也成立，它就犯了分举谬误。

练习题

Ⅰ.识别下列段落中的歧义性谬误。

1. 颜料的颜色很好看，所以这幅画像必定很动人。
3. 这辆车是二手车（creampuff）。奶油泡芙（creampuff）浸在咖啡中很好吃，所以这辆车浸在咖啡中会很不错。
5. 坦白说，你也许应该在谁弄洒了牛奶这件事上说谎。
7. 小鸭子们轻柔地走过来，因为它们还几乎（hardly）不能走路。（hard译为用力，hardly译为几乎不、几乎没有。）
9. "在这个盒子里有一条10英尺长的（10-foot）蛇。"
   "老师，你骗人，蛇是没有足（feet）的。"（feet是foot的复数，意为足，另意为英尺。）

Ⅱ.识别并且解释出现在下列各段落中的歧义性谬误。

11. 在所有行业里推行合理的工资结构对抑制议价竞争来说是首要条件；但这不是进程停止在那里的理由。对每个行业有利的政策几乎不会对经济的总体发展不利。
    ——Edmond Kelly, *Twentieth Century Socialism*
13. 没有人愿意征求意见，但是每个人都愿意领钱，所以金钱比意见好。
    ——Jonathan Swift
15. 黑兹尔·米勒在车上发现了一只食虫莺，正沿着树枝散步，唱着歌，欣赏着美景。（*New Hampshire Audubon Quarterly*）
    这就是黑兹尔——脚踏实地，快乐，还有一点爱出风头。
    ——*The New Yorker*, 2 July, 1979

Ⅲ.下列各段落，有些人认为包含谬误，但有些人认为没有。讨论这些段落中是否包含歧义性谬误，并说明理由。

17. 司泰思先生说我的著作"极度晦涩"，这是一个问题，在这件事情上，作者是所有可能的审判者中最差劲的一个。因此我必须接受他的意见。因为我确实渴望使我的意思浅显清楚，我为此感到惋惜。
    ——Bertrand Russell, "Reply to Criticisms", in P. A. Schilpp, ed., *The Philosophy of Bertrand Russell*（Evanston, IL: The Library of Living Philosophers）, p. 707

19. 托马斯·卡莱尔谈到沃尔特·惠特曼说,他认为他是一位伟大的诗人,因为他来自一个伟大的国家。
——Alfred Kazin, "The Haunted Chamber", *The New Republic*, 23 June 1986, p.39

Ⅳ. 考虑本章说到的所有谬误。下列段落哪些犯了非形式谬误?犯了的,说出谬误的名称并说明为什么。如果没有犯谬误,也说明为什么。

21. 罗杰·默托:乔治。
    乔治:什么事,先生?
    罗杰:到家了。出去。
    乔治:但是,先生……
    罗杰:乔治,我有枪。
    乔治:好的,先生。[乔治离开了。]
——*Lethal Weapon* 2(Burbank:Warner Bros.,1989)

23. 如果托马斯·杰斐逊活在我们这个时代,他一定早已加入了世界登山协会。
——Announcer on WMRA-FM, Harrisonburg, VA, July 3, 1998

25. 这是一个和平和繁荣的党派!投票给共和党吧!

27. 一个搭便车的人说:"我在150大道上站了3个小时都没有搭到便车。一戴上绒线帽,我就搭上了便车,一路到了首都。是那顶帽子让我搭上了便车,所以现在要搭便车的时候我总是戴上它。"

29. 老板:你们那个愚蠢的策划会不会危害公司的盈利?
    员工:不会,我的研究表明它会提高利润。
    老板:不管怎么样,既然你已经承认了它是一个愚蠢的策划,我们必须对它做一些改动。

31. 内雷尔小姐丢失的是一个独特的公文包,因为她的寻物广告上写着,"寻:美国旅行者的戴眼镜的公文包。"

33. 我们应该禁止孩子们玩烟花爆竹,因为军事爆破队的头头哥伦尼尔·奥克代尔说他们的导火线的引爆是无规律的。

35. 老板对员工说:今年你们需要增加对联合慈善机构的捐赠。毕竟,你们应该为当下(currently)处于一个有能力去做慈善的位置而心存感激。

37. 如果政府缩减福利计划的规模,那将是十分可怕的。想想那些营养不良和忍受严寒的儿童吧。

39. 艾利西亚坚决主张回收废纸有益于环境。但是她的论点只有在假设废纸回收中心遍及全国的城市和乡镇的情况下才是合理的。可是居民人口少于2500的乡镇是不大能建立独立的回收中心的。所以我们必须拒绝接受她的观点。

41. 对于联邦赤字,选择很明确:要么取消我们的国际援助计划,要么国债在接下来的四年中翻倍。

43. 罗金厄姆参议员曾坚决主张我们应该提高最低工资水平。对于一个竞选基金来自工会战争资金的议员,你还期待些什么呢?

45. 每个美国公民都有拥有和携带武器的权利。所以美利坚合众国是军国主义国家。

47. 你不要吸烟。吸烟是老派的、过时的。但是这样的活动是不会被吸烟的人所宽恕的。

49. 那个田纳西州人的下巴低下来:"但是你要回来。就因为你跑了,不能表明你感到内疚。所有的男生都跑了,我也是。但是你没有回来,市长就要向你射击。老市长喜欢向不想再战的人开枪。"
——Donald McCaig, *Jacob's Ladder:A Novel of Virginia During the Civil War*
(New York:Penguin Books,1998), p.230

51. 罗马天主教派宣告性别歧视是罪行。所以,天主教派不反对任命女性牧师。

53. 不要让孩子在雪地里玩耍。如果他们在雪地里玩耍,就会想要玩雪橇。如果他们想玩雪橇,他们就会想要滑冰。如果他们滑冰,他们要么会在滑下斜坡的时候撞到树,要么会想参加奥林匹克运动会。如果他们参加奥林匹克运动会,他们要么得到金牌,要么没得。如果他们得到金牌,他们就会被荣誉冲昏头脑，你将无法忍受他们。如果他们没有获得金牌，他们就会情绪低落，你同样不能忍受。所以除非你不想同你的孩子住在一起，否则就不要让他们在雪地玩耍。

55. 琼力主支持安乐死（euthanasia，读音如youth in Asia——译注）运动是不义的。但是人们拥有各种权利。所以毫无疑问，对于他们的运动，远东地区的年轻人跟其他地区的人享有同样多的权利。

57. 你是如何设法从那起银行抢劫案中脱身的？

59. 约翰主张保留强有力的军队会为世界和平带来最美好的前景。如果他的言论是正确的，我们必须承认军队的成员都是和平缔造者。但是军队是由士兵即专为战斗而训练的男女组成的。所以，军队的成员作为专业战士，不会是和平缔造者，而我们必须拒绝约翰的主张。

61. 参议院与众议院的大多数成员认为竞选献金应该受到相对较少的限制，所以一定有不限制献金的充足理由。

63. 从戴夫朋友的品质你该看出戴夫是个道德高尚的人，因为常和戴夫在一起的人必定是道德高尚类型的，否则他们不会跟戴夫交往的。

65. 正统基督教派信奉预定论——这是他们赖以立教的教义之一。所以金杰作为正统基督教派的信众是相信预定论的。

67. 也许会有人要冒犯我，当他回想起自己处在类似法庭或者其他不那么庄重的场合，他流着泪水恳求法官；回想起他如何在法庭上，连同诸多亲戚朋友，提到他的子女们，那真是一个令人动容的场面；然而我，一个生命垂危的人，上面这些事一件也不会去做。他的头脑中会产生鲜明的对比，因为这个原因他对我产生不满，他可能会敌视我、反对我。现在，也许你们之中有这样一个人——注意，我并没有说一定有——我可以诚实地回复他：我的朋友，我是一个人，像其他人一样，是一个有血有肉的生物，就像荷马所言不是"木石"；我也有家庭，孩子，一共三个，一个几近成年，另外两个还年幼；我绝不会为了祈求释放而把他们带到这里来。
　　　　　　　　　　——Socrates, in Plato's *Apology*, translated by Benjamin Jowett

69. 麦库尔为20世纪60年代后期的反文化起源做出了如下解释：

　　"50年代出生的人是呆笨的一代，"麦库尔说道，"我们忙于模仿F. S. 菲茨杰拉德。我们与父辈之间惟一的区别是我们依然年轻而他们已经青春不再。是什么促进事情发展的，我的看法是：高中的着装规定。"

　　"哦，请不要再说下去了。"

　　"请听我讲完，我只是想检验一种观点。'披头士'乐队是何时出现的？——大概1963年？——年轻人开始蓄长发。校长说不可以。接下来一些年轻人开始在周末参加摇滚乐团并且赚了比校长一周的薪水还要多的钱。他们说蓄长发是工作需要，而且他们有律师来替他们讲话。青年文化诞生了，序幕已经拉开。校长办公室所制定的着装规定刻在花岗岩上，年轻人对此不屑一顾：这里是更长的头发，那里是更短的西服裙，着装规定成了废话。啊哈！权威被公然反抗。"

　　雷内突然咳嗽发作，震颤着他的胸腔，"贪婪，贪婪。"他讲道。

　　麦库尔继续。"这真是对意志力的考验。年轻人被置于如下境地：一个面红耳赤的教练对他们大喊大叫，说全美足球队员如何蓄着短发，全美足球队员是整洁的、体面的、勇敢的、有男子气概的，尤其是有美国风格的。这样一番话是在蓄着卷发的乔治·华盛顿的肖像前面讲出来的……"

　　"你讲的也许有些道理。"

　　"所以年轻一代在学校里学到了重要的一课：如果权威是愚蠢的、独断的、不能自圆其说的，你可以把它告诉……它自己，而且据乔治看，它就是那样。后来这群年轻人走出了校门参加了越战，他们试图在现实中试验学校里学到的那一课。接下来的你会猜到，这个体系正在瓦解。"
　　　　　　　　——Denison Andrews, *How to Beat the System: The Fiftieth, Last and True Success Book of Lionel Goldfish* (Sag Harbor, New York: permanent press 1987), pp. 75–76

71. 在1994年世界环球小姐大赛中，阿拉巴马小姐被问道：如果你可以永生，你愿意吗？为什么？她回答：我将不会永生，因为我们不应该永生，如果假定我们可以永生，那么我们将会永生，但是我们不能永生，这就是为什么我不会永生的原因。

73. 在宾夕法尼亚州的一份知名的都市报上的广告：在宾夕法尼亚首府人人都阅读《新闻报》（*Bulletin*）。

75. 近些年来最显眼的事件就是这些傻瓜为抗议核强权而东奔西跑——这些自诩关心人类的蠢人，根本不做任何调查就出来游行，然后开着车扬长而去，自相残杀。

——Ray Bradbury, in *Omni*, October 1979

77. 神秘主义是历史长河中的伟大力量之一。因为宗教几乎是世界上最有影响力的东西，而宗教决不会长时间的完全脱离神秘主义。

——John Mctaggart, Ellis Mctaggart, "Mysticism", *Philosophical Studies*

79. 无论我们是否即将生活在未来王国中，鉴于这是一个可能被问到的最重要问题，所以这是一个可用语言表达的最明白易懂的问题。

——Joseph Butler, "Of Personal Identity"

主要的非形式谬误

相干性谬误

R1. 诉诸无知（Argument from Ignorance, *argumentum ad ignorantiam*）
R2. 诉诸不当权威（Appeal to Illegitimate Authority, *argumentum ad verecundiam*）
R3. 人身攻击（Argument Against the Person, Personal Attack, *argumentum ad hominem*）
R4. 诉诸情感（Mob Appeal, *argumentum ad populum*）
R5. 诉诸怜悯（*argumentum ad misericordiam*）
R6. 诉诸威力（*argumentum ad baculum*）
R7. 不相干结论（*ignoratio elenchi*, *non sequitur*）

预设性谬误

P1. 复杂问语（Complex Question）
P2. 虚假原因（*post hoc, ergo propter hoc*; *non causa pro causa*）
P3. 窃取论题（*Petitio Principii*）
P4. 偶性（Accident）
P5. 轻率概括（Converse Accident, Hasty Generalization）
P6. 隐藏证据（Suppressed Evidence）
P7. 假二分法（False Dichotomy）

歧义性谬误

A1. 一词多义（Equivocation）
A2. 歧读（Amphiboly）
A3. 重读（Accent）
A4. 合举（Composition）
A5. 分举（Division）

章节摘要

一个谬误是一个有缺陷的论证，是推理中的一个错误。一个非形式谬误是基于论证内容的推理错误（2.1）。我们区分了3类、19种主要的非形式谬误，三类谬误是：相干性谬误、预设性谬误、歧义性谬误。在很多情况下，你必须仔细考察论证的内容，因为只是有些那种形式的论证有错。

相干性谬误（2.2）

诉诸无知 诉诸无知具有如下论证形式：

> 如果有 p 是真的（假的），那么我们就知道 p 是真的（假的）。
> 我们不知道 p 是真的（假的）。
> 所以，p 不是真的（假的）。

出现**诉诸无知谬误**的两个条件：第一，论证的第一个或第二个前提为假；第二，证明前提为真的举证责任落在提出论证方，而且在谬误的例子中，论证方并没有提供前提为真的证据。

诉诸不当权威 如果一个论证把某人或某事当作相关领域的权威来援引，而他/它实际上不是，那么该论证就犯了诉诸不当权威谬误。

人身攻击 一个人身攻击谬误在回应一个论证时，攻击的是论证者的可信性而不是所提出的论证。它可以采取下列形式：

诽谤型的：诽谤性的人身攻击论证在回应一个论证时攻击的是论证者的人格而不是所提出的论证。

情境型的：情境型的人身攻击论证回应一个论证时诉诸某种情境，被攻击者从那情境中发现他或她自己成为其论证不可信的一个理由。

"你也是"："你也是"专注于攻击论证与论证者行为的不一致。

诉诸情感 一个犯了诉诸情感谬误的论证，具有如下形式：

> 如果相信命题 p 是真的使我"感觉良好"（被喜爱、被接受、重要、与众不同、有道德，等等），那么命题 p 就是真的。
> 相信命题 p 是真的使我"感觉良好"。
> 命题 p 是真的。

一般而言，相信一个命题为真使你"感觉良好"并不是宣称这个命题为真的充分理由。

诉诸怜悯 诉诸怜悯谬误把对不幸情境的情感反应作为以某种方式相信或行动的理由。

诉诸威力 如果一个论证隐含无根据的或不适当的威胁，那它犯了诉诸威力谬误。

结论不相干 一个论证，当它得出并不隐含在前提中的结论时，就犯了结论不相干谬误。

红鲱鱼：回应一个论证时转移主题。

稻草人：回应一个论证时攻击一个被认为是未述出的（其实并未采取的）前提，或者歪曲结论并攻击之。

预设性谬误（2.3）

当一个论证做了不是语境所保证的预设时，预设性谬误出现。

复杂问语　一个谬误的复杂问语为基于那个假定的问题的回答的一个结论提供基础。该假定的问题一定或者是"设下圈套的"，就是说，对所假定的问题的回答使回答者陷入困境，或者对所假定的问题的回答是假的。

虚假原因　一个论证，当它错把不是原因的事物当作原因时，它就犯了虚假原因谬误。"滑坡谬误"出现时，有一个所说因果的链条而其中至少有一个原因是假的。在滑坡谬误中，开始时的情况通常是很平常的，但是后来事情变得越来越糟，就像从斜坡上滑下来一样。

窃取论题　如果一个论证把它着手证明的结论假定为一个前提，它就是窃取论题。窃取论题谬误出现的三种情况为：

（1）论证的结论只是前提的复述。

（2）在一个论证链条中，最后一个论证的结论是第一个论证的前提（循环论证）。

（3）论证的前提中使用了假定结论所断定的内容的词语（性质词语窃取论题）。

偶性　偶性的谬误出现在论证诉之于一个一般性论断时，而当时或者（1）该论证所诉诸的一般性论断是假的，或者（2）在大多数情况下成立的一般原理被应用于并不适用的情况。"老套子谬误"和"来历谬误"是偶性的谬误的两个特例，都是基于对某一群体的错误论断。

轻率概括　如果一个论证所得出的一般性断言——不管是普遍的还是统计的——基于不充分的证据，特别是，当支持这个概括的样本是非典型的时候，就是犯了轻率概括谬误。

隐藏证据　如果一个论证忽视它所维护的结论的对立面的证据，它就犯了隐藏证据谬误。

假二分法　如果一个选言三段论的选言前提是假的，它就犯了假二分法谬误。

歧义性谬误（2.4）

如果语词、短语或语句的含义在论证中变幻不定，而结论的可接受性依赖于这种变换，那么，该论证犯了歧义性谬误。

一词多义　如果一个论证在论证过程中语词或短语的含义游移不定，那就犯了一词多义谬误。

歧读　一个论证，当一个有歧义的陈述充当它的一个带有使其为真的解释的前提，而结论是在使那个前提为假的理解下推出的时，就犯了歧读谬误。

重读　一个论证，当其一个前提的表层意义依赖于一种可能的重读，而从它得出结论则依赖于对相同词语作不同重读的意义，它就犯了重读谬误。

一种类型的重读谬误出现在引用语不完整或脱离语境而其含义改变时。

合举　如果一个论证不正当地推断，对一个整体的部分成立的性质适用于该整体，或者对一个类的成员成立的性质适用于整个类，它就犯了合举谬误。

分举　如果一个论证非法地宣称一个对整体成立的词项对部分也成立，或者一个对一类事物成立的词项对那个类中的一个成员也成立，它就犯了分举谬误。

第 3 章
直言命题

3.1 直言逻辑
3.2 直言命题与类
3.3 直言命题的符号表示和文恩图
3.4 周延性
3.5 存在含义
3.6 亚里士多德型对当方阵和直接推论
    A. 矛盾关系
    B. 反对关系
    C. 下反对关系
    D. 差等关系
3.7 布尔型对当方阵
3.8 逻辑等值和直接推论
    A. 换位
    B. 换质
    C. 换质位

3.1 直言逻辑

在第一章，我们定义和讨论了一些基本的逻辑学概念，包括相对于演绎论证而言的有效性和可靠性概念。一个论证形式是有效的，当且仅当，如果前提为真，则结论不可能是假的。如果论证是有效的，并且其前提是真的，那么该论证就是可靠的。有效性是一种保真关系。正如一座房屋的设计能够保证，只要用好的材料建造，该房屋就经受得住狂风暴雨一样，一个有效的形式保证了只要论证的前提是真的，则其结论也是真的。有效性只依赖于论证中的命题的结构。在第2章，我们考察了谬误，那些趋向于有心理劝导作用的、通过分析结果变成了不可靠的、常用的论证模式。

在本章及下一章中，我们将讨论通称直言逻辑或为纪念其发明者古希腊哲学家亚里士多德而称之为亚里士多德逻辑的一个形式逻辑系统。直言逻辑研究的是对象的类或范畴之间的关系。中世纪的欧洲逻辑学家把这种类型的逻辑推进至其发展的顶峰。直言逻辑在下面两种意义上是形式的：第一，就其为可靠地确定直言论证的有效性而规定一类严格的规则和技术而言，它是一个系统；第二，更重要的是，直言逻辑纯粹与命题和论证的形式（结构）有关。

在以后的章节中我们将讨论现代的语句和量词逻辑系统。虽然正如我们将要看到的，这些现代的逻辑系统取代了直言逻辑，但是，学习直言逻辑在现代逻辑的讨论中将是有用的。为什么这么说呢？第一，直言逻辑是介绍形式分析的一种好方法，因为它处于第3章所讨论的那种自然语言分析和第6—8章所讨论的现代逻辑的纯符号系统之间。第二，直言逻辑的许多概念直接与量词逻辑的重要部分相关。第三，直言逻辑是学习和练习逻辑学中的一些中心概念的一种有效方法。

有效性和可靠性概念与它一般地适用于演绎论证一样适用于直言逻辑。我们从讨论命题开始，在这里是直言命题。在第4章中我们将讨论由直言命题建构的论证。第5章，我们将讨论一些用直言逻辑评估日常话语中的论证的有效性的技法。

3.2 直言命题与类

亚里士多德逻辑的主要构件是直言命题。直言命题是关于对象的范畴和类的。下面是直言逻辑中一个论证的例子：

没有运动员是素食主义者。
所有的足球队员都是运动员。
所以，没有足球队员是素食主义者。

这一论证中所有三个命题都是直言命题。**直言命题肯定或否定某一个类 S 全部或部分地包含于另一个类 P 之中。**所谓类就是具有某特定的共同特征的所有对象的汇集。在上面的例子中，直言命题涉及运动员的类、素食主义者的类以及足球队员的类。

类可以十分任意地建构。一群对象共同具有的任何性质或特征都可以被用来定义一个类。所以，红可以被用来定义红色的事物这个类。在最随意的状况下，构造一个类的特征可以简单地就是作为这个特定的类的一个成员的这一性质，当时你是指着所说的那些对象而它们彼此不需要有其他什么关联。类的更典型的例子有所有颜色为蓝色的对象的类、所有是牛的对象的类、所有是政客的人的类、所有身高1.5米以下的人的类，甚至还可以有所有碰巧当下在这个房间内的对象的类。

直言命题陈述的是对象的类之间的关系。并非所有的命题都是直言的。类由对象组成。所以，严格地说，由于红的是一种性质而不是对象的类，因此，陈述"所有的库房都是红的"并不是断定类与类之间的一种关系，所以它不是一个直言命题。但是，它可以很容易地被转换成与其在意义上等值的直言命题：比如"所有的库房都是红色的建筑"或"所有的库房都是红色的事物"。要点是，在直言逻辑中，你什么时候看到一种性质，都应当想到据该性质拣出的对象的类。有时候你将需要重写论证中的命题，使它们是这样的直言的。

两个类相互之间可以有四种样式的关系：

1. 如果一个类中的每个成员也是第二个类中的成员，那么，就说第一个类被包括或包含在第二个类中。例如：所有的狗都是哺乳动物。

2. 如果两个类之间没有共同的成员，那么，就可以说这两个类是相互排斥的。例如：没有三角形是圆。

3. 如果一个类的某些但也许不是全部成员是另一个类的成员，那么，就可以说第一个类被部分地包含于第二个类之中。例如：有些女性是运动员。

4. 如果一个类的某些但也许不是全部成员不是另一个类的成员，那么，就可以说第一个类被部分地排斥于第二个类之外。例如：有些狗不是柯利狗。

在日常英语中，可以有很多方式表达直言命题。[①]为了在讨论直言三段论中，加以简化并且提供较大的统一性，我们引进**标准形式的直言命题**这一概念。每个标准形式的直言命题都有四个部分：量项、主项、联项和谓项。一个标准形式的直言命题的结构如下：

    量项 （主项） 联项 （谓项）
例： 所有   四边形   是   平面图形。

标准形式的直言命题使用三个量项：

所有（All）
没有（No）
有些（Some）

[①] 我们将在第5章中讨论其中的一些方法。

在上面的第四种情况中，量项"有些"后面跟的是一个被加以否定的谓项，比如在"Some dogs are not collies./有些狗不是柯利狗"中。联项则是动词"to be/是"的一些形式：is、are、was、were、would be，等等。

直言命题有两个特征：**量**和**质**。一个直言命题的量指的是我们所关注的对象的数量。一个直言命题在量上或者是**全称的**或者是**特称的**。全称命题指涉类的所有成员，特称命题指涉类的有些成员。按长久以来的传统，我们把"有些（some）"的意义规定为"至少一个"。

直言命题的质或者是**肯定的**或者是**否定的**。肯定的命题作出一个肯定的断言。"所有柯利狗是狗"和"有些狗是柯利狗"都是肯定命题。否定的命题则包括一个否定：它断定某一类的所有或有些成员不是另一类的成员。"没有猫是狗"和"有些猫不是暹罗猫"均是否定命题。

主项指称我们称之为主项类的对象类，谓项指称我们称之为谓项类的对象类。如果我们为了以例说明而选择两个对象类——比如，是牛的所有事物的类和是棕色的所有事物的类——那么，我们就可以看出，正好有四种可能的具有相同的主项和谓项的标准形式的直言命题：

所有牛是棕色的事物。
没有牛是棕色的事物。
有些牛是棕色的事物。
有些牛不是棕色的事物。

由于谈论标准形式的直言命题而不必谈论特定的主项和谓项甚为有用，我们用 S 代表主项，用 P 代表谓项。于是四种类型的标准形式的直言命题可以表示如下。我们还列出作为各种类型命题的传统名称的单个的大写字母并且具体说明命题的质与量。

A：所有 S 是 P。（全称肯定）
E：没有 S 是 P。（全称否定）
I：有些 S 是 P。（特称肯定）
O：有些 S 不是 P。（特称否定）

肯定直言命题的称呼 A 和 I 来自拉丁文"我肯定"（*AffIrmo*），否定直言命题的称呼 E 和 O 来自于拉丁文"我否定"（*nEgO*）。

第一个标准形式的直言命题，即 **A 命题**：

所有 S 是 P。

表示一个全称肯定命题。它断定了主项类的每个成员也是谓项类的成员。

所有摇滚音乐家都是诺贝尔奖获得者。

这是一个全称肯定直言命题的例子。它声称主项在这里是"摇滚音乐家"，所表示的类，完全包括在谓项（在这里是"诺贝尔奖获得者"）所表示的类之中。

第二个标准形式的直言命题，即 **E 命题**：

没有S是P。

表示一个全称否定命题。它断言主项类的所有成员都被排除在谓项类之外。

没有摇滚音乐家是诺贝尔奖获得者。

这是一个全称否定命题的例子。它断言主项"摇滚音乐家"所表示的类中没有一个成员是谓项"诺贝尔奖获得者"所表示的类中的成员。

第三个标准形式的直言命题，即I命题：

有些S是P。

表示一个特称肯定命题。它断言主项类中至少有一个成员也是谓项类的成员。

有些摇滚音乐家是诺贝尔奖获得者。

这是一个特称肯定命题的例子。它断言三项"摇滚音乐家"所表示的类中至少有一个成员也是谓项"诺贝尔奖获得者"所表示的类中的成员。

第四种标准形式的直言命题，即O命题：

有些S不是P。

表示一个特称否定命题。它断言主项类中至少有一个成员被排除在整个谓项类之外。

例子：有些摇滚音乐家不是诺贝尔奖获得者。

这是一个特称否定命题的例子。它断言主项"摇滚音乐家"所表示的类中至少有一个成员不是谓项"诺贝尔奖获得者"所表示的类中的成员。

标准形式的直言命题		
命题形式	量和质	例子
所有S是P。	A：全称肯定	所有柯利狗是狗。
没有S是P。	E：全称否定	没有狗是猫。
有些S是P。	I：特称肯定	有些狗是柯利狗。
有些S不是P。	O：特称否定	有些狗不是柯利狗。

练习题

针对下面的每个直言命题，指出其主项、谓项以及标准形式的直言命题（A、E、I、O）：

1.所有的博弈表演都是智力刺激表演。
3.没有鹦鹉是我的祖父。
5.有些黄道带符号不是幸运的符号。

7. 有些笑话不是好笑的东西。
9. 没有生命形式是封闭的热力系统。
11. 有些鹦鹉不是我的祖母。
13. 没有血统不纯的狗是美国肯诺俱乐部发起的正式狗选秀活动中兰绶带的候选者。
15. 有些正确服用时疗效很好的药不是所有医药箱都应该贮存的安全药品。

3.3 直言命题的符号表示和文恩图

逻辑学家已经发明了若干方法来用符号表示命题。这样的表示法比日常英语语句更容易操作，就好像阿拉伯数字比罗马数字更容易掌握一样。所以，就让我们从引进直言命题的一些符号表示法开始吧。

具有"所有 S 是 P"形式的命题断言是 S 的事物类全部包含在是 P 的事物类中。这意味着不存在是 S 但不是 P 的事物：是 S 但不是 P 的事物类是空的。

令零（0）表示空类。如果你断言 S 没有成员（S 是空的），就这样来表示：

$$S=0$$

如果你说 S 不是空的（S 至少有一个成员），你就这样来表示：

$$S\neq 0$$

一个字母上面划一横线表示**不**在该类中的每个事物。所以，记号：

$$\bar{S}$$

表示所有不是 S 的事物的类。

两个字母放在一起表示它们所代表的类的交或积。所以，记号：

$$SP$$

表示的是既是 S 又是 P 的成员的那些事物的类。

用上面这些符号，我们可以如下表所示表示四种标准形式的直言命题：

直言命题的符号表示			
形式	命题	符号表示	说明
A	所有 S 是 P。	$S\bar{P}=0$	是 S 但不是 P 的事物类是空的。
E	没有 S 是 P。	$SP=0$	既是 S 又是 P 的事物类是空的。
I	有些 S 是 P。	$SP\neq 0$	既是 S 又是 P 的事物类不是空的。
O	有些 S 不是 P。	$S\bar{P}\neq 0$	是 S 但不是 P 的事物类不是空的。（$S\bar{P}$ 至少有一个成员。）

英国数学家和逻辑学家约翰·文恩（1834—1923）发明了一种使这一信息更为清晰的方法。

文恩用圆圈之间的关系表示直言命题中所断定的关系。①在文恩图中，一个圆圈表示一个类，我们给每个圆圈标上表示类的名字的大写字母。

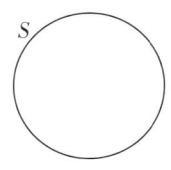

圆圈中打阴影表示该类是空的，圆圈中写有 X 表示它不是空的：

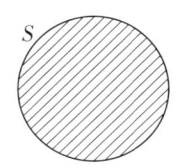

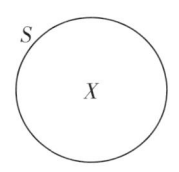

图解标准形式的直言命题需要两个交叉的圆圈，其中一个代表主项，另一个代表谓项。两个圆圈相互重叠的部分表示这两个类的交，即既是 S 又是 P 的那些对象的类。圆圈外面的框代表命题所假定的论域。

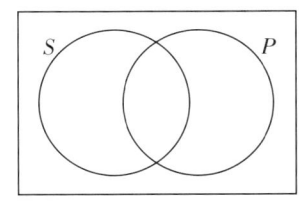

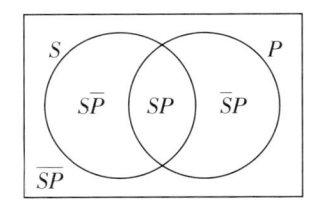

我们可以用前面引入的记号来标示这样的图。需要注意的是，两个圆圈外面的区域是 $\overline{SP}$，它包含既不是 S 也不是 P 的所有事物。

我们可以用文恩图表示四种标准形式的直言命题如下：

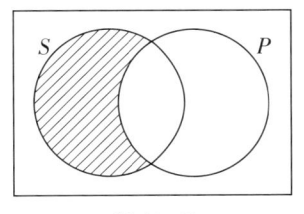

A：所有 S 是 P。
$S\overline{P}=0$

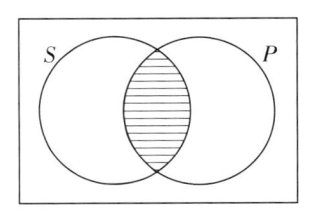

E：没有 S 是 P。
$SP=0$

---

① 正如我们将在 3.4 节看到的，存在两种对直言逻辑的解释。文恩图采取的是所谓的布尔型解释。布尔型解释比传统的或亚里士多德型解释所做的假设较少。在当前的讨论中，两者的区分并不重要。

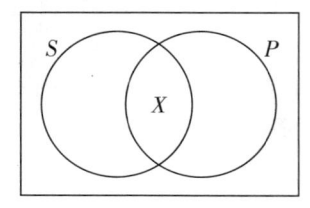

I: 有些S是P。
SP≠0

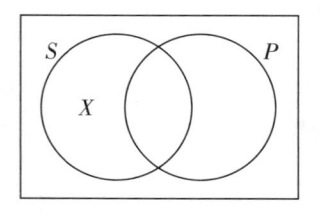

O: 有些S不是P。
S$\bar{P}$≠0

我们也可以用文恩图来表示主项与谓项换位后的命题：

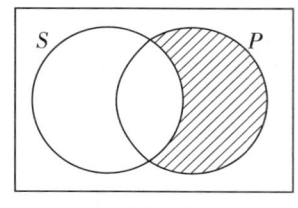

A: 所有P是S。
$\bar{S}$P=0

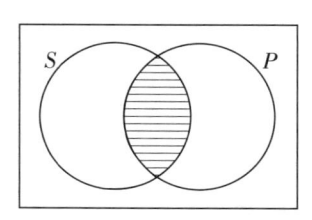

E: 没有P是S。
SP=0

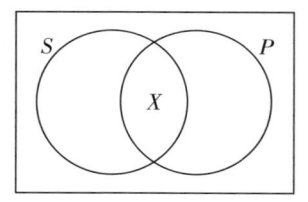

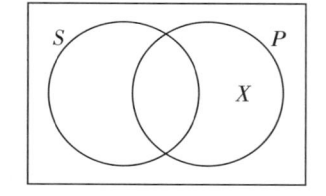

I: 有些P是S。
SP≠0

O: 有些P不是S。
$\bar{S}$P≠0

练习题

指出下面每个命题的形式（A、E、I、O），用主、谓项的第一个英文字母代表相应的类，并为它们画一个文恩图。

1. 所有的冰激凌香蕉船都是健康的餐后点心。
3. 没有"舞会皇后"是以优异成绩毕业的人。
5. 所有的猪都是很棒的宠物。
7. 有些奥运金牌得主是药物服用者。
9. 所有穿白色缎子的骑士都是从马上掉下来的人。
11. 没有死人是讲故事的人。
13. 所有澳大利亚的厕所都是反时针方向冲洗的厕所。
15. 没有猪是法国血统的动物。

17. 所有三角形都是有三条边的物体。
19. 有些音乐家不是钢琴家。
21. 没有现代油画是对其对象的照相式的画像。
23. 有些大型喷气式飞机的乘客不是感到满意的顾客。
25. 所有的色情电影都是对文明和礼仪的威胁。

3.4 周延性

一个词项如果指涉的是一个类的全部，那么它就是周延的，否则是不周延的。因此，在全称命题中，主项是周延的，在否定命题中，谓项是周延的。下面的图表说明了标准形式的直言命题的周延情况：

	主项周延		
谓项不周延	A：所有 S 是 P	E：没有 S 是 P	谓项周延
	I：有些 S 是 P	O：有些 S 不是 P	
	主项不周延		

另一个概括项的周延性的方法是：

A：所有 S^D 是 P^U。
E：没有 S^D 是 P^D。
I：有些 S^U 是 P^U。
O：有些 S^U 不是 P^D。

下面我们依次来看看每一种命题。

A命题（"所有 S 是 P"）断定的是主项类被包含在谓项类中。它们关于全部谓项类并没有说什么。所以，A命题的主项周延，但谓项不周延。因此，命题"所有的柯利狗是狗"告诉你的是整个柯利狗类在狗类中。A命题的文恩图很好地说明这一点。记住，阴影部分是空的：

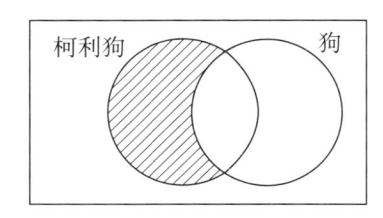

如果有任何柯利狗，那么它们都包含在狗类中。图中表示不是狗的柯利狗的区域是空的。

E命题（"没有 S 是 P"）断定的是主项类与谓项类都是相互排斥的。由于它是关于这两个类的全部做出断言，所以，E命题的主、谓项都是周延的。因此，命题"没有狗是猫"告诉你的是整个狗类被排除在整个猫类之外。其文恩图也很好地说明了这一点。记住，阴影部分没有成员：

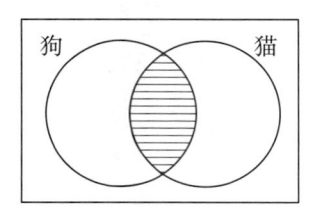

该图指出既是狗又是猫的事物的类是空的。所以，它说明，不是猫的狗的类全部地区别于不是狗的猫的类。

I命题（"有些S是P"）断定的是主项类与谓项类至少有一个共同的成员。由于它**没有**关于主项类与谓项类的全部做出断言，所以，该命题的主、谓项都是不周延的。命题"有些狗是柯利狗"的文恩图表明了这一点。记住，图中的X表示那地点有事物存在：

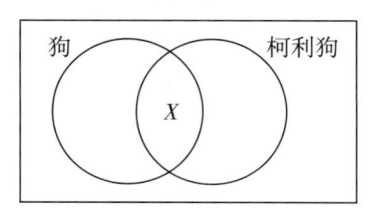

图中的X处于表示既是狗又是柯利狗的事物的区域。它告诉你的只是：至少有一个事物，它既是狗又是柯利狗。该图关于是狗但不是柯利狗的事物类的全部和是柯利狗但不是狗的事物类的全部并没有显示什么。所以，它表明主项与谓项都不是周延的。

O命题（"有些S不是P"）断定的是至少有一个事物被排除在谓项类之外。由于它告诉你关于全部谓项类的事而关于全部主项类并没有说什么，因此，谓项是周延的而主项是不周延的。命题"有些狗不是柯利狗"的文恩图说明了这一点。记住，图中的X表示该区域有事物存在：

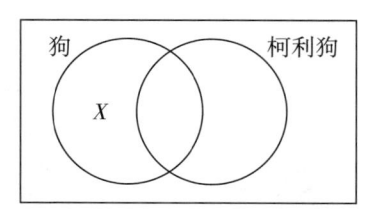

X完全处于代表柯利狗的类的圆圈之外。所以，它表明谓项是周延的。

重要提示

如果你认为关于周延的讨论既清楚又直观，那就忽略本注记。如果你还不是很清楚，那么，不用焦急：至少有60%的学生处于与你一样的状况，他们大多数都能很好地评价三段论。他们的解决办法是在带有周延图的书页上挂一个便利贴并且做大约30个包含周延问题的题目。他们的态度是：周延不过是逻辑学家想象出来的东西以便能有评价三段论的规则。所以，他们说，如果你对周延问题不是十分清楚也无所谓。当然，作者的正式意见是你应当理解该概念，但是……

练习题

辨别下列命题的命题形式（A、E、I、O），并指出其主、谓项是否周延。
1. 所有爱吃甜品的小孩都是牙科医生最好的朋友。
3. 没有用氯消毒的游泳池是不长藻类的。
5. 没有火鸡是素食主义者喜欢的。
7. 没有小狗是大狗。
9. 有些东西不是干净的东西。
11. 所有的人工智能算法都是不知道它们为何物的抽象的东西。
13. 有些军工联合体的成员是反感暴力的性格温和守规矩的人。
15. 所有新的节省劳力的手段都是对工会运动的主要威胁。

3.5 存在含义

关于直言命题，有两种解释。这两种解释的区别涉及全称命题（A 和 E）的存在含义。**如果一个命题之为真需要主项类至少有一个成员，那我们就说该命题有存在含义。**谁都承认特称命题（I 和 O）有存在含义。是不是在全称命题有无存在含义这一点上存在分歧？正是。我们看下面两个陈述：

> 所有的独角兽都是神话中脑门中央长有单独一只角的、样子像马的动物。
> 所有未受外力作用处于静止或匀速直线运动状态的物体，都会保持静止或匀速直线运动，除非它们受到外力作用。（牛顿运动第一定律）

如果全称命题为真需要存在含义，那么上面的两个命题就都是假的，因为独角兽和不受外力作用的物体都是不存在的。如果全称命题的真**不**需要存在含义，则上面的两个命题都是真的。

对直言命题的传统解释或**亚里士多德解释**假定了全称命题有存在含义。有些人相信这是常识观点。它确实对关于我们已经知道它们存在的对象的全称命题成立。正如我们将在下一节看到的，如果你知道一个全称陈述是真的或一个特称陈述是假的，采取亚里士多德解释允许你得出几个关于具有相同的主项和谓项的其他命题的推论。但是，亚里士多德解释衍涵，关于并不存在的对象的全称陈述都是假的。所以，《韦伯斯特新世界词典》把"独角兽"定义为：

> 神话中的一种脑门中央长有单独一只角的、样子像马的动物。[1]

对应于这个定义的全称陈述一定是假的，因为并不存在独角兽。同样，牛顿运动第一定律以及只有在一组"理想的"条件下才成立的任何其他的科学原理也都是假的。

认为全称命题没有存在含义的另一种解释通称**布尔解释**，以其拥护者、19 世纪的数学家和逻辑学家乔治·布尔（1815—1864）的姓氏命名。[1] 根据布尔解释，一个全称命题被理

---

[1] In Webster's *New World Dictionary and Thesaurus*（Macmillan Digital Publishing, 1997）.

解为一个条件陈述（一个"如果—那么"陈述）。一个全称肯定陈述具有这样的形式："对任何事物，如果它是 S，那么它就是 P"。按此解释，我们把"所有的独角兽都是长有一只角的马"理解为"对任何事物，如果它是独角兽［它不是，因为它们不存在］，那么它就是长有一只角的马"。正如我们将在第6章看到的，任何一个带有假的前件（"如果"分句）的条件陈述都是真的。这就意味着，根据布尔解释，任何关于独角兽（或者任何不存在的对象）的全称断言都是真的。例如，根据布尔解释，"所有的独角兽都是大肚皮的猪"也是真的。

我们将在下一章介绍的用于评价三段论的文恩图方法和规则采取布尔解释。为什么呢？有以下几个理由。（1）有时候我们想谈论并不存在的对象，并且只是要求那些断言中有些是真的——例如，当一个全称命题断定一个定义的时候——才是合理的。同样，任何主张数学关乎理想化的人都会断言基本的数学命题——"2+2=4""所有正方形都是长方形"——是真的。布尔解释允许你要求关于理想化的陈述是真的；亚里士多德解释则不允许。（2）有时候，我们所说的并不假定在我们正谈到的类中有成员。例如，命题"所有的非法入侵者都将被控告"不但没有假定主项类是非空的，而且作此断定的目的就是试图确保主项类保持为空。（3）我们常常希望不做任何关于存在的预设地进行推理。例如，牛顿运动第一定律，断定的是没有受到外力作用的物体将保持它们的运动状态，无论是静止还是匀速直线运动。那可能是真的；一个物理学家可能想表达或卫护该定律但并不想预设有任何摆脱外力的物体。（4）当我们做出关于我们已经知道其存在的事物的全称陈述时，我们可以把它们看作断定了两个命题，即一个全称命题和一个相应的特称命题。例如，如果你说："所有的饶舌（rap）音乐家都是能够快速说话的人"，那么，可以理解为你既说了"所有的饶舌音乐家都是能够快速说话的人"，又说了"有些饶舌音乐家是能够快速说话的人"。正如我们将在第5章看到的，日常英语中有些全称陈述应该看作做出两个断言。如果它们不被如此理解，那么它们出现于其中的论证就会被认为是无效的，只有布尔解释的拥护者将断言它们是无效的。

名称	形式	量	质	周延性	存在含义
A	所有 S 是 P	全称	肯定	只有主项周延	无
E	没有 S 是 P	全称	否定	主项和谓项都周延	无
I	有些 S 是 P	特称	肯定	主项和谓项都不周延	有
O	有些 S 不是 P	特称	否定	只有谓项周延	有

基于布尔解释的直言陈述的性质

---

① 这并不意指布尔是第一个拥护该解释的。例如，R·笛卡尔（1596—1650）就曾采取布尔解释（见其《哲学原理》一书第一部分，§10）。

3.6 亚里士多德型对当方阵和直接推论

直言命题的质、量和周延性告诉我们的是，标准形式直言命题关于主项和谓项类的包含或排斥关系所断定的是什么，而不是那些断定本身是否为真。然而，具有相同主项与谓项的 A、E、I、O 四种命题合起来具有一类相互关系，使我们能关于它们的真与假做推论。这就叫**对当关系**。换言之，如果我们知道一种形式的一个命题是真的或假的，就可以关于有相同主谓项的其他形式的命题的真或假得出一些有效的推论。

根据直言逻辑的亚里士多德解释，命题之间有四种方式相对当：矛盾、反对、下反对与差等。这些关系可以用传统的对当方阵图示如下：

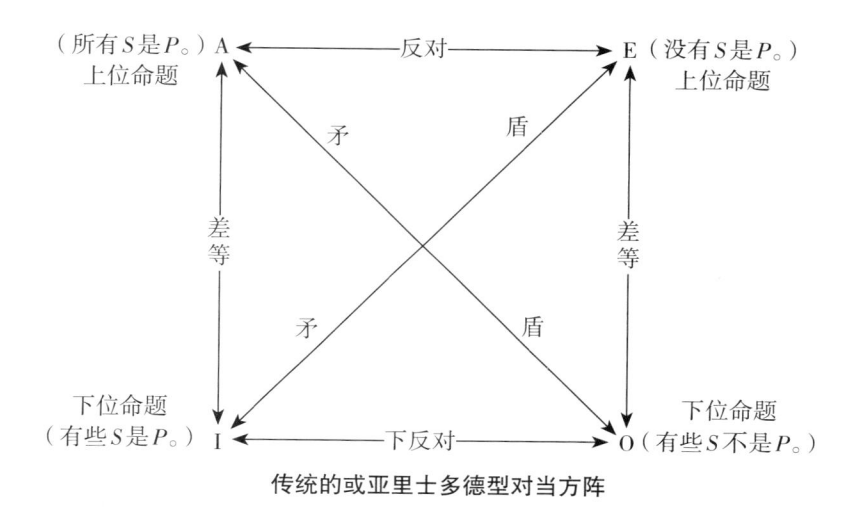

```
（所有S是P。）A ←——反对——→ E（没有S是P。）
  上位命题                    上位命题
         ↕  ↘     ↙  ↕
         矛   盾
         差        差
         等        等
         矛   盾
         ↕  ↙     ↘  ↕
  下位命题                    下位命题
（有些S是P。）I ←—下反对—→ O（有些S不是P。）
```

传统的或亚里士多德型对当方阵

方阵最右边的命题 E 和 O，在质上是否定的。顶部的 A 和 E 命题在量上是全称的。底部的 I 和 O 命题在量上是特称的。最左边的命题 A 和 I 在质上是肯定的。

A. 矛盾关系

两个具有相同主项与谓项的命题，如果一个是另一个的否定，即它们既不能同时是真的也不能同时是假的，那么它们就是相矛盾的。如果一个为真，则另一个一定是假的，如果一个为假，则另一个一定是真的。质和量都不相同的 A 命题（所有 S 是 P）和 O 命题（有些 S 不是 P）是相矛盾的。E 命题（没有 S 是 P）和 I 命题（有些 S 是 P）也是相矛盾的。就它们每一对（A 和 O、E 和 I）来说，一定正好一个是真的，另一个是假的。例如：

　　A：所有亚当·桑德勒的电影都是滑稽电影。
　　和
　　O：有些亚当·桑德勒的电影不是滑稽电影。

这两个命题在质与量上是相对立的。我们或许不知道哪一个命题是假的，但我们知道如果某一个是真的，那么另一个就一定是假的。如果"所有亚当·桑德勒的电影都是滑稽电影"是真的，则"有些亚当·桑德勒的电影不是滑稽电影"就一定是假的，也就是说，"至少有一部亚当·桑德勒的电影不是滑稽电影"一定是假的。并且，如果"所有亚当·桑德勒的电影都是滑稽电影"是假的，那么，"至少有一部亚当·桑德勒的电影不是滑稽电影"就一定是真的。相应地，如果O命题是真的，则A命题一定是假的；如果O命题是假的，则A命题一定是真的。

同样的分析可以适用于具有相同主、谓项的任何一对E和I命题，例如：

E：没有殡仪经营者是天性乐观的人。
I：有些殡仪经营者是天性乐观的人。

同样，必定正好一个是真的，正好一个是假的。

B. 反对关系

具有相同主、谓项的两个命题，如果它们不能都是真的，但可以都是假的，那它们就是相反对的。如果一对相反对的命题其中一个是真的，那么另一个就一定为假。但是，如果其中一个是假的，却另一个不一定须为真。它们可以都是假的。具有相同主谓项、都是全称的但在质上不同的A和E命题，就是相反对的。

所有添加了胡椒的比萨都是无脂食品。
没有添加了胡椒的比萨是无脂食品。

这是具有相同主项和谓项但在质上不同的两个全称命题。第一个，A命题，是全称的和肯定的。第二个，E命题，是全称的和否定的。

这两个命题不能同时为真。如果所有添加了胡椒的比萨都是无脂的，那么，没有一张是，就一定是假的。同样，如果没有添加胡椒的比萨是无脂的，那么，所有的都是，就一定是假的。

但是，比方说，如果正好有一张添加了胡椒的比萨是无脂的，而其他的都不是，那会怎么样呢？在这种情况下，两个命题就都是假的。

所以，A和E这两个命题不能同真，但可以同假。

C. 下反对关系

具有相同主项和谓项的两个命题，如果它们虽然可以都是真的但不能都是假的，那么，它们是互相下反对的。具有相同主项和谓项的I和O命题就是互相下反对的。

有些足球运动员是体重超过250磅的人。
有些足球运动员不是体重超过250磅的人。

它们是具有相同主谓项但在质上不同的两个特称直言命题。第一个，I命题，是特称的和肯定的。第二个，O命题，是特称的和否定的。

这两个命题可以同时为真。如果至少有一个足球运动员的体重超过250磅同时另外有一个足球运动员的体重等于或低于250磅，这两个命题就同时都是真的。但是，除非没有足球运动员，否则这两个命题不能同时为假。如果第一个命题是假的，那就意味着甚至没有一个足球运动员是体重超过250磅的。在这种情况下，第二个命题，它说的是至少有一个足球运动员不是体重超过250磅的，就一定是真的。同样，如果第二个命题是假的，那么第一个命题就一定是真的。

D. 差等关系

具有相同主项和谓项、质相同但量不同的两个命题，称为相对应的命题。因此，A（所有S是P）与I（有些S是P），以及E（没有S是P）与O（有些S不是P），都是相对应的命题。**一个全称命题（上位命题）与其相对应的特称命题（下位命题），如果该全称命题是真的，则其相对应的特称命题也是真的，它们之间的关系就是差等关系。**所以，如果A命题是真的，则相应的I命题也是真的。同样，如果E命题是真的，其相对应的O命题就是真的。然而，其逆不成立。如果一个特称命题是真的，其相应的全称命题可能是真的，也可能是假的。例如，如果命题"有些猫不是友好的动物"是真的，则命题"没有猫是友好的动物"可能是假的。然而，如果特称命题是假的，其相应的全称命题则一定也是假的。如果全称命题是假的，我们同样不能推出其相应的特称命题是真还是假。例如，如果命题"没有狗是友好的动物"是假的，我们并不能推出命题"有些狗不是友好的动物"的真假。

　　所有的学生都是有趣的人。
　　有些学生是有趣的人。

这两个命题一个是全称肯定命题，一个是其相应的特称命题，第二个是第一个的下位命题。在亚里士多德逻辑中，如果第一个命题是真的，那么第二个命题也一定是真的，因为主项类一定至少有一个成员（它有存在含义），并且任何事如果对一个类的全部成立，那它一定对那个类的特殊成员成立。对所有学生都成立的事也一定对其中的某些学生成立。然而，使一个特称命题为真的事，却不一定使其相应的全称命题为真。如果"有些学生是有趣的人"是真的，"所有学生都是有趣的"却可能真也可能不真。但是，如果"有些学生是有趣的人"是假的，那么，"所有学生都是有趣的人"则一定为假。

我们刚才描述了从对存在含义的传统的或亚里士多德解释的观点看的矛盾、反对、下反对和差等关系。如果给定一个命题的真值——命题的真或假——对当方阵使你能推出其他命题的真值。这叫做围绕方阵走。在某些情况下，对当方阵使你能推出具有相同主项和谓项的所有陈述的真值。在某些情况下则不行。在你不能确定命题真值的那些情况中，我们称它的真值是未定的。

假如给定一个A命题为真。如果该A命题真，则其反对命题E为假。A的矛盾命题O为假。而A的差等命题I为真。下面方阵中的虚线箭头表明你是如何推理的：

078　逻辑要义

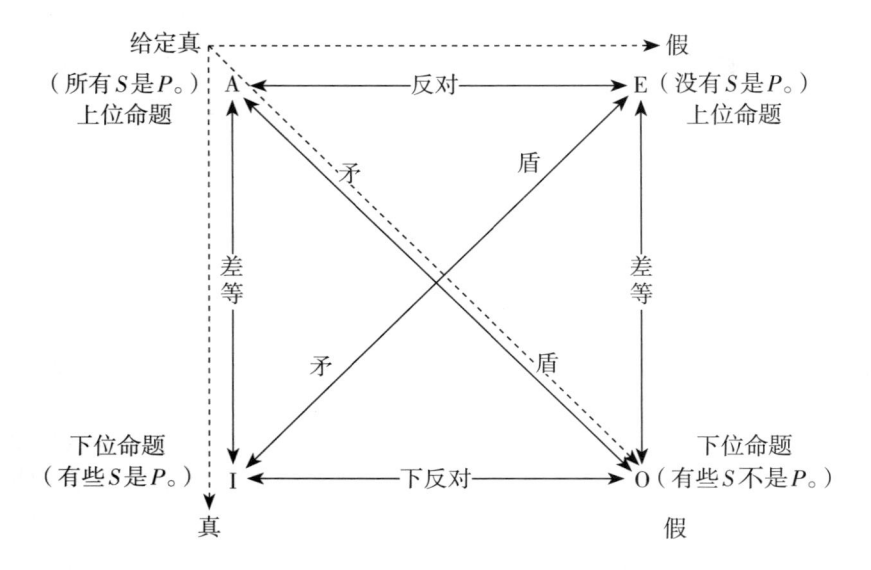

```
给定真 ------------→ 假
(所有S是P。) A ←—反对—→ E (没有S是P。)
  上位命题                    上位命题
        ↕ 差      矛  盾      ↕ 差
        ↕ 等                 ↕ 等
                矛    盾
  下位命题                    下位命题
(有些S是P。) I ←—下反对—→ O (有些S不是P。)
  真                          假
```

如果给定一个 E 命题为假，你就可以推出它具有相同主谓项的矛盾命题 I 是真的。那是方阵上你唯一能推出的一个命题的真值。想想看，比方说命题"没有庞蒂亚克是值得信赖的车"给定为假。如果那个陈述是假的，那么就一定至少有一辆庞蒂亚克车是值得信赖的；就是说，I 命题"有些庞蒂亚克是值得信赖的车"一定是真的。但是，关于所有庞蒂亚克车你却一无所知，因为你不能从一对反对命题中的一个为假有效地推出另一个反对命题的真值。从 E 命题的假，关于 O 命题"有些庞蒂亚克车不是值得信赖的车"的真值你也一无所知，因为关于一个假命题的下位命题的真值是推不出什么的，而且给定一对下反对命题中的一个为真，关于另一个下反对命题真值也是推不出什么的。所以，方阵现在看来如下：

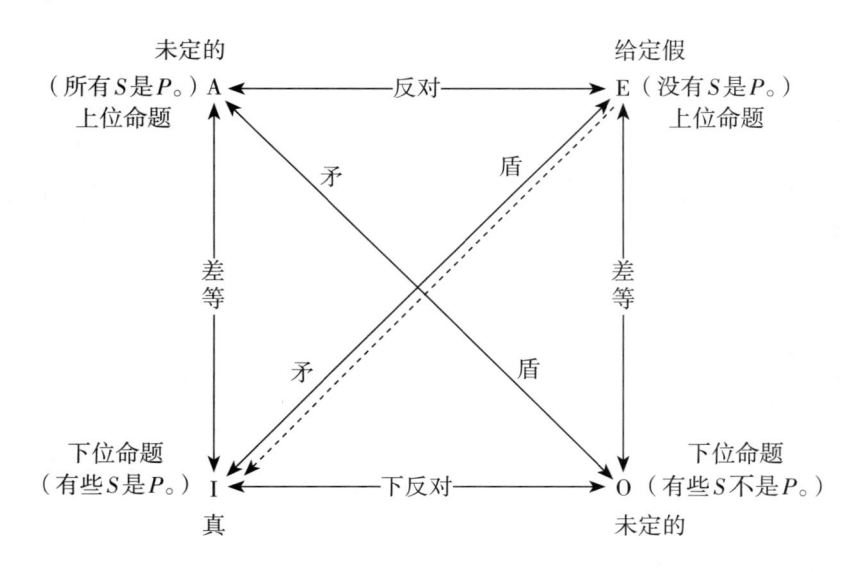

```
未定的                      给定假
(所有S是P。) A ←—反对—→ E (没有S是P。)
  上位命题                    上位命题
        ↕ 差      矛  盾      ↕ 差
        ↕ 等                 ↕ 等
                矛    盾
  下位命题                    下位命题
(有些S是P。) I ←—下反对—→ O (有些S不是P。)
  真                          未定的
```

现在来说给定一个 I 命题为真。如果一个 I 命题是真的，那么，它的具有相同主谓项的矛盾命题 E 就是假的。那是方阵上你唯一能推出的一个命题的真值。考虑命题"有些狗是哺乳动物"。如果这命题是真的，那么，它的矛盾命题"没有狗是哺乳动物"就一定是假的。但是，除此之外，你不能得出其他的有效推论。从一对反对命题中的一个（E）为假，你关于另一个反对命题（A）的真值并不能推出什么。从一对下反对命题中的一个（I）为真，你关于另一个下反对命题（O）的真值并不能推出什么。**请记住：我们这里所谈的只是给定一个命题的真值能够有效地推出什么真值。你可能有其他根据知道命题"所有狗都是哺乳动物"是真的而"有些狗不是哺乳动物"是假的，这一事实与有效推论的问题无关。**基于对当方阵的推理如下：

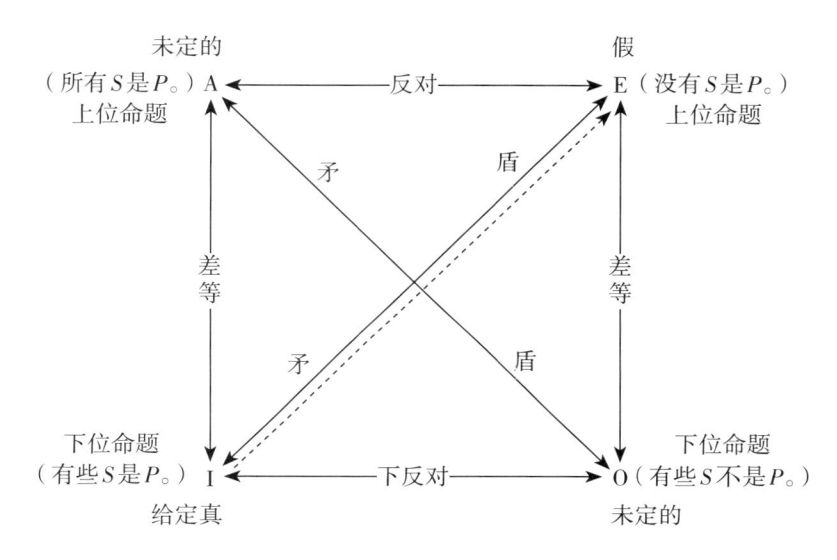

```
        未定的                              假
    （所有S是P。）A ←——反对——→ E（没有S是P。）
        上位命题                         上位命题
                    矛      盾
                差              差
                等              等
                    矛      盾
        下位命题                         下位命题
    （有些S是P。）I ——下反对—— O（有些S不是P。）
        给定真                           未定的
```

最后，假定给定O命题为假。再一次，你可以围绕方阵一直走。如果O是假的，它的矛盾命题A就一定是真的。如果A是真的，它的反对命题E就一定是假的。如果O是假的，它的下反对命题I就一定是真的。基于对当方阵的推理如下：

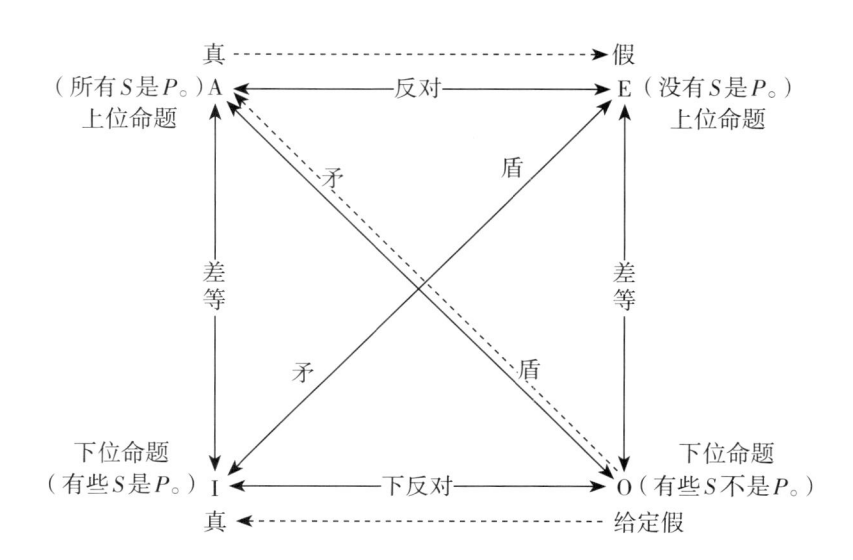

```
            真 — — — — — — — — — — → 假
    （所有S是P。）A ←——反对——→ E（没有S是P。）
        上位命题                         上位命题
                    矛      盾
                差              差
                等              等
                    矛      盾
        下位命题                         下位命题
    （有些S是P。）I ——下反对—— O（有些S不是P。）
            真 ← — — — — — — — — — — 给定假
```

简而言之，如果给定一个全称命题为真或者一个特称命题为假，你就可以围绕方阵一直走。如果给定一个全称命题为假，你就只能推出它的矛盾命题为真。如果给定一个特称命题为真，你也只能推出它的矛盾命题为假。

练习题

Ⅰ.回答下列问题：
1. 说出"所有蜘蛛都是九条腿的生物"的矛盾命题。
3. 说出下列两个命题之间存在的对当关系。

　　有些恐怖片是好笑的电影。
　　有些恐怖片是吓人的电影。

5. 如果命题"所有的火箭科学家都是思维迟钝的人"为假，关于命题"有些火箭科学家不是思维迟钝的人"我们能做出什么基于对当方阵的直接推论？
7. "有些笑话是模棱两可的"和"有些笑话不是模棱两可的"可以同时为真但不能同时为假。这一断定是真还是假？为什么？
9. 如果"某位名叫Joe的火箭科学家是一位在迪斯尼世界明日岛礼品商店中卖衬衫的退休老人"这一命题为真，关于命题"所有名叫Joe的火箭科学家都是在迪斯尼世界明日岛礼品商店中卖衬衫的退休老人"，我们能做出什么基于对当方阵的直接推论？为什么？

Ⅱ.下面各组命题，（1）如果假定其第一个命题为真，（2）如果假定其第一个命题为假，关于其他命题的真假我们能推出什么来？
11. a.所有成功的总经理都是聪明人。
　　b.没有成功的总经理是聪明人。
　　c.有些成功的总经理是聪明人。
　　d.有些成功的总经理不是聪明人。
13. a.有些铀同位素是高度不稳定的物质。
　　b.有些铀同位素不是高度不稳定的物质。
　　c.所有铀同位素都是高度不稳定的物质。
　　d.没有铀同位素是高度不稳定的物质。

3.7 布尔型对当方阵

直言逻辑的亚里士多德解释假定所有的直言命题都有存在含义。正如我们已经在3.4节所看到的，这一假定蕴涵诸如"所有的独角兽都是长有一只角的马"是假的，而且在某些对数学对象的本质的理解下，"所有的正方形都是长方形"也是假的。

存在含义在我们就直言命题所能做的直接推论上产生了什么不同吗？是的。在布尔解释下，关于一个空类的全称命题是真的。所以，在布尔解释下，命题"所有的独角兽都是长有一只角的马"和"没有独角兽是长有一只角的马"都是真的。因此，两个全称命题并不是相反对的。两个关于不存在的对象的真断定其矛盾命题都是假的。所以，也不存在下反对。而且，由于布尔解释下的全称命题没有存在含义，差等也不存在。布尔型对当方阵是相当简单的。

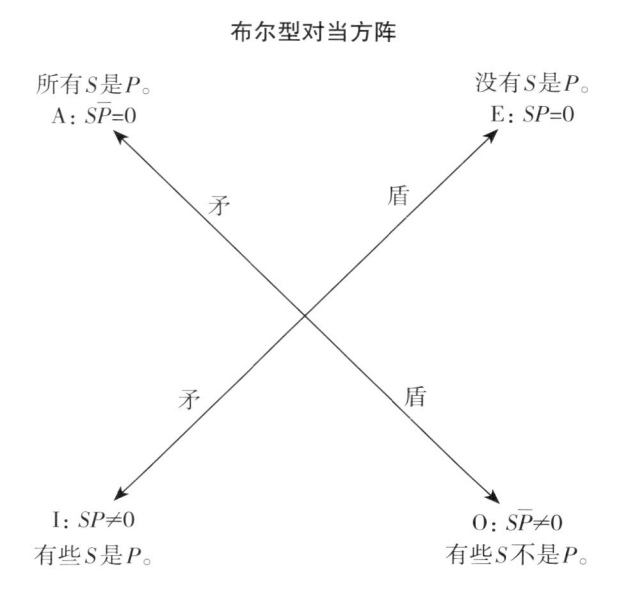

布尔型对当方阵

```
      所有S是P。                  没有S是P。
      A：S$\bar{P}$=0              E：SP=0

                  矛         盾


                  矛         盾

      I：SP≠0                    O：S$\bar{P}$≠0
      有些S是P。                  有些S不是P。
```

3.8 逻辑等值和直接推论

两个命题是逻辑（上）等值的当且仅当它们总是有同样的真值。在本节，我们将考察与标准的A、E、I、O形式相关的三种陈述形式。它们是通过用各种方式操作那些命题形成的。在有些情况下，得到的命题逻辑等值于标准形式的命题；在有些状况下则不然。对逻辑等值的考虑是独立于你所采取的直言命题的解释的。然而，我们将会看到，通过把对逻辑等值的考虑与对当方阵结合起来，存在一些为不被布尔解释认可的亚里士多德型方阵所保证的推论。

A. 换位

换位是这样一个过程：将直言命题的主项与谓项的位置进行交换。原来的命题叫做被换位命题，得到的命题叫做换位命题。例如，"没有S是P"的换位命题是"没有P是S"。被换位命题与其换位命题是逻辑等值的当且仅当它们的项有同样的周延情况。

将命题E和I换位分别可以得到一个逻辑等值的命题。即如果命题：

　　　　没有S是P

是真的，则它的换位命题：

没有P是S

也是真的。如果S被整个地排斥在P之外，则P也一定被整个地排斥在S之外。在命题E中项的周延性在其换位命题中也是相同的。如果你看一看E命题与其换位命题的文恩图就很清楚：

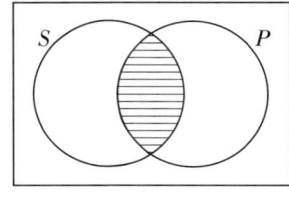

没有S是P。 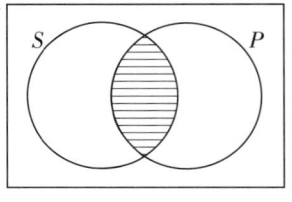　　　　　　没有P是S。

这两个文恩图是相同的，所以，E命题与其换位命题是逻辑等值的。

同样，如果命题：

有些S是P

是真的，则其换位命题：

有些P是S

也是真的。如果至少有一个既是S又是P的事物，那么，也至少有一个既是P又是S的事物。I命题中词项的周延性与其换位命题中的相同。I命题与其换位命题的文恩图也是相同的：

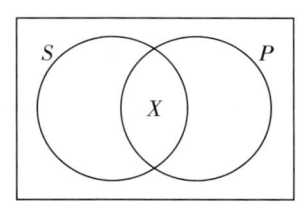

有些S是P。 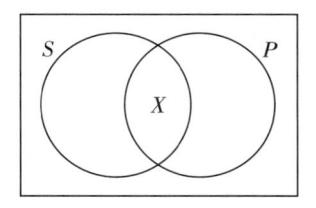　　　　　　有些P是S。

A命题与其换位命题则并不逻辑等值。如果你有疑问的话，可以看看下面的例子：

所有的柯利狗都是狗。

是真的，它的换位命题：

所有的狗都是柯利狗。

则是假的。在"所有S都是P"形式的A命题中，S是周延的；而在其换位命题"所有P都是S"中，P是周延的。这一点也可以通过A与其换位命题的文恩图之间的不同而得以说明：

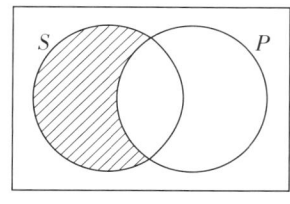

所有S是P。 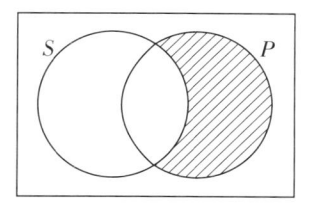　　　　　　　　所有P是S。

同样，O命题并不逻辑等值于其换位命题。如果你有任何疑问，请看下面的例子：

有些狗不是柯利狗。

是真的，但其换位命题：

有些柯利狗不是狗。

则是假的。在"有些S不是P"形式的O命题中，P是周延的；而在其换位命题"有些P不是S"中，S是周延的。这一点也可以通过O与其换位命题的文恩图之间的不同而得以说明：

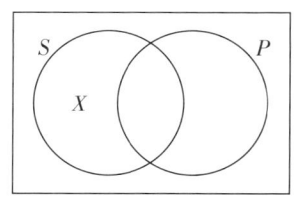

有些S不是P。 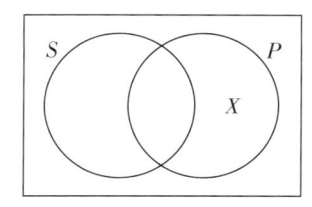　　　　　　　　有些P不是S。

虽然A命题与其换位命题决不逻辑等值，但是，亚里士多德对当方阵允许我们从A命题推出一个I命题的换位命题。如果一个A命题是真的，那么，在亚里士多德解释下，其相应的I命题也是真的。而一个I命题是逻辑等值于其换位命题的。所以，给定一个A命题为真，我们可以推出其相应的I命题的换位命题是真的。我们把这种推论称之为限制换位或差等换位。要注意的是，这是一个基于亚里士多德的对当方阵的推论，继之以逻辑等值于据方阵推出的命题的一个换位。限制换位并不产生一个逻辑等值命题。限制换位在布尔解释下并不是有效的推论，因为布尔解释不认可差等。

B. 换质

在讨论换质法之前我们需要定义一个概念：补。一个类的补（类）就是所有不属于原来那个类的对象的汇集。一个词项的补（项）通过在该词项前加上"非"构成；于是，P的补是非P。因此，如果词项"驼鹿"指称所有是驼鹿的事物的类，那么其补，词项"非驼鹿"，就指称所有不是驼鹿的事物的类。由于类是通过识别该类的所有成员都共有的类定义特征而形成的，我们可以说，一个给定的类的补的成员就是所有那些不具有那个类定义特征的对象。凡不具有"驼鹿性"的就不是驼鹿，因而是一个非驼鹿。换言之，我们也可以认为"非驼鹿性"

是非驼鹿这个类的类定义特征。词项"非驼鹿"的补是"非非驼鹿"或者简单地就是"驼鹿"。注意，一个类的补其本身也是一个类。

　　换质是一种改变命题的质的直接推论，它把一个命题从肯定的变为否定的或者从否定的变为肯定的，并且把谓项换成它的补。在换质中，原来的命题称为**被换质命题**，得到的命题称为**换质命题**。任何标准形式的直言命题的换质命题都逻辑等值于原来的命题。

　　　　1.被换质命题：
　　　　A：所有漫画人物都是虚构的人物。
　　　　换质命题：
　　　　E：没有漫画人物是非虚构的人物。

　　　　2.被换质命题：
　　　　E：没有流行的幽默剧是有趣的演出。
　　　　换质命题：
　　　　A：所有流行的幽默剧都是非有趣的演出。

　　　　3.被换质命题：
　　　　I：有些歌曲是催眠曲。
　　　　换质命题：
　　　　O：有些歌曲不是非催眠曲。

　　　　4.被换质命题：
　　　　O：有些电影明星不是天才。
　　　　换质命题：
　　　　I：有些电影明星是非天才。

　　如果你还不完全确信每一个标准形式的直言命题都逻辑等值于其换质命题，那么，就让我们一起来看一看每一个直言命题的文恩图并对其进行一些思考吧。

　　A命题的文恩图如下：

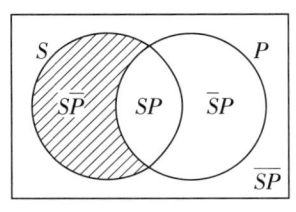

所有S是P。
没有S是非P。

　　我们已经标示出了图中每一个区域所代表的类。记住，字母上面加横道表示相关的类没有成员。所以，$S\bar{P}$是那些是S但不是P的事物的类。命题"没有S是非P"为真当且仅当是S但不是非P的对象的类是空的。这正是A命题的文恩图所显示的。所以，A命题与其换质命题是逻辑等值的。

E命题的文恩图如下:

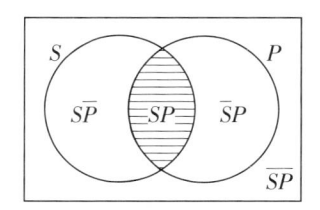

没有 S 是 P。
所有 S 是非 P。

命题"所有 S 是非 P"为真当且仅当既是 S 又是 P 的事物的类是空的。这正是E命题的文恩图所显示的。所以,E命题与其换质命题是逻辑等值的。

I命题的文恩图如下:

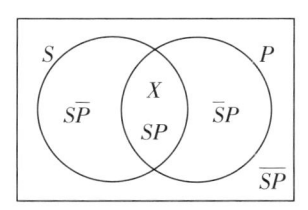

有些 S 是 P。
有些 S 不是非 P。

命题"有些 S 不是非 P"为真当且仅当是 S 但不是非 P 的事物的类有一个元素。这个图显示该主项类至少有一个成员,并且该成员不在是 S 但不是 P 的事物的类中。(从语言上可以说,"not/不"与"non-/非(−)"是彼此勾销的。)

O命题的文恩图如下:

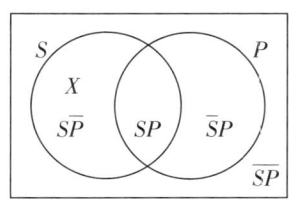

有些 S 不是 P。
有些 S 是非 P。

命题"有些 S 是非 P"为真当且仅当是 S 但不是 P 的事物的类中至少有一个元素,那恰好是这个图所显示的。

C. 换质位

换质位是这样的一个过程:将直言命题的主项换成其谓项的补,将谓项换成其主项的补。原来的命题称为被换质位命题,得到的命题称为换质位命题。

A命题"所有S是P"逻辑等值于其换质位命题:"所有非P是非S"。通过考察A命题的文恩图我们可以看出这一点:

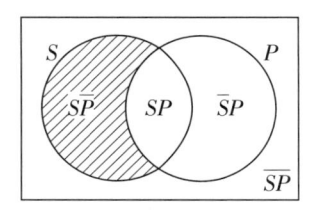

所有S是P。
所有非P是非S。

只显示不是那或许有成员存在的P的事物的类的区域(表示不是没有阴影因而不空的P的事物的类的区域)也是那些不是S的事物的类($\overline{SP}$)。所以,这个图说明了A命题与其换质位命题是逻辑等值的。

1.被换质位命题:
A:所有平底凉鞋都是舒服的步行鞋类。

2.换质位命题:
A:所有非舒服的步行鞋类都是非平底凉鞋。

如果第一个命题是真的,则每一双平底凉鞋都属于舒服的鞋类之中。其换质位命题所说的是任何非舒服的鞋类都是非平底凉鞋——平底凉鞋以外的其他东西。

同样,O命题"有些S不是P"逻辑等值于其换质位命题"有些非P不是非S"。我们也可以通过考察O命题的文恩图来确认这一点:

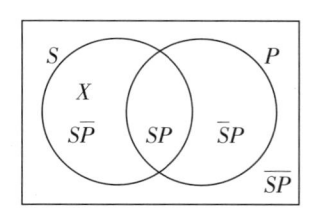

有些S不是P。
有些非P不是非S。

这个图显示,在不是P的事物的类中至少有一个事物也不在不是S的事物的类中。换言之,至少有一个事物是S而不是P。(从语言上可以说,"not/不"与"non-/非(-)"是彼此勾销的。)

1.被换质位命题:
O:有些有趣的书不是神秘之物。

2.换质位命题:
O:有些非神秘之物不是非有趣的书。

重要提示

换质位也可以称作导出的陈述形式,因为在一个直言命题逻辑等值于其换质位命题的所有情况中,它都可以通过换质、换位和换质推导出来。"所有S是P"换质为"没有S是非P",再换位为"没有非P是S",再换质成为"所有非P是非S"。"有些S不是P"换质为"有些S是非P",再换位为"有些非P是S",再换质则成为"有些非P不是非S"。

如果第一个命题是真的，则至少有一本不是神秘之物的有趣的书。换质位命题所断定的是至少有一个非神秘之物不是非有趣的书。

E命题的换质位命题与E命题并不是逻辑等值的。命题"没有狗是猫"是真的。它的换质位命题是"没有非猫是非狗"，这是假的：一匹马既是非狗又是非猫。对此如果有疑问，我们不妨考察一下关于E命题及其换质位命题的文恩图：

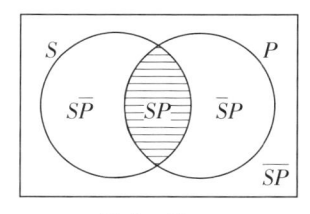

没有S是P。 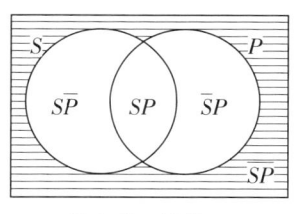　　　　　没有非P是非S。

E命题的换质位命题断定的是没有事物既是非P又是非S。所以，圆圈之外的区域涂有阴影。一个"没有非P是非S"形式的命题关于S和P之间的包含或排除关系什么也没有告诉你。

同样，I命题的换质位命题也不与I命题逻辑等值。虽然"有些狗是柯利狗"及其换质位命题"有些非柯利狗是非狗"两个陈述都是真的，但是应该能看出，这两个陈述没有选取相同的对象。拉西既是狗也是柯利狗。而航海硬饼干既是非狗又是非柯利狗。I及其换质位命题的文恩图显示这两个陈述不是逻辑等值的。

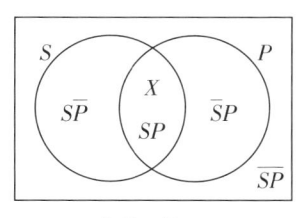

有些S是P。 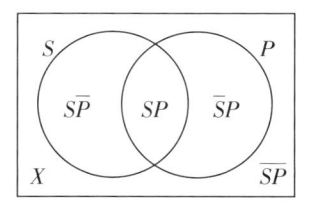　　　　　有些非P是非S。

命题"有些非P是非S"说的是至少有一个对象既不是P也不是S，它告诉你的是至少有一个事物被排除在S和P之外，而I命题告诉你的是至少有一个事物包含在S和P之中。

还应该指出的是，正如一个A命题与其换质位命题不是逻辑等值的，但是在亚里士多德解释下，它衍涵一个能被换位（限制换位）的命题，一个E命题衍涵一个在亚里士多德解释下能被换质位的命题。在亚里士多德解释下，E命题的真衍涵与其具有差等关系的相应的O命题的真。而O命题逻辑等值于其换质位命题。所以，在亚里士多德解释下，E命题的真衍涵它相应的O命题的换质位命题的真。这被叫做限制换质位或差等换质位。注意：这是一个基于亚里士多德型对当方阵的推论，继之以逻辑等值于据方阵推出的命题的一个换质位。限制换质位并不产生一个逻辑等值命题。限制换质位在布尔解释下并不是有效的推论，因为布尔解释不认可差等。

逻辑等值
换位、换质和换质位

换位

被换位命题	换位命题
A：所有S是P。	没有逻辑等值命题*
E：没有S是P。	E：没有P是S。
I：有些S是P。	I：有些P是S。
O：有些S不是P。	没有逻辑等值命题

*只有在亚里士多德解释下，你才能推出相应的I命题的换位命题为真（限制换位）。

换质

被换质命题	换质命题
A：所有S是P。	E：没有S是非P。
E：没有S是P。	A：所有S是非P。
I：有些S是P。	O：有些S不是非P。
O：有些S不是P。	I：有些S是非P。

换质位

被换质位命题	换质位命题
A：所有S是P。	A：所有非P是非S。
E：没有S是P。	没有逻辑等值命题*
I：有些S是P。	没有逻辑等值命题
O：有些S不是P。	O：有些非P不是非S。

*只有在亚里士多德解释下，你才能推出相应的O命题的换质位命题为真（限制换质位）。

四种直言命题的逻辑等值形式

A：所有S是P，换质为
E：没有S是非P，换位为
E：没有非P是S，换质为
A：所有非P是非S。
注意：最后一个也是第一个的换质位命题。

E：没有S是P，换质为
A：所有S是非P，换质位为
A：所有P是非S，换质为
E：没有P是S。
注意：最后一个是第一个的换位命题。

I：有些S是P，换质为
O：有些S不是非P，换质位为
O：有些P不是非S，换质为
I：有些P是S。
注意：最后一个是第一个的换位命题。

O：有些S不是P，换质为
I：有些非P是S，换质为
I：有些S是非P，换位为
O：有些非P不是非S。
注意：最后一个是第一个的换质位命题。

练习题

Ⅰ.对下列陈述分别进行换位、换质和换质位。如果转换以后的命题不与原命题逻辑等值,请说明理由。
　　1.有些整形手术的结果是令人难以置信的。
　　3.没有VCR(盒式磁带录像)是很容易程序化的东西。
　　5.没有巧克力糖块是对你的气色有好处的东西。
　　7.所有烟草都是致癌的东西。
　　9.所有UFO都是不明飞行物。

Ⅱ.说出下列命题的换位命题并指明它们是否与给定命题等值。
　　11.没有关心别人的人是不注意交通规则的鲁莽驾驶者。
　　13.有些爬行动物不是温血动物。

Ⅲ.说出下列命题的换质命题。
　　15.有些牧师不是戒酒者。

Ⅳ.说出下列命题的换质位命题,说明它们是否与给定命题等值。
　　17.有些战士不是官员。
　　19.所有重量小于50磅的东西都是不高于4英尺的物品。

Ⅴ.如果"所有的社会主义者都是和平主义者"是真的,在亚里士多德解释和布尔解释下,关于下列命题的真假分别可以推出什么?就是说,哪个可以知道是真的?哪个可以知道是假的?哪个是未定的?
　　21.所有的非和平主义者都是非社会主义者。

Ⅵ.如果"没有科学家是哲学家"是真的,在亚里士多德解释和布尔解释下,关于下列命题的真假分别可以推出什么?就是说,哪个可以知道是真的?哪个可以知道是假的?哪个是未定的?
　　23.所有的非科学家都是非哲学家。
　　25.有些科学家不是哲学家。

Ⅶ.如果"有些圣徒是殉道者"是真的,在亚里士多德解释和布尔解释下,关于下列命题的真假分别可以推出什么?就是说,哪个可以知道是真的?哪个可以知道是假的?哪个是未定的?
　　27.所有的殉道者都是非圣徒。
　　29.有些圣徒不是殉道者。

Ⅷ.如果"有些商人不是海盗"是真的,在亚里士多德解释和布尔解释下,关于下列命题的真假分别可以推出什么?就是说,哪个可以知道是真的?哪个可以知道是假的?哪个是未定的?
　　31.没有商人是非海盗。
　　33.没有海盗是非商人。

章节摘要

　　直言命题肯定或者否定某个类 S 全部或者部分地包含在另外的类 P 中,一个类或范畴就是具有共同特征的所有对象的汇集。虽然有很多方式来表达直言命题,我们全用标准形式表达它们。所有标准形式的直言命题都包含量词(所有、没有、有些)、主项、联词和谓项(3.2)。它们在量上或者是全称的或者是特称的。它们在质上或者是肯定的或者是否定的。有四类不同的直言命题,它们分别表示类与类之间四种可能的关系:

A（全称肯定命题）：所有 S 是 P。
E（全称否定命题）：没有 S 是 P。
I（特称肯定命题）：有些 S 是 P。
O（特称否定命题）：有些 S 不是 P。

直言命题可以用文恩图表示（3.3）。在文恩图中用圆圈表示类。文恩图用两个圆圈表示直言命题。全称命题的文恩图将两个圆圈的图中是空的区域涂上阴影。由于A命题断言的是主项类（S）的全部成员都是谓项类（P）的成员，图中是S但不是P的区域被涂上阴影。由于E命题断言的是没有主项类的成员是谓项类的成员，两个圆圈重合的区域（既是S又是P的区域）被涂上阴影。特称命题的文恩图通过在图中一个部分中放上一个X来表示一个类不是空的。由于I命题断言的是至少有一个事物既在主项类中也在谓项类中，一个X被放在两个圆圈重合的区域（既是S又是P的区域）。由于O命题断言的是至少有一个主项类的成员不是谓项类的成员，一个X被放在是S但不是P的区域。

如果一个词项指涉的是一整个类，那么这个项就是周延的（3.4）。在A命题中主项是周延的，谓项是不周延的。在E命题中主谓项均周延。I命题中主谓项均不周延。在O命题中主项不周延但谓项周延。

如果一个命题的真依赖于其主项类中至少存在一个对象，那么，我们就说该命题有存在含义（3.5）。在直言命题的亚里士多德解释下，全称命题和特称命题都有存在含义。在直言命题的布尔解释下，只有特称命题有存在含义。

亚里士多德对当方阵允许我们给定一个直言命题的真假最多可以做出三个推论（3.6）。具有相同主谓项的两个命题，如果其中一个是对另一个的否定，它们既不能同时都真，也不能同时都假，则它们是相矛盾的。具有相同主谓项的A与O命题、E与I命题都是相矛盾的。两个具有相同主谓项的命题，如果它们不能同真，但可以同假，那么它们是相反对的。A与E命题是相反对的。两个具有相同主谓项的命题，如果它们不能同假，但可以同真，则它们是互相下反对的。具有相同主谓项的I命题与O命题就是互相下反对的。具有相同的主项与谓项，质相同但量不同的两个命题，称为相对应的命题。差等（关系）就是一个全称命题（上位命题）与其相应的特称命题（下位命题）之间使得如果全称命题为真，则其相应的特称命题也为真的关系。于是，如果一个A命题是真的，则其相应的I命题也是真的。同样，如果E命题是真的，其相应的O命题也为真。如果给定一个全称命题为真，根据亚里士多德的对当方阵，我们可以推出其他任一命题的真假。如果给定一个特称命题为假，根据亚里士多德的对当方阵，我们也可以推出其他任一命题的真假。

直言逻辑的布尔解释并不赋予全称命题以存在含义。所以，布尔型对当方阵只允许我们进行如下推论：如果一对相矛盾的命题（A与O、E与I）中的一个命题为真，则另一个为假（3.7）。在亚里士多德对当方阵中的其他直接推论都是在布尔解释下不认可的。

两个命题是逻辑（上）等值的当且仅当它们总是有同样的真值（3.8）。换位是这样一个过程：把一个直言命题的主项和谓项交换位置。E和I命题的换位命题逻辑等值于标准形式的E和I命题。A和O命题的换位命题则并不逻辑等值于给定的命题。然而，在亚里士多德解释（不是布尔解释）下，A命题的真衍涵其相应的能被换位的I命题的真。所以，在亚里士多德解释下，A命题的真蕴涵I命题的换位命题的真，但是，A命题并不逻辑等值于其相应的I命题的换位命题。这叫做限制换位。

换质是一种改变命题的质的直接推论，它把一个命题从肯定的变为否定的或者从否定的变为肯定的，并且把谓项换成它的补。是P的事物的类的补（类）就是那些是非P的事物的类。所有标准形式的直言命题的换质命题都逻辑等值于给定的命题。

换质位是这样的一个过程：将直言命题的主项换成其谓项的补，将谓项换成其主项的补。A和O命题的换质位命题逻辑等值于标准形式的A和O命题。E和I命题的换质位命题不逻辑等值于标准形式的E和I命题。然而，在亚里士多德解释（不是布尔解释）下，E命题的真衍涵其相应的能被换质位的O命题的真。因此，在亚里士多德解释下，E命题的真蕴涵O命题的换质位命题的真，但是E命题并不逻辑等值于O命题的换质位命题。这称为限制换质位。

第 4 章
直言三段论

4.1 标准形式直言三段论
    A. 大项、小项和中项
    B. 式
    C. 格

4.2 三段论论证的性质

4.3 用于检验三段论的文恩图方法

4.4 三段论规则和三段论谬误
    规则 1：避免四词项
    规则 2：中项必须至少在一个前提中周延
    规则 3：在结论中周延的词项必须在相关的前提中周延
    规则 4：避免两个否定前提
    规则 5：如果有一个前提是否定的，那么结论必须是否定的
    规则 6：从两个全称前提得不出特称结论

4.1 标准形式直言三段论

考虑下面的论证：

> 没有逻辑学生是非理性的人。
> 有些政客是非理性的人。
> 所以，有些政客不是逻辑学生。

这个论证就是一个标准形式直言三段论的例子。所谓三段论，就是由两个前提推出一个结论的演绎论证。直言三段论由三个直言命题构成。一个三段论，如果其前提和结论都是标准形式直言命题（A、E、I或O），并且它恰好包含三个词项，每个词项在整个三段论中被赋予同一意义，而且这些词项是按照一个规定的标准次序排列的（在下面讨论），那么它就是标准形式的三段论。尽管在后面的章节中我们会讨论到其他种类的三段论，但为简便起见，本章中我们有时会把直言三段论简称为三段论。

A. 大项、小项和中项

标准形式直言三段的结论是定义其构成要素的关键。既然标准形式直言三段论中的所有三个命题都是标准形式直言命题，那我们就知道，每个命题都有一个主项和一个谓项。**结论的谓项称为大项。结论的主项称为小项。大项还出现在一个前提中，那个前提称为大前提。小项也还出现在一个前提中，那个前提称为小前提。这一论证中的第三个词项，在两个前提中各出现一次，称为中项。**

在标准形式直言三段论中，首先陈述的是大前提，其次是小前提，并在其下划有一条直线，最后陈述结论。 本章开始的那个三段论就是以标准形式陈述的。

在前面的例子中，结论是"有些政客不是逻辑学生"。大项是"逻辑学生"，小项是"政客"。中项是"非理性的人"，它在每个前提中各出现一次，但不在结论中出现。大前提是"没有逻辑学生是非理性的人"。小前提是"有些政客是非理性的人"。

在下面的三段论中，"会使人上瘾的"是大项，"碳酸饮料"是小项，"汽水饮料"是中项。在本书余下的部分中，我们有时用符号"∴"代表"所以"。

所有的汽水饮料都会使人上瘾。	大前提
所有的碳酸饮料都是汽水饮料。	小前提
∴所有的碳酸饮料都会使人上瘾。	结论

标准形式直言三段论的构成		
大项	结论的谓项。	
小项	结论的主项。	
中项	在两个前提中都出现，但不在结论中出现的词项。	
大前提	包含大项的前提。在标准形式直言三段论中，大前提总是首先被陈述。	
小前提	包含小项的前提。在标准形式直言三段论中，小前提总是第二个被陈述。	
结论	既包含大项也包含小项的陈述。在标准形式直言三段论中，结论总是最后一个陈述，并以一条直线与前提隔开。	

B. 式

在一个方面，可以通过构成直言三段论的直言命题的类型，来区分不同的直言三段论。在本章开头的那个例子中，大前提是一个 E 命题（全称否定），小前提是一个 I 命题（特称肯定），而结论是一个 O 命题（特称否定）。EIO 这三个字母表示出逻辑学家所谓的三段论的式。在陈述三段论的式的时候，字母的顺序总是大前提、小前提、结论，正如三段论以标准形式呈现的那样。所有的直言三段论可以按照三字母（组合）的式来分类。

C. 格

标准形式直言三段论的式并不能完全刻画它的形式。因为在每个前提中，中项都可以占据主项或谓项两个位置中的一个，在任何具有一个给定的式的三段论中，那些词项有四种可能的排列方式。中项的可能的排列被称为格。一共有四个格：

1. 在第一格中，中项是大前提的主项和小前提的谓项。
2. 在第二个中，中项同时是大前提和小前提的谓项。
3. 在第三格中，中项同时是大前提和小前提的主项。
4. 在第四格中，中项是大前提的谓项和小前提的主项。

这可以方便地表示在下面的图表中，其中列出了大、小前提，随之以结论。因为我们要囊括所有可能的情形，我们用模式的形式来表示直言命题：P 指大项（结论的谓项），S 指小项（结论的主项），M 指中项。当识别一个三段论的格的时候，我们可以忽略量词，因为在识别三段论的式的时候，才需要考虑量词。要想记住直言三段论的格的排列方式，一个有用的助记策略是去想象两中项之间的连线：那些连线好似一个 V 型领，里面包着瘦瘦的脖子，或者又像是衬衫领子的前沿。

	四个格			
	第一格	第二格	第三格	第四格
模式表示	M—P S—M ∴ S—P	P—M S—M ∴ S—P	M—P M—S ∴ S—P	P—M M—S ∴ S—P
描述	中项是大前提的主项和小前提的谓项。	中项同时是大前提和小前提的谓项。	中项同时是大前提和小前提的主项。	中项是大前提的谓项和小前提的主项。

式与格组合起来，就能完全地刻画任何标准形式直言三段论的形式。就本章开头的那个例子来说，其形式是 EIO-2。其中，表达式 EIO 指明此三段论的式，而数字 2 则表明此三段论是第二格。因为有 64 个式和 4 个格，所以就有 256 个不同的标准形式三段论。然而其中只有 15 个是有效的。如果我们采取任一给定的三段论形式，将具体的词项代入其中，其结果就是一个三段论。**有效性是论证形式的一种性质**。有效性与我们用什么去替代 S、P 和 M 无关。如果一个形式是有效的，那么任何具有那个形式的三段论都是有效的；若一个形式是无效的，则每个具有那个形式的三段论都是无效的。

练习题

I. 识别下列三段论的大项、小项以及格与式。

1. 没有无赖是绅士。
   所有赌徒都是无赖。
   ∴ 没有赌徒是绅士。

3. 没有卡车是厢式货车。
   所有卡车都是汽车。
   ∴ 没有汽车是厢式货车。

5. 所有猴子都是优秀棋手。
   所有乌基族人都是猴子。
   ∴ 所有乌基族人都是优秀棋手。

7. 所有墨迹都是无法辨认的形状。
   有些蝴蝶不是无法辨认的形状。
   ∴ 有些蝴蝶不是墨迹。

9. 所有印度艺术品都是手工艺品。
   没有手工艺品是客厅饰品。
   ∴ 没有客厅饰品是印度艺术品。

11. 没有疯人院是好居处。
    有些好居处是布朗克斯的地方。
    ∴ 有的布朗克斯的地方不是疯人院。

13. 所有很小的房间都是电梯。
    所有幽闭恐怖的地方都是很小的房间。
    ∴ 有的幽闭恐怖的地方是电梯。

15. 没有出生证是未注明日期的证件。
    没有出生证是不重要的证件。
    ∴没有不重要的证件是未注明日期的证件。

II. 把下列每个三段论改写成标准形式三段论，并指出它的格与式。（步骤：第一，识别结论；第二，标出结论的谓项，即三段论的大项；第三，识别大前提，就是包含大项的那个前提；第四，核实其另一个前提是小前提，方法是查看它包含了小项，即结论的主项；第五，把论证改写成标准形式——大前提第一，小前提第二，结论最后；第六，指出三段论的格与式。）

17. 有些常青树是崇拜的对象，因为所有冷杉树都是常青树，而且有些崇拜的对象是冷杉树。
19. 所有少年犯都是与环境格格不入的个体，并且有些少年犯是破裂家庭的产物；所以，有些与环境格格不入的个体是破裂家庭的产物。

4.2 三段论论证的性质

三段论的格与式唯一地代表它的形式。三段论的形式决定该三段论有效与否。一个论证，如果不可能其所有前提都为真而结论为假，则它是有效的。因此，具有AAA–1形式的任一三段论：

所有M是P。
所有S是M。
∴所有S是P。

不管我们用什么词项去替代字母S、P和M，它都是有效的论证。换句话说，在具有这种或其他有效形式的三段论中，若前提真，则结论必定真。只有当其前提至少有一个为假时，结论才可能为假。

所有学生都是美国人。
所有新生都是学生。
∴所有新生都是美国人。

这个AAA–1形式的三段论是有效的，正如具有此形式的所有三段论都是有效的。如果其前提都是真的，则结论就是真的。然而，在本例中，大前提是假的——显然，有的学生不是美国人——因此，前提不能保证结论为真。结论是假的。

具有无效三段论形式的任何论证都是无效的，即便其前提和结论碰巧都为真。一个三段论形式，如果可能构造出具有此形式的一个论证，使其前提真而结论假，那么它便是无效的。要证明一个论证是无效的，一个很有力的方法是用逻辑类比反驳来反击它——给出一个相同形式的三段论，其中前提明显为真，而结论明显为假。这是一种在修辞学上很有力的技法，它经常被用于论辩中。

有些希拉里·克林顿的选民是纽约人。
有些共和党人是希拉里·克林顿的选民。

∴有些共和党人是纽约人。

此论证的前提和结论都是真的。它是有效的吗？如果我们能构造一个与此论证类似的——具有同样的Ⅲ–1形式的——三段论，其中前提真而结论假，那么我们就能证明此论证以及所有具有这一形式的论证的无效性。下面的论证正是如此：

有些宠物是狗。
有些鹦鹉是宠物。
∴有些鹦鹉是狗。

这是一个Ⅲ–1，正如上面的形式。其前提都真，但结论假。这（通过给出一个实例）表明，一个具有Ⅲ–1形式的三段论，有可能有真前提和假结论。因此，所有具有Ⅲ–1形式的论证都是无效的。

虽然这种逻辑类比反驳的方法能够证明一个三段论形式是无效的，但是，对于想要确认256个形式中哪些是无效的而言，这不是方便的办法。更重要的是，未能找到一个反驳的类似例子，并不能证明一个有效形式是有效的。因此，在本章剩下的部分中，我们将致力于介绍更有效好用的、证明一个论证形式有效与否的方法。

练习题

通过构造逻辑类比的方法驳斥下列三段论。即找到一个与被考察的三段论具有相同形式的三段论，使其前提明显为真而结论明显为假。

1. 没有当年的嬉皮士是共和党人。
   没有共和党人是民主党人。
   ∴有些共和党人是当年的嬉皮士。

3. 所有知识分子都是良师。
   有些良师是生物学家。
   ∴有些生物学家是知识分子。

5. 所有粉红色的花都是康乃馨。
   所有襟花都是康乃馨。
   ∴所有襟花都是粉红色的花。

7. 所有彩衣风笛手都是身着奇装异服的人。
   所有身着奇装异服的人都是吸引年轻人的人。
   ∴所有吸引年轻人的人都是彩衣风笛手。

9. 没有猎人是食腐肉者。
   没有秃鹰是猎人。
   ∴所有秃鹰都是食腐肉者。

11. 没有大忙人是股东。
    所有老板都是股东。
    ∴所有老板都是大忙人。

13. 没有共和党人是民主党人，所以有些民主党人是富有的股东，因为有些富有的股东不是共和党人。

15. 所有美国公民自由联盟的支持者都是自由主义者，所以有些保守主义者不是自由主义者，因为有些保守主义者不是美国公民自由联盟的支持者。

4.3 用于检验三段论的文恩图方法

如同我们在第三章已经看到的，两个圆的文恩图表示标准形式直言命题中的主项和谓项所指称的类之间的关系。如果再增加一个圆，我们就可以表示一个标准形式直言三段论的三个词项所指称的类之间的关系。我们用标记 S 指称表示小项（结论的主项）的圆，用标记 P 指称表示大项（结论的谓项）的圆，用标记 M 指称表示中项（在前提中出现而不在结论中出现的项）的圆。当画出并标注一个文恩图时，我们总是以相同的方式来做：左上方的圆表示小项，右上方的圆表示大项，正下方的圆表示中项。其结果是一个有八个类的文恩图，而那些类表示所有可能的组合。下面的图表明 S、P 和 M 三个类之间的关系。在一个字母上面划一条短横线，如 $\overline{P}$，表示：没有该类的成员包含在该图的那一部分所表示的类中。在构造文恩图的时候，你勿须标记所有类包含和类排斥的关系。

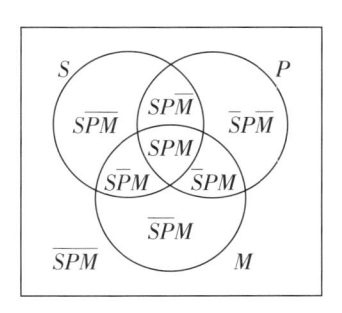

有了上面这个图，我们就能表示任何形式的直言三段论中的命题，从而就能判定该形式是否产生有效的演绎论证。**要用文恩图检验一个标准形式直言三段论的有效性，我们先把前提表示在图中，然后检查结果，看其是否包含了结论的图解。如果是，就表明该论证形式是有效的。如果结论并未表示在前提的图解中，就表明结论不被前提衍涵，该形式无效。**

文恩图方法之所以行之有效，是因为它抓住了有效演绎论证的一个很重要的特征：**一个论证如果是有效的，并且其前提是一致的，那么结论就不会超出已在前提中所断言的内容。**[①] 如果前提已经断言了包含在结论中的一切，那么就不可能在前提都真的同时结论为假。而如果结论所说的超出了前提所说的，那么结论中超出的断定就有可能是假的，即便此时前提是真的。

现在让我们看一下如何用文恩图判定一个三段论论证的有效性。以一个 AAA-1 形式的三段论为例：

---

① 如同将在第 7 章看到的，从不一致的前提出发可得出任何事情，即是说，一前提集同时衍涵某个命题 p 与其否定非 p。与标准形式直言三段论打交道，不要陷入不一致的前提。

所有 M 是 P。
所有 S 是 M。
∴ 所有 S 是 P。

图解大前提"所有 M 是 P",我们关注标有 M 和 P 的两个圆。用布尔的术语来说,这个命题意指既是 M 又是非 P 的事物的类是空的($M\overline{P}=0$)。我们通过把所有不包含在(重叠于)P 中的 M 那一部分画上阴影来图解这一点。

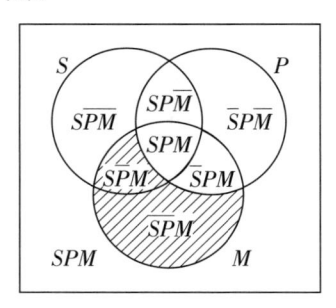

图解小前提"所有 S 是 M",我们把所有不包含在(重叠于)M 中的 S 的那一部分加上阴影。这表明,S 中 M 之外的区域是空的,即 $S\overline{M}=0$。

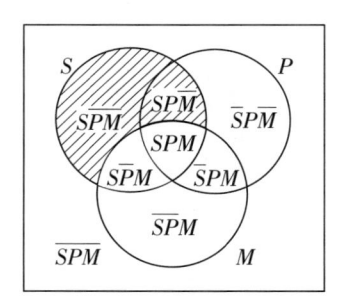

将这两个图组合起来,我们就得到这样一个图,它同时表示了"所有 M 是 P"和"所有 S 是 M"这两个前提。

重要提示

有学生发现,单独为结论画个两个圆的文恩图,与该三段论的三个圆的图相比较,是有帮助的。

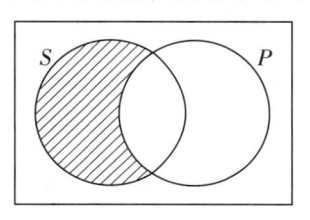

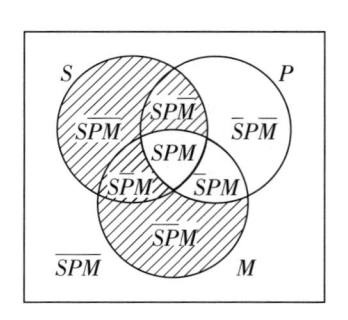

考察此图可以发现,图中的阴影区域包括了 S 中 P 之外的那部分,而 S 中仅有的未加阴影的那部分落在 P 这个圆中。换句话说,这个两个前提的图,未加任何修改,就包含了结论即"所有 S 是 P",或 $S\overline{P}=0$ 的图。由此可见,前提所说的已经包含结论所说的，故而所有 AAA-1 形式的三段论都是有效的。

现在考虑一个 AEE-4：

> 所有 P 是 M。
> 没有 M 是 S。
> ∴ 没有 S 是 P。

图示大前提：

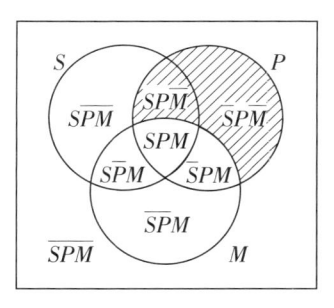

再图示小前提：

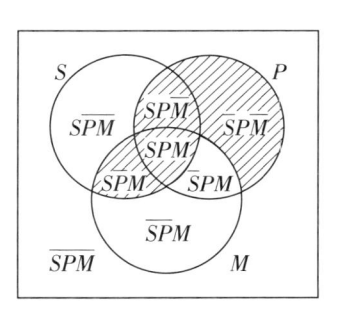

重要提示

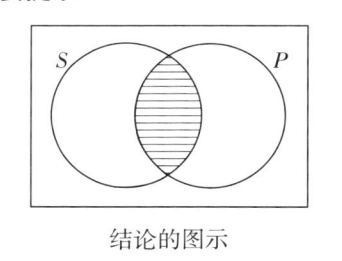

结论的图示

通过图示前提，我们就已经图示了结论。可以看出，此论证形式是有效的。

再来考虑一个 AAA-2 形式的三段论：

> 所有 P 是 M。
> 所有 S 是 M。
> ∴ 所有 S 是 P。

前提的文恩图看来如下：

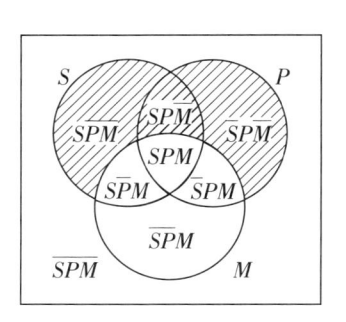

重要提示

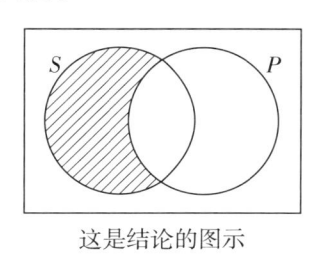

这是结论的图示

为了在图中表示出结论，所有不与圆P重合的那部分S圆必须加上阴影。但是，S中P之外的部分（即$S\bar{P}M$这个区域）在图示前提的时候并未加上阴影。因此，结论并未被图示。所以，形式为AAA-2的三段论都是无效的。

对于图解含有一个全称前提和一个特称前提的三段论形式，有一个重要提示，即：先图示全称前提。原因在于，有时候先图示全称前提会产生仅有的一个非空区域，而在你图示特称前提的时候就能把X放到这个区域中。

考虑AII-3这一形式：

所有M是P。
有些M是S。
∴有些S是P。

首先图示全称前提：

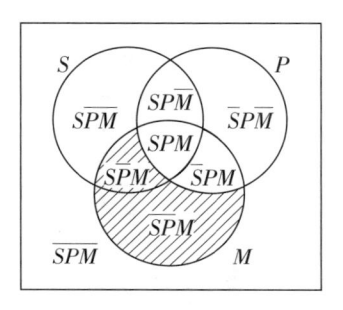

现在再来图示特称前提。X处于S和M重合的区域。对全称前提的图示表明，$S\bar{P}M$这一区域是空的。X不能位于空的区域中，因而只能处于SPM这个区域。通过先图示全称前提，你就"迫使"X只能处在图中的一个单独区域中了。

重要提示

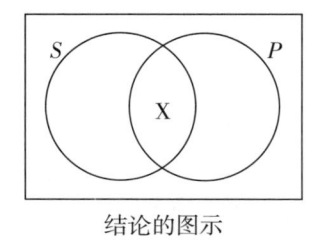

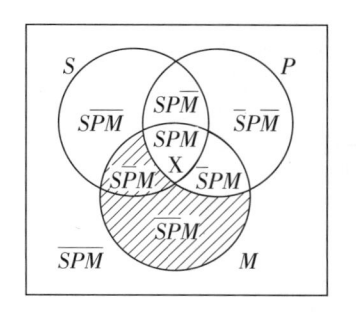

结论的图示

前提一经图示，你也就图示出了结论。具有形式AII-3的任何论证都是有效的。

然而，有时候先图示全称前提，也并不能迫使X处于图中的一个单独区域之中。那么该怎么办呢？让X处"在线上"，就是说，把X放在图中分割两个区域的交界线上，使得X可以进入那两个相邻的区域。考虑形式AII-2：

所有P是M。
有些S是M。
∴有些S是P。

图示大前提的结果是：

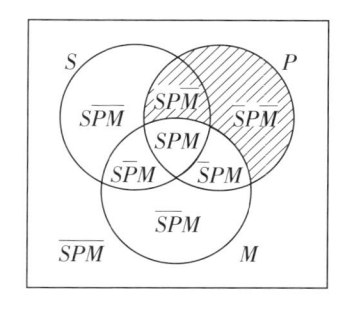

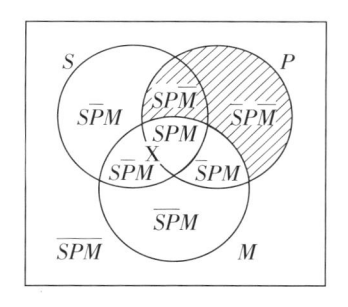

再来看特称前提"有 S 是 M"，此时我们遇到了困难。S 和 M 的重合部分包含了两个区域，SPM 和 S$\overline{P}$M。SPM 包含在 P 中，而 S$\overline{P}$M 不在 P 中。到底把 X 放在哪儿呢？要把 X 放在 SPM 和 S$\overline{P}$M 之间的分界线上。为什么呢？因为前提并未告知有一个区域是空的。因此没有理由迫使 X 进入哪一个区域。X 处于分界线上，正如当你没有掌握充分的信息去做出决断的时候，你会"脚踩两只船"。故而，此图看来如下：

重要提示

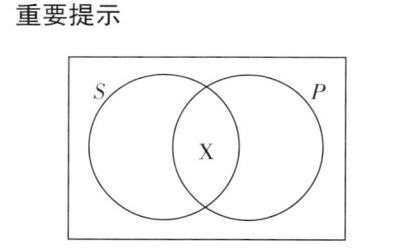

结论的图示

前提的图示包含了结论的图示吗？回答是否定的。如果前提的图示真的包含了结论的图示，那就将在 S 和 P 重合的正好一个区域即要么 SP$\overline{M}$ 要么 SPM 之中有一个 X。SP$\overline{M}$ 加上了阴影表明此区域是空的。X 处于 SP$\overline{M}$ 和 SPM 之间的分界线上，表明这两个区域至少有一个一定是非空的，但是并未告诉我们究竟哪一个区域（也可能两个都）是非空的。这种情况意味着，前提并不衍涵结论，因此形式为 AII-2 的论证是无效的。

> 所有职业摔跤手都是演员。
> 有的政客是演员。
> ∴有的政客是职业摔跤手。

这个 AII-2 三段论的前提和结论碰巧全都为真。有的演员的确成为了政客（想想罗纳德·里根）；而一个职业摔跤手杰西·文图拉确曾当选为明尼苏达州的州长。但正如我们在上面的文恩图中证明的那样，AII-2 是无效的形式。如果这仍然不足以令你信服，请考虑下面这个类似的论证：

> 所有猫都是哺乳动物。
> 有的狗是哺乳动物。
> ∴有的狗是猫。

当三段论有两个特称前提的时候，情况就更加有趣了。这时两个X都处于分界线上。考虑一个OOE-4形式的论证：

有些P不是M。
有些M不是S。
∴没有S是P。

图示大前提，把X置于P之中M之外。这一区域被分割成两部分：$SP\overline{M}$和$\overline{S}P\overline{M}$。既如此，就应将X置于这两部分之间的分界线（$S$圆）上。

重要提示

对于把X放在分界线上这个问题，有的同学很困惑。他们纳闷，究竟应把X置于哪条线（圆）上。答案是：我们总是把X置于该前提中没有提到的圆上。仔细考虑一下就可以明白为什么要这样做。我们知道在两个圆的文恩图中应把X置于何处。当我们要把X置于三个圆的文恩图中时，仍照做不误，只不过是多出了那个烦人的第三个圆，而它把我们要放置X的那个区域分成了两部分。如果在我们要把X置于其上的那条分界线的两边都未加阴影，那就总是把X置于该前提中没有提到的圆上。

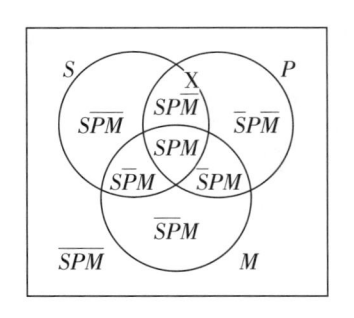

再来图示小前提，把X置于M之中S之外。这一区域也被分割成两部分：$\overline{S}PM$和$\overline{S}\overline{P}M$。于是，也应将X置于这两部分之间的分界线（$P$圆）上。

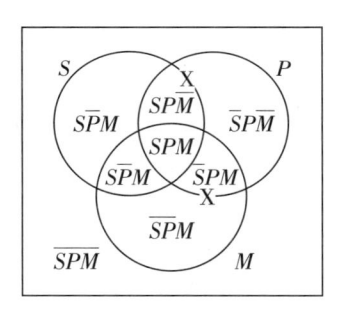

图中任何一部分都未加阴影。可见，结论并未图示出来。因此，论证形式OOE-4是无效的。

关于直言三段论的文恩图
1.给一个三个圆的文恩图中的圆加标记，使得左上方的圆表示小项，右上方的圆表示大项，正下方的圆表示中项。
2.图示两前提。如果其中一个前提是全称的而另一前提是特称的，那就首先图示全称前提。
3.如果一个特称前提没有指明X应置于两个区域分界线的哪一边，就把X置于那条线上。
4.检查前提图示的结果，看看经图示前提是否也图示出结论了。如果是，那么该三段论就是有效的。否则该三段论是无效的。

---练习题---

Ⅰ.写出下列三段论的形式,用 S 和 P 表示结论的主项和谓项,用 M 表示中项。然后,用文恩图方法检验每个三段论形式的有效性。
1. AEE–1
3. AAA–4
5. OAO–3
7. AOO–1
9. EIO–3

Ⅱ.写出下列三段论的标准形式,并用文恩图检验其有效性。
11. 有些哲学家是数学家,所以,有些科学家是哲学家,因为所有科学家都是数学家。
13. 所有水下之船都是潜艇,所以,没有潜艇是游乐船,因为没有游乐船是水下之船。
15. 没有懦夫是劳工领袖,因为没有懦夫是自由主义者,而所有的劳工领袖都是自由主义者。
17. 所有的玫瑰都是花,所以没有玫瑰是树,因为有些花不是树。
19. 所有的麋鹿都是大型动物,所以,有些大象是大型动物,因为有些大象不是麋鹿。
21. 所有古怪的人都是异常的人,因为有些异常的人是过平稳生活的人,而有些过平稳生活的人不是古怪的人。
23. 所有大象都是大型动物,没有老鼠是大型动物,所以,没有老鼠是大象。
25. 有些嗜食巧克力者是喜欢甘草的人,因为有些嗜食巧克力者不是制造糖果的人,而所有制造糖果的人都是喜欢甘草的人。
27. 所有成功的作家都是喝咖啡上瘾的人,没有幼儿园教师是成功的作家,所以,有些幼儿园教师是喝咖啡上瘾的人。
29. 有些成功的街头小贩是有创业精神的企业家,所以,有些卖热狗的小贩不是成功的街头小贩,因为有些卖热狗的小贩不是有创业精神的企业家。

4.4 三段论规则和三段论谬误

本节将给出任何有效三段论都要遵守的六条规则,以及违反这些规则所引起的谬误。任何违反了这些规则之一的三段论都是无效的。对一给定的三段论形式有效与否,规则和文恩图总会给出相同的答案。

规则 1:避免四词项

三段论显示了三个事物类之间的关系。每个类各由三段论的一个词项指定。如果在一论证过程中一个词项的意义有了改变,那么那些词项就偷偷给出四个类,而不是三个类。这样,该论证就不是一个直言三段论了。这样的论证犯有**四(词)项谬误**。

本规则是独特的。它要求我们保证面对的是一个直言三段论。如果那些词项指定了不止三个类——无论是四个、五个还是六个——,那么,那个论证就不是一个直言三段论。因此,就无法把它陈述为标准形式直言三段论,也就没有格和式,更不能画出它的文恩图,而其余规则也就不适用于它。

虽然其余规则，就像文恩图那样，能机械地应用，而要应用这第一条规则，需要注意论证的内容。有时候可能会有专名和通名混。

> 所有长角牛都是长有长角的大牛。
> 所有得克萨斯大学的运动员都是"长角牛"。
> ∴所有德克萨斯大学的运动员都是长有长角的大牛。

在这个论证中某个地方出了问题，因为结论是假的。问题在于大前提中的"长角牛"指定的是一种牛的成员，而小前提中的"长角牛"指定的是得克萨斯大学学生这个类。本论证中有四个词项，它不是一个直言三段论。

更一般的情况是，一个普通名词或短语被赋予了两种含义。

> 没有已有充足食物的人是渴望更多些的人。
> 所有掌权者都是渴望更多些的人。
> ∴没有掌权者是已有充足食物的人。

虽然这个三段论看上去似乎是有效形式EAE-1的一个实例，实际上它含有四个词项。中项"有更多渴望的人"是在两个不同意义上使用的。只要追问一下"渴望更多些什么"我们就会明白这一点。在第一个前提中，"渴望更多些的人"指的是那些渴望得到更多食物的人。而在第二个前提中，这同一短语指的是渴望得到更多权力的人。其结果，结论成了有权力的人从来没有得到足够的食物。这种一词多义情形意味着此论证犯有四项谬误，因而是无效的。

甚至可能是代词的所指有了转变。

> 凡是应当吃H*E*D（用于狗的口臭灭除剂）狗食的狗都是喜欢它的狗。
> 凡是有口臭的狗都是应当吃H*E*D狗食的狗。
> ∴凡是有口臭的狗都是喜欢它的狗。

在大前提中，"它"指的是H*E*D狗食。在结论中，"它"指的是口臭。这就有了四个词项。

所以，我们需要检查各个词项的意思，以确定是否正好有三个词项，使得能把论证陈述为标准形式直言三段论。看似同一的三个主项或谓项的出现，并不能保证就有了一个三段论。此外，正如在下一章我们会看到的那样，在很多时候，出现四个或更多的词项也并不能确保那个三段论就犯有四项谬误。有的情况下，词项的数目可"归约"为三个（参见5.2节），而该论证能陈述为标准形式直言三段论。

如果一个论证犯有四项谬误，那它就不是一个直言三段论，而且其余五条规则都不适用于它。

规则2：中项必须至少在一个前提中周延

如果一个命题关于一个词项所指示的类的全部有所断言，该词项就是在该命题中周延的（参见3.4）。下面的表格展示了应用于四种类型的标准形式直言命题的周延性情况：

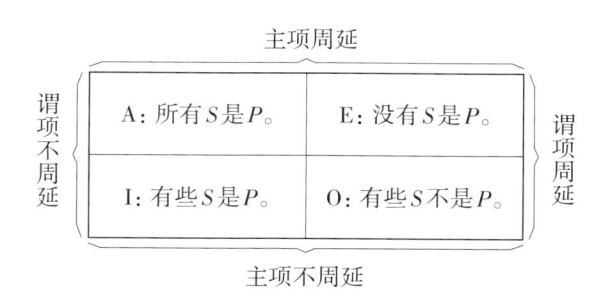

```
           主项周延
       ┌─────────┬─────────┐
  谓    │         │         │    谓
  项    │A: 所有S是P。│E: 没有S是P。│    项
  不    ├─────────┼─────────┤    周
  周    │I: 有些S是P。│O: 有些S不是P。│    延
  延    │         │         │
       └─────────┴─────────┘
           主项不周延
```

中项联结结论的两个项。因此，一个三段论，除非其结论的主项或谓项与中项所指的整个类相关联，否则它就不可能是有效的。因为如果不是这样，那么结论的每个项就可能选取中项所指的那个类的不同成员。违反这条规则所犯的错误称为**中项不周延的谬误**。

> 所有的脑外科医生都是天才。
> 所有的火箭专家都是天才。
> ∴所有的火箭专家都是脑外科医生。

中项是两个前提的谓项，且两个前提都是全称肯定的。全称肯定命题的谓项是不周延的，因此，中项在两个前提中都不周延。尽管所有的脑外科医生和所有的火箭专家都包含在天才这个类中，但是这关于火箭专家可能包含在脑外科医生的类中并没有告诉我们什么。这个三段论犯了中项不周延的谬误，因而无效。

当然，在非正式的俗语中，"脑外科医生"和"火箭专家"都是"天才"的同义词。在这一意义下解释的话，这个论证遭遇一词多义，因而根本就不是一个真正的标准形式直言三段论。在这种俚俗的解读下，该论证有三个意义相同的词项，即一个词项。

规则3：在结论中周延的词项必须在相关的前提中周延

一个前提，如果它仅仅对一个类的某些对象有所断定（指示那个类的词项在这个前提中不周延），那么它就不能有效地衍涵一个断定关于整个类的某些事物的结论。因此，无论何时，只要三段论的一个项在前提中不周延而在结论中周延，那这个三段论就是无效的。违反这条规则的错误称为**不当周延的谬误**。这个谬误有两种表现形式：(1) **大项不当周延**（非法大项），出现在这种情况下：大项在结论中周延而不在大前提中周延。

> 所有苹果是水果。
> 没有橘子是苹果。
> ∴没有橘子是水果。

大项"水果"在结论中周延而不在大前提中周延。这个三段论犯了大项不当周延（非法大项）的谬误，因此是无效的。

重要提示

有的学生发现，就在论证本身中标记词项的周延情况，这很有用。例如，AAA-3可标记如下：

> 所有 M^D 是 P^U。
> 所有 M^D 是 S^U。
> ∴所有 S^D 是 P^U。

这样做就可以更容易地应用规则2和规则3了。

（2）**小项不当周延**（非法小项），出现在这种情况下：小项在结论中周延而不在小前提中周延。

> 所有老虎都是优秀猎手。
> 所有老虎都是四条腿的动物。
> ∴所有四条腿的动物都是优秀猎手。

小项"四条腿的动物"在结论中周延而不在小前提中周延。这个三段论犯了小项不当周延（非法小项）的谬误，因而是无效的。

规则4：避免两个否定前提

否定命题（E或O）否定一个类全部或部分地包含在另一个类中。如果一个三段论有两个否定前提，那么它们告诉你的是中项所指的类全部或部分地排斥在大项和小项所指的那两个类之外。没有告诉你大项和小项是怎样相互关联的。因此，没有结论为两个否定前提所衍涵。违反本规则所犯的错误称为前提皆否定（排斥）的谬误。

> 没有英语教授是文盲。
> 有些幼儿园教师不是文盲。
> ∴有些幼儿园教师是英语教授。

这里出现了两个否定前提，其中一个把英语教授这个类的全部排斥在文盲这个类之外，而另一个则把幼儿园教师这个类的部分也排斥在文盲这个类之外。但是，关于英语教授的类和幼儿园教师的类二者是否会如何地一个包含在另一个之中，它们什么也没有说。这个三段论犯了前提皆否定的谬误，因而是无效的。

重要提示

如果这还不足以令你信服，那就回顾一下文恩图。如果两个前提都是E命题，那么$\overline{SPM}$这一区域会被两次加阴影。如果两个前提都是O命题，那么两个X就都位于分界线上。如果一个前提是E命题而另一个前提是O命题，那么，如果中项处于O命题的主项位置，那么X就会在$\overline{SPM}$区域内。如果中项处于O命题的谓项位置，那么X会位于一分界线上。

规则5：如果有一个前提是否定的，那么结论必须是否定的

肯定的结论断言两个类S或P之一全部或部分地包含在另一个之中。要能有效地推导出这样的结论，前提就必须断定存在这样的第三个类M，它包含第一个而它本身又包含在第二个之中。但是，只有肯定命题才能陈述类的包含关系。因此，肯定的结论只能由两个肯定的前提得出。违反本规则所犯的错误称为从否定前提得肯定结论的谬误。

> 有些足球运动员是试读生。
> 没有试读生是优秀学生。
> ∴有些优秀学生是足球运动员。

由于前提把试读生的类排斥在优秀学生这个类之外，因而不允许我们得出任何关于优秀学生的类包含于足球运动员的类的正面的结论。此三段论犯了从否定前提得肯定结论的谬误，因而无效。

规则6：从两个全称前提得不出特称结论

在布尔解释下，特称命题有存在含义，而全称命题没有。根据布尔解释，从全称前提不能得出特称结论。违反本规则所犯的错误称为**存在的谬误**。[①]

> 所有的超级英雄都是永远的冠军。
> 所有永远的冠军都是终生赢家。
> ∴有些超级英雄是终生赢家。

这两个全称前提并不支持结论所做的有超级英雄存在的断言。此三段论犯了存在的谬误，因而是无效的。

三段论的规则和谬误

1. 避免四项	四项
2. 中项至少在一个前提中周延	中项不周延
3. 在结论中周延的词项在相关前提中必须周延	大项不当周延（非法大项）
	小项不当周延（非法小项）
4. 避免出现两个否定前提	前提皆否定
5. 如果有一个前提是否定的，那么结论必须是否定的	从否定前提得肯定结论
6. 从两个全称前提得不出特称结论	存在的谬误

应用三段论六条规则的流程图

对于如何利用六条规则判定三段论的有效性，下面的流程图描述了具体的操作过程。

[识别前提和结论]
↓
论证中恰有三个始终一致地使用的词项吗？——否→ 四项的谬误。**停止**。不会犯其他谬误了。论证**无效**。
↓是
中项至少周延一次了吗？——否→ 中项不周延的谬误
↓是

---

① 这条规则和这个谬误并不适用于亚里士多德解释。

110　逻辑要义

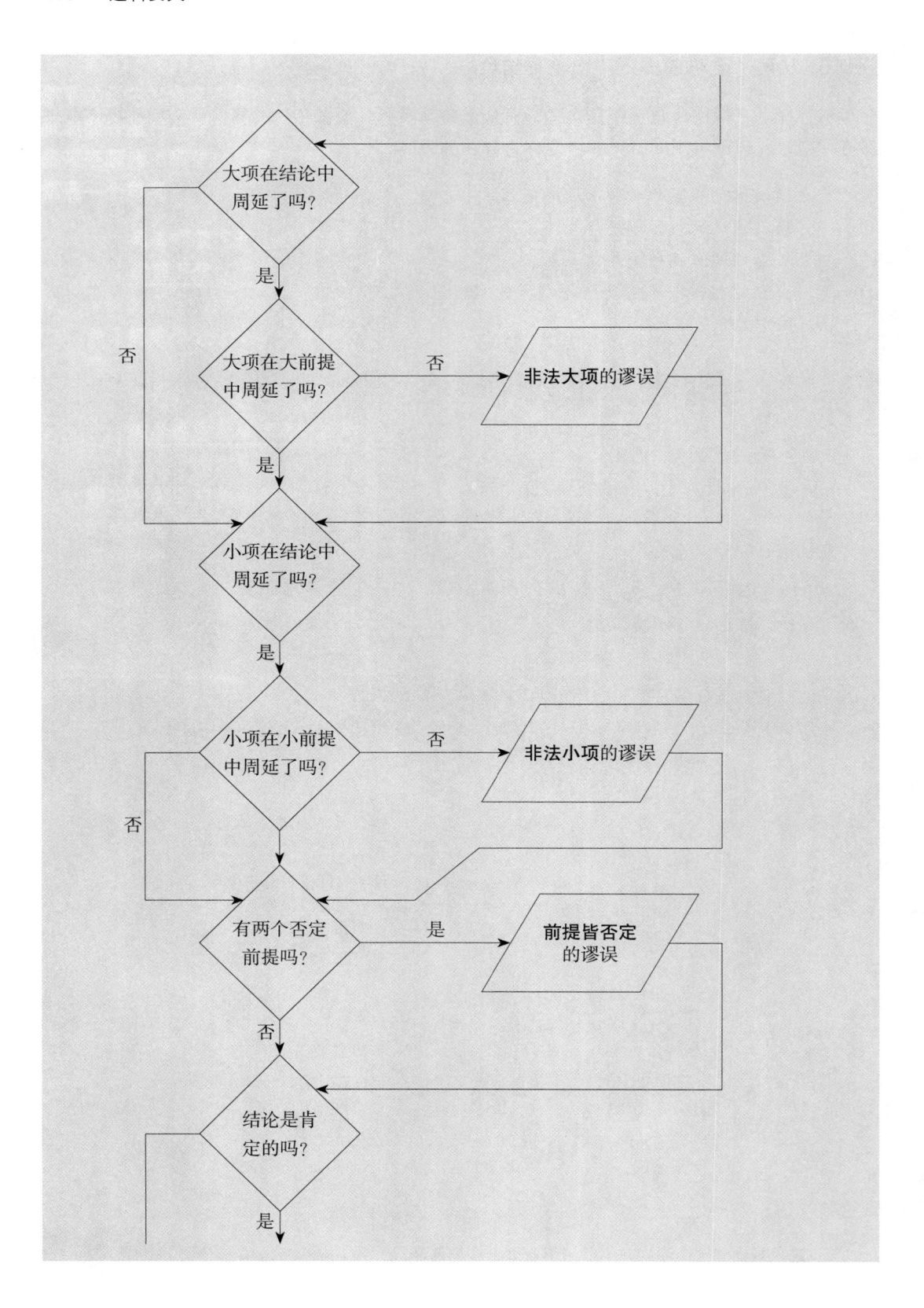

```
          ┌─────────────────────────────────────┐
          ↓                                     │
      ◇ 大项在结论中周延了吗? ◇                  │
          │是                                   │
          ↓                                     │
   否 ← ◇ 大项在大前提中周延了吗? ◇ →否→ ▱ 非法大项的谬误 ▱
   │      │是                                   │
   │      ↓                                     │
   │  ◇ 小项在结论中周延了吗? ◇ ←───────────────┘
   │      │是
   │      ↓
   │  ◇ 小项在小前提中周延了吗? ◇ →否→ ▱ 非法小项的谬误 ▱
   │      │否                                   │
   │      ↓ ←──────────────────────────────────┘
   │  ◇ 有两个否定前提吗? ◇ →是→ ▱ 前提皆否定的谬误 ▱
   │      │否                                   │
   │      ↓ ←──────────────────────────────────┘
   └─→ ◇ 结论是肯定的吗? ◇
          │是
          ↓
```

第 4 章 直言三段论

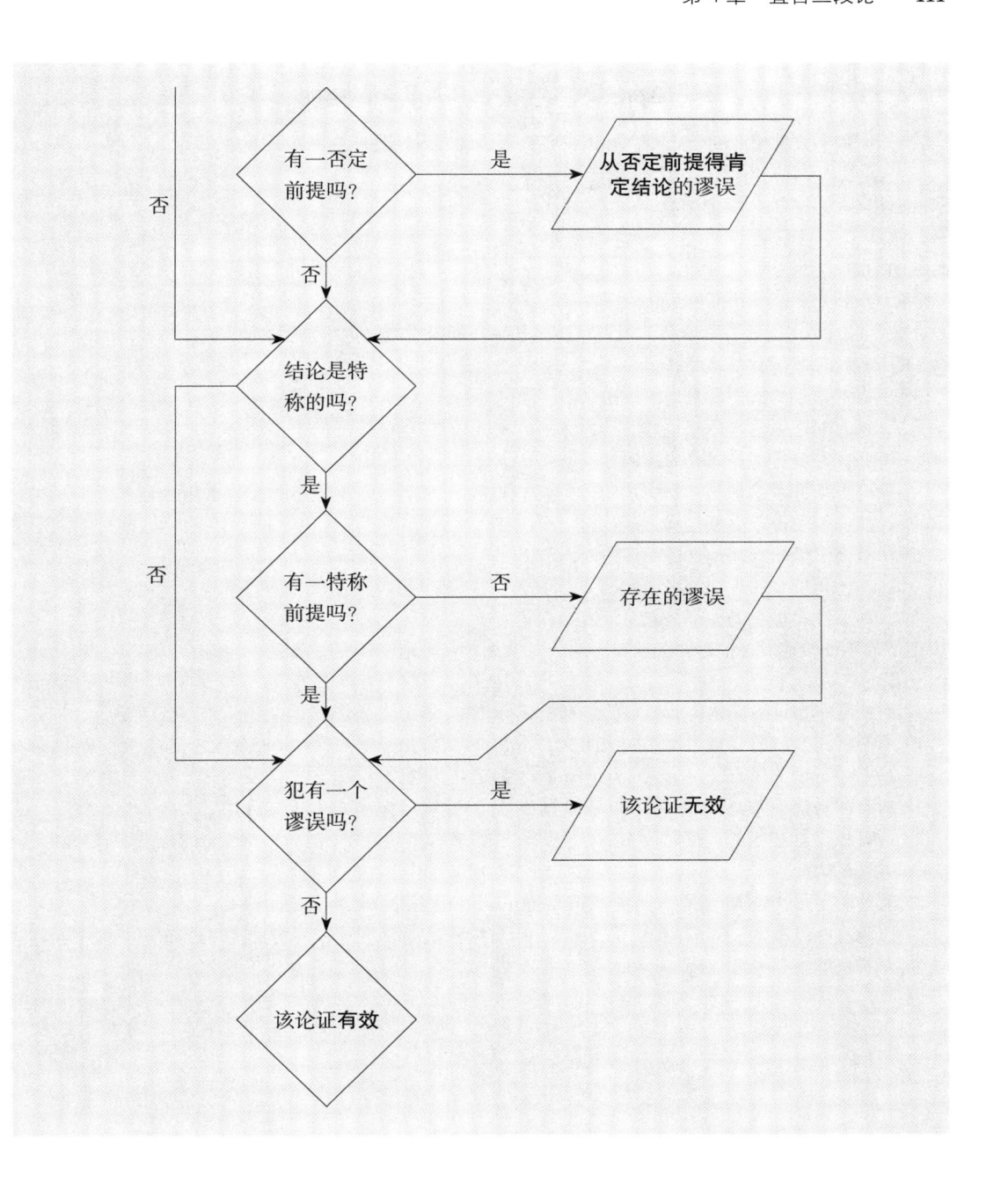

```
         ┌─────────────┐   是   ┌──────────────────┐
         │ 有一否定     │──────→│ 从否定前提得肯    │
    ┌───→│ 前提吗?      │        │ 定结论的谬误      │
    │    └─────────────┘        └──────────────────┘
    │           │ 否                      │
 否 │           ↓                         │
    │    ┌─────────────┐                  │
    │    │ 结论是特    │←─────────────────┘
    │    │ 称的吗?      │
    │    └─────────────┘
    │           │ 是
    │           ↓
    │    ┌─────────────┐   否   ┌──────────────┐
    │    │ 有一特称    │──────→│ 存在的谬误    │
 否 │    │ 前提吗?      │        └──────────────┘
    │    └─────────────┘                  │
    │           │ 是                      │
    │           ↓                         │
    │    ┌─────────────┐   是   ┌──────────────┐
    └───→│ 犯有一个    │──────→│ 该论证无效    │
         │ 谬误吗?      │        └──────────────┘
         └─────────────┘
                │ 否
                ↓
         ┌─────────────┐
         │ 该论证有效  │
         └─────────────┘
```

练习题

I. 给出具下列形式的论证的模式图,并指出具该形式的三段论违反的规则及所犯谬误的名称。
    1.AAA–3
    3.EOI–2
    5.IIO–4
    7.OEO–4
    9.EAO–3

II. 对于下面的每个无效三段论,请识别它违反了哪些规则,指出它所犯谬误的名称。
    11.所有的犯罪行为都是邪恶行为。
       所有对谋杀的起诉都是刑事诉讼。
        ∴所有对谋杀的起诉都是邪恶行为。
    13.有些优秀演员不是强壮的运动员。
       所有职业摔跤手都是强壮的运动员。
        ∴所有职业摔跤手都是优秀演员。
    15.所有极饥饿的人都是吃得极多的人。
       所有吃得极少的人都是极饥饿的人。
        ∴所有吃得极少的人都是吃得极多的人。

III. 把下列论证改述成标准形式三段论。对于每个无效三段论,请识别它违反了哪些规则,指出它所犯谬误的名称。
    17.有些蛇不是危险动物,而所有的蛇都是爬行动物,所以,有些危险动物不是爬行动物。
    19.所有的民众政府支持者都是民主主义者(democrats),所以,所有的民众政府支持者都是共和党的对手,因为所有民主党人(Democrats)都是共和党的对手。
    21.所有河马都是大型动物,所以,有些马不是河马,因为有些马是大型动物。
    23.所有做出这些题的人都是勤奋的学生,而有些教师不是勤奋的学生,所以,有些教师是做出这些题的人。
    25.有些狗不是比特犬,所以,有些狗不是杜宾犬,因为没有杜宾犬是比特犬。
    27.因为有些汽车是福特车,我们可以推断,所有庞蒂亚克都是汽车,因为有些福特车不是庞蒂亚克。
    29.所有土豚都是哺乳动物,所以,有些鸟不是土豚,因为有些哺乳动物不是鸟。

章节摘要

    在第四章,我们考察了标准形式直言三段论:它的构成要素、形式、有效性以及制约其正确使用的规则。4.1节说明了如何识别三段论的大项、小项和中项:

        ·**大项**:结论的谓项
        ·**小项**:结论的主项
        ·**中项**:在两个前提中出现,但不在结论中出现的第三个项

根据前提中是包括大项还是小项,我们认定其为大前提和小前提。一个直言三段论,如果它的命题出现的次序恰好是:首先是大前提,其次是小前提,最后是结论,那我们就说这是标

准形式直言三段论。

4.1节还阐明了如何确定一个三段论的式与格。**三段论的式**由表示三个命题的A、E、I、O类型的三个字母来确定。一共有64个不同的式。

三段论的格由中项在前提中的不同位置来确定。四个可能的格描述和命名如下：

- 第一格：中项是**大前提的主项、小前提的谓项**。
  模式为：$M—P$，$S—M$，所以$S—P$。
- 第二格：中项是**两个前提的谓项**。
  模式为：$P—M$，$S—M$，所以$S—P$。
- 第三格：中项是**两个前提的主项**。
  模式为：$M—P$，$M—S$，所以$S—P$。
- 第四格：中项是**大前提的谓项、小前提的主项**。
  模式为：$P—M$，$M—S$，所以$S—P$。

4.2节说明了标准形式直言三段论的**格与式如何共同决定它的逻辑形式**。由于64个式的每一个都可以出现在四个格中，所以总共正好有256个标准形式的直言三段论，但其中只有15个是有效的。

4.3节介绍了**检验三段论有效性的文恩图方法**，即使用几个交叉的圆，恰当地做标记或加阴影，以列示前提的意义。

4.4节阐明了**标准形式直言三段论的六条规则**，并命名了违反各条规则所造成的**谬误**。

- 规则1：标准形式直言三段论必须恰好包含三个词项，每个词项在整个论证中都是在同一意义上被使用的。
  违反则触犯：**四项的谬误**。
- 规则2：在一个有效的标准形式直言三段论中，中项必须至少在一个前提中周延。
  违反则触犯：**中项不周延的谬误**。
- 规则3：在一个有效的标准形式直言三段论中，在结论中周延的词项必须在前提中周延。
  违反则触犯：**大项不当周延的谬误或小项不当周延的谬误**。
- 规则4：凡是有两否定前提的标准形式直言三段论都不是有效的。
  违反则触犯：**前提皆否定**的谬误。
- 规则5：一个有效的标准形式直言三段论，如果有一个前提是否定的，那么结论必须是否定的。
  违反则触犯：**从否定前提得肯定结论**的谬误。
- 规则6：一个有效的标准形式直言三段论，如果结论是特称命题，那么两个前提不能都是全称命题。
  违反则触犯：**存在**的谬误。

第 5 章
日常语言中的论证

5.1 日常语言中的三段论论证
5.2 三段论论证中词项数量的归约
5.3 直言命题的标准化
   A. 单称命题
   B. 谓项是形容词或形容词短语的直言命题
   C. 动词不是标准形式联项"是"的直言命题
   D. 语词不按标准顺序排列的直言命题
   E. 量词不标准的直言命题
   F. 区别命题
   G. 不带量词的命题
   H. 不具有标准形式但有逻辑等值的标准形式供选的命题
   I. 除外命题
   J. 另外的复杂量词
5.4 统一翻译
5.5 省略三段论

5.1　日常语言中的三段论论证

日常话语中的论证很少以纯粹的、标准形式的直言三段论的语言出现。尽管如此，许多日常语言中的论证具有三段论的结构，并且能够被不改变语义地改写为标准三段论形式。我们将广义地用"三段论论证"来指称那些标准形式的或者能被不改变语义地改写为标准形式的直言三段论。

把日常语言论证改写为标准形式直言三段论的过程称为**还原为标准式**（reduction to standard form）或**翻译为标准式**（translation to standard form），还原的结果称为原三段论论证的**标准式翻译**（standard form translation）。日常语言中的论证一旦还原为标准形式，我们就可以用文恩图和在第4章中已经讨论的三段论规则来检验其有效性。

自然语言中一个三段论论证不能成为标准式直言三段论的原因是多样的：

1. 前提与结论的顺序未能遵循标准式直言三段论形式；
2. 日常语言中论证的构成命题可能使用了三个以上的词项；
3. 日常语言中三段论论证的构成命题可能不是标准式直言命题。

之前我们曾经把第一种情况的论证还原为标准形式三段论，那就是按标准顺序重新排列三段论：大前提、小前提、结论，前提和结论之间加一条横线。另两种情况有点棘手，因为日常语言中的陈述往往不是标准形式的，而且论证中的词项也往往超过3个。为此，我们从讨论词项的归约开始，然后讨论非标准命题的标准式变换。在实践中，往往是先把命题还原为标准形式然后再归约词项的。

5.2　三段论论证中词项数量的归约

在第1章，我们区分了语句与它们所表达的命题。由于不同的语句能表达同一个命题，因此，有时日常语言中陈述一个有效三段论的语句具有3个以上不同的词项。在这种情况下，你要通过以下方法把三段论还原为标准形式：

- 消去同义词
- 消去补词项（反义词）

如果一个论证中有两个或更多的同义词，你可以通过替换减少词项的数目。

有些运动迷是低年级学生。
所有小学生都是儿童。
∴ 有些孩子是运动迷。

这个论证包括 5 个词项，但"低年级学生"与"小学生""儿童"与"孩子"是同义词。消去这些同义词后我们得到一个标准形式的三段论，即有效式 IAI-4：

有些运动迷是小学生。
所有小学生是儿童。
∴ 有些儿童是运动迷。

有时一个超过 3 个词项的三段论论证含有互补的词项，例如"狗"和"非狗"。为了进行互补词的替换，你需要检视直言命题的逻辑等值式（3.8）。有些情况下需要换质，另一些情况下需要换位又换质，还有些情况下可能要换质位或者换质位又换质。

重要提示

如果日常语言三段论中有两个词项是意思很接近的，你应该把它们看作同义词。这是一种宽容的解释（1.4）。因此，"狗"和"犬科动物"不是严格意义上的同义词——"狼"和"狐狸"与"狗"都是"犬科动物"——为了改写论证，你应该把"狗"和"犬科动物"看作同义词。

通过换位法与换质法减少词项数目：
所有的石英手表都是手工制表。
没有电子手表是镶钻石机芯的手表。
∴ 所有镶钻石机芯的手表都是手工制表。

要判断这个论证的有效性，需要知道电子手表（液晶表盘上显示数字的手表）是非石英手表。然后，重新表述小前提："没有非石英手表是镶钻石机芯的手表，"换位得到："没有镶钻石机芯的手表是非石英手表"，换质得到："所有镶钻石机芯的手表都是石英手表"。这样，改写后的三段论为：

所有的石英手表都是手工制表。
所有镶钻石机芯的手表是石英手表。
∴ 所有镶钻石机芯的手表都是手工制表。

这个论证是有效三段论 AAA-1。

通过换质位法减少词项数目：
没有多孔物质是防水物质。
所有非防水物质都是非塑料。
∴ 没有塑料是多孔物质。

这个三段论有 5 个词项："多孔物质、防水物质、非防水物质、非塑料、塑料"。但是"防水物质"和"非防水物质"，"塑料"和"非塑料"是互补的。用换质位法改写小前提：从"所有非防水物质都是非塑料"变为："所有塑料都是防水物质"，消去两个词项。结果是：

重要提示

在日常语言中，一个词项的补并不总是加前缀"non"的，更通常的情况是加前缀"in""im"或"un"。但不能简单地认为一个带这些前缀的词就一定是没有这个前缀的词的补。不信去查字典，查 flammable 和 inflammable，或者 valuable 和 invaluable。

没有多孔物质是防水物质。
所有塑料是防水物质。
∴没有塑料是多孔物质。

这是一个有效三段论，形式是EAE-2。

在减少词项数目时，有时要注意三段论所预设的语境。

所有任期两年的政治家都是不停地搞运动的人。
没有参议员是任期两年的政治家。
∴所有众议院成员都是那些不停地搞运动的人。

这里似乎有4个词项。但是论证的预设语境是国会议员。参议员是非众议员，众议员是非参议员。因此，第二个前提等于"没有非众议员是任期两年的政治家"，换位得到："没有任期两年的政治家是非众议员"，换质得到："所有任期两年的政治家是众议员"，因此，论证改写为：

所有任期两年的政治家是不停地搞运动的人。
所有任期两年的政治家是众议员。
∴所有众议员都是不停地搞运动的人。

这是一个有效的AAA-1形式的三段论。

练习题一

通过消去同义词和补词项把下列三段论改写为标准形式，然后识别论证的形式，如果可以的话，构造一个文恩图来确定它是否有效。如果无效，指出所犯的谬误。

1. 有些学者是一丝不苟的。
   我们班级的成员没有一个是学者。
   ∴我们班级的一些同学对细节是极端仔细的。

3. 所有非人类最好朋友是不聪明的动物。
   所有不聪明的动物是非狗。
   ∴狗是人类最好的朋友。

5. 有些亚洲国家是非交战国，因为所有的交战国都是德国或英国的盟邦，而有些亚洲国家不是德国或英国的盟邦。

7. 所有财物都是可变的东西，因为没有任何财物是非物质的东西，而且没有任何物质的东西是不可变的东西。

9. 所有现存的东西都是无刺激物；所以没有任何刺激物是不可见的，因为所有可见的物体都是逝去的东西。

5.3 直言命题的标准化

许多场合日常语言的三段论中不包含标准形式的直言命题。还原其命题不具标准形式的三段论，首先要把这些命题改写成意义不变的 A、E、I、O 命题。没有一成不变的规则在任何情况下指示我们怎么做。下面的讨论只是暗示改写十大类非标准命题的指导方针。在任何情况下，重要的是翻译命题的意义而不是依赖一般规则，因为规则都有例外。这意味着在还原前必须注意自然语言论证的含义。记住，三段论所处的语境对三段论中命题的意义能有重要影响，因而也影响到它们的还原。在这些情况下，特别地，考虑论证中命题的意义比只考虑命题的语法结构更重要。

A. 单称命题

单称命题肯定或否定某一特定个体或对象属于某一对象类。例如"希拉里·克林顿是民主党人"和"我的车不是白色的"。尽管单称命题所指的是个体对象，但我们可以把它们看作指的是仅包含一个成员的单元类（unit class）。这样，单称肯定命题可以被理解为标准形式的A命题。例如："希拉里·克林顿是民主党人"被理解为"所有是希拉里·克林顿的人都是民主党人"。类似地，否定命题如"我的车不是白色的"可以理解为标准形式的E命题："没有一个是我的车的东西是白色的东西"。这是习惯性地机械解释，没有任何明显的改写。换句话说，就是把单称肯定命题理解为A命题，把单称否定命题理解为E命题。

然而，单称命题比全称命题提供更多的信息。希拉里·克林顿是个真实的人，因此有，至少存在一个人，她是民主党人，也就是"有些（有，有的）人是民主党人"。因此，单称命题"希拉里·克林顿是民主党人"可以理解为I命题："有是希拉里·克林顿的人是民主党人"。类似地，单称命题"我的车不是白色的"可以理解为O命题："有是我的车的东西不是白色的东西"。因此，单称命题能被理解为同时断定一个全称命题和相应的具有相同的质的特称命题。

实际上，这意味着，如果一个三段论的一个前提和结论是主项相同的单称命题，那么我们既可以把它们都当作全称命题也可以把它们都当作特称命题。

> 所有年龄超过35岁的民主党人是潜在的总统候选人。
> 希拉里·克林顿是年龄超过35岁的民主党人。
> ∴希拉里·克林顿是潜在的总统候选人。

可以被看作：

> 所有年龄超过35岁的民主党人是潜在的总统候选人。
> 所有是希拉里·克林顿这样的人是年龄超过35岁的民主党人。

重要提示

有的人通过在一个单称命题的主项前加上带括号的"所有"或"有些"来把它改写为全称或特称命题。如果你这样做，你必须记住：该命题关涉的仍是正好一个事物。所以，"（所有）希拉里·克林顿是民主党人"是"所有等同于希拉里·克林顿的事物都是民主党人"的简写。它并不意味着"所有的希拉里·克林顿都是民主党人"。例如，我的邻居希拉里·克林顿，她并不等同于前第一夫人，她可能就是一个共和党人或无党人士。

∴所有是希拉里·克林顿这样的人是潜在的总统候选人。

或者

所有年龄超过35岁的民主党人是潜在的总统候选人。
有是希拉里·克林顿这样的人是年龄超过35岁的民主党人。
∴有是希拉里·克林顿这样的人是潜在的总统候选人。

这两个三段论论证，第一个是AAA-1，第二个是AII-1，都是有效的。

如果两个单称命题都是论证的前提，那么你就不能把它们看作都是全称命题或者都是特称命题。如果论证是明显有效的，那么你应该把一个单称命题看作全称命题，而把另一个单称命题看作特称命题。

希拉里·克林顿是民主党人。
希拉里·克林顿是前第一夫人。
∴有些前第一夫人是民主党的。

前提表明至少有一个人——希拉里·克林顿——既是民主党人又是前第一夫人，这是结论所断定的。如果把两个前提都看作全称命题，那么这个三段论就犯了存在谬误（规则6）。如果把两个前提都看作特称命题，那么这个三段论就犯了中项不周延错误（规则2）。因此，要把一个前提看作是全称命题，把另一个前提看作特称命题，即把该三段论看作AII-3或IAI-3。

所有 M 是 P。　　　有些 M 是 P。
有些 M 是 S。　　　所有 M 是 S。
∴有些 S 是 P。　　　∴有些 S 是 P。

这样，两个形式都是有效的。

练习题

将以下单称命题改写为标准形式的全称命题和特称命题。
1. 穆罕默德·阿里是一位拳击手。
3. 我的牙医是一个喜欢白色牙齿的人。
5. 乔治·布什是一个共和党人。
7. 布拉德·比特是一个演员。
9. 海伦·凯勒是一个作家和演说家。

B. 谓项是形容词或形容词短语的直言命题

日常语言中的命题往往以形容词（如 beautiful、red、wicked）或形容词短语（如 on assignment、out of time）代替类名词作为谓项。这些命题不是标准式直言命题，因为谓项并不明显地指称一类事物。为了把这些命题改写为标准形式，我们可以**把形容词（或形容词短**

语）换为指称该形容词或形容词短语所适用的对象类的词项。①

命题"有些花是美丽的"的谓项是形容词。它可以被改写为标准形式的 I 命题："有些花是美丽的事物"。

命题"所有未完成测试的学生是时间不够的"的谓项是形容词短语。它可以被改写为标准的 A 命题："所有未完成测试的学生是时间不够的学生"。

---练习题---

将以下命题改写为标准形式：
1. 穆罕默德·阿里是最伟大的。
3. 我的私人医生是不入时的。
5. 所有宇航员都是勇敢无畏的。
7. 有些房屋不是为六个以上人口的家庭建造的。
9. 所有瑞典肉丸都是用牛肉和猪肉做的。

C. 动词不是标准形式联项"是"的直言命题

如果命题的主要动词不是标准形式的"是"，那么我们需要通过把动词短语看作定义（事物）类的特征来改写为标准形式。

命题"所有名流都渴望成为公众焦点"的主要动词不是"是"，可以被改写为"所有名流都是渴望成为公众焦点的人"。"有些猫吃狗粮"可以被改写为标准形式的命题"有些猫是吃狗粮者"或者"有些猫是吃狗粮的动物"。

---练习题---

将以下命题改写为标准形式
1. 穆罕默德·阿里像蜜蜂蜇人一样攻击。
3. 我的私人医生不按照他自己的劝告行事。
5. 所有的牛都吃草。
7. 在我左边的人有股难闻的气味。
9. 所有着色的房屋都会在几年之后褪色。

---

① 你会注意到，我们前面把单称命题"我的车不是白色的"改写为直言命题"没有是我的车的东西是白色的东西"，就是这样做的。

D. 语词不按标准顺序排列的直言命题

自然语言中，我们有时会遇到一些陈述，它们具有标准形式直言命题的所有成分但排列次序不标准。加以改写，首先要确定哪个是主项，然后重新排列词语造出一个标准形式的直言命题。

命题"在美国肯奈尔俱乐部注册的狗全是（are all）纯种狗"可被改写为"所有（all）在美国肯奈尔俱乐部注册的狗是纯种狗"。当命题中词语的排列顺序不标准时，你常能通过审问所提出的标准形式的命题是否为真来说出想必该有的意思。（并非所有纯种狗都是注册了的。）

—练习题—

将以下命题改写为标准形式
1. 拳击手全都崇拜穆罕默德·阿里。
3. 医生全有过错。
5. 你总有贫穷伴随你，任何时候。
7. 来者放弃一切希望吧。——Dante, *The Inferno*
9. 一辆雪佛莱不是（is no）克尔维特。

E. 量词不标准的直言命题

与三个标准形式的量词"所有、没有、有些"相比，日常语言中有大为丰富多样的词项表示数量。带有全称肯定量词如"every/每一"和"any/任何"的命题，很容易被改写成A命题。其他肯定的全称量词如"whoever/无论谁""everyone/每人"和"anyone/任何人"，特别指称某一类人。

"出生在美国的任何人都是公民"（Anyone born in the United States is a citizen）改写成标准形式为："所有出生在美国的人都是公民"（All people born in the United States are citizens）。

语法上的冠词a和an也可以用来表示数量，但是它们用来意指"所有"还是"有些"，大多依赖语境。

"A candidate for office is a politician/一位官职候选人是一名政治家"可以合理地解释为意指："All candidates for office are politicians / 所有官职候选人都是政治家"。

"A candidate for office is speaking at a campaign rally tonight/一位官职候选人今晚在竞选大会上发表演说"应该恰当地改写为："Some candidates are speakers at a campaign rally tonight/有些候选人是今晚竞选大会上的演讲者"。

定冠词the的翻译也依赖于语境，它可以用来指称某具体个体，或者指称一个类的所有成员。

"The grapefruit is a citrus fruit/葡萄柚是柑橘类水果"改写成标准形式为："所有葡萄柚是柑橘类水果"。

"The grapefruit was delicious this morning/今天早上的葡萄柚是美味的"则应改写为："Some grapefruit is a thing that was delicious this morning/有些今天早上的葡萄柚是美味的东西"。

否定量词如"not every/不是每个"和"not any/不是任何"的改写比肯定量词更棘手，需要特别注意。这里，例如，"Not every S is P/不是每个S是P"改写为"Some S is not P/有些S不是P"，而"Not any S is P/不是任何S是P"则要改写为"No S is P/没有S是P"。

"Not every public servant is a politician/不是每位公仆都是政治家"应改写为："Some public servant are not politicians/有些公仆不是政治家"。

"Not any public servants are politicians/不是任何公仆都是政治家"则应改写为："No public servants are politicians/没有公仆是政治家"。

练习题

将下列命题改写为标准形式。
1. 不是每个伟大的拳击手都是穆罕默德·阿里。
3. 医生不在（The doctor is not in）。
5. 不是每个这一组中的问题都是困难的。
7. 任何参加了昨晚游戏的人都目睹了一个令人激动的结局。
9. 狗是哺乳动物（The dog is a mammal）。

F. 区别命题

包含"only/只有"或"none but/除了……、无一"这些词语的直言命题称为区别命题。区别命题被改写为A命题。一般规则是调换主项和谓项的位置，并用"所有"代替"只有"。因此，"只有S是P"和"除了S无一是P"被理解为"所有P是S"。

"只有那些在评价高的电影中出演的演员才是真正的奥斯卡奖竞争者"改写成标准形式为："所有真正的奥斯卡奖竞争者是那些在评价高的电影中出演的演员"。

"除了勇敢者无一值得公平对待"改写为："所有值得公平对待的人是勇敢的人。"

但是，"only/只有"很特别。它有时被认为意指"当且仅当"，而后者如我们将在第6章看到的，后者意指既是"如

> **重要提示**
> "除了S无一是P"的意思是"没有非S是P"，换位为"没有P是非S"，再换质为"所有P是S"。

果 S 那么 P"又是"如果 P 那么 S"。因此,如果有一个"只有 S 是 P"形式的区别命题,你应用一般规则把它改写为"所有 P 是 S",把它放入三段论,发现该三段论是无效的,这不算完。你应该再检查该命题的另一半意思,即"所有 S 是 P"。如果命题为真,放入三段论再予检查。

在命题"只有哺乳动物是有毛发、幼仔用雌性乳腺分泌的乳汁哺育的温血脊椎动物"中,谓项定义了主项。[①]因此,此命题可以被认为同时意指"所有通常有毛发、用雌性乳腺分泌的乳汁哺育幼仔的温血脊椎动物是哺乳动物"和"所有哺乳动物是通常有毛发、用雌性乳腺分泌的乳汁哺育幼仔的温血脊椎动物"。如果把第一个命题放入一个三段论,论证是无效的,那就还必须检查二个命题。

另一方面,"the only/惟一的"则无需改变主谓项的次序。

惟一完成任务的人是卡尔。

这个命题的含义是:恰好存在一个完成任务的人,这个人就是卡尔。"完成任务的人"这个类完全包含在是卡尔的事物的类,就是说,"所有完成任务的人是等同于卡尔的人"。

---练习题---

将下列命题改写为标准形式。
1. 不懂几何者禁止入内(None without geometry enter here)。
3. 惟一拥有自己的丛书的猴子是好奇的乔治。
5. 除了聪明人,没有谁能想出如何翻译"none but"。
7. 只有哺乳动物是马。
9. 卡特里娜是这个班里惟一发现区别命题很有趣的人。

G. 不带量词的命题

有时直言命题以不含任何表示数量的词的"S 是 P"形式出现。在这种情况下,命题的语境成为改写的惟一线索。

鲸是哺乳动物。

虽然这个命题没有量词,但是仍然可以改写为"所有鲸是哺乳动物"。但是,"狗是会叫的"则可能只意指"有些狗是会叫的动物"。

H. 不具有标准形式但有逻辑等值的标准形式供选的命题

不像标准形式直言命题的命题往往能改写为与其逻辑等值的标准形式的命题。

---

① See Webster's *New World Dictionary and Thesaurus*(Macmillan Digital Publishing,1997)。

命题"专业棒球运动员收入偏低"不是标准形式,但却逻辑等值于标准形式的命题"有些专业棒球运动员是低收入运动员"。这类命题的成功改写要求密切注意要归约的命题的意义。

I. 除外命题

除外命题是那些断定某一事物类中除了它的一个子类的成员外的所有成员都是另外某类的成员的命题。除外命题做了一个复合断定:第一,主项类中不在除外的子类里的所有成员都是谓项类的成员;第二,除外的子类里的成员都不是谓项类的成员。

  所有除了高年级以外的学生都有权申请奖学金。

这个命题与所有的除外命题一样作了如下的复合断定:第一,所有非高年级的学生都有权申请奖学金;第二,所有高年级的学生都无权申请奖学金。

因为除外命题是复合命题,它们不能直接改写成单个标准形式的直言命题,因此,包含这类命题的论证不是三段论。尽管如此,它们有时也能作三段论分析和评价。

  所有除了高年级以外的学生都有权申请奖学金。
  有些在音乐班的学生不是高年级学生。
  ∴有些在音乐班的学生有权申请奖学金。

第一个前提是除外命题,因而含有两个直言命题:"所有非高年级的学生都有权申请奖学金"和"高年级的学生无权申请奖学金"。当把原论证当作三段论来分析时,要分开注视这两个命题。如果用上述两命题中的任意一个代换第一个前提,构成的三段论是有效的,那么原论证有效。用第一个命题代换,于是有:

  所有非高年级的学生都有权申请奖学金。
  有些在音乐班的学生是非高年级学生。
  ∴有些在音乐班的学生有权申请奖学金。

这个标准式直言三段论是有效式 AII–1,因此,原论证是有效的。

J. 另外的复杂量词

"almost all/几乎所有""not quite all/不全是所有"和"only some/只是有些"都意指既"有些是"又"有些不是"。"几乎所有学生都是严谨的弟子"意指既"有些学生是严谨的弟子"又"有些学生不是严谨的弟子"。如果有一个前提含有复杂量词,选用两种意思中的任何一种都将得到一个有效的论证。如果采用任何一种都不能得到有效三段论,那么你必须申明在两种情况下三段论都是无效的。由两个标准形式的直言命题最多推出一个直言命题。因此,如果一个论证的结论含有复杂量词,只要证明从前提不能得到结论的两种形式之一,即能证明论证是无效的。

  所有的狗是会叫的动物。
  只是有些狗是比特狗。
  ∴有些比特狗是会叫的动物。

重要提示

结论中带有复杂量词的论证可以是有效的吗？

假定有如下论证：

只是有些 M 是 P。
所有 M 是 S。
只是有些 S 是 P。

如果你宽容地理解该论证，你可以把它理解为下面两个不同的论证：

有些 M 是 P。	有些 M 不是 P。
所有 M 是 S。	所有 M 是 S。
有些 S 是 P。	有些 S 不是 P。

这两个论证都是有效的。

命题"只是有些狗是比特狗"的含义是"有些狗是比特狗"同时"有些狗不是比特狗"。如果改为 O 命题，那就违反规则5，犯了从一个否定前提得出肯定结论的谬误。由于这个小前提还断定了一个 I 命题"有些狗是比特狗"，我们可以把它放入三段论，得到：

所有的狗是会叫的动物。
有些狗是比特狗。
∴ 有些比特狗是会叫的动物。

这个论证是有效三段论，形式为 AII-3。

另一方面，如果给出论证：

所有的狗是会叫的动物。
有些狗是比特狗。
∴ 不全是所有的比特狗是会叫的动物。

那么，结论同时断定"有些比特狗是会叫的动物"和"有些比特狗不是会叫的动物"。由于由两个标准形式的直言命题最多推出一个直言命题，所以不能同时两个断定。选择其中推不出的一个，构造三段论如下：

所有的狗是会叫的动物。
有些狗是比特狗。
∴ 有些比特狗不是会叫的动物。

这是一个 AIO-3，违反规则3，犯了大项不当周延的错误。该三段论是无效的。

非标准量词指南

非标准形式	改写为标准形式
A（an）S is P.	Some S are P. 例如 "a dog is on the mat" 意思是 "Some dog is on the mat." 在有的语境中是 All S are P。例如，"A dog is a mammal" 意思是 "All dogs are mammals."
A few S are P.	Some S are P.
All but S are P.	All non-S are P 并且 No S are P.
All except S are P.	All non-S are P 并且 No S are P.
Almost all S are P.	Some S are P 并且 Some S are not P.
Any S are P.	All S are P.
At least one S is P.	Some S are P.
Diverse S are P.	Some S are P.
Every S is P.	All S are P.
Many S are P.	Some S are P.
None but S are P.	All P are S.

None of the Ss are Ps.	No S are P.
Not all S are P.	Some S are not P.
Not any S are P.	No S are P.
Not every S is P.	Some S are not P.
Not only S are P.	Some P are not S.
Not quite all S are P.	Some S are P 并且 Some S are not P.
Numerous Ss are Ps.	Some S are P.
Only S are P.	All P are S. 但是，如果这产生无效的三段论而且陈述 "All S are P" 为真，把 "All S are P" 插入三段论，检查三段论的有效性。
Only some S are P.	Some S are P 并且 Some S are not P.
Several S are P.	Some S are P.
The only S is P.	All S are P.
The S is P.	All S are P 或者 Some S are P，根据语境来判断。
There exists an S that is P.	Some S are P.
There is an S that is P.	Some S are P.
There is no S unless it's a P.	All S are P.
Various Ss are Ps.	Some S are P.
Whatever S is P.	All S are P.

―练习题―

将下列陈述改写为标准形式直言命题。
1. 猫是好奇的。
3. 并非每一个牧师都是单调乏味的演说者。
5. 一个（a）逻辑学家是分析论证的人。
7. 你必须看一看生活充满希望的一面。
9. 许多人是在悔恨虚度青春中度日。
11. 面朝太阳的他看不到自己的影子。
13. 知道自身局限性的人着实幸运。
15. 一个（a）温柔的回答可以息怒。
17. 除无赖外每个人都可望说出真相。
19. 这些练习题中有几个可能富有挑战性。

5.4 统一翻译

把论证改写为标准形式的直言三段论，有时必须引入一个参项（参数）——一个有助于以标准形式表达原来断言的辅助符号。参项的使用使我们能统一翻译构成三段论的三个命题，得到恰含三个词项的三段论。一般的参项是诸如"时间、地点、事件"等词项。

128　逻辑要义

语句"贫穷总是伴随你",可以被表达为一个标准形式的直言命题,但是对它的还原是棘手的。它的含义不是指所有的贫穷伴随你,甚至不是某些(特殊的)贫穷总是伴随你。还原这类命题的一种方法是利用"总是"这个关键词,它意指"任何时间"。因此,可以把原命题还原为"所有时间都是贫穷伴随你的时间"。同时出现在主项和谓项中的语词"时间",就是一个参项。

> 无论哪里下雨,都是阴天。
> 这里下雨。
> ∴这里是阴天。

为了把这个论证表达为标准形式的、含三个词项的三段论,我们引入"地方"这一参项。得到:

> 所有在下雨的地方都是阴天的地方。
> 这个地方是在下雨的地方。
> ∴这个地方是阴天的地方。

第二个前提中的单称命题可理解为 A 命题"所有是这个地方的地方是在下雨的地方"。结论中的单称命题可理解为 A 命题"因此,所有是这个地方的地方是阴天的地方"。这是有效的 AAA-1 形式的三段论。

在改写时引入参项是精妙的事。为了避免错误,你总是必须准确理解原论证的含义。

练习题

Ⅰ.将下列命题改写为标准形式的直言命题,必要的话可以使用参项。
　1.苏珊从不在办公桌旁吃午餐。
　3.错误只有在它们是无心之过时才得到宽恕。
　5.他散步在他所选择之处。
　7.她试图在所有她会去之处销售人身保险。
　9.灯一直开着。

Ⅱ.对于下面的每一个论证:
　a.将论证改写为标准形式。
　b.确定其标准形式翻译的格和式。
　c.用文恩图检验其有效性。
　d.如果其无效,指出其所犯的谬误。
　11.……没有名称进入成对的矛盾中;但是所有可预见的都进入成对的矛盾中;因此,没有名称是可预见的。

——Peter Thomas Geach, *Reference and Generality*

　13.任何两个意见相矛盾的人不可能同时说谎。因此第一个和第三个当地人不可能同时说谎,因为他们的意见相矛盾。
　15.所有桥牌玩家都是人。所有人都思考。因此所有桥牌玩家都思考。

17. 既然与邻居争斗是邪恶的，与底比斯人争斗就是与邻居争吵，因此很显然与底比斯人争斗是邪恶的。

——Aristotle, *Prior Analytics*

19. 辛西娅一定是赞扬了亨利，因为每一次辛西娅赞扬他的时候他都会兴高采烈，而他现在正兴高采烈。

21. 只有特快列车不在此站台停车，刚过去的那一列列车没有在此站停车，所以它一定是特快列车。

23. 世上存在英俊的男人。但是也只有男人是卑鄙的，所以认为没有既卑鄙又英俊的事物的说法是错误的。

25. 所有身无分文的人都被定罪。有些有罪的人被宣判无罪。所以有些有钱的人并不是清白的。

5.5 省略三段论

日常话语中往往是省略地表述论证，省略了前提或结论，期待听者或读者去补充。**一个被不完整地表述的论证称为省略论证（enthymeme，特别是省略三段论）**。一个不完整地表述的论证被说成是省略的（enthymematic）。

为什么人们要留下论证的一部分不说呢？省略论证具有修辞力。如果有人留下论证的一部分不说，你不妨把它看成是一种礼遇。这表明论证者相信你能看出从一组前提可以得出什么，或者那个"显然的"省略的前提是什么。但是，省略论证也能掩饰智力上的过失。它们能隐藏假前提或无效的论证。因此，我们需要一种方法，看出如果该论证有效那省略的要素必须是什么，说明为什么有些场合没有前提能得到一个有效三段论。一旦你找到省略的要素，你仍然需要问这些要素是真的还是假的。我们从省略结论的三段论谈起。

如果给出直言三段论的一对前提，你就能通过构造文恩图来查看从前提能得到什么结论，如果有的话。

所有食蚁兽都是哺乳动物，所有哺乳动物都是有脊椎的动物，因此，结论是显然的。

如果你为前提画一个文恩图，你就画出结论："所有的食蚁兽都是有脊椎的动物。"

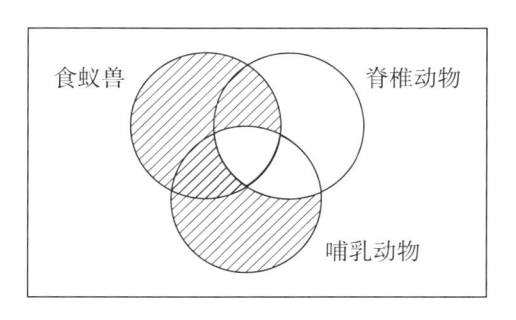

当然，并不总是这样顺利进行的。有时从前提得不到任何直言陈述；前提本身隐含错误。

因为没有食蚁兽是鸟，并且没有鸟是蜘蛛，所以结论是显然的。

我们相信你说"显然的"的意思是说该论证犯了前提都是排斥性的错误，因此得不出任何结论。当然，文恩图也表明前提不衍涵任何结论。

130　逻辑要义

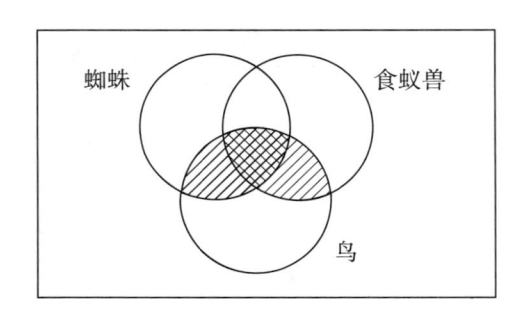

如果给出一个前提和一个结论，以下程序能帮助你找出另一个前提，如果有的话，产生一个有效三段论：

1. 如果符合以下任何一条，那么不能找到另一个前提构成有效三段论：

　　a. 给出的是一个全称结论和一个特称前提；
　　b. 给出的是一个肯定结论和一个否定前提（这犯了从否定前提得肯定结论的错误）；
　　c. 大项或小项在结论中的周延性与其在给定的前提中的周延性不同。

如果遇到上述情况之一，论证就无效。于是指明它无效，并且援引相关的某个作为理由。如果不存在上述情况，遵循以下步骤很可能找到一个前提产生一个有效三段论。

2. 找出缺失前提的量（全称或特称）：

　　a. 如果结论是全称的，缺失前提就是全称的。
　　b. 如果结论是特称的，而且给定的前提是全称的，那么缺失前提是特称的。
　　c. 如果结论是特称的，而且给定的前提是特称的，那么缺失前提是全称的。

3. 找出缺失前提的质（肯定或否定）：

　　a. 如果结论是肯定的，缺失前提就是肯定的。
　　b. 如果结论是否定的，而且给定前提是肯定的，那么缺失前提是否定的。
　　c. 如果结论是否定的，而且给定前提是否定的，那么缺失前提是肯定的。

至此，你已经知道缺失前提是A、E、I，还是O命题了。

4. 周延性

　　a. 赋予缺失前提的大项或小项的周延性与其在结论中所具有的相同。
　　b. 确保中项在前提中恰好周延一次。（如果你已经正确实行上述步骤，缺失前提的中项的位置就将确定，而且中项将在前提中恰好周延一次。这是对你的工作的部分检查。）

　　没有两岁孩童是读书郎，因此，没有两岁孩童是厨子。

因为给定的前提和结论都是全称否定命题，所以，情况不满足1中的任何一条。那么，必定有一个前提使得该论证是有效三段论。结论是全称的，因此，缺失前提必定是全称的（2a）。给定的前提和结论都是否定的，因此，缺失前提必定是肯定的（3c）。所以，缺失前提是一个 A 命题。又因为大项"厨子"在结论中是周延的,"厨子"在缺失前提中也必须是周延的(4a)。中项"读书郎"在小前提(给定前提)中是周延的,因此,"读书郎"在大前提中必须是不周延的(4b)。所以,缺失前提必定是"所有厨子是读书郎"——这是惟一能与已有前提和结论构成有效三段论的那个前提:

<u>所有厨子是读书郎。</u>
<u>没有两岁孩童是读书郎。</u>
∴没有两岁孩童是厨子。

当然这个三段论是不可靠的,因为缺失前提是假的。如果你对此有所怀疑,回顾若干年前你的先辈——15000年前就行——你将找到一位能下厨但不能读书的先辈:在存在书写语言之前,没有人会读书。

至少有一个正在读这本书的人是困惑的。所以,有一个学逻辑的学生是困惑的。

将这段话中的前提和结论还原为标准形式,可以得到:

<u>有些正在读这本书的人是困惑的人。</u>
∴有些学逻辑的学生是困惑的人。

同样,检查1中的条件。由于给定前提和结论都是I命题,我们不会从特称前提得到一个全称结论(1a);不会从否定前提得到一个肯定结论(1b);也不会在大项的周延性上有差别(1c)。因此,必定有一个前提使得该论证成为有效三段论。给定的前提和结论都是特称的,因此,缺失前提必定是全称的(2c)。给定前提和结论都是肯定的,因此,缺失前提必定是肯定的(3a)。所以,缺失前提必定是 A 命题。小项"学逻辑的学生"在结论中是不周延的,因此,它在缺失前提中也是不周延的。中项"正在读这本书的人"在给定前提中是不周延的,因此,它在缺失前提中必定是周延的(4b)。所以,缺失前提必定是"所有正在读这本书的人是学逻辑的学生"。只要你愿意承认甚至逻辑教师也是学逻辑的学生(研习逻辑的人),这个前提就是真的。

当然,事实上对省略三段论的分析并非总是(常是?)这样顺遂。

有些正在读这个语句的人是愚蠢的。因此,没有一个正在读这个语句的人是学逻辑的学生。

此前提和结论的标准形式为:

<u>有些正在读这个语句的人是愚蠢的人。</u>
∴没有正在读这个语句的人是学逻辑的学生。

1a要求不能从特称前提得出全称结论。因此,没有前提能填补这个论证使之成为有效三段论。

上述程序是很形式的。它没有告诉你提出一个省略三段论的人实际上是怎么想的。读心术不属于逻辑学领域,这个程序确实告诉你的是,提出一个省略论证的人,如果该三段论是有效的,他必定已经假想了什么。因此,如果论证者提出一个省略三段论是给你一种修辞的礼遇,那么你就把论证者看作懂逻辑的人来回应这种礼遇吧。

练习题

指出下列省略论证中所缺省的前提或结论,然后把该论证重述为三段论形式。

1. 哈尔是一个诚实的人,因为没有哪个举止文雅的人是不诚实的。
3. 苏珊娜是一个谨慎的驾驶员,所以她的保险费率很低。
5. 哈尔简直是一个9000系列的计算机,而计算机是不说谎的。
7. 贯穿她整个躯体的灵魂是不灭的,因为处于不断的运动中的东西是不灭的。

——Plato, *Phaedrus*

9. ……我是一个唯心主义者,因为我相信所有存在的都是精神的。

——John McTaggart, Ellis McTaggart, *Philosophical Studies*

11. 不久之前一定刚刚下过雨,因为鱼儿都不上钩。
13. 没有省略三段论是完整的,所以这个论证是不完整的。
15. 如果谁是没有罪的,他就可以扔第一块石头。这里没有一个人是没有不可告人之事的。我都知道,而且我知道他们的名字。

——Representative Adam Clayton Powell,
speech in the U.S. House of Representative, 1967

17. 自由意味着责任。这是大多数人对其感到恐惧的原因。

——George Bernard Shaw, *Maxims for Revolutionists*

19. 几乎在任何社会,广告都发挥着至关重要的作用,因为它们将买卖双方联系起来。

章节摘要

本章我们考察了日常语言中的三段论论证,展示了三段论出现的不同外观,说明了如何理解、使用和评价它们。

5.1节说明了需要将任一形式的三段论论证改写为标准形式的方法。辨认了有别于**标准形式的直言三段论**的三段论论证的样式。

5.2节说明了日常语言中看来含有3个以上词项的三段论,有时如何通过消去同义词和补词而得以让它们中词项的数目适当地减少到3个。

5.3节说明了在三段论中不是标准形式的命题可以如何改写为标准形式,以便许用文恩图或者直言三段论规则来检验该三段论。考察了不同的十类非标准形式的命题,说明和例解了改写它们的方法。这十类命题是:

1. 单称命题
2. 谓项是形容词的命题
3. 主要动词不是"是"的命题
4. 含有标准式要素但不按标准式顺序排列的陈述
5. 量词不标准的命题
6. 区别命题
7. 不带量词的命题

8. 完全与标准式命题不相同的命题
9. 除外命题
10. 含有诸如"几乎所有"的其他复杂量词的命题

5.4节说明了主要为了检验把命题**统一翻译**成标准形式，可以如何借助于使用**参项**。

5.5节说明了**省略三段论**，其中删掉一个组成命题的三段论。如果结论被删掉，可以构造文恩图来找出由前提推出的结论，如果有的话。还考察了一种方法，用来确定，有的话，补上什么样的被删掉的前提将产生一个有效的直言三段论。

第 6 章
符号逻辑

6.1 现代逻辑的符号语言
6.2 符号语 101：命题逻辑的语言
    A. 否定
    B. 合取
    C. 析取
    D. 实质蕴涵（实质条件句）
    E. 双条件句（实质等值）
    F. 分组记号
6.3 作为复合命题分析工具的真值表
6.4 重言的、矛盾的和偶真的陈述形式
6.5 检验论证有效性之真值表
    A. 若干常见的有效论证形式
    B. 常见的无效论证形式
    C. 较复杂的论证
6.6 不完全真值表和逆向真值表
    A. 不完全真值表
    B. 逆向真值表
6.7 论证、条件句和重言式

6.1 现代逻辑的符号语言

演绎理论提供了分析和评估演绎论证的技术。在前3章，我们已经探讨了经典或亚里士多德逻辑。现在，从第6章到第8章，我们将要探讨现代符号逻辑。借助一种人工语言来表述陈述形式和论证形式，符号逻辑在过去的一个世纪里得到了长足的发展。

为何要使用符号语言？使用符号语言给我们的研究提供了极大的方便。就演绎来说，其核心问题是有效性。有效性是论证形式的性质，与内容关系不大。我们研制的人工语言只不过是用来表述陈述形式和论证形式的。因此，对于考察演绎论证，人工语言是有用的。它能够让我们"看到"被语词所掩盖的关系。就如一位杰出的现代逻辑学家所说："借助于符号，我们几乎可以用眼睛机械地进行推理转换，否则就需要动用大脑的高智能。"[①]

在本章和接下来的几章里，我们所探讨的论证将基于命题之间的关系。我们要探讨的是所谓命题逻辑或语句逻辑。这些命题统称真值函数命题。每一命题都有真假。命题的真或假称为它的真值。像"贾马尔踢足球"这样的命题可以称为简单命题或简单陈述。任何包含简单陈述作为其部分的陈述称为复合陈述。"贾马尔踢足球而(并且)索维奇弹竖琴"以及"达纳相信特里斯坦喜爱的乐队是U2"都是复合陈述。有些复合陈述是真值函数复合陈述。一陈述是真值函数复合陈述当且仅当这个复合陈述的真假完全取决于其分支(成分)陈述的真值。"贾马尔踢足球而索维奇弹竖琴"是一个真值函数复合陈述。在下节将看到，这个陈述为真当且仅当贾马尔踢足球为真且索维奇弹竖琴为真。陈述"达纳相信特里斯坦喜爱的乐队是U2"包含分支陈述"特里斯坦喜爱的乐队是U2"，但这个复合陈述不是真值函数复合陈述。因为其分支陈述的真值和整个句子的真值无关。在特里斯坦真正喜爱的乐队是芝加哥乐队的情况下，这个复合陈述也有可能为真。非真值函数复合陈述的真假不依赖于其分支命题的真值。

在本章和下一章中，将只考察由真值函数复合命题组成的论证。在日常生活中，这种论证比直言三段论更为普遍。在后面几节中，我们将要探讨验证一个只由真值函数复合命题构成的论证是否有效的方法。

6.2 符号语101：命题逻辑的语言

人工语言是为我们心中的特定目的研制的。在这里，我们要表达命题逻辑中的论证及其形式。当你考虑表达命题的普通复合陈述句时，要注意它们包含三方面的要素：(1)组成

---

① Alfred North Whitehead, *An Introduction to Mathematics*, 1911.

复合句的单个的简单陈述;(2)诸如"并且、或者、虽然、如果……那么"此类把那些简单句连到一起的词;(3)用于分层次以便理解说话内容的标点符号。这三类要素在我们的人工语言中是必要的。

在讨论直言三段论时,我们把项简写为单个字母。例如,直言命题"所有的土豚是美丽的动物"表达为"所有A是B"。现在让我们更简单,把一个个陈述简写为单个大写字母。"贾马尔踢足球"可简写为J,"索维奇弹竖琴"简写为S,"特里斯坦喜爱的乐队是芝加哥"可简写为T。下面将用大写字母A、B、C……Z作为陈述的简写形式。

在讨论直言三段论时,我们用字母S,P和M表示三段论的三个项。这就使我们能提供一种关于任何形式的直言三段论的格的表示法。S、M和P是变元,把它们代以具体的词项就可以得到一个特定的直言三段论。为了独立于其内容而表达陈述或论证的形式,我们需要就命题逻辑中的论证做类似的事。令小写字母p、q、r……z为可被具有任意复杂度的陈述所替换的变元。例如"如果p,那么q"表示一个陈述形式。通过用具体的陈述代换这些变元,可以得到一个具有该形式的陈述。例如"如果特里斯坦是个司机,那么安吉拉是艺术家"就是"如果p,那么q"的一个代入例。"如果经济繁荣且股市快速上涨,那么我或者能够早点退休或者能够买一套大房子"同样是"如果p,那么q"的一个代入例。

我们还引入符号来表示语言中的小品词,即那些能够把两个或更多个简单陈述合成一个复合陈述的语词,诸如"并非、并且、或者、如果……那么……、当且仅当"这类词语。为此需要用到真值表。真值表可列出一个简单陈述或陈述的真值的各种可能的组合。既然任一命题要么真要么假,一个简单陈述的真值表只有两行。把"今天是晴天"简写为S,则S的真值表是:

S
T
F

同样,可以对变元p建立真值表。一个变元p的真值表和两个变元p和q的真值表如下:

p
T
F

p	q
T	T
T	F
F	T
F	F

我们用真值的组合来定义我们的命题联结词。联结词的意义恰是其对应的真值表意指的意义;就是说,它们的真或假只由真值表中列出的条件所确定。这意味着符号与被翻译成该符号的英文词语之间的关系有时候并不圆满。

A. 否定

每一命题要么真要么假。任一非真的命题是假的，反之亦然。**一个真陈述的否定或否认是一个假陈述。一个假陈述的否定或否认是一个真陈述。**我们用波浪号（~）[1]表示否定，则用真值表定义波浪号如下：

p	$\sim p$
T	F
F	T

说起来"$\sim p$"该读为"波浪号p"。波浪号是对英文词语"not/并非"和"it is not the case that/并非如此"的符号翻译。因此，有人倾向于把"$\sim p$"读为"并非p"，虽说那就像把（德语）"*Der Vogelfänger bin ich ja*"直接读为"我是一个捕鸟者"一样，即一个符号翻译的读法的例子。

B. 合取

两个陈述的合取为真当且仅当这两个陈述（合取支）都为真。我们用圆点（·）表示合取。[2] 该圆点定义如下：

p	q	$\sim p \cdot q$
T	T	T
T	F	F
F	T	F
F	F	F

"$p \cdot q$"读为"p圆点q"。圆点是"and/并且""but/但""yet/还""although/尽管""even though/即使""nonetheless/虽然如此，但"等词语的符号翻译。我们的真值表定义是简明的：圆点的意义一点也没有超出真值表所表达的。因而圆点并没有完全抓住你使用"并且"所想表达的意义。如果你说"乔瓦尼移民入美国且在明尼苏达定居"，你可能意谓他先移民然后在明尼苏达定居。他两件事情都做了。他两件事情都做了这一事实是圆点所抓住的全部。圆点并没有告诉你他做这两件事情的先后顺序。因此，圆点的意义与被翻译成圆点的英语词的意义并不总是十分相同。尽管如此，它抓住了逻辑所不可或缺的东西。

重要提示

符号翻译并不能完全抓住被翻译的语脉中的全部意义，对此不应感到惊奇。这种情况同样存在于自然语言中。若你正在给一位德国朋友写信，打算告诉她晚餐吃苹果馅饼。但德国人不做馅饼，德文中没有对应于馅饼的词。于是你只能凑合着打比方说吃 Apfelkuchen（苹果蛋糕）或 Apfeltortre（苹果蛋挞），然而这两种翻译都不够准确。

合取

杰夫想要A，但老师给他的是C。

这个英文句子被正确地理解为"杰夫想要A"和"老师给他的是C"这两个简单陈述的合取。英文词"but/但"可以表示多种意思，在通常情况下，就像当下，它的功能还是表示合取。

---

[1] 符号的选择多少是任意的。波浪号或许是最常见的表示否定的符号，但有些逻辑书用其他符号表示否定。p的否定有时用横线表示（$-p$），或用鱼钩表示（$\neg p$），或者在陈述或变元上置一横线表示（$\bar{p}$）。

[2] 有些逻辑书，合取用英文中代表"and/和、并且"的记号表示（$p \& q$），或用插入符号表示（$p \wedge q$）。

C. 析取

一个析取，除非其分支陈述（析取支）都为假，否则都是真的。我们用楔形号（∨）③表示析取，其定义如下：

p	q	p ∨ q
T	T	T
T	F	T
F	T	T
F	F	F

楔形号是英文词"or/或"和"unless/除非"的符号翻译，这种析取称为相容析取，相容析取在分支陈述都为真的情况下依然为真。英文词"或"意义是模糊的。一般来说，楔形号表达了其涵义。有时候，英文词"或"却表达不相容的析取。饭店菜单标明晚餐费里包含汤或沙拉，这是指晚餐费里包含其中某一款的价钱，而不是同时包含二者的价钱。当"或"的涵义明显地是不相容时，应该把它翻译为"p 或 q 但并非既 p 且 q"：$(p \vee q) \cdot \sim (p \cdot q)$。

D. 实质蕴涵（实质条件句）

实质蕴涵陈述是具有形式"如果 p，那么 q"的陈述。一个实质蕴涵陈述，除非其前件（"如果"从句）为真而后件（"那么"从句）为假，否则都为真。我们一般用马蹄铁号（⊃）②表示实质条件句，其定义如下：

p	q	p ⊃ q
T	T	T
T	F	F
F	T	T
F	F	T

在命题逻辑中，马蹄铁号是英文词语"if…then…/如果……那么……"及其同义词语的翻译。下面的每一句式都可以译为 $p \supset q$。

If p, then q/如果 p，那么 q

p only if q/p 仅当 q

q if p/q 当 p

q on the condition that p/在条件 p 下，q

q provided that p/q 只要 p

Provided that p, q/只要 p，q

p is a sufficient condition for q/p 是 q 的充分条件

q is a necessary condition for p/q 是 p 的必要条件

实质蕴涵

如果地球是平的，那么月球由绿奶酪构成。

这个命题具有形式 $F \supset G$。一个实质蕴涵陈述，除非其前件为真而后件为假，否则都为真，因而这个命题为真。

---

① 大多数逻辑书中都用楔形号表示析取。
② 有些逻辑书中实质条件表示为箭头（→）。

要注意的是，马蹄铁号表示的意义恰为定义它的真值表所说的意义。它表达了实质条件句的关系：除非前件真而后件假，否则实质条件句为真。但是这不是"if... then..."在英文中仅有的用法。例如"如果水被加热到华氏212度，那么水将沸腾"，可能意味着水被加热到212华氏度是水沸腾的原因。然而,被理解为实质蕴涵陈述,这个条件句的意义就只是：并非水被加热到212华氏度时水却没有沸腾。

E. 双条件句（实质等值）

双条件句（实质等值陈述）为真当且仅当其分支陈述取相同的真值。我们用三杠号（≡）[①]表示双条件，定义如下：

p	q	$\sim p \equiv q$
T	T	T
T	F	F
F	T	F
F	F	T

标点

陈述

　　我将努力学习并且通过测试或者通不过测试。

是有歧义的。它可能意指"我将努力学习且通过测试，或者我将通不过测试"，也可能意指"我将努力学习，而我将通过或通不过测试"。

用符号记为

$$S \cdot P \vee F$$

同样是有歧义的。使用括号可以澄清这种歧义。对"我将努力学习且通过测试，或者我将通不过测试"可用符号表示为

$$(S \cdot P) \vee F$$

对"我将努力学习，而我将通过或通不过测试"可用符号表示为

$$S \cdot (P \vee F)$$

三杠号是英文词语"if and only if/当且仅当""just in case（that）/恰当"以及"is a necessary and sufficient condition for/是……的充分必要条件"的符号翻译。从下文可知，形式为 $p \equiv q$ 的双条件句断定了 $p \supset q$ 且 $q \supset p$。

F. 分组记号

在英文中，我们有各种标点符号用于显示复杂句子中诸从句彼此是如何关联的。它们的使用会造成差异。下面两个句子包含同样的从句，但第一个句子为真而第二个句子为假。

（1）亚伯拉罕·林肯在2000年当选为总统而（and）萨达姆·侯赛因在2005年倒台，仅当发生了伊拉克战争。

（2）亚伯拉罕·林肯在2000年当选为总统，而（and）萨达姆·侯赛因在2005年倒台仅当发生了伊拉克战争。

第一个陈述是一个包含复合陈述作为前件的条件陈述。其前件为假而后件为真，所以整个陈述为真。第二个陈述是合取，其中第二个合取支是一个条件句。由于前一个合取支为假，所以整个陈述为假。

在英文中，我们需要标点符号来辨别不同的由简单陈述的组合表达的复合陈述。类似地，在这里我们用圆括号、方

---

① 有些逻辑书中双条件表示为双箭头（$p \leftrightarrow q$）或者表示为波浪号（$p \sim q$）。

括号([ ])和大括号({ })给符号陈述分组。此类符号称为分组记号。这些符号与连结词一起，被用来标记我们的陈述。

注意：波浪号（~）是个一元联结词。它否定的是紧邻其右边的任何的陈述。考虑陈述"查理没有去看比赛"，若用C表示这个陈述，则它的否定可表示为~C。若要否定一个复合陈述，比如"并非如果查理去看比赛那么朱厄尼塔去看歌剧"，那我们就应该将其符号表示为~$(C \supset J)$。

另外四个联结词是二元联结词。分组标记表明陈述是如何组合的。例如，上面关于亚伯拉罕·林肯、萨达姆·侯赛因、伊拉克战争的陈述可以表示为：

(1) $(L \cdot {\sim}H) \supset W$
(2) $L \cdot ({\sim}H \supset W)$

把英文准确翻译成符号一项是需要在实践中操练的技巧。这往往需要仔细分析英文句子结构以便看出组合记号该放在哪里。陈述"如果豪尔赫或德米特里去看电影，那么菲利希雅去看电影"可译为：

$(J \vee D) \supset F$

陈述"如果菲利希雅去看电影，则豪尔赫或德米特里也去看电影，"可译为：

$F \supset (J \vee D)$

陈述"并非如果豪尔赫不去看电影或德米特里去看电影，那么菲利希雅去看电影，"可译为：

~$[({\sim}J \vee D) \supset F]$

陈述"如果既不是豪尔赫不去看电影也不是德米特里去看电影，那么菲利希雅去看电影"可表示为：

~$({\sim}J \vee D) \supset F$

或

$({\sim}{\sim}J \cdot {\sim}D) \supset F$

掌握符号翻译的技巧在于多练习。这种翻译应该力求明晰。例如，"朱佩赛没去溜冰"可以译为G，但是由于这个陈述包含否定词，该陈述更明晰的翻译应为~G。一般而言，符号翻译应该承领英文语词所指的每个联结词。这样的翻译才能提供陈述的特有形式。一个陈述的特有形式是指这样的形式：通过以不同的简单陈述一致地代换各个不同的陈述变元并且加入各个连接词实例就产生该陈述。通过集中注意陈述的特有形式，容易把握组成复合陈述的那些简单陈述之间的关系。在分析论证的时候，看出这种关系的能力尤为重要。

翻译

马丁·路德·金1963年在华盛顿争取公民权利大游行中"我有一个梦"的著名演讲里说："我梦想有一天，我的四个孩子将在一个不是以他们的肤色，而是以他们的品格优劣来评价他们的国度里生活，这是我今天的梦想。"陈述"我四个孩子不是被以肤色来评价"是陈述"我四个孩子被以肤色来评价"的否定。以S表示后一个陈述并以C表示陈述"我四个孩子被以品格优劣来评价"，那么陈述"我四个孩子不是被以肤色，而是以品格来评价"可以表示为~$S \cdot C$。

连接词的真值表定义

p	~p		p	q	p·q	p∨q	p⊃q	p≡q
T	F		T	T	T	T	T	T
F	T		T	F	F	T	F	F
			F	T	F	T	T	F
			F	F	F	F	T	T

命题逻辑语言之小结

A、B、C……Z　　简单陈述的简写

p、q、r……z　　可被具有任意复杂度的命题替换的变元

( )、[ ]、{ }　　分组记号

真值函数连接词及其名称	命题类型	该类型命题之分支的名称	真值条件	语句	符号翻译
~波浪号	否定		p真则~p假，p假则~p真。	约翰不开心。	~J
·圆点	合取	合取支	p·q真当且仅当p和q同时真。	西蒙很难过而拉蒙很困惑。	S·R
∨楔形号	析取	析取支	p∨q为真除非p和q都假。	贝琳达很快活或者罗尔夫很迷惑。	B∨R
⊃马蹄形号	条件	前件、后件	p⊃q为真除非p真而q假。	如果古斯塔种葡萄，那么温妮就酿酒。	G⊃W
≡三杠号	双条件	等值支	p≡q真当且仅当p和q具有同样的真值。	罗拉跑步当且仅当玛利亚烘焙面包。	L≡M

命题逻辑词典
英语译符号语/符号语译英语

p和q是具有任意复杂度的陈述

英语译符号语

although	p尽管q	p·q
and	p并且q	p·q
both	既p且q	p·q
but	p但是q	p·q
either... or...	或者p或者q	p∨q
entails	p衍涵q	p⊃q
even though	p即使q	p·q
given that	给定p，q	p⊃q
given that	q，给定p	p⊃q
however	p然而q	p·q
if... then...	如果p那么q	p⊃q
if and only if	p当且仅当q	p≡q

if	如果 p，q	$p \supset q$
if	q，当 p	$p \supset q$
implies	p 蕴涵 q	$p \supset q$
in case	一旦 p，q	$p \supset q$
in case [that]	q，如若 p	$p \supset q$
in the event that	倘若 p，q	$p \supset q$
in the event that	q，倘若 p	$p \supset q$
in as much as	p 尤其 q	$p \cdot q$
is a necessary and sufficient condition for	p 是 q 的充要条件	$p \equiv q$
is a necessary condition for	q 是 p 的必要条件	$p \supset q$
is a sufficient condition for	p 是 q 的充分条件	$p \supset q$
is entailed by	q 被 p 衍涵	$p \supset q$
is implied by	q 被 p 蕴涵	$p \supset q$
it is not the case that	其实并非 p	$\sim p$
just in case [that]	p 恰当 q	$p \equiv q$
neither... nor	既非 p 又非 q	$\sim p \cdot \sim q$
neither... nor	既非 p 又非 q	$\sim (p \vee q)$
nevertheless	p 不过 q	$p \cdot q$
not	并非 p	$\sim p$
on the condition that	在 p 的条件下，q	$p \supset q$
on the condition that	q，在 p 的条件下	$p \supset q$
only if	p 仅当 q	$p \supset q$
or	p 或者 q	$p \vee q$
provided that	只要 p，q	$p \supset q$
provided that	q，只要 p	$p \supset q$
though	p 虽然 q	$p \cdot q$
unless	p 除非 q	$p \vee q$
yet	p 还 q	$p \cdot q$

符号语译英语

$\sim p$	not p	并非 p
	it is not the case that p	其实并非 p
$p \cdot q$	p and q	p 并且 q
	p but q	p 但是 q
	p yet q	p 还 q
	p however q	p 然而 q
	p in as much as q	p 尤其 q
	p although q	p 尽管 q
	both p and q	既 p 且 q
	p though q	p 虽然 q
	p even though q	p 即使 q

$p \vee q$	p nevertheless q	p 不过 q
	p or q	p 或者 q
	either p or q	或者 p 或者 q
	p unless q	p 除非 q
$p \supset q$	if p then q	如果 p 那么 q
	p only if q	p 仅当 q
	q, if p	q, 当 p
	q, given that p	q, 给定 p
	q, provided that p	q, 只要 p
	provided that p, q	只要 p, q
	q, on the condition that p	q, 在 p 的条件下
	on the condition that p, q	在 p 的条件下, q
	p implies q	p 蕴涵 q
	q is implied by p	q 被 p 蕴涵
	p entails q	p 衍涵 q
	q is entailed by p	q 被 p 衍涵
	q is a necessary condition for p	q 是 p 的必要条件
	p is a sufficient condition for q	p 是 q 的充分条件
	q, in the event that p	q, 倘若 p
	in the event that p, q	倘若 p, q
	in case [that] p q	一旦 p, q
	q in case [that] p	q, 如若 p
$p \equiv q$	p if and only if q	p 当且仅当 q
	p just in case [that] q	p 恰当 q
	p is a necessary and sufficient condition for q	p 是 q 的充要条件
$\sim p \cdot \sim q$	neither p nor q	既非 p 又非 q
$\sim(p \vee q)$	neither p nor q	既非 p 又非 q

练习题

I. 使用联结词的真值表定义判定下列陈述的真值。记住：要确定整个复合陈述的真值需要先确定其分支陈述的真值。

1. 罗马是意大利首都 ∨ 罗马是西班牙首都。
3. 罗马是意大利首都 ≡ 罗马是西班牙首都。
5. ~（伦敦是英格兰首都 · ~斯德哥尔摩是挪威首都）。
7. ~伦敦是英格兰首都 ⊃ 斯德哥尔摩是挪威首都。
9. 巴黎是法国首都 ≡（都柏林是爱尔兰首都 · 爱丁堡是丹麦首都）。
11. （爱丁堡是丹麦首都 ⊃ 奥斯陆是委内瑞拉首都）∨（莫斯科是尼日利亚首都 · 芝加哥是美国首都）。
13. ~（阿布贾是尼日利亚首都 ∨ 堪培拉是澳大利亚首都）⊃（~奥斯陆是爱尔兰首都 ∨ 莫斯科是俄罗斯首都）。

15. [伦敦是英格兰首都 ≡ (巴黎是法国首都 · 柏林是德国首都)] ∨ (北达科他是夏威夷的一个岛 ≡ 斯德哥尔摩在意大利)。

17. [伦敦是瑞典首都 ∨ (~巴黎是法国首都 · 柏林是德国首都)] ∨ (~北达科他是夏威夷群岛之一 ⊃ 斯德哥尔摩在意大利)。

19. ~[东京是日本首都 ≡ (多伦多在加拿大 · 雅加达是哥斯达黎加首都)] ⊃ [马拉瓜是尼加拉瓜首都 ⊃ (伦敦是英格兰首都 ≡ ~爱丁堡是苏格兰首都)]

21. ~[雅加达是印度尼西亚首都 · (~圣何塞是哥斯达黎加首都 ∨ 圣迭戈是加拿大首都)] ⊃ ~[(爱丁堡是苏格兰首都 · 都柏林是爱尔兰首都) ∨ ~莫斯科是南非首都]。

23. ~[~马拉瓜是尼加拉瓜首都 ∨ (德梅茵是爱荷华州首府 · 里士满是弗吉尼亚州的首府)] ⊃ {[(~伦敦是荷兰首都 ≡ 巴黎是法国首都) ⊃ 莫斯科是俄罗斯首都] ∨ 斯德哥尔摩是瑞典首都}

25. ~{[马拉瓜是尼加拉瓜首都 ≡ (伦敦是英格兰首都 ⊃ 巴西利亚是比利时首都)] ∨ [渥太华是加拿大首都 ⊃ (~奥斯陆是挪威首都 ≡ ~巴格达不是伊拉克首都)]} ∨ [喀布尔是中国首都]。

Ⅱ. 若 A、B 和 C 都为真陈述且 X、Y 和 Z 都为假陈述，下列各个命题的真值是什么？

27. ~Z ∨ X
29. ~B ⊃ ~Z
31. ~(A ⊃ X)
33. ~Z ≡ B
35. ~(A · B) ∨ (Z · A)
37. (~A ∨ Z) ∨ ~(Z · A)
39. (~Y ⊃ ~C) ⊃ ~(A · ~Z)
41. [(~A ≡ Y) · ~Y] ∨ Z
43. [(X ∨ ~Z) ≡ B] ⊃ (C · ~B)
45. [(A ∨ X) ⊃ (B ≡ C)] ⊃ ~[(X · B) ⊃ X]
47. ~{[A · (B ∨ X)] ⊃ [(X ⊃ Y) ⊃ Z]} ≡ [(X ⊃ A) ≡ ~C]
49. ~{~[(X ∨ (~Y · A)) ∨ Z] ≡ [~X ≡ (Y ∨ [(A ∨ ~B) ⊃ ~Z])]}

Ⅲ. 若 A 和 B 为真，X 和 Y 为假，而 P 和 Q 的真值不知道，试判定下列命题的真值是什么？如果不能确定一命题的真值，则答为不可确定。

51. Q · X
53. ~B · P
55. A ⊃ ~P
57. ~P ∨ (Q ∨ P)
59. P ⊃ (Q ≡ A)
61. ~(P · Q) ∨ P
63. (P · Q) · (P ⊃ ~Q)
65. (P · Q) ∨ (Q · P)
67. ~[~(~P ∨ Q) ∨ P] ∨ P
69. (P ≡ Q) ⊃ [(A ≡ B) ∨ (A ≡ X)]
71. [P ∨ (Q · A)] · ~[(P ∨ Q) · (P ∨ A)]
73. ~[~P ∨ (~Q ∨ A)] ∨ [~(~P ∨ Q) ∨ (~P ∨ A)]
75. ~(Q · X) ≡ ~[(P · Q) ∨ (~P · ~Q)]

Ⅳ. 利用括号里的简写，把下列句子翻译为符号形式。

77. 如果拉蒙去游泳，那么汤娅去跳舞。(R, T)
79. 或者萨拉写十四行诗或者路德滚原木。(S, L)

146　逻辑要义

81.肖恩是个爱尔兰舞者这一事实是凯拉玩风笛的充要条件。(S, K)
83.贾马尔踢足球当且仅当伊维特不打篮球。(J, Y)
85.其实并非如果毕比吹喇叭那么温顿吹单簧管。(B, W)
87.在路易斯嬉笑吵闹的情况下,温娜不能理解这个问题。(L, W)
89.其实并非肖恩和德尔德利都是爱尔兰舞者。(S, D)
91.既不是俞瑞儿做饭也不是安娜做饭。(Y, A)
93.梅琳达参加比赛,当且仅当贾马尔做四分卫而安娜去踢球。(M, J, A)
95.或者卢新达拉大提琴或者泰隆吹喇叭;而左拉吹喇叭。(L, T, A)
97.或者格特种葡萄或者米妮酿酒,只要是露西喜欢罗利波普。(G, M, L)
99.只要拉斐尔吹喇叭弗里兹就拉小提琴,或者克莱奥不吹单簧管。(F, R, C)
101.如果布鲁洛造小船或米妮做甜馅,那么古斯塔夫不种葡萄。(B, M, G)
103.在米莉和比利进行游泳比赛的条件下哈利就去理发。(H, M, B)
105.如果奥妮不喜欢用碱水处理的鳕鱼,那么索维奇不喜欢烙饼除非科尔想吃鳕鱼。(O, S, C)
107.沃尔多耐心的在等待而罗尔夫快要崩溃了,假设索维奇说她要迟到或者英格丽不打算来。(W, R, S, I)
109.郝敏阅读惊悚故事恰当罗兰阅读浪漫故事;如果贝琳达维修引擎仅当乔治编织羊毛织物。(H, R, B, G)
111.如果特鲁德不写诗那么霍勒斯写歌;但其实并非如果特鲁德写诗那么霍勒斯不写歌。(T, H)
113.其实并非如果山姆烤面包那么珍烤饼干;即使是只要卡拉不煮白菜芭比就烤鳟鱼。(S, J, B, C)
115.路易吉喜欢烤宽面条,仅当或者诺玛喜欢面条或者玛利亚喜欢甜馅当且仅当奥利弗喜欢鸵鸟。(L, N, M, O)
117.其实并非如果诺拉栽花那么卢克丽霞打理花园;在如果康妮抓猫那么德米尼特逐狗的情况下。(N, L, C, D)
119.如果卡米拉捉蟋蟀,那么如果布伦希尔德铺床,则如果霍雷肖养家畜那么诺曼写小说。(C, B, H, N)
121.如果并非或者菲利克斯做油焖鱼或者阿梅利亚平和地论辩,那么贝琳达就捕鲈鱼除非德罗里斯没驾驶道奇。(F, E, B, D)
123.内拉写侦探小说的事实是德拉成为法律秘书的充要条件;当且仅当詹姆斯是双面间谍这一事实蕴涵只有肖恩故伎重演,弗格森准将才能上任。(N, D, J, B, S)
125.伊恩为军情六处工作除非琼为中央情报局工作这一事实,是格雷塔必须警觉的充分条件;只要劳拉与摩萨德有联系仅当娜塔莎是英空军特种部队的中尉。(I, J, G, L, N)

6.3　作为复合命题分析工具的真值表

我们可以把五个特征真值表总结在一个表中,称之为**主真值表**:

p	q	~p	p∨q	p·q	p⊃q	p≡q
T	T	F	T	T	T	T
T	F	F	T	F	F	F
F	T	T	T	F	T	F
F	F	T	F	F	T	T

给定这些连结词的定义，通过建立一个真值表可以确定任一复合陈述所有可能的真值。

确定的程序是直截了当的，先建立真值表的诸引导列。引导列包括为一个复合陈述中每个（不同的）简单陈述而设的各竖列。它们给出这些简单陈述所有可能的真值组合。若只有一个简单陈述 p，则其下有两横行的一个引导列：p 或真或假。若有两个简单陈述，如上面的主真值表，则其下有四行的两个引导列：p 真且 q 真；p 真 q 假；p 假 q 真；p 假且 q 假。若有三个简单陈述，则有三个引导列，而真值表各变元之下将有八行。若有四个简单陈述，则有四个引导列，各变元之下有十六行。依此类推[①]。重要的是要用一种系统的办法来建立引导列，以便在真值表中得到所有可能的真值组合。从真值表左边开始，在第一引导列中变元下面所有行中的前一半都相继填上 T，后一半都相继填上 F。相继向右进行，每一后继引导列中 T 和 F 变换的频率是其前面紧邻的那列的两倍。最右边的引导列则相继每行都变换真值。包含一个、两个或三个引导列的真值表的诸引导列如下：

p	$\sim p$
T	F
F	T

p	q
T	T
T	F
F	T
F	F

p	q	r
T	T	T
T	T	F
T	F	T
T	F	F
F	T	T
F	T	F
F	F	T
F	F	F

一旦建立了引导列，则可以为每一复合陈述建立真值列。

考虑真值函数复合陈述 $\sim(p \cdot q)$。这是 p 与 q 的合取的否定。$\sim(p \cdot q)$ 的真值应该总是与 $(p \cdot q)$ 相反的。若想精确地确定它的真值情况，需要建立一个真值表。首先，为 $(p \cdot q)$ 建立真值列。使用引导列连同圆点（·）的定义就能确定它每一行的真值：

p	q	$p \cdot q$
T	T	T
T	F	F
F	T	F
F	F	F

再在真值表中加上 $\sim(p \cdot q)$ 的一列：

p	q	$p \cdot q$	$\sim(p \cdot q)$
T	T	T	F
T	F	F	T
F	T	F	T
F	F	F	T

---

① 一般地，当有 n 个简单命题时，各引导列下有 2^n 行。

148　逻辑要义

注意：当 $p·q$ 为 F 时，~$(p·q)$ 为 T，反之亦然。此真值表表明~$(p·q)$ 的真值正好是我们所期望的。

考虑复合陈述形式（$q \lor \sim p$）。其真值表的建立类似上述过程。

第一步：建立真值表的引导列，填上相应的真值组合。

p	q	
T	T	
T	F	
F	T	
F	F	

第二步：为了判定命题形式（$q \lor \sim p$）的真值，需要先判定~p的真值。**为判定一个复合命题或命题形式的真值，总是从判定其分支命题的真值开始**。运用 p 的引导列和波浪号（~）的定义可以判定~p 的真值：

p	q	$\sim p$
T	T	F
T	F	F
F	T	T
F	F	T

第三步：判定整个陈述形式的真值从而完成真值表的建立。运用 q 的引导列连同~p 的真值列以及楔形号（$\lor$）的定义来确定（$q \lor \sim p$）的真值：

p	q	$\sim p$	$q \lor \sim p$
T	T	F	T
T	F	F	F
F	T	T	T
F	F	T	T

从真值表中可以知道，当至少有一个析取支真时整个析取为真。

考虑更为复杂的命题形式：~$p \supset (q·r)$。其中有三个简单陈述 p、q、r，所以真值表将有八行：

重要提示

建立真值表有两种思路。它们都需要同样的真值列。对一个给定的命题，所得到的真值表包含相同的真值。一种方法是像我们在右边所做的那样。如果讨论的是~$(p·q)$，需先建立分支命题 $p·q$ 的真值列，再在 $p·q$ 的右边为~$(p·q)$建立真值列。

另外一种是"连结词下填真值"方法，如下所示：

p	q	~$(p·q)$
T	T	F
T	F	T
F	T	T
F	F	T

注意，两个表具有相同的真值。由于有些学生，尤其是初学者觉得第一种方法要容易些，我们在本节中采用第一种方法。在后面几节将采用"联结词下填真值"方法。

第 6 章　符号逻辑　　149

p	q	r	
T	T	T	
T	T	F	
T	F	T	
T	F	F	
F	T	T	
F	T	F	
F	F	T	
F	F	F	

整个命题中有两个分支，分别又是复合命题形式——~p和q·r，所以需要建立它们两个的真值列。运用p的引导列和波浪号（~）的定义可以判定~p的真值。运用q和r的引导列以及圆点（·）的定义可以判定q·r的真值：

p	q	r	~p	q·r
T	T	T	F	T
T	T	F	F	F
T	F	T	F	F
T	F	F	F	F
F	T	T	T	T
F	T	F	T	F
F	F	T	T	F
F	F	F	T	F

最后运用~p和q·r的真值列和马蹄形（⊃）的定义判定~p⊃(q·r)的真值：

p	q	r	~p	q·r	~p⊃(q·r)
T	T	T	F	T	T
T	T	F	F	F	T
T	F	T	F	F	T
T	F	F	F	F	T
F	T	T	T	T	T
F	T	F	T	F	F
F	F	T	T	F	F
F	F	F	T	F	F

当知道整个复合陈述中分支陈述的所有或一些真值时，我们同样可以运用真值表去判定给定陈述的真值。例如，假设A和B是真陈述，X是假陈述。诉诸~、·和∨的真值表定义，可以用真值表判定复合陈述~[A·(X∨~B)]的真值如下：

既然已知每一分支陈述的真值，则可以建立只有一行的、显示它们的真值的一个真值表：

A	B	X
T	T	F

现在可以为诸分支陈述建立真值列。运用 B 的引导列和波浪号（~）的定义可以判定 ~B 的真值。运用 ~B 的真值列、X 的引导列和楔形号（∨）的定义可以判定（X ∨ ~B）的真值。运用（X ∨ ~B）的真值列、A 的引导列以及圆点（·）的定义可以判定 A·(X ∨ ~B) 的真值。最后运用 A·(X ∨ ~B) 的真值列和波浪号（~）的定义可以判定 ~[A·(X ∨ ~B)] 的真值。这个真值表将看来如下：

A	B	X	~B	X ∨ ~B	A·(X ∨ ~B)	~[A·(X ∨ ~B)]
T	T	F	F	F	F	T

若在不知道一个陈述真假的情况下建立真值表，只需为不知其真值的那个简单命题设两行真值，一行为真一行为假，其他过程与前面一样。

若 A 为真，X 为假而 P 的真值是未知的，那么 X ⊃ (A·~P) 的真值是什么？建立一个包含两行真值的真值表：

A	X	P
T	F	T
T	F	F

运用 P 的引导列和波浪号（~）的定义可以为 ~P 建立真值列。运用 ~P 的真值列和 A 的引导列以及圆点（·）的定义可以为 A·~P 建立真值列。运用 A·~P 的真值列和 X 的引导列以及马蹄形（⊃）的定义可以为陈述 X ⊃ (A·~P) 建立真值列。建立的真值表如下：

A	X	P	~P	A·~P	X ⊃ (A·~P)
T	F	T	F	F	T
T	F	F	T	T	T

既然 X ⊃ (A·~P) 在两行中都为真，此真值表表明这个命题的真假和 P 的真值无关。

― 练习题 ―

I. 为下列陈述建立真值表以显示这些陈述所有可能的真值。

1. $p \supset \sim q$
3. $(p \vee q) \supset \sim q$
5. $(p \equiv \sim q) \supset (\sim q \supset \sim p)$
7. $(p \supset \sim p) \equiv [q \supset (p \cdot \sim q)]$
9. $(\sim p \vee q) \equiv (\sim q \cdot r)$
11. $\sim (\sim p \equiv q) \cdot (\sim q \supset r)$
13. $[\sim p \vee \sim (\sim q \cdot \sim r)] \vee p$

15. ~[(p ∨ ~q) · r] ∨ ~s

Ⅱ.假定A和B为真陈述，C和D为假陈述，建立真值表判定下列复合陈述的真值。
17. B · (C ∨ ~D)
19. A · B
21. A · ~B
23. B · (A ∨ D)
25. [B ⊃ (C ∨ D)] · (A ≡ B)

Ⅲ.若A、B和C是真陈述，X、Y和Z为假陈述，运用关于马蹄形、圆点、楔形号和波浪号的真值表判定下列陈述哪些是真的。
27. B ⊃ Y
29. (X ⊃ Y) ⊃ Z
31. (X ⊃ Y) ⊃ C
33. [(A ⊃ B) ⊃ C] ⊃ Z
35. [A ⊃ (B ⊃ Y)] ⊃ X
37. [(A ⊃ Y) ⊃ B] ⊃ Z
39. [(A · X) ∨ (~A · ~X)] ⊃ [(A ⊃ X) · (X ⊃ A)]

Ⅳ.若A和B已知为真，X和Y已知为假，而P和Q的真值是未知的，下列陈述哪些可以判定其真值？
41. X ⊃ Q
43. (P · A) ⊃ B
45. (P · X) ⊃ Y
47. (P ⊃ X) ⊃ (X ⊃ P)
49. [(P ⊃ B) ⊃ B] ⊃ B
51. (X ⊃ P) ⊃ (~X ⊃ Y)
53. ~(A · P) ⊃ (~A ∨ ~P)
55. [P ⊃ (A ∨ X)] ⊃ [(P ⊃ A) ⊃ X]

6.4 重言的、矛盾的和偶真的陈述形式

重言式是凭借其形式而为真的陈述。没有一个对重言式中简单分支命题的真值赋值能使该复合陈述为假。例如，"亚特兰大在下雨或者亚特兰大没在下雨"是下述陈述形式的一个代入例

$$p \vee \sim p$$

真值表显示该陈述形式是重言的，因为在对其简单分支陈述的每一可能的真值赋值之下，该陈述总为真：

p	p	$\vee$	$\sim p$
T		T	F
F		T	T

对重言式的另一种表述是：**重言的陈述形式只有真的代入例**。无论是用什么命题统一地代换 p 都没有关系；无论它是什么，该陈述在所有可能的真值赋值之下都将成为真的。没有任何命题能用来统一地代换这种陈述形式的简单分支从而产生一个假的陈述。

矛盾式是凭借其形式而为假的陈述。没有一个对矛盾式中简单分支命题的真值赋值能使该陈述为真。例如，"亚特兰大在下雨并且亚特兰大没在下雨"是下述陈述形式的一个代入例

$$p \cdot \sim p$$

真值表显示该陈述形式是矛盾式，因为在对其简单分支陈述的每一可能的真值赋值之下，该陈述总为假：

p	p	$\cdot$	$\sim p$
T		F	F
F		F	T

对矛盾式的另一种表述是：**矛盾的陈述形式只有假的代入例**。没有任何命题能用来统一地代换这种陈述形式的简单分支从而产生一个真的陈述。

其代入例中既有真陈述也有假陈述的陈述形式称为偶真的陈述形式。因此，**偶真的陈述（或陈述形式）就是既非重言式又非矛盾式的陈述（形式）**。偶真陈述至少在一种真值赋值下为真而且至少在一种真值赋值下为假。$(p \cdot q)$、$(p \vee q)$ 和 $(p \supset q)$ 都是偶真陈述形式的例子。此类陈述形式及其代入例均称为偶真的，因为它们的实际真值依赖或偶然地依赖于其简单分支陈述的实际真值。要注意的是，重言式和矛盾式具有的真值并不像这样依赖于其简单分支陈述的实际真值；毋宁，重言式总为真，矛盾式总为假，不管其简单分支命题的真值如何。

上述例子暗示了如何运用真值表检验给定的复合命题，看它们是重言的、矛盾的还是偶真的。检验步骤如下。按常规建立真值表。然后检查主联结词下的真值。若它们都为真，则该陈述是重言式；若都为假，则该陈述是矛盾式；若该陈述至少在一种真值赋值下为真而且至少在一种真值赋值下为假，它就是偶真的。

例如，我们可能想知道 $[\sim (\sim p \vee q) \vee p]$ 是重言的、矛盾的还是偶真的。注意，这里的主联结词是一个析取，其析取支分别是一个否定的析取式 $\sim (\sim p \vee q)$ 和命题 p，先建立真值表：

p	q	$\sim$	$(\sim p$	$\vee$	$q)$	$\vee$	p
T	T	F	F	T	T		T
T	F	T	F	F	F		T
F	T	F	T	T	T		F
F	F	F	T	T	F		F

可以看出，主联结词下的真值是混合的，有真也有假；因此陈述 $[\sim (\sim p \vee q) \vee p]$ 是偶真的。换句话说，真值表显示 $[\sim (\sim p \vee q) \vee p]$ 至少在对其基本命题的一种真值赋值下为真而且至少在一种真值赋值下为假。所以这个陈述是偶真式。

在前面的章节里非正式地谈到过逻辑等值这个概念。例如，我们说过，任一被换质的直言命题逻辑等值于它的换质命题。现在到了精确地陈述逻辑等值的真实意思的时候了。**两个陈述逻辑（上）等值当且仅当在对其简单分支陈述的每一可能的真值赋值之下，这两个陈述都有相同的真值**。例如，下面这个真值表显示陈述（$p \supset q$）和（$\sim p \lor q$）是逻辑等值的。

p q	$\sim p \lor q$	$p \supset q$
T T	F T	T
T F	F F	F
F T	T T	T
F F	T T	T

用真值表检验逻辑等值的步骤通常如下：在真值表中填上将要检验的两个陈述，为每一陈述建立真值列。**如果在对它们的简单分支陈述的每一真值赋值下两个复合陈述的真值都一致，那么这两个复合陈述就是逻辑等值的**。说两个陈述真值是一致的，就是说在每一真值赋值下，当其中一个陈述为真，另一个也为真，当其中一个为假，另一个也为假。**若两个陈述至少在一种真值赋值下其真值不同，则这两个陈述就不是逻辑等值的**。被上面那个真值表验证过的两个陈述形式是逻辑等值的：不存在一种真值赋值使得其中一个为真而另一个为假。下面这个真值表则表明（$p \cdot q$）和 $\sim$（$p \equiv q$）这两个句子形式不是逻辑等值的。

p q	$p \cdot q$	$\sim (p \equiv \sim q)$
T T	T	T F F
T F	F	F T T
F T	F	F T F
F F	F	T F T

在这里，我们通过如下推理得知在 $\sim$（$p \equiv \sim q$）每一真值赋值下的真值：双条件句当其分支陈述具有相同真值时为真；在这里则意味着，若 p 和 $\sim q$ 具有相同的真值，则那个双条件句为真。若那个双条件句为真，则它的否定就假，若那个双条件句为假，则它的否定就为真。在第一种赋值（在第一行）之下，p 为真而 $\sim q$ 为假，因此那个双条件句为假，这意味着它的否定（即我们所关注的陈述）为真。在第二种赋值（在第二行）之下，p 和 $\sim q$ 都为真，因此那个双条件句为真，其否定因而为假。在第三种赋值（在第三行）之下，p 和 $\sim q$ 都为假，因此那个双条件句为真，而其否定为假。在第四种赋值（在第四行）之下，p 为假而 $\sim q$ 为真，所以那个双条件句为假，而其否定为真。另一个陈述的真值列只需照搬合取的特征真值表即可。在两个陈述的真值列建立完成后，检视它。在这里我们看到，在第四行中，当 p 为假而 $\sim q$ 为真时，（$p \cdot q$）为假，但 $\sim$（$p \equiv q$）却为真，这就是说，这两个陈述形式的真值中至少在一种真值赋值下不同，因此它们不是逻辑等值的。

第二种验证两个陈述或陈述形式是否逻辑等值的方法需借助双条件句的真值表定义和重言式概念。若一个双条件句是重言的，则该双条件句的两个分支陈述是逻辑等值的。这是因为一个双条件句为真当且仅当其分支陈述具有相同的真值，而据定义，两个逻辑等值的陈述是在每一可能的真值赋值下都具有相同的真值的。这就是说，一个联结了两个逻辑等值的

154　逻辑要义

陈述的双条件句，在每一可能的真值赋值下都为真：它是个重言式。下面这个例子就是循此程序来证明（p·q）和~（~p ∨ ~q）逻辑等值的：

p q	(p·q)	≡	~(	~p	∨	~q)
T T	T	T	T	F	F	F
T F	F	T	F	F	T	T
F T	F	T	F	T	T	F
F F	F	T	F	T	T	T

陈述~（~p ∨ ~q）是一个析取句的否定。那个析取句要为真只需其中至少一个析取支~p 或~q 为真，亦即 p 和 q 中至少有一个为假。因而那个析取句只在第一行中为假；而其否定在那里为真。在其他每一真值赋值下析取句都为真，因此其否定为假。这样，真值表证明了，在对简单分支陈述 p 和 q 的每一可能的真值赋值下的任一赋值情况下，联结（p·q）和~（~p ∨ ~q）的双条件句都为真。所以该双条件句是重言式，这意味着它的分支（p·q）和~（~p ∨ ~q）是逻辑等值的。

在前面章节提到一个双条件句（p ≡ q）逻辑等值于两个条件句的合取 [（p ⊃ q）·（q ⊃ p）]，现在给出证明。

p q	(p≡q)	≡	[(p⊃q)	·	(q⊃p)]
T T	T	T	T	T	T
T F	F	T	F	F	T
F T	F	T	T	F	F
F F	T	T	T	T	T

条件句 p ⊃ q 在第二行中为假；因此作为双条件句的第二个分支的合取句为假。p ⊃ q 在其他三行中均为真。条件句 q ⊃ p 在第三行中为假，因此合取句在这一行中为假。q ⊃ p 在其他行均为真。（p ⊃ q）·（q ⊃ p）的真值排列 TFFT 和 p ≡ q 的真值排列完全一样。因此关于它们实质等值的断定是重言式。因此这两个句子逻辑等值。

这样，当关于两个实质等值的陈述是重言式时，这两个陈述就是逻辑等值的。为了表示这种关系，我们引入一个新的符号，这个符号是在三杆号上面加上一个小 T（表示重言式），即 $\overset{T}{\equiv}$。一个最常见的逻辑等值形式是双重否定。陈述"我并非没有意识到这个问题"逻辑等值于"我意识到这个问题"。下面的真值表确认 p 和 ~~p 逻辑等值，因而可以表达为重言的 [或"逻辑（上）真的"] 双条件句（p $\overset{T}{\equiv}$ ~~p）：

p q	p$\overset{T}{\equiv}$	~	~p
T T	T	T	F
T F	T	T	F
F T	T	F	T
F F	T	F	T

有两种重要的逻辑等值有助于我们理解合取、析取和否定之间的相互关系。它们最先由奥古斯特·德摩根（1809—1871）正式提出，通称为德摩根定理。

德摩根第一定理是说析取句的否定逻辑等值于每一析取支的否定的合取，或

$$\sim(p \vee q) \underline{\underline{T}} (\sim p \cdot \sim q)$$

说"并非或者钢人队或者海豚队将赢得超级杯"逻辑等值于"钢人队和海豚队都不会赢得超级杯"。

德摩根律第二定理是说合取句的否定逻辑等值于每一合取支的否定的析取，或

$$\sim(p \cdot q) \underline{\underline{T}} (\sim p \vee \sim q)$$

"尼尔斯和马尔塔都是学生，这是假的"逻辑等值于"或者尼尔斯不是学生或者马尔塔不是学生"。

可以用真值表表明德摩根定理是重言式（为简便我们把两者合并到一个表中）：

p	q	~	(p	·	q)	$\underline{\underline{T}}$	(~p	∨	~q)	~	(p	∨	q)	$\underline{\underline{T}}$	(~p	·	~q)
T	T	F	T	T	T	T	F	F	F	F	T	T	T	T	F	F	F
T	F	T	T	F	F	T	F	T	T	F	T	T	F	T	F	F	T
F	T	T	F	F	T	T	T	T	F	F	F	T	T	T	T	F	F
F	F	T	F	F	F	T	T	T	T	T	F	F	F	T	T	T	T

现在，需要提及另外一个重要的逻辑等值式。早先我们说到"p 实质蕴涵 q"简单地意指并非 p 真而 q 假。因而我们把 $(p \supset q)$ 作为 $\sim(p \cdot \sim q)$ 的简说方式。依据德摩根定理可以知道 $\sim(p \cdot \sim q)$ 逻辑等值于 $(\sim p \vee \sim\sim q)$。既然 $\sim\sim q$ 逻辑等值于 q，可以推出 $\sim(p \cdot \sim q)$ 逻辑等值于 $(\sim p \vee q)$。考虑这个真值表：

p	q	~	(p	·	~q)	$\underline{\underline{T}}$	$(p \supset q)$	$(p \supset q)$	$\underline{\underline{T}}$	(~p	∨	q)
T	T	T	F	F	F	T	T	T	T	F	T	T
T	F	F	T	T	T	T	F	F	T	F	F	F
F	T	T	F	F	F	T	T	T	T	T	T	T
F	F	T	F	F	T	T	T	T	T	T	T	F

真值表显示，$\sim(p \cdot \sim q)$ 逻辑等值于 $(p \supset q)$，而 $(p \supset q)$ 逻辑等值于 $(\sim p \vee q)$。由此可知 $\sim(p \cdot \sim q)$ 逻辑等值于 $(\sim p \vee q)$。它们逻辑等值的真值表证明作为练习题留给读者。

顺便提一下，若在这里不建立两列，而是把这两个双条件句再用一个三杠号连接成一个新句子，这个新句子将是一个重言式。这意味着所有的重言式相互之间逻辑等值！一个类似的推论是所有的矛盾式相互之间也是逻辑等值的。然而，由于偶真式可以有多种方式使之成为偶真的，所以不能推导出所有偶真式相互之间也是逻辑等值的。作为练习题，请读者列举两个不是逻辑等值的偶真式。

练习题

Ⅰ. 用真值表辨别下列陈述形式是重言的、矛盾的还是偶真的。
1. $[p \supset (p \supset q)] \supset q$
3. $[(p \supset \sim q) \supset p] \supset p$
5. $p \cdot \sim p$
7. $p \vee q$

Ⅱ. 用真值表判定下列双条件句（实质等值式）哪些是重言的哪些是偶真的陈述。
9. $(p \supset q) \equiv (\sim q \supset \sim p)$
11. $[p \cdot (q \vee r)] \equiv [\sim ((\sim q \cdot \sim r) \vee \sim p)]$
13. $p \equiv (p \vee p)$
15. $p \supset [(p \supset q) \supset q]$
17. $p \supset [\sim p \supset (q \vee \sim q)]$
19. $[p \supset (q \supset r)] \supset [(p \supset q) \supset (p \supset r)]$

Ⅲ. 用真值表判定下列双条件句哪些是重言式。
21. $(p \supset q) \equiv (\sim p \supset \sim q)$
23. $[p \supset (q \supset r)] \equiv [q \supset (p \supset r)]$
25. $p \equiv [p \vee (p \supset q)]$
27. $p \equiv [p \vee (q \vee \sim q)]$
29. $[p \vee (q \cdot r)] \equiv [(p \vee q) \cdot (p \vee r)]$

6.5 检验论证有效性之真值表

我们可以用真值表来检验论证的有效性。这样做依赖于"论证形式"这个概念。所谓论证形式是指一个包含陈述变元而不是陈述的符号阵列，当我们一致地用陈述代替陈述变元时，就得到一个论证。

$H \supset M$ $F \supset S$
M S
$\therefore H$ $\therefore F$

这两个论证具有相同的形式

$p \supset q$
q
$\therefore p$

记得在6.2节中我们把一个陈述的特有形式定义为这样的形式：通过以不同的简单陈述一致地代换各个不同的陈述变元就产生该陈述。可以对论证作一个类似的定义：**论证的特有形式是指这样的论证形式：通过以不同的简单陈述一致地代换该论证形式的各个不同的陈述**

变元就产生该论证。一个论证的形式与其特有形式之间的区分是重要的。有许多不同的形式可有那个论证作为代入例，但只能有一个特有形式有那个论证作为代入例。当检验论证的有效性时，由于下述理由需要检验其特有形式。考虑下面这个有效的析取三段论：

> 这个盲囚戴红帽子或者戴白帽子。
> 这个盲囚没戴红帽子。
> 因此，这个盲囚戴白帽子。

这个论证可以用符号表示为：

$R \lor W$
$\sim R$
$\therefore W$

它是这个有效论证形式的代入例：

$p \lor q$
$\sim p$
$\therefore q$

也是这个无效论证形式的代入例：

p
q
r

由前提 p 和 q 不能有效推导出 r。所以，一个无效论证形式可有一个有效的或无效的论证作为其代入例。然而，**一个有效的论证形式只能有有效论证作为其代入例**。为判定某一给定的论证是否有效，必须仰仗所说论证的特有形式。只有论证的特有形式才能准确揭示那个论证的全部逻辑结构，由此，若论证的特有形式有效，则这个论证一定是有效的。

回顾有效性的定义：**一个论证，如果当其前提为真时结论不可能为假，那么就是有效的**。另外一种说法是，一个论证形式是有效的，仅当它只有有效的论证作为代入例。为了检验一个论证的有效性，可以考察其所有可能的代入例，看其中是否出现有真前提和假结论的论证。例如，我们有论证形式

$p \supset q$
p
$\therefore q$

在这个论证形式中统一地用"所有的狗是哺乳动物"替换 p，用"所有哺乳动物都呼吸空气"替换 q，可以得到：

若所有的狗都是哺乳动物，则所有哺乳动物都呼吸空气。
所有的狗都是哺乳动物。
因此，所有的哺乳动物都呼吸空气。

碰巧这个论证有真前提和真结论。然而，这不能说明更多，因为，如同在1.7节中看到的，无效的论证形式完全可能有一个其中所有命题都为真的代入例。用这种方法表明一个论证是有效的需要证明的是，这个论证形式的代入例没有一个是有真前提和假结论的。然而，这种方法是不实用的，因为任一论证形式都有无穷多个代入例。

然而，任何用来代换陈述变元的陈述必定或真或假，因此，根本无需关注实际的陈述（实际的代入例），而是只集中注意它们可能的真值。用来代换任一陈述变元的陈述只能有两种真值中的一种：真（T）或假（F）。一个恰有两个句子变元的论证形式的代入例，它们的简单分支陈述只能有四种可能的真值组合：p和q都代以真陈述；p代以真陈述q代以假陈述；p代以假陈述q代以真陈述；p和q都代以假陈述。

为判定一个包含两个变元的论证的有效性，只需考察这四种真值组合。这可以用真值表来完成。考虑下面这个称为肯定后件的谬误的无效的论证形式：

$p \supset q$
q
$\therefore p$

为了检验这个论证的有效性，建立如下真值表：

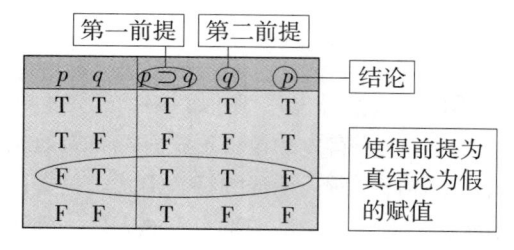

p	q	$p \supset q$	q	p
T	T	T	T	T
T	F	F	F	T
F	T	T	T	F
F	F	T	F	F

左边两个引导列的建立如常。在顶部的右边依次填入论证的每一个命题为之建立真值列。我们依旧按照特征真值表为相应的连接词（在这里唯一的连接词是⊃）填真值表。既然有效论证是不可能所有前提都真而结论假的，既然真值表为论证中诸陈述提供所有可能的真值赋值，我们应该检验，若至少存在一种这样的情况，则有可能在前提都真的同时结论为假，因而该论证无效。若不存在对论证形式中那些简单分支陈述的、使得前提为假的真值赋值，则真值表表明该论证有效。上面的真值表中第三行就是使得原论证前提都真而结论为假的真值赋值，因此可以得知肯定后件式论证形式无效。

下面是肯定前件式这个有效论证形式的真值表。

重要提示

既然只有在结论为假的那些行才可能表明一个论证或论证形式无效，有些学生发现在结论为假的那些行旁边打个待查记号（√）有用，便于他们知道要检验哪些行。

p	q	$p \supset q$	q	p	
T	T	T	T	T	
T	F	F	F	T	
F	T	T	T	F	√
F	F	T	F	F	√

p	q	$p \supset q$	p	q
T	T	T	T	T
T	F	F	T	F
F	T	T	F	T
F	F	T	F	F

在此真值表中，每一结论为假的情况（第二和第四行），都至少有一前提为假。因此不可能存在使得此论证形式的两个前提都真而结论为假的真值赋值。这意味着每一具有此特有形式的论证（此论证形式的每一代入例）都是有效论证。

检验论证有效性的真值表方法有一个关键：一个给定的论证的有效性纯粹依赖于其形式（依赖于前提和结论之中以及它们之间的结构关系），而完全不依赖于其具体内容。

A. 若干常见的有效论证形式

真值表能证明诸如析取三段论，肯定前件式，否定后件式和假言三段论这些基本论证形式是有效的。在这些论证形式的真值表中，找不到一行是所有前提下为T而结论下为F的。

1. 析取三段论：

    $p \vee q$
    $\sim p$
    $\therefore q$

    艾琳娜去了温哥华或者去了墨西哥城。
    艾琳娜没去温哥华。
    因此，她去了墨西哥城。

析取三段论被描述在如下真值表里：

p	q	$p \vee q$	$\sim p$	q
T	T	T	F	T
T	F	T	F	F
F	T	T	T	T
F	F	F	T	F

2. 肯定前件式：

    $p \supset q$
    p
    $\therefore q$

    如果艾琳娜去了墨西哥城，那么她参观了一些阿兹特克遗址。
    艾琳娜去了墨西哥城。
    因此，她参观了一些阿兹特克遗址。

160　逻辑要义

肯定前件式论证形式被描述在如下真值表里。在前面介绍有效性的真值表检验法时，曾用到过这个论证形式：

p	q	$p \supset q$	p	q
T	T	T	T	T
T	F	F	T	F
F	T	T	F	T
F	F	T	F	F

3. 否定后件式：

$p \supset q$
$\sim q$
∴ $\sim p$

如果艾琳娜去了墨西哥城，那么她会参观一些阿兹特克遗址。
艾琳娜没参观一些阿兹特克遗址。
因此，她没去墨西哥城。

否定后件式论证形式被描述在下面真值表里：

p	q	$p \supset q$	$\sim q$	$\sim p$
T	T	T	F	F
T	F	F	T	F
F	T	T	F	T
F	F	T	T	T

4. 假言三段论：

$p \supset q$
$q \supset r$
∴ $p \supset r$

如果艾琳娜去了温哥华，那么她会去加拿大落基山脉远足。
如果艾琳娜去加拿大落基山脉远足，它将看到一些壮观的风景。
因此，如果艾琳娜去温哥华，她将看到一些壮观的风景。

假言三段论被描述在下面真值表里

p	q	r	$p \supset q$	$q \supset r$	$p \supset r$
T	T	T	T	T	T
T	T	F	T	F	F
T	F	T	F	T	T
T	F	F	F	T	F
F	T	T	T	T	T
F	T	F	T	F	T
F	F	T	T	T	T
F	F	F	T	T	T

B. 常见的无效论证形式

两个无效论证形式——肯定后件的谬误和否定前件的谬误——特别值得一提，因为它们与一些有效论证形式表面上相似，从而诱使一些粗心的作者或读者得出错误的结论。

肯定后件的谬误的形式：

$p \supset q$
q
$\therefore q$

表面上与肯定前件式形式相似。

> 如果我在晚餐前做完家庭作业，那么我会去看电影。
> 我去看电影了。
> 因此，我在晚餐前做完了家庭作业。

真值表显示这个论证形式是无效的。第三行中两个前提之下均为T而结论之下为F。

p	q	$p \supset q$	q	p
T	T	T	T	T
T	F	F	F	T
F	T	T	T	F
F	F	T	F	F

否定前件的谬误形式：

$p \supset q$
$\sim p$
$\therefore \sim q$

表面上与否定后件式形式相类似。

> 如果艾琳娜去加拿大落基山脉远足，那么她将看到壮观的风景。
> 艾琳娜没有去加拿大落基山脉远足。
> 因此，她没有看到壮观的风景。

真值表显示这个论证形式是无效的。注意第三行中两个前提之下均为T而结论之下为F。

p	q	p⊃q	~p	~q
T	T	T	F	F
T	F	F	F	T
F	T	T	T	F
F	F	T	T	T

C. 较复杂的论证

随着论证中的命题复杂程度增加，需要为论证中的诸分支命题建立真值列。给定一个论证形式

$$(p \cdot \sim q) \supset r$$
$$\underline{r \vee q}$$
$$\therefore \sim p$$

这个论证形式的真值表需要八行。还需为~q、p·~q、(p·~q)⊃r、r∨q和~p建立真值列。首先给嵌入括号里最深的命题赋真值。从~q开始，然后为(p·q)建立真值列，进而为(p·~q)⊃r建立真值列，再就是第二个前提和结论。运用联结词下填真值方法，所建真值表看来如下：

p	q	r	(p·~q)⊃r	r∨p	~p	
T	T	T	FF T	T	F	√
T	T	F	FF T	T	F	√
T	F	T	TT T	T	F	√
T	F	F	TT F	F	F	√
F	T	T	FF T	T	T	
F	T	F	FF T	T	T	
F	F	T	FT T	T	T	
F	F	F	FT T	F	T	

此论证是无效的，对么？前面三行中都是前提真结论假。因此，遵循惯例，给前面三行画上圈并宣布这个论证无效。可能有人会说"前两行中出现F，是不是只有第三行才表明这个论证形式是无效的？"不，这里只需关注前提和结论的真值列，即马蹄形号、楔形号和~p之下的真值列。下面用箭头标示出它们：

第 6 章 符号逻辑　163

p	q	r	(p·~q) ⊃ r	r∨p	~p
T	T	T	FF　T	T	F ✓
T	T	F	FF　T	T	F ✓
T	F	T	TT　T	T	F ✓
T	F	F	TT　F	F	F ✓
F	T	T	FF　T	T	T
F	T	F	FF　T	T	T
F	F	T	FT　T	T	T
F	F	F	FT　T	F	T

既然前三行的每一行都显示前提都真而结论假，那么它们每一行都表明这个论证形式是无效的。

重要的是要记住哪些真值列是为前提和结论预备的，哪些列可以叫做辅助列，亦即仅仅为确定前提和结论的真值而引入的那些列。有些学生发现辅助列"用过"之后即予划掉有好处，便于看清哪些列是只为前提预备的。用这种办法，上述真值表就将看来如下：

p	q	r	(p·~q) ⊃ r	r∨p	~p
T	T	T	FF　T	T	F ✓
T	T	F	FF　T	T	F ✓
T	F	T	TT　T	T	F ✓
T	F	F	TT　F	F	F ✓
F	T	T	FF　T	T	T
F	T	F	FF　T	T	T
F	F	T	FF　T	T	T
F	F	F	FT　T	F	T

这样做可以更清楚地看出在确定一个论证形式是否有效时哪些列"算数"。

练习题

Ⅰ. 下面是一组论证（A组，字母a–o）和一组论证形式（B组，数字1–24）。

对（A组中的）每一论证，如果有的话，指出（B组中的）哪些论证形式有该论证为其代入例。此外，对（A组中的）每一论证，如果有的话，指出（B组中的）哪个论证形式是那个论证的特有形式。用真值表证明B组中的论证形式是否有效。

A组——论证

a. $A \cdot B$　　　　　　　　c. E　　　　　　　　e. I
　∴ A　　　　　　　　　∴ $E \vee F$　　　　　　　J
　　　　　　　　　　　　　　　　　　　　　　　∴ $I \cdot J$

g. $O \supset P$
 $\sim O$
 $\therefore \sim P$

i. $T \supset U$
 $U \supset V$
 $\therefore V \supset T$

k. $A \supset B$
 $\therefore (A \supset B) \vee C$

m. $[G \supset (G \cdot H)] \cdot [H \supset (H \cdot G)]$
 $\therefore G \supset (G \cdot H)$

o. $(K \supset L) \cdot (M \supset N)$
 $\therefore K \supset L$

B组——论证形式

1. $p \supset q$
 $\therefore \sim q \supset \sim p$

3. $p \cdot q$
 $\therefore p$

5. p
 $\therefore p \supset q$

7. $(p \vee q) \supset (p \cdot q)$
 $\therefore (p \supset q) \cdot (q \supset p)$

9. $p \supset q$
 $\sim q$
 $\therefore \sim p$

11. $p \supset q$
 $p \supset r$
 $\therefore q \vee r$

13. $p \supset (q \supset r)$
 $p \supset q$
 $\therefore p \supset r$

15. $p \supset (q \supset r)$
 $q \supset (p \supset r)$
 $\therefore (p \vee q) \supset r$

17. $(p \supset q) \cdot (r \supset s)$
 $\sim q \vee \sim s$
 $\therefore \sim p \vee \sim s$

19. $p \supset (q \supset r)$
 $(q \supset r) \supset s$
 $\therefore p \supset s$

21. $(p \vee q) \supset (p \cdot q)$
 $\sim (p \vee q)$
 $\therefore \sim (p \cdot q)$

23. $(p \cdot q) \supset (r \cdot s)$
 $\therefore (p \cdot q) \supset [(p \cdot q) \cdot (r \cdot s)]$

Ⅱ.用真值表判定下列论证形式是否有效。

25. $p \supset q$
 $q \supset p$
 $\therefore p \vee q$

27. $p \supset (q \vee \sim r)$
 $q \supset \sim r$
 $\therefore p \supset \sim r$

29. $(C \vee D) \supset (C \cdot D)$
 $C \cdot D$
 $\therefore C \vee D$

31. $(G \vee H) \supset (G \cdot H)$
 $\sim (G \cdot H)$
 $\therefore \sim (G \vee H)$

33. $(O \vee P) \supset Q$
 $Q \supset (O \cdot P)$
 $\therefore (O \vee P) \supset (O \cdot P)$

Ⅲ.把下列论证用符号表示并用真值表判定它们是否有效。

35. 如果丹麦拒绝加入欧洲共同体，那么，若爱沙尼亚依然处于俄罗斯势力范围内，则芬兰将不接受自由贸易政策。爱沙尼亚依然处于俄罗斯势力范围，因此，如果丹麦拒绝加入欧洲共同体，那么芬兰将不接受自由贸易政策。

37. 如果蒙大拿遭大旱，那么，若内华达有正常小雨,俄勒冈的水供应将大为减少。内华达有正常小雨，因此，如果俄勒冈水供应大为减少，那么蒙大拿遭大旱。

39. 如果人是完全理性的，那么人所有的行为是可被提前预测的或者宇宙基本上是决定论的。并非人的所有行为都是可被提前预测的。因此，如果宇宙不是基本上决定论的，那么人不是完全理性的。

6.6 不完全真值表和逆向真值表

A. 不完全真值表

有些人可能会嘀咕:"建立真值表的确相当清晰,可它太乏味了!"或者"若在真值表中只有结论为假的那些行才真有关系,何必还要在其他行上花心思呢?"作为回应,下面将介绍两种简化形式的真值表。

不完全真值表认识到下面三个事实:(1)只有结论为假的那些行才能证明一个论证是无效的。(2)即使结论为假,若有一个前提为假,就无需再去关注同一行中其他前提的真值。(3)只需有一行其中前提都为真而结论为假就足以表明该论证形式是无效的,无需再去找一个第二或第三行。

建立一个不完全的真值表,起始步骤如常:建立引导列并把论证置于真值表顶端另一边。下一步,为结论建立真值列;有时候需要建立辅助列以便判定结论真值。只集中注意于结论为假的那些行。在这些行中依据引导列从右到左给前提赋值。①如果找到一个假前提,就跳到下一个结论为假的行。重复这一过程直至或者找到一行其中所有前提为真——这表明该论证无效——或者已经表明所有结论为假的行中均至少有一假前提。现用如下一组例子来说明该方法的操作过程。

考虑如下论证形式

$p \supset (q \vee r)$
$\sim q$
$\therefore \sim p$

起始步骤如常,先建立结论的真值列:

p q r	$p \supset (q \vee r)$	$\sim q$	$\sim p$
T T T			F √
T T F			F √
T F T			F √
T F F			F √
F T T			T
F T F			T
F F T			T
F F F			T

给前提赋值,一旦找到一个假前提则可跳过这一行,若发现某一行中前提都真则可断定该论证无效。整个步骤应该如下(删掉了辅助列):

---

① 这不是一个硬性规定。如果在该行中能看到一个前提必定为假——例如,$p \cdot q$,在 p 为假的那一行——可以直接给该前提赋值为假,并跳到其他行。

p	q	r	$p \supset (q \vee r)$	$\sim q$	$\sim p$	
T	T	T		F	F	√
T	T	F		F	F	√
T	F	T	T	T	F	√
T	F	F		T	F	√
F	T	T			T	
F	T	F			T	
F	F	T			T	
F	F	F			T	

这个论证无效。

如果一个论证有效，则任一结论为假的行中至少存在一个假前提。考虑假言三段论的不完全真值表：

p	q	r	$p \supset q$	$q \supset r$	$p \supset r$	
T	T	T			T	
T	T	F	F	F	F	√
T	F	T			T	
T	F	F	F	T	F	√
F	T	T			T	
F	T	F			T	
F	F	T			T	
F	F	F			T	

这个论证有效。

── 练习题 ──

I. 为下列每一论证形式建立不完全真值表并判定它们是否有效。

1. $p \supset \sim q$
   q
   $\therefore \sim p$

3. $p \vee \sim p$
   $\therefore q \cdot (p \cdot q)$

5. $p \supset (q \vee \sim r)$
   $\sim q$
   $\therefore p \supset \sim r$

7. p
   $p \supset (q \cdot \sim r)$
   $\therefore r$

9. $p \cdot [(q \vee r) \supset s]$
   $\sim s \vee \sim p$
   $\therefore \sim q \cdot \sim r$

B. 逆向真值表

可能依然有人会抱怨，"不完全真值表这种方法虽然好，但是纸张较贵，该方法不能节省纸张，省不省墨水倒不打紧。存在一种只需构建一行就能判定一个论证形式无效的方法吗？"问得好！！！

有一种被称为逆向真值表，或单行真值表，或归谬真值表的方法就是只需构建一行就能判定一个论证形式无效的。你会猜想，那在判定一个论证形式无效时比较简易，其实它也可用来表明一个论证形式有效。先考虑一个简单的例子，如否定前件的谬误。

否定前件的谬误是具有如下形式的论证：

$$p \supset q$$
$$\sim p$$
$$\therefore \sim q$$

为建立逆向真值表，假设所有前提为真而结论为假。给结论赋值令其为假。然后，与结论的真值赋值一致地——结论中简单陈述的赋值必须与给前提中相同的简单陈述的赋值相同——给前提中简单陈述赋值使得所有前提为真。这样，先把论证写成一行。为提醒自己，把前提和结论的假设的真值写在那些陈述之上：

    假设：   T   T   F
                 $p \supset q$ $\sim p$ $\therefore \sim q$

现在以让假设实现为目标给简单陈述赋值。若结论为假，即~q为假，则q一定为真。若~p是前提，则它一定为真，所以p一定为假。依此类推给出相应赋值，就表明这个论证形式是无效的。

    假设：   T   T   F
                 $p \supset q$ $\sim p$ $\therefore \sim q$
                 F T   F   T
                 T   T   F

注意，简单陈述的真值应该直接置于简单陈述下面，而分支命题的真值应该置于相关的联结词下面。

现在给下面这个论证形式建立逆向真值表：

$$(p \cdot q) \supset r$$
$$\sim r \supset s$$
$$\sim q$$
$$\therefore p \supset s$$

把这个论证写在一行中并给结论赋值。结论要为假，p一定为真而s一定为假。于是，从指派那些真值开始：

假设：   T   T   T   F
         (p·q)⊃r   ~r⊃s   ~q   ∴p⊃s
             T   F   T   F
                                            F

再填入其它的真值。~q为真则q一定为假。s为假因而要第二前提为真则~r一定为假，因而r一定为真。如此赋值完毕后，逆向真值表应为：

假设：   T   T   T   F
         (p·q)⊃r   ~r⊃s   ~q   ∴p⊃s
          T F T   T F   F   T   F
           F   F   T   F
            T   T

如此赋值以使所有前提为真而结论为假，因此表明该论证形式无效。

当然，关于一论证无效的假设是真的当且仅当该论证无效。若该论证形式有效，就无法使实际赋值与关于该论证无效的假设一致。怎么办？还是以同样方式开始。考虑肯定前件式的逆向真值表：

$p \supset q$
p
$\therefore q$

假设：   T   T   F
         p⊃q   p   ∴q

q必须为假，p是前提，所以必须为真。这是一致地给前提和结论的赋值。

假设：   T   T   F
         p⊃q   p   ∴q
          T F   T   F
           F   F

可是这种一致的真值赋值显示第一个前提为假，与最初的假设矛盾！怎么办？实现最初假设就需要不一致地给某一个简单陈述赋值。若p在第一前提而不是第二前提中为假，或者q在前提而不是结论中为真，那就可以使得所有前提为真。这可以表示为把F/T置于第一前提中的q下面——或同一前提中的p下面，随你便——把F/T圈起来，并且宣布此论证有效：

假设：   T   T   F
         p⊃q   p   ∴q
          T (F/T) T   F
            F

这个论证形式有效。

到目前为止，我们所考察的论证都只有一种真值赋值使结论为假。若结论为合取句，则存在三种真值赋值使结论为假。若结论为双条件句，则存在两种真值赋值使结论为假。鉴于此，如果以合取句或双条件句为结论的论证形式的第一种真值赋值没有证明该论证形式无效，那就还需尝试其他的赋值。成功地表明一个论证有效，仅当表明不存在对论证形式中简

单陈述的一致的真值赋值使得前提都为真而结论为假。因此，若考察下面的论证形式，

$$p$$
$$\underline{q}$$
$$\therefore p \cdot q$$

其逆向真值表看来如下：

```
假设：    T       T              F
         p       q      ∴ p·q
         T      (T/F)    T   F
                              F
        (F/T)    T       F   T
                              F
        (F/T)   (F/T)    F   F
                              F
```

现在我们来看下面的论证形式：

$$p \supset q$$
$$\underline{q \supset r}$$
$$\therefore p \equiv r$$

为之建立逆向真值表，假设 p 真而 r 假，这使双条件句为假：

```
假设：    T        T        F
        p⊃q     q⊃r    ∴p≡r
        T  T   (T/F) F   T  F
        T       F        F
```

至此，还没有实现前提都真结论为假这个假定。还有另外一种对结论的真值赋值使结论为假，因此，还需试试另一种赋值：

```
假设：    T        T         F
        p⊃q     q⊃r     ∴p≡r
        T  T   T/F  F    T  F
        T       F         F
        F  F   F  T       F T
        T       F         F
```

第二种真值赋值表明，有可能使前提都为真而结论为假。①因此这个论证形式无效。
    瞧，皆大欢喜了吧！②

---

① 若给 q 指派 T 同样能行。
② 当然，如果需要一个其之所以讨论逆向真值表的好理由，现在给出两个：(1) 它是被称为真值树的一种逻辑程序背后的思想。参见本书的附录部分。要提醒的是，真值树不如逆向真值表那样节省纸张。(2) 它也是反映在间接证明中的思想，对此下一章中将简要介绍。

练习题

Ⅰ.给下列每一个论证形式建立逆向真值表并判定其是否有效。

1. p
   q
   $\therefore p \equiv q$

3. $(p \cdot q) \cdot r$
   $p \vee \sim r$
   $\therefore q$

5. $(p \supset q) \vee r$
   $r \supset \sim p$
   $\therefore q$

7. $p \equiv (r \supset \sim q)$
   $\sim p \supset r$
   $\therefore \sim q \cdot p$

9. $p \equiv (r \supset \sim q)$
   $\sim p \supset r$
   $\therefore \sim q \supset p$

11. $p \vee (q \equiv \sim r)$
    $r \cdot (p \vee \sim q)$
    $\therefore p \equiv \sim q$

13. $p \supset [q \vee (r \cdot s)]$
    $p \vee \sim s$
    $q \vee \sim r$
    $\therefore \sim p \vee q$

15. $p \equiv [\sim q \cdot (r \equiv s)]$
    $p \vee \sim s$
    $\sim q \cdot r$
    $\therefore \sim p \cdot s$

17. $p \vee [q \supset (\sim r \equiv s)]$
    $\sim p \supset \sim s$
    $(p \cdot \sim s) \supset r$
    $\therefore \sim p \supset q$

19. $p \vee [q \supset (\sim r \equiv s)]$
    $\sim p \supset t$
    $\sim p \equiv (\sim t \supset s)$
    $(\sim p \vee s) \supset \sim t$
    $\therefore \sim s \vee t$

6.7　论证、条件句和重言式

每一论证都有一个条件陈述与之对应，这个条件句前件是该论证前提的合取，后件是论证的结论。因此，一个具有肯定前件式特有形式的论证

$$p \supset q$$
$$\underline{p\qquad}$$
$$\therefore q$$

可以表述为对应的条件陈述：$\{[(p \supset q) \cdot p] \supset q\}$。既然一个论证形式有效当且仅当在其真值表的任一行中如果所有前提都取值T，则结论也取值T，因此，我们可以得出：**一个论证形式有效当且仅当其对应的条件句是一个重言式。**

p	q	$[(p \supset q) \cdot p] \supset q$
T	T	T　T　T
T	F	F　F　T
F	T	T　F　T
F	F	T　F　T

肯定前件式对应的条件句是个重言式。这是因为在结论为假的同时前提决不会都真，因此其对应的条件句决不会有真前件和假后件。

章节摘要

本章展现了句子或命题逻辑的语形和语义。在6.2节给出了由较简单的分支命题组建成真值函数复合陈述的形成规则。给出了五个真值函数连接词（并非/~；并且/·；或者/∨；如果……那么……/⊃；当且仅当/≡）的真值表定义。这被总结在6.3节中的"主真值表"里。阐述了用真值表证明陈述是否为重言式、矛盾式和偶真式的方法，证明一对句子是否逻辑等值和证明一给定论证形式有效或无效的方法。

下面是本章中一些关键概念：

- 在语句逻辑中简单陈述用单个大写字母表示。（6.2）
- **简单陈述**指不包含其他任何陈述作为其分支陈述的陈述。（6.2）
- **复合陈述**指包含其他陈述作为其分支陈述的陈述。（6.2）
- 一个陈述的**真值函数分支陈述**是那样的分支陈述，如果它在复合陈述中被任一具有相同真值的不同陈述替换，所产生的不同的复合陈述也将保持真值不变。（6.2）
- **真值函数复合陈述**是其所有分支陈述都是真值函数分支陈述的复合陈述。（6.2）
- **真值函数连接词**是能把命题组合成真值函数复合命题的符号。（6.2）
- **陈述形式**是任一由陈述变元而非陈述所组成的符号串，用陈述代换其中的陈述变元——到处统一地用相同的陈述替换相同的陈述变元——可产生一个陈述。（6.2）
- 陈述的**特有形式**是通过一致地用不同简单命题代换不同命题变元就得到该陈述的那个形式。（6.2）
- 真值表中分支命题下面的每一行的真值被称为一种**真值赋值**。（6.4）
- **重言式**（或重言的陈述形式）是在对其简单分支命题的每一真值赋值下均为真的陈述（陈述形式）。（6.4）
- **矛盾式**（或自相矛盾的陈述形式）是在对其简单分支命题的每一真值赋值下均为假的陈述（陈述形式）。（6.4）
- **偶真的陈述**（或陈述形式）是既不是重言式也不是矛盾式的陈述（陈述形式）。偶真的陈述至少在一种真值赋值下为真而且至少在一种真值赋值下为假。（6.4）
- 如果在对它们的简单分支陈述的每一真值赋值下，这两个陈述总有相同的真值，两个陈述是**逻辑等值**的。如果至少存在一种真值赋值使得两个陈述的真值不同，那么这两个陈述就不是逻辑等值的。（6.4）
- 把两个陈述（或陈述形式）置于一个实质双条件句中而那个双条件句成为重言的，那么原来两个陈述（或陈述形式）是逻辑等值的。（6.4）
- **论证形式**是一个由陈述变元而非陈述组成的符号阵列，用陈述一致地代换那些变元就产生一个论证。（6.4）
- **论证的特有形式**是通过一致地用不同简单陈述代换该陈述形式中不同陈述变元就得到

该论证的那个形式。(6.5)
- **一个论证是有效的当且仅当若其前提都真则结论不可能假**。另一种说法是，一个论证形式是有效的，如果它只有有效论证作为代入例。一给定论证的有效性只取决于其形式（前提和结论之中以及之间的结构关系）而完全不是其具体内容。(6.5)
- 我们运用真值表判定论证的有效性（6.5），并给出了简化真值表方法（6.6）。**不完全真值表**只考察结论为假的那些行，直至发现假前提或者某一行中前提都为真而结论为假。**逆向真值表**试图找到前提为真结论为假的一行，办法是首先指派结论为假，然后一致地给前提中的简单陈述指派真值使得所有前提都为真。如果不可能以此种方式一致地赋值，那就证明该论证或论证形式是有效的。
- 每一论证都有一个条件陈述与之对应，该条件句前件是论证前提的合取，后件是论证的结论。一论证形式有效当且仅当其对应的条件句是重言式。(6.7)

第 7 章
演绎方法

7.1　与真值表相对的自然推演
7.2　有效性的形式证明
7.3　替换规则（1）
7.4　替换规则（2）
　　　经验法则：进行演绎证明的策略
7.5　条件证明
7.6　间接证明

7.1 与真值表相对的自然推演

上一章介绍了符号逻辑。我们用真值表来定义五个真值联结词，并说明怎样通过真值表来检验单个语句的各种性质以及如何使用真值表来检验论证的有效性。本章，我们将介绍另一种证明系统——演绎方法。这里的演绎方法是一种被逻辑学家们称为自然推演的证明系统，因为其所使用的推理接近于自然语言中的推理。这是相对于真值表方法而言的，尽管真值表方法也是一种可靠且相当充分的证明系统，但是它不是很自然的推论方式。如果你试图说服一位朋友接受你的结论，自然演绎能遵循按部就班的方法证明，给定你的前提，你的朋友必须接受你的结论。

因为自然演绎采用的是日常论证的方式，许多学生声称进行演绎证明能提高他们的论辩技巧。有些学生还称进行演绎证明能提高他们的一般组织能力。演绎方法与真值表方法有两个重要区别。第一，如果你构造一个完整的真值表，其程序是完全机械的：使用导引栏，根据联结词的定义来填充整个复合命题的真值。而构造一个演绎证明时，需要识别论证形式，并且要仔细考虑如何把前提和结论通过一个有效论证形式的链条联系起来。第二，真值表既能证明一个论证有效又能证明一论证无效。演绎方法只能用来表明一个结论能从一组前提通过一系列有效推理得到。它不能用来证明论证无效——而这很容易用逆向真值表做到，因此没有问题。

7.2 有效性的形式证明

考虑以下论证：

$A \supset B$
$B \supset C$
$\sim C$
$A \lor D$
$\therefore D$

用真值表方法证明这个论证的有效性，需要一个 16 行的真值表。但是我们可以通过一系列已知其有效的基本论证来证明它的有效性。这个一步一步的证明过程称为形式证明。

一般而言，我们可以把一个形式证明定义如下：**一个论证的形式证明是一个陈述序列，其中的每个陈述或者是这个论证的前提，或者是序列中前面的陈述通过一个基本的有效论证得出的，使得这个序列的最后一个陈述是正在证明其有效性的论证的结论。一个基本的有效**

论证是一个基本的有效论证形式的代入例。一个形式证明由两列表达式组成。一列中是前提和所有从它们得出的结论；另一列中援引在该证明中为在该行达到的结论提供理据的规则和那些行号。

上述论证的一个形式证明看来如下：

1. $A \supset B$
2. $B \supset C$
3. $\sim C$
4. $A \vee D$
   ∴ D
5. $A \supset C$ 1,2 H.S.
6. $\sim A$ 3,5 M.T.
7. D 4,6 D.S.

前面四行是原论证的前提，随后的陈述是要从前提推得的结论。注意，表示结论的陈述不是该形式证明的一部分。只有带数码的步骤或行才是该证明的部分。第5行到第7行是从先前诸行据基本的有效论证得到的。每一带数码的行的右边的记号构成那一行的理据。因此，第5步，$A \supset C$，是从前提1和2通过一个基本的有效论证得到的有效结论，这个基本的论证是称为假言三段论（Hypothetical Syllogism，简写为H.S.）的形式的代入例。

形式证明：第一个推理			
			假言三段论
1. $A \supset B$			$p \supset q$
2. $B \supset C$			$q \supset r$
3. $\sim C$			∴ $p \supset r$
4. $A \vee D$		1. $A \supset B$	
∴ D		2. $B \supset C$	
5. $A \supset C$	1,2 H.S.	5. $A \supset C$	

第6步，$\sim A$，是从前提3和第5步通过一个基本的有效论证得出的有效结论，这个基本的论证是被称为否定后件式（Modus Tollens，简写为M.T.）的形式的代入例。

形式证明：第二个推理			
			否定后件式
1. $A \supset B$			$p \supset q$
2. $B \supset C$			$\sim q$
3. $\sim C$			∴ $\sim p$
4. $A \vee D$			
∴ D		5. $A \supset C$	
5. $A \supset C$	1,2 H.S.	3. $\sim C$	
6. $\sim A$	5,3 M.T.	6. $\sim A$	

最后，第7步，D，是该论证的结论，它是从前提4和第6步通过一个基本的有效论证得出的有效结论，这个基本的论证是被称为选言三段论（disjunctive syllogism，简写为D.S.）的形式的代入例。换句话说，第7步表明D从原来的前提得出，因此该论证是有效的。

形式证明：第三个推理

选言三段论
$$p \lor q$$
$$\sim p$$
$$\therefore q$$

1. $A \supset B$
2. $B \supset C$
3. $\sim C$
4. $A \lor D$
$\therefore D$

5. $A \supset C$	1,2 H.S.	4. $A \lor D$
6. $\sim A$	5,3 M.T.	6. $\sim A$
7. D	4,6 D.S.	7. D

基本的有效论证形式如M.T.、H.S.和D.S.属于推理规则。推理规则让你能从前提有效地推出结论。存在9个这样的规则（见下表）对应于其有效性很容易通过真值表来证明的几个基本的论证形式。借助这些推理规则，就能为广大更复杂的论证构造其有效性的形式证明。

推理规则：基本有效论证形式

名称	缩写	形式
1.肯定前件式	M.P.	$p \supset q$ p $\therefore q$
2.否定后件式	M.T.	$p \supset q$ $\sim q$ $\therefore \sim p$
3.假言三段论	H.S.	$p \supset q$ $q \supset r$ $\therefore p \supset r$
4.析取三段论	D.S.	$p \lor q$ $\sim p$ $\therefore q$
5.构成式二难推理	C.D.	$(p \supset q) \cdot (r \supset s)$ $p \lor r$ $\therefore q \lor s$
6.吸收律	Abs.	$p \supset q$ $\therefore p \supset (p \cdot q)$
7.简化律	Simp.	$p \cdot q$ $\therefore p$
8.合取律	Conj.	p q $\therefore p \cdot q$
9.附加律	Add.	p $\therefore p \lor q$

重要的是记住命题变元 p、q、r 和 s 能被具任何复杂度的陈述代换。因此，固然

$$A \cdot B$$
$$\therefore A$$

是一个简化律的实例，下面这个论证也是：

$$[(A \supset B) \vee \sim C] \cdot \{[C \equiv (D \vee \sim E)] \supset \sim (A \equiv \sim C)\}$$
$$\therefore [(A \supset B) \vee \sim C$$

另外要强调的一点是，推理规则应用到证明的一整行或几行要视规则而定。因此，必须留意证明中一行里的主联结词是什么。推理规则的使用是机械的：规则中的主联结词必须与该规则应用于它的那行中的主联结词完全相符。

这种演绎方法的基本思想是，通过已知其有效的小步的推理，从一个论证的前提推进到它的结论。能做到这一点，就证明了原论证本身是有效的。这是可行的，因为**有效性是保真的**。通过真值表可以证明，所列推理规则都是一个有效的演绎推理。[①]因此，如果一个有效论证的前提是真的，那么它的结论必定为真。

要注意在进行证明时你在做什么。(1) 有时你在使用规则消去在前提中但不在结论中出现的那些简单陈述；(2) 有时你在构造更大的陈述；(3) 有时你引进在结论中但不在前提中出现的简单陈述：这总是通过附加律实现；(4) 有时你转而改变前提中陈述的外观使它们看着像结论——这主要据等值（式）替换规则来做，那将在后面两节中考察。有鉴于此，推理规则可以分为两类。第一类可以称为消去规则。当使用这类规则时，得到的结论含有比前提中的较少的简单陈述。肯定前件式、否定后件式、假言三段论、析取三段论、简化律和构成式二难推理都是消去规则。第二类可以称为扩展规则。当使用这类规则时，得到的结论或者含有比任一前提都多的简单陈述，或者在吸收律的情况下，是一个含有比前提中较多的简单陈述实例的陈述。附加律、合取律和吸收律都是扩展规则。让我们举几个例子来看证明是怎么进行的。

给定论证形式：

$$p \supset (\sim q \cdot r)$$
$$p$$
$$q \vee \sim s$$
$$\therefore \sim s \vee t$$

从观察结论中都有些什么开始。结论包括 $\sim s$ 和 t。t 不在前提中出现。惟一允许引入前提中没有的东西的规则是附加律。因此，在证明的最后应该使用附加律。需要分离出 $\sim s$，以便附加。$\sim s$ 出现在前提 3 中。分离出 $\sim s$，要有 $\sim q$：然后通过析取三段论得到 $\sim s$。惟一出现 $\sim q$ 的地方是在前提 1 中。如果能分离出 $\sim q \cdot r$，就能通过简化律得到 $\sim q$。要得到 $\sim q \cdot r$，要有 p。然

---

① 我们在上一章讨论了一些这样的推理。如果你完成了上一章的所有练习题，你就已构造了能证明其余的那些推理有效的真值表。

后通过肯定前件式得到~q·r。前提2中有p。我们已经从结论倒推到前提了。现在只需要正过来表述：

  1. $p \supset (\sim q \cdot r)$
  2. p
  3. $q \vee \sim s$
   ∴ $\sim s \vee t$
  4. $\sim q \cdot r$ 1,2 M.P.
  5. $\sim q$ 4 Simp.
  6. $\sim s$ 3,5 D.S.
  7. $\sim s \vee t$ 6 Add.

  尽管有时可能是从结论倒推到前提，但我们一般是按照以下方式推论的：

  前提中有p、q、r，但结论中没有。可以应用肯定前件式从前提1和前提2消去p，从而得到~q·r。通过简化律消去r得到~q。应用析取三段论于前提3，消去q，得到~s。但结论是~s∨t，因此，需要扩张已经得到的结论。惟一允许我们增加一个新的简单陈述到一个证明中的规则是附加律。于是，附加t到~s，最后得到~s∨t。

  你已经如上面那样把该证明写下来，并且略带炫耀地在证明的最后写上 *Q.E.D.*（*quod erat demonstrandum*，是为所证）。①

  既可以从结论开始倒着推，也可以从前提开始正着推，这没有什么区别。往往还会同时从两头推。**重要的总是要从注视结论中都有些什么开始**。通过注意结论中都有些什么，你就知道前提中哪些简单陈述需要消去。

  看另一个例子：

    $p \cdot q$
    $(p \supset q) \cdot (r \supset s)$
    ∴ $p \cdot (q \vee s)$

结论是一个合取。在这种情况下，通常是通过合取律得到结论的。②你或许想分离出p和q∨s，怎么办呢？你可能会像大多数学生那样盯着那些规则（可能还会自言自语）。如果这种凝视是有成果的，你就会比较你想用那些规则来证明的那个论证的前提和结论。第一个前提是以p作为第一个合取支的合取。因此，加以简化。可是怎么得到q∨s呢？你可以这样考虑：

  第二个前提的第一个合取支是$p \supset q$。已经有了p，可以简化第二个前提得到$p \supset q$，再应用肯定前件式得到q。然后就是附加和合取的事了。

---

 ① *Q.E.D.*严格说是锦上添花：它不是证明的一部分，只是一个装饰。
 ② 当你发现该合取是前提的一个分支陈述时除外。

证明看来如下：

1. $p \cdot q$
2. $(p \supset q) \cdot (r \supset s)$
   $\therefore p \cdot (q \vee s)$
3. p 1 Simp.
4. $p \supset q$ 2 Simp.
5. q 4,3 M.P.
6. $q \vee s$ 5 Add.
7. $p \cdot (q \vee s)$ 3,6 Conj.

             Q.E.D.

另一方面，一旦分离出 p，也可以这样考虑：

    第二个前提是两个条件句的合取，而我们想达到的结论含有一个析取。我们知道，构成式二难推理的一个前提是两个条件句的合取，而它的结论是个析取。而且，如果我们作一次构成式二难推理，q 和 s 就正好是两个条件句的后件。但是我们没有另一个前提，即 $p \vee r$。能得到它吗？可以。已经有 p，有了 p 就能附加任何陈述。

因此，我们可以得到 $p \vee r$ 这一中间结论并构造证明如下：

1. $p \cdot q$
2. $(p \supset q) \cdot (r \supset s)$
   $\therefore p \cdot (q \vee s)$
3. p 1 Simp.
4. $p \vee r$ 3 Add.
5. $q \vee s$ 2,4 C.D.
6. $p \cdot (q \vee s)$ 3,5 Conj.

             Q.E.D.

    当然，你会问，上面两个证明哪个是正确的？它们都是正确的。两个证明都表明结论能从前提有效得出，这就是证明所要做的。惟一的区别是第二个更漂亮些。在逻辑学中，漂亮是个长度问题：证明越短越漂亮。漂亮与否与逻辑无关。

    因此，在构造一个证明时，要做到：

1. 在前提中寻找结论的诸分支。
2. 看哪些推理规则能用来消去前提中有但结论中没有的简单陈述（肯定前件式、否定后件式、析取三段论、假言三段论、简化律、构成式二难推理）。
3. 看是否需要应用推理规则增添前提或中间结论，以便达到最后的结论（附加律、吸收律、合取律）。

重要提示

你要把证明看作智力游戏。如许多智力游戏一样，玩得越久越有趣。这并不意味着你能马上享受到证明的乐趣。做证明时，学生们甚至会骂人。但是假以时日，你就能体会到其中的乐趣。这也不意味着你要坐下来说："我现在要做一小时的证明了。"证明可能会很累人，甚至使人沮丧。你可以从每天花几十分钟开始。如果你感到困难，先放一放，稍后再回来。有时这样能让你看到之前没有看到的东西。

4.构造出证明,其间应用推理规则于该证明的一整行(简化律、吸收律、附加律)或两整行(肯定前件式、否定后件式、析取三段论、假言三段论、构成式二难推理、合取律)。

练习题

Ⅰ.对于下列基本的有效论证,说明其从前提得到结论所遵循的推理规则。

1. $(E \supset F) \cdot (G \supset H)$
   $E \vee G$
   $\therefore F \vee H$

3. $H \supset I$
   $\therefore (H \supset I) \vee (H \supset \sim I)$

5. $(X \vee Y) \supset \sim (Z \cdot \sim A)$
   $\sim \sim (Z \cdot \sim A)$
   $\therefore \sim (X \vee Y)$

7. $\sim (B \cdot C) \supset (D \vee E)$
   $\sim (B \cdot C)$
   $\therefore D \supset E$

9. $(A \supset B) \supset (C \vee D)$
   $A \supset B$
   $\therefore C \vee D$

11. $(C \vee D) \supset [(J \vee K) \supset (J \cdot K)]$
    $\sim [(J \vee K) \supset (J \cdot K)]$
    $\therefore \sim (C \vee D)$

13. $N \supset (O \vee P)$
    $Q \supset (O \vee R)$
    $\therefore [Q \supset (O \vee R)] \cdot [N \supset (O \vee P)]$

15. $[(H \cdot \sim I) \supset C] \cdot [(I \cdot \sim H) \supset D]$
    $(H \cdot \sim I) \vee (I \cdot \sim H)$
    $\therefore C \vee D$

Ⅱ.说出下列形式证明中除前提之外的其他步骤的"理据"。

17. 1. $I \supset J$
    2. $J \supset K$
    3. $L \supset M$
    4. $I \vee L$
       $\therefore K \vee M$
    5. $I \supset K$
    6. $(I \supset K) \cdot (L \supset M)$
    7. $K \vee M$

19. 1. $(A \vee B) \cdot \supset C$
    2. $(C \vee B) \cdot \supset [A \supset (D \equiv E)]$
    3. $A \cdot D$
       $\therefore D \equiv E$
    4. A
    5. $A \vee B$
    6. C
    7. $C \vee B$
    8. $A \supset (D \supset E)$
    9. $D \equiv E$

Ⅲ.构造下列各论证的有效性的形式证明。只要增加两个陈述就行了。

21. $D \supset E$
    $D \cdot E$
    $\therefore E$

23. $P \cdot Q$
    R
    $\therefore P \cdot R$

25. $Y \supset Z$
    Y
    $\therefore Y \cdot Z$

27. $\sim (K \cdot L)$
    $K \supset L$
    $\therefore \sim K$

29. $(Z \cdot A) \supset (B \cdot C)$
    $Z \supset A$
    $\therefore Z \supset (B \cdot C)$

31. $(K \supset L) \supset M$
    $\sim M \cdot \sim (L \supset K)$
    $\therefore \sim (K \supset L)$

33. $A \supset B$
    $A \lor C$
    $C \supset D$
    $\therefore B \lor D$

35. $(M \supset N) \cdot (O \supset P)$
    $N \supset P$
    $(N \supset P) \supset (M \lor O)$
    $\therefore N \lor P$

Ⅳ. 构造下列各论证的有效性的形式证明。只要增加三个陈述就行了。

37. $(H \supset I) \cdot (H \supset I)$
    $H \cdot (I \lor J)$
    $\therefore I \lor J$

39. $Q \supset R$
    $R \supset S$
    $\sim S$
    $\therefore \sim Q \cdot \sim R$

41. $\sim X \supset Y$
    $Z \supset X$
    $\sim X$
    $\therefore Y \cdot \sim Z$

43. $(H \supset I) \cdot (J \supset K)$
    $K \lor H$
    $\sim K$
    $\therefore I$

45. $(T \supset U) \cdot (V \supset W)$
    $(U \supset X) \cdot (W \supset Y)$
    T
    $\therefore X \lor Y$

Ⅴ. 构造下列各论证的有效性的形式证明。

47. $(K \lor L) \cdot (M \lor N)$
    $(M \lor N) \cdot (O \cdot P)$
    K
    $\therefore O$

49. $A \supset B$
    $C \supset D$
    $A \lor C$
    $\therefore (A \cdot B) \lor (C \cdot D)$

51. $[(A \lor B) \supset C] \cdot [(X \cdot Y) \supset Z]$
    $\sim C$
    $(A \lor B) \lor (Y \supset X)$
    $\sim X$
    $\therefore \sim Y \lor (X \equiv Y)$

Ⅵ. 使用所给出的缩写标记，构造下列各论证的有效性的形式证明。

53. 如果布朗收到电报，那么她就会乘坐飞机；如果她乘坐飞机那么她就不会开会迟到。如果电报发往错误的地址，那么布朗将会开会迟到。要么布朗收到电报要么电报被发往错误的地址。因此要么布朗乘坐了飞机；要么她会开会迟到。（R—布朗收到电报；P—布朗乘坐飞机；L—布朗开会迟到；T—电报发往错误的地址）

55. 如果安妮在场，那么比利也在场。如果安妮和比利都在场，那么查尔斯和多丽丝中的一个将会被选上。如果查尔斯和多丽丝中的一个被选上，那么埃尔默就不会统治整个俱乐部。如果安妮在场蕴涵埃尔默不会统治整个俱乐部，那么弗洛伦斯将会成为新主席。所以，弗洛伦斯将会成为新主席。（A—安妮在场；B—比利在场；C—查尔斯被选上；D—多丽丝被选上；E—埃尔默统治

整个俱乐部；F—弗洛伦斯将会成为新主席）

57. 如果乔瓦尼下象棋，那么露西娅就下象棋；并且如果苔丝不下跳棋那么简就下跳棋。乔瓦尼下象棋，而苔丝下跳棋。露西娅不下象棋。所以要么简下跳棋而乔瓦尼下象棋，要么如果露西娅不下象棋则苔丝下跳棋。（G—乔瓦尼下象棋；L—露西娅下象棋；T—苔丝下跳棋；J—简下跳棋）

59. 如果露西娅作曲那么加比亚写小说；并且如果贺拉斯写诗那么圣内塔写烹饪书。如果贝蒂打台球那么桑德拉打飞碟。如果美美打麻将，那么丹尼尔跳舞。露西娅作曲。如果加比亚写小说或者桑德拉打飞碟，那么巴特是笨拙的仅当凯利抓到了乌鸦。凯利并没有抓到乌鸦。所以巴特不是笨拙的。（L—露西娅作曲；G—加比亚写小说；H—贺拉斯写诗；X—圣内塔写烹饪书；P—贝蒂打台球；S—桑德拉打飞碟；M—美美打麻将；D—丹尼尔跳舞；B—巴特是笨拙的；C—凯利抓乌鸦）

61. 埃尔南德斯女士为计算机编程。如果埃尔南德斯女士为计算机编程那么门德斯先生是一个会计而桑切斯先生是银行行长。如果埃尔南德斯女士为计算机编程，那么张女士开了一家计算机公司而金先生编写软件。如果门德斯先生是会计并且张女士开了一家计算机公司那么莱温斯基女士负责主机的运行。如果莱温斯基女士负责主机运行，那么要么波波夫先生的电脑有了一种病毒要么斯拉穆森医生开了一家诊所。波波夫先生的电脑有了病毒。如果斯拉穆森医生开了一家诊所，那么迪托尔女士是一个护士。因此，迪托尔女士是一个护士。（H—埃尔南德斯女士为计算机编程；M—门德斯先生是一位会计；S—桑切斯先生是银行行长；C—张女士开了一家计算机公司；K—金先生编写软件；L—莱温斯基女士负责主机运行；P—波波夫先生的电脑有了病毒。R—斯拉穆森医生开了一家诊所；D—迪托尔女士是护士）

7.3 替换规则（1）

许多有效论证其有效性不能通过上一节所介绍的九条推理规则来证明。例如：

$A \cdot B$
$\therefore B$

该推理是有效的，因为一个合取是真的当且仅当两个合取支都为真。但是简化律只容许推断左边的合取支为真。而 $B \cdot A$ 逻辑等值于 $A \cdot B$。如果能够把 $A \cdot B$ 替换为 $B \cdot A$，就能够应用简化律推出 B 了。

因此，我们将要扩展我们的命题逻辑系统，引进另外一条推理规则以及若干归属于这条规则的逻辑等值陈述。这条规则是替换规则。替换规则允许我们在证明中的任何地方替换归属于这条规则的逻辑等值陈述。前述的九条推理规则只应用于证明中的一或两整行，等值替换则允许改变证明中一行里的分支陈述。例如，由于 $A \cdot B$ 逻辑等值于 $B \cdot A$，因此，可以据交换律把 $(A \cdot B) \supset C$ 转换为 $(B \cdot A) \supset C$。可以这样来看。前述九条推理规则允许整个地消去和增添陈述。它们允许"切割"命题，去掉或者增加一些部分，就像外科医生在做手术时去掉身体的某些部分，或者汽车修理工给汽车增加新部件一样。替换规则则允许改变陈述的外观，如同整容医生改变了一个人的容貌——有时很明显——而没有改变那个人本身：其本质依然如故。

本节和下一节我们将介绍归属于替换规则的等值式。一旦介绍完这些等值式，就能够在命题逻辑中证明任何有效论证的有效性了。

替换规则：下列任何逻辑等值的表达式都能在证明中到处相互替换		
名称	缩写	形式
德摩根律	De M.	$\sim(p \vee q) \underset{=}{T} (\sim p \cdot \sim q)$
		$\sim(p \cdot q) \underset{=}{T} (\sim p \vee \sim q)$
交换律	Com.	$(p \vee q) \underset{=}{T} (q \vee p)$
		$(p \cdot q) \underset{=}{T} (q \cdot p)$
结合律	Assoc.	$[p \vee (q \vee r)] \underset{=}{T} [(p \vee q) \vee r]$
		$[p \cdot (q \cdot r)] \underset{=}{T} [(p \cdot q) \cdot r]$
分配律	Dist.	$[p \cdot (q \vee r)] \underset{=}{T} [(p \cdot q) \vee (p \cdot r)]$
		$[p \vee (q \cdot r)] \underset{=}{T} [(p \vee q) \cdot (p \vee r)]$
双重否定律	D.N.	$p \underset{=}{T} \sim\sim p$

德摩根律说的是涉及合取或析取如何把否定词移入移出括号。如果给定 $\sim(p \vee q)$ 形式的陈述，可以用与其逻辑等值的陈述 $\sim p \cdot \sim q$ 替换。然后应用简化律得到 $\sim p$。如果给定 $\sim p \vee \sim q$，可以把它替换为 $\sim(p \cdot q)$，与论证中其他陈述一起来使用这个陈述。

交换律允许调换合取支或析取支的位置。回顾本节开始时举的例子，给定 $A \cdot B$，可以通过交换得到 $B \cdot A$，并简化得到 B。考虑合取和析取的真值，就会得知合取支或析取支的次序并不影响其真值。注意，交换律只适用于合取和析取。

结合律允许在其一个合取支本身又是合取式的合取式或者其一个析取支本身又是析取式的析取式中挪移括号。考虑合取和析取的真值，就会得知在有三个陈述的合取或析取中，如何组合那三个陈述（在保持它们的次序不变的情况下）并不影响其真值。注意，结合律只适于合取和析取。

> **重要提示**
>
> 交换律、结合律和分配律想必你从数学课上就熟悉了。交换性和结合性是加法和乘法的性质。加法与乘法合起来允许你进行分配。

分配律涉及含有一个合取和一个析取的复合陈述。语句"或者亚利桑德罗赢了选举或者迪米特里和卢西亚都输了"逻辑等值于"或者亚利桑德罗赢了选举并且迪米特里输了，或者亚利桑德罗赢了选举并且卢西亚输了"。注意，分配律要求既有一个合取又有一个析取，只有在这种情况下才能进行分配。

双重否定律反映的是你的语文老师早就说过的，两个否定表示肯定。这真是那么刻骨铭心，以致在所有的等值式中双重否定律是最容易被忘记在证明中引为理据的。

184　逻辑要义

双重否定律：两个证明

考虑这个论证：
(A ∨ B) ⊃ (~~D · C)
A
∴ D

这个论证的一个形式证明：
1. (A ∨ B) ⊃ (~~D · C)
2. A
　∴ D
3. A ∨ B　　　　　2. Add.
4. ~~D · C　　　　1,3 M.P.
5. ~~D　　　　　　4 Simp.
6. D　　　　　　　5 D.N.

该论证的另一个有效的证明：
1. (A ∨ B) ⊃ (~~D · C)
2. A
　∴ D
3. (A ∨ B) ⊃ (D · C)　　1. D.N.
4. A ∨ B　　　　　　　　2 Add.
5. D · C　　　　　　　　3,4 M.P.
6. D　　　　　　　　　　5 Simp.

在上述两个证明中都把表达式~~D替换为逻辑等值的表达式D。

让我们再举一些例子来看这些等值式是如何配合那九条推理规则使用的。

考虑如下论证：

~A ∨ (~B · C)
~D ⊃ (B · A)
∴ D

下笔之前应先注视论证并加以思考。C在前提1中，但不在结论中。这里不能简化，因为圆点（·）在该前提中不是主联结词。进行分配后就能简化了。必须通过否定后件式得到~~D，然后用双重否定律。这样，需要推得~(B · A)以得出结论。于是证明看来如下：

1. ~A ∨ ~(~B · C)
2. ~D ⊃ (B · A)
　∴ D
3. (~A ∨ ~B) · (~A ∨ C)　　1 Dist.
4. (~A ∨ ~B)　　　　　　　　3 Simp.
5. ~(A · B)　　　　　　　　　4 De M.
6. ~(B · A)　　　　　　　　　5 Com.
7. ~~D　　　　　　　　　　　2,6 M.T.
8. D　　　　　　　　　　　　7 D.N.

现在考虑下面的论证：

(A · ~B) · C
C ⊃ (D ⊃ B)
∴ ~D ∨ E

这里必须进行某些交换和结合，才能使用那些推理规则。证明可以给出如下：

1. $(A \cdot \sim B) \cdot C$
2. $C \supset (D \supset B)$
  ∴ $\sim D \vee E$

3. $C \cdot (A \cdot \sim B)$ 1 Com.
4. C 3 Simp.
5. $D \supset B$ 2,4 M.P.
6. $(\sim B \cdot A) \cdot C$ 1 Com.
7. $\sim B \cdot (A \cdot C)$ 6 Assoc.
8. $\sim B$ 7 Simp.
9. $\sim D$ 5,8 M.T.
10. $\sim D \vee E$ 9 Add.

再考虑论证：

$U \cdot Q$
$Q \supset \sim (\sim S \vee R)$
$S \supset [P \vee (T \cdot R)]$
∴ $P \vee T$

你先自己做个证明，然后再来看看我们做的。你的证明与下面的证明相像吗？

1. $U \cdot Q$
2. $Q \supset \sim (\sim S \vee R)$
3. $S \supset [P \vee (T \cdot R)]$
  ∴ $P \vee T$

4. $Q \cdot U$ 1 Com.
5. Q 4 Simp.
6. $\sim (\sim S \vee R)$ 2,5 M.P.
7. $\sim \sim S \cdot \sim R$ 6 De M.
8. $\sim \sim S$ 7 Simp.
9. S 8 D.N.
10. $P \vee (T \cdot R)$ 3,9 M.P.
11. $(P \vee T) \cdot (P \vee R)$ 10 Dist.
12. $P \vee T$ 11 Simp.

如果你的证明不像这样，是否只是各行的先后次序不同？要先交换，才能简化和使用肯定前件式。你需要使用德摩根律，不过也可以在未对前提2作任何处理之前先用。你需要对前提3的后件进行分配，虽说也可以在未对前提3作任何处理之前先做。

练习题

Ⅰ. 指出从前提得到结论所根据的归属于置换规则的等值式。

1. ~[A ∨ (B · C)]
   ∴ ~A · ~(B · C)

3. A · (~B ∨ C)
   ∴ (A · ~B) ∨ (A · C)

5. ~~(C · B)
   ∴ ~(~C ∨ ~B)

7. C ∨ [B ⊃ (~B ≡ ~~G)]
   ∴ C ∨ [B ⊃ (~B ≡ G)]

9. P ∨ {(Q ∨ R) · [(Q · S) ⊃ ~(~W ⊃ ~~S)]}
   ∴ [P ∨ (Q ∨ R)] · {P ∨ [(Q · S) ⊃ ~(~W ⊃ ~~S)]}

Ⅱ. 下面是所列论证的有效性的形式证明。说出除前提外其他带数字的各行的理据。

11. 1. (p · q) ∨ (r · s)
    2. [(p · q) ⊃ t] · (s ⊃ w)
       ∴ t ∨ w
    3. [(p · q) ∨ r] · [(p · q) ∨ s]
    4. [(p · q) ∨ s] · [(p · q) ∨ r]
    5. (p · q) ∨ s
    6. t ∨ w

13. 1. ~p ∨ (q ∨ ~r)
    2. ~~(p · r)
       ∴ q ∨ ~(t · ~s)
    3. ~p ∨ (~r ∨ q)
    4. (~p ∨ ~r) ∨ q
    5. ~(p · r) ∨ q
    6. q
    7. q ∨ ~(t · ~s)

15. 1. p ∨ (q · s)
    2. ~p
    3. p ⊃ s
       ∴ ~~s
    4. (p ∨ q) · (p ∨ s)
    5. p ∨ q
    6. q ∨ p
    7. p
    8. s
    9. ~~s

17. 1. p ⊃ q
    2. (q · p) ⊃ (r ∨ s)
    3. ~r
    4. s ⊃ r
       ∴ ~p
    5. ~s
    6. ~r · ~s
    7. ~(r ∨ s)
    8. ~(q · p)
    9. ~(p · q)
    10. p ⊃ (p · q)
    11. ~p

19. 1. ~p ∨ (q · ~r)
    2. ~(p · r) ⊃ ~[r · (s ∨ t)]
       ∴ ~(r · t)
    3. (~p ∨ q) · (~p ∨ ~r)
    4. (~p ∨ ~r) · (~p ∨ q)
    5. ~p ∨ ~r
    6. ~(p · r)
    7. ~[r · (s ∨ t)]
    8. ~r ∨ ~(s ∨ t)
    9. ~r ∨ (~s · ~t)
    10. (~r ∨ ~s) · (~r ∨ ~t)
    11. (~r ∨ ~t) · (~r ∨ ~s)

12. $(\sim r \lor \sim t)$
13. $\sim(r \cdot t)$

Ⅲ.构造下列各论证的有效性的形式证明。只要增加两个陈述就行了。

21. $A \cdot \sim B$
    $\therefore \sim B$

23. $A \lor (B \cdot C)$
    $\therefore A \lor B$

25. $E \supset (G \lor H)$
    $(\sim G \cdot \sim H)$
    $\therefore \sim E$

27. $(A \supset B) \cdot (C \supset D)$
    $C \lor A$
    $\therefore B \lor D$

29. $(A \cdot B) \supset C$
    $\therefore (A \cdot B) \supset [C \cdot (A \cdot B)]$

31. $B \cdot (C \cdot D)$
    $\therefore C \cdot (D \cdot B)$

33. $(E \cdot F) \supset (G \cdot H)$
    $F \cdot E$
    $\therefore G \cdot H$

35. $[(A \lor B) \cdot (A \lor C)] \supset D$
    $A \lor (B \cdot C)$
    $\therefore D$

Ⅳ.构造下列各论证的有效性的形式证明。只要增加三个陈述就行了。

37. $A \lor \sim (B \lor C)$
    $\therefore A \lor \sim B$

39. $(P \lor Q) \lor R$
    $\sim Q$
    $\therefore P \lor R$

41. $(N \lor O) \cdot (N \lor P)$
    $\sim N$
    $\therefore O$

43. $\sim(\sim U \cdot \sim P)$
    $\sim U$
    $\therefore P$

45. $E \lor (F \cdot G)$
    $\therefore E \lor G$

Ⅴ.构造下列各论证的有效性的形式证明。

47. $p \cdot (q \cdot r)$
    $\therefore r$

49. $\sim p \supset \sim q$
    q
    $\therefore p$

51. $p \lor (q \lor r)$
    $\sim q$
    $\therefore p \lor r$

53. $(p \supset q) \cdot (r \supset s)$
    $p \lor (q \cdot r)$
    $\therefore q \lor s$

55. $\sim[(p \lor q) \lor r]$
    $\therefore \sim q$

57. $(p \supset q) \cdot (q \supset p)$
    $\therefore (p \supset p) \cdot (q \supset q)$

59. $\sim[p \lor (q \cdot r)]$
    r
    $\therefore \sim q$

61. $p \lor \sim (q \lor r)$
    $\sim(\sim p \cdot q) \supset s$
    $s \supset w$
    $\therefore (s \cdot w) \lor (t \cdot z)$

63. $(p \cdot q) \lor (\sim p \cdot \sim q)$
    $\therefore (\sim p \lor q) \cdot (\sim q \lor p)$

65. $(p \cdot q) \lor (p \cdot r)$
    $\sim(\sim q \cdot \sim r) \supset t$
    $\sim t \lor (x \cdot z)$
    $\therefore (x \lor a) \cdot (x \lor z)$

7.4 替换规则（2）

为了完善我们的命题逻辑系统，我们将引进另外几个归属于替换规则的等值式。

替换规则：下列任何逻辑等值的表达式都能在证明中到处相互替换：		
名称	缩写	形式
易位律	Trans.	$(p \supset q) \underset{T}{\equiv} (\sim q \supset \sim p)$
实质蕴涵律	Impl.	$(p \supset q) \underset{T}{\equiv} (\sim p \vee q)$
实质等值律	Equiv.	$(p \equiv q) \underset{T}{\equiv} [(p \supset q) \cdot (q \supset p)]$
		$(p \equiv q) \underset{T}{\equiv} [(p \cdot q) \vee (\sim p \cdot \sim q)]$
输出律	Exp.	$[(p \cdot q) \supset r] \underset{T}{\equiv} [p \supset (q \supset r)]$
重言律	Taut.	$p \underset{T}{\equiv} (p \vee p)$
		$p \underset{T}{\equiv} (p \cdot p)$

易位律适用于蕴涵，可比之于交换律之适用于合取和析取，但是要注意，马蹄号两边的陈述调换位置时，两陈述都要加否定。实质蕴涵律允许消去或引入蕴涵。实质等值律提供与双条件陈述等值的形式。由于没有直接处理双条件陈述的推理规则，这些等值式对处理双条件陈述是必需的。输出律是很有用的等值式。重言律允许引入或消去一个陈述与其本身的析取或合取。这对于被嵌入更复杂的命题中的命题特别有用。

现在我们已经有了一个完整的命题逻辑系统。可以证明任何有效的命题论证的有效性了。事实上，甚至还可以用其他推理规则和等值式来证明某些前述九条规则的有效性：

1. $p \supset q$
2. p
∴ q

3. $\sim p \vee q$ 1 Impl.
4. $\sim\sim p$ 2 D.N.
4. q 3,4 D.S.

让我们一起来看几个含有新等值式的证明。

考虑如下论证形式：

p
$p \equiv q$
$\sim q \vee r$
$(r \cdot s) \supset (t \vee t)$
∴ $s \supset t$

初步考察这个论证形式，就会让你认识到需要使用实质等值律，因为这是惟一能处理双条件陈述的办法。你可能还要用到重言律，因为结论中有一个 t，而第四个前提中有析取 $t \vee t$。

一个以合取作为前件的条件句暗示可能要使用输出律,特别是给定了 s 是第四个前提的前件中的一个合取支是结论的前件。以下是一种证明:

1. p
2. $p \equiv q$
3. $\sim q \lor r$
4. $(r \cdot s) \supset (t \lor t)$
$\therefore s \supset t$
5. $(p \supset q) \cdot (q \supset p)$ 2 Equiv.
6. $p \supset q$ 5 Simp.
7. q 6, 1 M.P.
8. $q \supset r$ 3 Impl.
9. r 8, 7 M.P.
10. $(r \cdot s) \supset t$ 4 Taut.
11. $r \supset (s \supset t)$ 10 Exp.
12. $s \supset t$ 11, 9 M.P.

如果不使用一些新的等值式,能证出来吗?可以。可以避免使用输出律,但是远没有这么简便。你不能避免使用实质等值律,因为那是惟一能用到双条件命题的办法。你也不能避免重言律。你可以在第 8 行引入 q 的双重否定,然后通过析取三段论在第 9 行得到 r。但是,如果不使用输出律,就要在第 10 行使用实质蕴涵律。让我们从第 11 行开始另行证明,看看不用输出律该包含些什么。

11. $\sim (r \cdot s) \lor t$ 4 Impl.
12. $(\sim r \lor \sim s) \lor t$ 11 De M.
13. $\sim r \lor (\sim s \lor t)$ 12 Assoc.
14. $\sim\sim r$ 9 D.N.
15. $\sim s \lor t$ 13, 14 D.S.
16. $s \supset t$ 15 Impl.

有些新的等值式是不可忽略的。另一些则至少是方便的,它们使证明更加漂亮。

在 7.2 节,我们说过漂亮与否与逻辑无关,那么为什么还要再谈它呢?俗话说不能只见树木不见森林。当进行证明时,途径很多。你可以把证明看作是造林,每写一行就是种一棵树。树林越来越大,就越难看见其中的一棵棵树了。因此,有了九条推理规则加上十五个归属于替换规则的不同的等值式(共有十个名称),使用等值式之前多想几步就变得很重要了。当仅有九条推理规则时,你可以不需多想地应用它们中的多数:只有相对少数几种模式。即使增加了德摩根律、交换律、结合律、分配律和双重否定律,事情也是相对简易的。但是有了本节增加的等值式后,陈述的面目可能远不同于我们会预期的。例如,$p \supset q$ 可能被 "隐形" 为 $\sim (p \cdot \sim q)$:

> **重要提示**
>
> 我们能只用否定词和合取词或者否定词和析取词来构造完全的命题逻辑系统。蕴涵词是可以牺牲的，但是有了它会极其方便。不信，你可以试试不用假言三段论的规则来证明假言三段论。

1. $p \supset q$
2. $\sim p \vee q$ 1 Impl.
3. $\sim p \vee \sim\sim q$ 2 D.N.
4. $\sim(p \cdot \sim q)$ 3 De M.

因此，自问是否使用某一等值式，将让你或者使用那九条推理规则之一，或者改变一个陈述的面目以适应结论中的形式。之前要多想几步。如果盲目滥用等值式，那么就有了好机会，让你造了一个大树林，但无法看到一棵棵的"树"，而它们可能是你的证明所需要的。

让我们再考虑几个证明。下面的论证有时被称为破坏式二难推理：

$(p \supset q) \cdot (r \supset s)$
$\sim q \vee \sim s$
$\therefore \sim p \vee \sim r$

至少要用本节引进的等值式之一，否则就不能证出结论。如果你仔细思考，这是一个相当短的证明。如果你不仔细思考，它就会比较长。

1. $(p \supset q) \cdot (r \supset s)$
2. $\sim q \vee \sim s$
   $\therefore \sim p \vee \sim r$
3. $(\sim q \supset \sim p) \cdot (r \supset s)$ 1 Trans.
4. $(\sim q \supset \sim p) \cdot (\sim s \supset \sim r)$ 3 Trans.
5. $\sim p \vee \sim r$ 4, 2 C.D.

1. $(p \supset q) \cdot (r \supset s)$
2. $\sim q \vee \sim s$
   $\therefore \sim p \vee \sim r$
3. $(\sim p \vee q) \cdot (r \supset s)$ 1 Impl.
4. $(q \vee \sim p) \cdot (r \supset s)$ 3 Com.
5. $(\sim\sim q \vee \sim p) \cdot (r \supset s)$ 4 D.N.
6. $(\sim q \supset \sim p) \cdot (r \supset s)$ 5 Impl.
7. $(\sim q \supset \sim p) \cdot (\sim r \vee s)$ 6 Impl.
8. $(\sim q \supset \sim p) \cdot (s \vee \sim r)$ 6 Com.
9. $(\sim q \supset \sim p) \cdot (\sim\sim s \vee \sim r)$ 8 D.N.
10. $(\sim q \supset \sim p) \cdot (\sim s \supset \sim r)$ 9 Impl.
10. $\sim p \vee \sim r$ 10, 2 C.D.

或许你不用构成式二难推理来证明：

1. $(p \supset q) \cdot (r \supset s)$
2. $\sim q \lor \sim s$
   $\therefore \sim p \lor \sim r$

3. $q \supset \sim s$ 2 Impl.
4. $p \supset q$ 1 Simp.
5. $(r \supset s) \cdot (p \supset q)$ 1 Com.
6. $r \supset s$ 5 Simp.
7. $p \supset \sim s$ 4, 3 H.S.
8. $\sim s \supset \sim r$ 6 Trans.
9. $p \supset \sim r$ 7, 8 H.S.
10. $\sim p \lor \sim r$ 9 Impl.

这些证明都是逻辑有效的。第一个比另两个都漂亮。漂亮与否有什么差别吗？如果进行破坏式二难推理是一个更精巧的论证的部分，又有什么差别吗？

考虑下面这个论证形式：

$\sim (p \equiv r)$
$(p \supset q) \cdot (r \supset s)$
$\therefore \sim q \supset s$

在7.1节，我们提到，从结论倒着推几步往往是有帮助的。现在我们有了那些归属于替换规则的等值式，"倒着推"往往包括审视结论的逻辑等值形式。如果你这样做，会发现据实质蕴涵律和双重否定律,这论证的结论逻辑等值于 $q \lor s$。给定第二个前提是两个条件句的合取，q 和 s 分别是两个条件句的后件，你有理由猜测，可应用构成式二难推理随之以双重否定律和蕴涵律达到结论。然而，第一个前提会让你停下。一个双条件陈述有两个逻辑等值的陈述形式。你选哪个？你可以任意选用它们中的一个，当你有一些经验后，你会挑其中更好用的一个。

1. $\sim (p \equiv r)$
2. $(p \supset q) \cdot (r \supset s)$
   $\therefore \sim q \supset s$

3. $\sim [(p \supset r) \cdot (r \supset p)]$ 1 Equiv.
4. $\sim (p \supset r) \lor \sim (r \supset p)$ 4 De M.
5. $\sim (p \supset r) \lor \sim (\sim r \lor p)$ 4 Imp.
6. $\sim (p \supset r) \lor (\sim\sim r \cdot \sim p)$ 5 De M.
7. $\sim (p \supset r) \lor (r \cdot \sim p)$ 6 D.N.
8. $[\sim (p \supset r) \lor r] \cdot [\sim (p \supset r) \lor p]$ 7 Dist.
9. $\sim (p \supset r) \lor r$ 8 Simp.
10. $\sim (\sim p \lor r) \lor r$ 9 Impl.
11. $(\sim\sim p \cdot r) \lor r$ 10 De M.

12. $(p \cdot r) \vee r$	11 D.N.
13. $r \vee (p \cdot r)$	12 Com.
14. $(r \vee p) \cdot (r \vee r)$	13 Dist.
15. $r \vee p$	14 Simp.
16. $p \vee r$	15 Com.
17. $q \vee s$	16 Com.
18. $\sim\sim q \vee s$	17 D.N.
19. $\sim q \supset s$	18 Impl.

1. $\sim(p \equiv r)$	
2. $(p \supset q) \cdot (r \supset s)$	
$\therefore \sim q \supset s$	
3. $\sim[(p \cdot r) \vee (\sim p \cdot \sim r)]$	1 Equiv.
4. $\sim(p \cdot r) \cdot \sim(\sim p \cdot \sim r)$	3 De M.
5. $\sim(\sim p \cdot \sim r) \cdot \sim(p \cdot r)$	4 Com.
6. $\sim(\sim p \cdot \sim r)$	5 Simp.
7. $\sim\sim(p \vee r)$	5 De M.
8. $p \vee r$	7 D.N.
9. $q \vee s$	2,8 C.D.
10. $\sim\sim q \vee s$	9 D.N.
11. $\sim q \supset s$	10 Impl.

再来看另一个例子：

$p \supset (q \cdot r)$
$p \cdot \sim r$
$\therefore s$

有点奇怪！结论是一个前提中没有的简单命题。你会说，"该论证肯定不会是有效的！"这里重要的是要记住有效性与可靠性之间的区别。记得可靠的论证就是所有前提都真的有效论证。具上述形式的论证的任何代入例都将是不可靠的，因为，如我们将要看到的，前提衍涵一对不一致的结论——一个陈述和它的否定——在这里是r和~r。如果一个有效演绎论证的前提是不一致的，则从前提能推出任何陈述。因此，能得到s。证明如下：

1. $p \supset (q \cdot r)$	
2. $p \cdot \sim r$	
$\therefore s$	
3. p	2 Simp.
4. $q \cdot r$	1,3 M.P.
5. $r \cdot p$	4 Com.

6. r	5 Simp.
7. $\sim r \cdot p$	2 Com.
8. $\sim r$	7 Simp.
9. $r \vee s$	6 Add.
10. s	9, 8 D.S.

如果给你一个有效论证，结论是一个在前提中没有的简单命题，该论证形式必定衍涵不一致的结论。你的任务是找出不一致之所在（p和$\sim p$）。一旦找到，你就可以把给定的结论附加到其中一个陈述（加x到p，得到$p \vee x$），然后从所得到的析取式与另一个命题（$\sim p$）通过析取三段论达到结论。

最后，你需要做很多证明来掌握那些规则和等值式的运用。下述经验法则应该对从事证明有帮助。

经验法则：进行演绎证明的策略

1.在前提中寻找结论中的简单命题。

a.如果结论中有一个简单命题不在前提中出现，那么你就需要使用附加律。

b.如果结论是一个前提中没有的简单命题，那么前提是不一致的。也就是说，能从前提推出一个陈述和它的否定。在这种情况下，你需要同时使用附加律和析取三段论来得到结论。例如，如果结论是r，而你从前提中推出p和$\sim p$，你就用附加律加r到p，得到$p \vee r$，然后使用析取三段论于$p \vee r$和$\sim p$，得到r。

c.查看结论的等值形式。

2.从结论倒推。

a.如果你能"看出"哪些步骤导致结论，记下来。如果有其他途径，也记下来。

b.尽你所能从结论多倒推几步往往是有帮助的。

3.如果你能使用那九条推理规则中的任何一条把一个复合命题拆成简单分支，那就去做吧（一般都有用，但不总是必要的）。

4.如果你能使用那九条推理规则中的任何一条把结论中没有的简单命题消去，那就用它吧。

5.如果有双条件陈述，那就使用实质等值规则；这通常是能处理该陈述的惟一方法。

a.如果一个前提是肯定的双条件陈述，你或许要使用第一种形式的实质等值规则，以便能进行简化或者交换后简化，再使用两条件陈述之一。

b.如果一个前提是双条件陈述的否定，你或许要使用第二种形式的实质等值规则，以便能使用德摩根律，然后进行简化或者交换后简化。

c.如果结论是$p \equiv q$形式的双条件陈述，同时如果你能建立$p \cdot q$或$\sim p \cdot \sim q$中的一个，那么你就可以附加上另一个，然后使用第二种形式的实质等值规则来得到结论。

6.如果在一组分组符记号之外有一个否定词，要用德摩根律把否定词移进去，除非你能看出那个否定陈述能被连同否定后件式或析取三段论一起使用。有时在使用德摩根律前你必须使用其他的等值式把括号内的陈述变成合取或析取。

7. 如果前提同时包含条件陈述和析取陈述，你可以考虑用构成式二难推理。
8. 如果有一个 $p \supset (q \supset r)$ 形式的命题，你可能要使用输出律。如果同时有 $p \supset (q \supset r)$ 和 $p \supset q$ 形式的陈述，那么，对第一个陈述使用输出律，对第二个陈述使用吸收律，就能用假言三段论得到 $p \supset r$ 形式的陈述。
9. 在使用归属于替换规则的等值式之前要事先计划，以免证明中现多余的行。
10. 最重要的是：如果你相信遵循这些经验法则就能毫无例外地解决本书中所有的问题，你会失望的。

推理规则和等值式

推理规则和归属于替换规则的等值式如下：

基本的有效论证形式

1. 肯定前件式（M.P.）：
$p \supset q, p, \therefore q$

2. 否定后件式（M.T.）：
$p \supset q, \sim q, \therefore \sim p$

3. 假言三段论（H.S.）：
$p \supset q, q \supset r, \therefore p \supset r$

4. 析取三段论（D.S.）：
$p \vee q, \sim p, \therefore q$

5. 构成式二难推理（C.D.）：
$(p \supset q) \cdot (r \supset s), p \vee r, \therefore q \vee s$

6. 吸收律（Abs.）：
$p \supset q, \therefore p \supset (p \cdot q)$

7. 简化律（Simp.）：
$p \cdot q, \therefore p$

8. 合取律（Conj.）：
$p, q, \therefore p \cdot q$

9. 附加律（Add.）：
$p, \therefore p \vee q$

逻辑等值的表达式

10. 德摩根律（De M.）：
$\sim (p \cdot q) \mathrel{\underline{\underline{T}}} (\sim p \vee \sim q)$
$\sim (p \vee q) \mathrel{\underline{\underline{T}}} (\sim p \cdot \sim q)$

11. 交换律（Com.）：
$(p \vee q) \mathrel{\underline{\underline{T}}} (q \vee p)$
$(p \cdot q) \mathrel{\underline{\underline{T}}} (q \cdot p)$

12. 结合律（Assoc.）：
$[p \vee (q \vee r)] \mathrel{\underline{\underline{T}}} [(p \vee q) \vee r]$
$[p \cdot (q \cdot r)] \mathrel{\underline{\underline{T}}} [(p \cdot q) \cdot r]$

13. 分配律（Dist.）：
$[p \cdot (q \vee r)] \mathrel{\underline{\underline{T}}} [(p \cdot q) \vee (p \cdot r)]$
$[p \vee (q \cdot r)] \mathrel{\underline{\underline{T}}} [(p \vee q) \cdot (p \vee r)]$

14. 双重否定律（D.N.）：
$p \mathrel{\underline{\underline{T}}} \sim \sim p$

15. 易位律（Trans.）：
$(p \supset q) \mathrel{\underline{\underline{T}}} (\sim q \supset \sim p)$

16. 实质蕴涵律（Impl.）：
$(p \supset q) \mathrel{\underline{\underline{T}}} (\sim p \vee q)$

17. 实质等值律（Equiv.）：
$(p \equiv q) \mathrel{\underline{\underline{T}}} [(p \supset q) \cdot (q \supset p)]$
$(p \equiv q) \mathrel{\underline{\underline{T}}} [(p \cdot q) \vee (\sim p \cdot \sim q)]$

18. 输出律（Exp.）：
$[p \supset (q \supset r)] \mathrel{\underline{\underline{T}}} [(p \cdot q) \supset r]$

19. 重言律（Taut.）：
$p \mathrel{\underline{\underline{T}}} (p \vee p)$
$p \mathrel{\underline{\underline{T}}} (p \cdot p)$

练习题

Ⅰ.下列各论证中从前提推得结论的理据是哪个归属于置换规则的等值式?

1. $p \equiv (r \lor s)$
   $\therefore [p \supset (r \lor s)] \cdot [(r \lor s) \supset p]$

3. $(p \cdot q) \supset (r \lor s)$
   $\therefore p \supset [q \supset (r \lor s)]$

5. $[(p \cdot \sim q) \cdot (r \lor s)] \lor [\sim(p \cdot \sim q) \cdot \sim(r \lor s)]$
   $\therefore (p \cdot \sim q) \equiv (r \lor s)$

7. $(p \cdot q) \supset (r \supset s)$
   $\therefore [(p \cdot q) \cdot r] \supset s$

9. $\sim\{(q \cdot r) \lor [p \equiv (s \equiv \sim r)]\} \supset (z \lor w)$
   $\therefore \sim\sim\{(q \cdot r) \lor [p \equiv (s \equiv \sim r)]\} \lor (z \lor w)$

11. $[(\sim O \lor P) \lor \sim Q] \cdot [\sim O \lor (P \lor \sim Q)]$
    $\therefore [\sim O \lor (P \lor \sim Q)] \cdot [\sim O \lor (P \lor \sim Q)]$

13. $[(\sim A \cdot B) \cdot (C \lor D)] \lor [\sim(\sim A \cdot B) \cdot \sim(C \lor D)]$
    $\therefore (\sim A \cdot B) \equiv (C \lor D)$

15. $[H \cdot (I \lor J)] \lor [H \cdot (K \supset \sim L)]$
    $\therefore H \cdot [(I \lor J) \lor (K \supset \sim L)]$

Ⅱ.说出下列形式证明中除前提之外的其他步骤的"理据"。

17. 1. $(M \lor N) \supset (O \cdot P)$
    2. $\sim O$
       $\therefore \sim M$
    3. $\sim O \lor \sim P$
    4. $\sim (O \cdot P)$
    5. $\sim (M \lor N)$
    6. $\sim M \cdot \sim N$
    7. $\sim M$

19. 1. $A \supset B$
    2. $B \supset C$
    3. $C \supset A$
    4. $A \supset \sim C$
       $\therefore \sim A \cdot \sim C$
    5. $A \supset C$
    6. $(A \supset C) \cdot (C \supset A)$
    7. $A \equiv C$
    8. $(A \cdot C) \lor (\sim A \cdot \sim C)$
    9. $\sim A \lor \sim C$
    10. $\sim (A \cdot C)$
    11. $\sim A \cdot \sim C$

Ⅲ.构造下列各论证的有效性的形式证明。只要增加两个陈述就行了。

21. A
    $\sim B \supset \sim A$
    $\therefore B$

23. C
    $(C \cdot D) \supset E$
    $\therefore D \supset E$

25. $Q \supset [R \supset (S \supset T)]$
    $Q \supset (Q \cdot R)$
    $\therefore Q \supset (S \supset T)$

27. $W \supset X$
    $\sim Y \supset \sim X$
    $\therefore W \supset Y$

29. $F \equiv G$
    $\sim (F \cdot G)$
    $\therefore \sim F \cdot \sim G$

31. $(S \cdot T) \lor (U \cdot V)$
    $\sim S \lor \sim T$
    $\therefore U \cdot V$

33. $(A \vee B) \supset (C \vee D)$
    $\sim C \cdot \sim D$
    $\therefore \sim (A \vee B)$

35. $(M \supset N) \cdot (\sim O \vee P)$
    $M \vee O$
    $\therefore N \vee P$

37. $(Y \supset Z) \cdot (Z \supset Y)$
    $\therefore (Y \cdot Z) \vee (\sim Y \cdot \sim Z)$

39. $(J \cdot K) \supset [(L \cdot M) \vee (N \cdot O)]$
    $\sim (L \cdot M) \cdot \sim (N \cdot O)$
    $\therefore \sim (J \cdot K)$

Ⅳ. 构造下列各论证的有效性的形式证明。只要增加三个陈述就行了。

41. $\sim B \vee (C \cdot D)$
    $\therefore B \supset C$

43. $H \cdot (I \cdot J)$
    $\therefore J \cdot (I \cdot H)$

45. $Q \supset (R \supset S)$
    $Q \supset R$
    $\therefore Q \supset S$

47. $W \cdot (X \vee Y)$
    $\sim W \vee \sim X$
    $\therefore W \cdot Y$

49. $G \supset H$
    $H \supset G$
    $\therefore (G \cdot H) \vee (\sim G \cdot \sim H)$

Ⅴ. 本节的练习题提出了一些在较长的、有效性的形式证明中经常重现的推理样式。熟悉它们对后面的功课很有帮助。构造下列各论证的有效性的形式证明。

51. $\sim A$
    $\therefore A \supset B$

53. $E \supset (F \supset G)$
    $\therefore F \supset (E \supset G)$

55. $K \supset L$
    $\therefore K \supset (L \vee M)$

57. $(Q \vee R) \supset S$
    $\therefore Q \supset S$

59. $W \supset X$
    $Y \supset X$
    $\therefore (W \vee Y) \supset X$

Ⅵ. 再提供一些针对本节介绍的等值陈述的练习题。构造下列各论证的有效性的形式证明，只能用那九条推论规则外加易位律、实质蕴涵律、实质等值律、输出律和重言律。

61. p
    $\sim p \vee q$
    $\therefore q$

63. $p \equiv q$
    $\sim q$
    $\therefore \sim p \cdot \sim q$

65. $(p \supset q) \cdot (r \supset s)$
    $\sim q \vee \sim s$
    $\therefore \sim p \vee \sim r$

67. $p \supset q$
    $\sim \sim p$
    $\therefore \sim \sim q$

69. $p \supset (q \vee \sim s)$
    $\therefore p \supset [p \supset (\sim s \vee \sim \sim q)]$

71. $p \equiv q$
    $\sim p \supset r$
    $\therefore \sim q \supset r$

73. $\sim p$
    $\sim p \supset \sim s$
    $\therefore \sim (\sim r \supset \sim q) \supset \sim s$

75. $q \supset \sim p$
    $p \equiv q$
    $\sim \sim p \supset (\sim q \supset r)$
    $\therefore \sim \sim p \supset r$

Ⅶ. 构造下列各论证的有效性的形式证明。

77. $(G \supset \sim H) \supset I$
    $\sim (G \cdot H)$
    $\therefore I \vee \sim H$

79. $[(Y \cdot Z) \supset A] \cdot [(Y \cdot B) \supset C]$
    $(B \vee Z) \cdot Y$
    $\therefore A \vee C$

81. $M \supset N$
    $M \supset (N \supset O)$
    $\therefore M \supset O$

83. $\sim B \vee [(C \supset D) \cdot (E \supset D)]$
    $B \cdot (C \vee E)$
    $\therefore D$

85. $(M \supset N) \cdot (O \supset P)$
    $\sim N \vee \sim P$
    $\sim (M \cdot O) \supset Q$
    $\therefore Q$

Ⅷ. 使用所给出的记号，构造下列各论证的有效性的形式证明。

87. 并非她忘记了或者根本不能完成。因此她能够完成。(F, A)

89. 如果拿破仑篡夺了本来不属于他的权力，那么他应该被谴责。要么拿破仑是一个合法的君王要么他篡夺了本来不属于他的权力。拿破仑不是一个合法的君主。所以拿破仑应该被谴责。(C, U, L)

91. 如果一个析取式的第一个析取支为真，那么整个析取式为真。因此，如果该析取式的第一个析取支和第二个析取支都为真，那么整个析取式为真。(F, W, S)

93. 如果出纳员或经理按了警报按钮，那么金库就会自动锁上，并且警察会在三分钟之内到来。如果警察能在三分钟之内到来，那么劫匪的汽车将会被追上。但是劫匪的汽车并没有被追上。因此，出纳员并没有按警报按钮。(T, C, V, P, O)

95. 要么劫匪是从大门进来的，要么这次犯罪是一个内部事件并且有一个仆人牵扯其中。劫匪能够从大门进来仅当门闩被从里面拿开；而如果门闩被从里面拿开那么肯定有一个仆人牵扯其中。因此有一个仆人牵扯其中。(D, I, S, L)

Ⅸ. 构造下列各论证的有效性的形式证明。下面有些论证可能比你上面构造的那些更富挑战性。一般地说，它们要更长一点。

97. 1. $(M \supset T) \cdot (\sim M \supset H)$
    2. $M \vee (H \equiv A)$
    3. $\sim T$
       $\therefore A \cdot (T \supset H)$

99. 1. $(H \vee C) \cdot [(R \vee \sim D) \supset V]$
    2. $R \supset (C \supset D)$
    3. $V \supset (H \supset T)$
    4. $\sim T$
       $\therefore D \vee C$

101. 1. $P \supset [Q \supset (R \supset S)]$
     2. $R \cdot P$
     3. $(S \supset T) \cdot (T \supset \sim S)$
        $\therefore \sim Q$

103. 1. $A \supset C$
     2. $(A \cdot C) \supset (G \vee J)$
     3. $(E \vee D) \supset H$
     4. $A \vee M$
     5. $M \supset E$
        $\therefore J \vee (G \vee H)$

105. 1. $(A \supset B) \cdot (C \supset D)$
     2. $(A \cdot C) \supset (D \supset E)$
     3. $\sim E \cdot C$
        $\therefore \sim A \cdot (B \vee D)$

Ⅹ. 下面五个论证也是有效的，都要求给出其有效性的证明。但是这些证明将比前面练习题中的那些较难以构造，发现自己一次次受阻的学生们不应该灰心。最初评估时显得困难的事经过持续的努力会变得似乎不那么困难。熟悉那些推理规则和归属于替换规则的那些等值式，反复练习应用那些规则，是构造这些证明的关键。

107. 如果你学习人文学科，那么你将增进对人的理解；如果你学习自然科学，那么你将增进对你周围世界的理解。所以如果你既学习人文学科又学习自然科学，那么你将既增进对人的理解又增进对你周围世界的理解。(H, P, S, W)

109. 苏格拉底是一个伟大的哲学家。因此要么苏格拉底婚姻幸福，要么他婚姻不幸福。(G, H)

7.5 条件证明

给定九条推理规则和那些归属于替换规则的等值式，就能为命题逻辑中的任何有效论证构造证明。有些证明很长。有时弄清那些推理规则和等值式是让你证明一个断言的正当性的，那决不是明显的——即使你不这样认为，至少本书的作者之一这样认为。

本节和下一节将介绍两种附加的构造证明的技术。它们都要假定一个外加的前提。这个假定的前提都必须在达到证明的结论之前被解除。可以把它们看作你的证明中的外快。它们可都是杀手锏。它们能在你只使用九条规则和等值式感到难以捉摸时让你构造出证明。

考虑一个条件命题。如果一个具有 $p \supset q$ 形式的命题为真，你都知道些什么？你知道如果其前件真，那么后件就真，你不知道前件和后件究竟真不真。关于条件命题的这一事实是条件证明的基础。

为了构造一个条件证明，引入一个外加的陈述作为条件证明的假设（简写为 A.C.P.），将证明进行下去，然后用一个以假设的陈述为前件、以证明中前一行的陈述为后件所构成的条件陈述来解除那个假设。

考虑下面这个论证：

$p \supset (q \cdot r)$
$(r \lor s) \supset (s \lor t)$
$\sim s$
$\therefore p \supset t$

你已经为这样的论证形式构造了证明。为达到结论，其中会有不少蕴涵式——德摩根律、分配律、简化律等。如果你用条件证明，将进行如下：

1. $p \supset (q \cdot r)$
2. $(r \lor s) \supset (s \lor t)$
3. $\sim s$

$\therefore p \supset t$

4. p	A.C.P.
5. $q \cdot r$	1,4 M.P.
6. $r \cdot q$	5 Com.
7. r	6 Simp.
8. $r \lor s$	7 Add
9. $s \lor t$	2,8 M.P.
10. t	9,3 D.S.
11. $p \supset t$ 4–10 C.P.

程序是这样的。引入一个条件证明的假设，用 A.C.P. 标明。把引入假设的那一行往后缩两格，并且沿着该假设在其中起作用的那些行画一条垂直线以表明该假设的辖域。把该假设作为外加的前提来用，与不在一个已被解除的假设的辖域内的那些前提一起使用。该假设是要被消去的。必须用一个以该假设为前件，以证明中的前一行为后件所构成的条件陈述来解除该假设，把其理据记为借该假设在其中起作用的那些行施行条件证明（C.P.）。注意，上面的证明就是这么做的。

有几点值得注意。（1）你可以在假设之内再引入假设。我们会在下面考虑这种情况。（2）当出现多重假设时，解除它们的顺序必须与引入的顺序相反：最后引入的假设必须最先被解除。（3）一旦你解除一个假设，该被解除的假设辖域内的任何一行都不能再用来证明其余各行的正当性。

看另一个论证：

$\sim p \lor s$
$s \equiv (\sim q \lor r)$
$\therefore p \supset (q \supset r)$

这一次我们将引入两个假设，并以适当的顺序解除它们。记住，一旦引入一个假设，只要也只有在它起作用时你就能也才能把它用作外加前提。

1. $\sim p \lor s$	
2. $s \equiv (\sim q \lor r)$	
$\therefore p \supset (q \supset r)$	
| 3. p	A.C.P.
| 4. $\sim\sim p$	3 D.N.
| 5. s	1,4 D.S.
| | 6. q	A.C.P.
| | 7. $[s \supset (\sim q \lor r)] \cdot [(\sim q \lor r) \supset s]$	2 Equiv.
| | 8. $s \supset (\sim q \lor r)$	7 Simp.
| | 9. $\sim q \lor r$	8,5 M.P.
| | 10. $\sim\sim q$	6 D.N.
| | 11. r	9,10 D.S.
| 12. $q \supset r$	6–11 C.P.
13. $p \supset (q \supset r)$	3–12 C.P.

注意，虽然我们是在引入 q 作为条件证明的假设之前使用 p 和前提 1 的，但也可以同样容易地在第 4 行就假设 q。还有，尽管我们是在引入第二个条件证明假设之后才处理前提 2 的，但也可以同样容易地在引入第二个条件证明假设之前包含上面论证中第 7—9 行那样的内容。

到目前为止，我们见到的论证形式的结论都是条件陈述，我们假设其前件并寻求其后件。你最倾向做条件证明的时候或许是当结论是条件陈述时。然而，给定那些归属于替换规则的等值式，有些条件陈述逻辑等值于其他命题。因此，你可以为任何论证构造一个条件证明。看这个论证：

$p \supset q$

$q \supset r$

p

$\therefore r$

尽管不大像你会为这个论证构造条件证明（你能通过两次运用肯定前件式得到结论，对吧？），你也可以使用条件证明。你的假设是什么呢？结论是 r，根据重言律，r 逻辑等值于 $r \vee r$，根据实质蕴涵律，它又逻辑等值于 $\sim r \supset r$，因此，假设 $\sim r$。

1. $p \supset q$
2. $q \supset r$
3. p
$\therefore r$
| 4. $\sim r$ A.C.P.
| 5. $\sim q$ 2,4 M.T.
| 6. q 1,3 M.P.
| 7. $q \vee r$ 6 Add.
| 8. r 7,5 D.S.
9. $\sim r \supset r$ 4–8 C.P.
10. $r \vee r$ 9 Impl.
11. r 10 Taut.

至今我们已考虑过的论证中，没有互不交叉的多重假设的情况。有时在解除一个假设之后再引入另一个。例如，如果结论是一个双条件句，你可能做两个连续的条件证明。

1. $p \equiv q$
2. $\sim q \vee r$
3. $\sim (r \cdot \sim q)$
$\therefore r \equiv p$
| 4. p A.C.P.
| 5. $(p \supset q) \cdot (q \supset p)$ 1 Equiv.
| 6. $p \supset q$ 5 Simp.
| 7. q 6,4 M.P.
| 8. $\sim\sim q$ 7 D.N.
| 9. r 2,8 D.S.
10. $p \supset r$ 4–9 C.P.
| 11. r A.C.P.
| 12. $\sim r \vee \sim\sim q$ 3 De M.
| 13. $\sim r \vee q$ 12 D.N.

| 14. $r \supset q$ 13 Impl.
| 15. q 14,11 M.P.
| 16. $(p \supset q) \cdot (q \supset p)$ 1 Equiv.
| 17. $(q \supset p) \cdot (p \supset q)$ 16 Com.
| 18. $q \supset p$ 17 Simp.
| 19. p 18,15 M.P.
20. $r \supset p$ 11–19 C.P.
21. $(r \supset p) \cdot (p \supset r)$ 20,10 Conj.
22. $r \equiv p$ 21 Equiv.

注意第5行和第16行是相同的。你可能会问:"难道不能只是对第5行施行交换得到现在第17行的内容吗?"不行。一旦假设被解除,就不允许再使用该假设统辖的那些行做任何事。因此,在这个问题上,如果你在引入任何条件证明的假设之前,在第1行使用了实质等值律,那么你就能在证明中后来的任何地方使用它。

在结束本节前有几点要提请注意。第一,条件证明有时比非条件证明容易,因为在常规论证中你要比平时花更多的精力来拆解复合命题。第二,有些人认为条件证明更简易,因为可以避免使用吸收律和其他一些不常用的等值式。最后,条件证明往往比常规证明长。

条件证明小结

1. 为条件证明假设一个命题(A.C.P.)。
2. 从含假设的那行开始,往后缩两格,并在你的假设的辖域内的每一行的左边画一条垂直线。
3. 用假设以及之前的行推出结论。
4. 构造一个形如 $p \supset q$ 的条件陈述来解除该假设,p 是条件证明的假设,q 是在前一行达到的结论。
5. 可以在其他条件证明假设的辖域内再作假设。但是假设解除的顺序必须与假设引入的顺序相反(后入先出)。
6. 记住:条件证明的假设其辖域内达到的结论不得再用来证明已被解除的假设之后的结论的正当性。

练习题

为下列论证形式构造条件证明。

1. $p \lor q$
   $\sim p$
   $\therefore r \supset q$

3. p
   $(p \cdot q) \supset r$
   $\therefore \sim r \supset \sim q$

5. $(p \cdot q) \supset r$
   $p \supset q$
   $\therefore (s \cdot p) \supset r$

7. $p \supset q$
   $\sim r \supset \sim q$
   $\therefore p \supset (p \supset r)$

9. $[p \cdot (q \lor r)] \supset s$
   $\sim q \supset r$
   $\sim p \supset r$
   $\therefore \sim r \supset (q \cdot s)$

11. $(p \supset q) \cdot (r \supset s)$
    $\therefore (p \lor r) \supset (q \lor s)$

13. $\sim (p \cdot q)$
    $\sim q \supset r$
    $\sim r \lor p$
    $\therefore r \equiv p$

15. $p \supset (q \cdot s)$
    $\sim q \lor s$
    $(q \cdot s) \supset (r \supset t)$
    $\sim t$
    $\therefore \sim p \lor (t \equiv r)$

17. $p \supset [(q \cdot r) \supset s]$
    $\sim s$
    $p \cdot q$
    $\therefore \sim r$

19. $p \equiv (q \lor r)$
    r
    $(p \cdot r) \supset (s \lor t)$
    $\sim t$
    $\therefore s$

7.6 间接证明

间接证明或归谬证明是条件证明的变形。上一节谈到如果结论是一个简单陈述，那就可以假设结论的否定作为外加前提。例如，对论证形式：

$p \supset q$
$q \supset r$
p
$\therefore r$

我们为条件证明假设$\sim r$，从那些前提推进到结论r，解除我们的条件证明的假设得到$\sim r \supset r$，据应用实质蕴涵律断定$r \lor r$，再据重言律达到r。对于任何一个有效论证，如果假设结论的否定作为外加前提，都能生成一组不一致的前提。这是构造间接证明的基础。其合理性与第6章6.6节中构造逆向真值表相同。

构造间接证明的程序类似于构造条件证明。引入你试图证明的陈述的否定作为间接证明的假设（**A.I.P.**）。用竖线标明你的假设的辖域，包括由缩后两格的假设所统辖的那些行。继续下去直到已经表明从原前提加上该假设推得一个陈述及其否定——任何陈述及其否定。连接这个陈述及其否定构成合取，然后解除你的假设，陈述出你的假设的否定，用你的假设所统辖的那些行和间接证明（**I.P.**）作为它的理据。例如，如果你以$\sim p$作为间接证明的假设，你就要陈述出那个矛盾式并且解除该假设，标明p得自间接证明和该假设辖域内的那些行。整个证明看来如下：

1. $p \supset q$
2. $q \supset r$
3. p
∴ r

	3. $\sim r$	A.I.P.
	4. $\sim q$	2,3 M.T.
	5. $\sim p$	1,4 M.T.
	6. $p \cdot \sim p$	3,5 Conj.
	7. r	3–6 I.P.

与条件证明的情况一样，在一个间接证明的辖域内还可以有另一个间接证明，而假设的解除的顺序必须与它们引入的顺序相反：后入先出。而且，间接证明可以与条件证明联合使用，而后入先出原则继续成立：允许在一个间接证明或条件证明的辖域内构造另一个间接证明或条件证明，但不得交叉。

考虑以下论证形式：

$p \vee (q \cdot r)$
$p \supset r$
∴ r

如果构造一个间接论证，那就假设~r作为外加前提并推进到得出矛盾。然后，解除该假设。以下两个证明都是正确的。**注意：用哪个陈述及其否定生成矛盾没有区别。**

1. $p \vee (q \cdot r)$ 1. $p \vee (q \cdot r)$
2. $p \supset r$ 2. $p \supset r$
∴ r ∴ r

	3. $\sim r$	A.I.P.		3. $\sim r$	A.I.P.
	4. $\sim p$	2,3 M.T.		4. $\sim p$	2,3 M.T.
	5. $q \cdot r$	1,4 D.S.		5. $\sim\sim p \vee (q \cdot r)$	1 D.N.
	6. $r \cdot q$	5 Com.		6. $\sim p \supset (q \cdot r)$	5 Impl.
	7. r	6 Simp.		7. $\sim r \vee \sim q$	3 Add.
	8. $r \cdot \sim r$	7,3 Conj.		8. $\sim q \vee \sim r$	6 Com.
9. r		3–8 I.P.		9. $\sim(q \cdot r)$	7 De M.
				10. $\sim\sim p$	6,9 M.T.
				11. $\sim p \cdot \sim\sim p$	4,10 Conj.
			12. r		3,11 I.P.

注意你正在做什么。你假设结论的否定作为外加前提。然后使用肯定前件式、否定后件式、假言三段论、析取三段论、构成式二难推理、简化律把复合陈述分解成它们的简单分支。一旦找到一个陈述及其否定，你把它们连成合取并解除该假设。**尽管探求矛盾陈述时可能**

总是把复合陈述分解成它们的简单分支，但是找到一个复合陈述及其否定同样是可以的。

如果结论是一个条件陈述，可以一前一后地使用条件证明和间接证明。以结论的前件作为条件证明的假设。接着以后件的否定作为间接证明的假设。推进到得出一个矛盾式。解除间接证明的假设，然后在下一行解除条件证明的假设。这样证明假言三段论将看来如下：

    1. $p \supset q$
    2. $q \supset r$
    ∴ $p \supset r$
    | 3. p A.C.P.
    | | 4. $\sim r$ A.I.P.
    | | 5. q 1,3 M.P.
    | | 6. $\sim q$ 2,4 M.T.
    | | 7. $q \cdot \sim q$ 5,6 Conj.
    | 8. r 4–7 I.P.
    9. $p \supset r$ 3–8 C.P.

与条件证明一样，一旦解除一个假设，就不能在证明的随后各行中再使用该假设所统辖的任何一行。因此，往往比较聪明的是要预先多想几行，以免需要重复用在不止一个假设之下的那些行。

虽说多半是对论证的结论使用间接证明或条件证明，也可以对任一陈述使用。然而记住，你将能得到可从扩张了的一组前提有效地推出的结论。因此，如果意在推断 p 而假设 $\sim p$ 进行间接证明，那么仅加上 $\sim p$ 的那组前提是不一致的才能得到结论 p。实际上，这样的使用结果是如果论证的结论是个析取，例如 $p \lor q$，那么应该假设该析取的否定来进行间接证明。为什么呢？你知道那些前提衍涵 p 或者 q，但是你不知道究竟是衍涵 p 还是 q。如果仅假设 $\sim p$ 来进行间接证明，就不能推出矛盾。

有时间接证明和条件证明比直接证明短。通常它们更长，但是很多学生发现它们更容易些，因为把复合陈述分解成它们的简单分支比应用各种等值式要花更多精力。

间接证明小结

1. 假设你想证明的命题的否定（A.I.P.）。
2. 从包含该假设的那行开始，后缩两格并且在你的假设的辖域内的每一行的左边划一条垂直线。
3. 使用假设和证明中之前的诸行进行推导。
4. 当你得到某个陈述 p 及其否定 $\sim p$ 时，合取之，然后通过述出你想证明的命题（你的间接证明的假设的否定）解除你的假设。
5. 间接证明的假设可以设在其他间接证明或条件证明的假设的辖域内，而假设解除的顺序必须与引入的顺序相反（后入先出）。
6. 记住：间接证明的假设的辖域内得到的结论不得用来证明已解除假设之后的结论的正当性。

另外一些经验法则

1. 如果结论是个条件陈述，先假设结论的前件进行条件证明（A.C.P.），然后假设那个后件的否定进行间接证明（A.I.P.）。这使你能够通过间接证明得到后件，然后在下一行通过条件证明得到结论。
2. 使用肯定前件式、否定后件式、析取三段论、假言三段论和简化律来尽可能深远地分解复合命题。
3. 因为把复合陈述分解成简单分支通常是有用的，所以，如果结论是个析取陈述，试用间接证明。
4. 因为当使用条件证明或间接证明时，把复合陈述分解成简单分支通常是有用的，所以，比较明智的是，在做出条件证明或间接证明的假设之前尽可能深远地分解前提。

练习题

I. 为下列各论证形式构造一个间接证明。

1. p
   $\therefore q \vee \sim q$

3. $m \supset g$
   $g \supset a$
   $a \supset p$
   $p \supset i$
   m
   $\therefore i$

5. $\sim p \supset (o \cdot g)$
   $g \equiv p$
   $\therefore o \supset p$

7. $p \supset [\sim q \vee (r \cdot s)]$
   $\sim s \cdot q$
   $\therefore \sim p$

9. $m \supset g$
   $g \supset (c \vee h)$
   $h \supset d$
   $\sim d$
   $c \supset a$
   $\therefore \sim m \vee a$

II. 为下列各论证形式构造一个间接证明或条件证明，如果愿意，可以两者都用。

11. $(m \cdot f) \supset (a \vee \sim c)$
    $g \supset c$
    $\sim f \supset j$
    $\sim a \cdot g$
    $\therefore \sim m \vee j$

13. $p \supset (\sim q \cdot r)$
    $(q \vee \sim r) \supset s$
    $\sim s \vee p$
    $\therefore \sim q$

15. $n \equiv (h \vee s)$
    $h \supset (b \cdot m)$
    $s \supset e$
    $\sim e \cdot n$
    $\therefore b \cdot m$

17. $a \vee [g \cdot (\sim d \cdot \sim e)]$
    $g \equiv e$
    $\therefore \sim a \supset \sim (\sim d \cdot \sim e)$

206　逻辑要义

19. $(h \cdot m) \supset (k \cdot b)$
    $(k \lor b) \supset (f \lor s)$
    $h \cdot \sim s$
    $\therefore m \supset f$

21. $a \supset (b \cdot \sim c)$
    $\sim a \equiv b$
    $\therefore a \supset d$

23. $[w \cdot (c \lor g)] \supset [g \equiv (o \supset r)]$
    g
    $g \supset (\sim r \cdot w)$
    $\therefore \sim g \lor \sim o$

25. $\sim [p \equiv (q \lor \sim r)]$
    $p \cdot \sim s$
    $\therefore q \equiv s$

Ⅲ. 为下列各论证构造一个间接证明或条件证明。

27. 如果史密斯正在调查美发沙龙（理发店名），那么麦肯已经在往护发素中兑酒并且四指布莱恩正把他的手指放在抽屉里。如果四指布莱恩把他的手指放在抽屉里，那么他可能失去另一根手指；并且要么猫汉尼拔正在喝护发素，要么玩笑王米罗没有在讲笑话。如果米罗在讲笑话这一事实蕴涵四指布莱恩把他的手指放到抽屉里，那么史密斯正在经历他人生中最大的一次冒险。史密斯正在调查美发沙龙。所以，史密斯正在经历他人生中最大的一次冒险。（I, B, F, L, H, M, S）

29. 如果史密斯将调查美发沙龙，或者麦肯研制了一种新的生发素，那么猫汉尼拔被当作一个实验品。如果猫汉尼拔被当作实验品，那么禁止虐待动物协会的人将会出现，并且戒酒者协会将会牵连。如果戒酒者协会受牵连，那么布莱恩就已加酒于猫薄荷。史密斯将要调查美发沙龙。所以布莱恩已经加酒于猫薄荷。（I, B, H, S, F, O）

31. 如果史密斯调查美发沙龙，但是庄臣并不加入调查，那么麦肯将不会牵扯其中或者米罗将会发号施令。如果米罗发号施令，那么庄臣将会加入调查。如果庄臣加入调查，那么左撇子麦克莱恩将会不仅剪掉头发并且猫汉尼拔将会变秃头。所以，如果左撇子麦克莱恩不仅剪掉头发并且米罗正在发号施令，那么庄臣加入这项调查。（I, V, B, M, L, H）

33. 如果麦肯正在经营一家数字彩票赌场，或者四指布莱恩正在后面的房间里制造私酒，或者左撇子麦克莱恩正在向一个法官行贿，那么美发沙龙是非法活动的掩护。仅当美发沙龙是非法活动的掩护，并且史密斯调查其中的关联，左撇子麦克莱恩才没有向法官行贿。如果史密斯调查其中的关联，那么麦肯正在经营一家数字彩票赌场及左撇子麦克莱恩正在向法官行贿二者都不是事实。美发沙龙确实不是非法活动的掩护。所以史密斯调查了其中的关联而庄臣对整个事件表示疑惑。（B, F, L, T, I, V）

35. 如果麦肯和四指布莱恩都是财政部的特工，那么史密斯将会因逃税而被判罪并且庄臣将会去监狱看望史密斯。仅当美发沙龙是联邦调查局的掩护或者史密斯将会因逃税而被判罪，四指布莱恩才不是财政部特工。麦肯是财政部的特工。如果麦肯是财政部的特工，那么米罗是一名联邦特工；同时如果米罗是一名联邦特工，那么庄臣将会去监狱看望史密斯。如果史密斯没有因逃税被判罪，那么左撇子麦克莱恩不是联邦特工；同时如果美发沙龙是联邦调查局的掩护，那么左撇子麦克莱恩是一名联邦特工。所以史密斯将要因逃税而被判有罪。（B, F, I, V, T, M, L）

━━章节摘要━━

本章引进和阐述了演绎方法。

7.2 节把任一给定的论证的**有效性的形式证明**定义为：一个陈述序列，其中的每个陈述或者是这个论证的前提，或者是从序列中前面的陈述通过一个基本的有效论证得出的，使得这个序列的最后一个陈述是正在证明其有效性的论证之结论。它是一个陈述序列，其中每个陈述或者是这个论证的前提，或者是从序列中前面的陈述通过一个基本有效论证得出的，使得这个序列的最后一个陈述是已被证明为有效的该论证的结论。我们定义一个基本的有效论证是一个基本的有效论证形式的代入例。我们列出了用来构造有效性的形式证明的九条基本的有效论证形式。九条推理规则只能用在证明中的一整行或两行上。

7.3 和 7.4 节伸展了构造有效性的形式证明的机制，引进了**替换规则**，**替换规则允许我们从任何陈述推出把那陈述的任一分支替换为任何其他逻辑等值于被替换的那个分支的结果**。我们引进了十五个（在十个名称之下）逻辑等值形式，在它们于证明中出现的任何地方都可以相互替换。

7.5 节介绍了条件证明的方法。当构造一个条件证明时，我们假设一个陈述作为外加前提，与其他前提一起使用那个陈述，然后通过一个以该假设为前件，以证明中的前一行为后件的条件陈述将假设解除。

7.6 节介绍了间接证明的方法。间接证明是条件证明的变形。当构造间接证明时，我们假设想要确立的陈述的否定作为外加前提，与其他前提一起使用那个陈述，直到推出一个陈述及其否定——任何陈述及其否定。把该陈述及其否定连成合取，然后通过述出所假设的那个陈述的否定亦即原来想要证明的那个陈述来解除那个假设。

第 8 章
量词理论

8.1 命题逻辑不够用
8.2 符号语 102：量词逻辑的语言
    A. 单称命题、主项和谓项
    B. 全称命题和特称命题
    C. 有时陈述更复杂
8.3 有效性证明
8.4 条件证明与间接证明
    构造量化条件证明和间接证明的经验法则
8.5 无效性的证明

8.1 命题逻辑不够用

考虑如下这个著名的有效演绎论证例子：

> 所有的人都是要死的。
> 苏格拉底是人。
> 所以，苏格拉底是要死的。

如我们在第4、5章所见，其第一个前提是直言命题，第二个前提和结论是单称命题。单称命题可以被看作全称命题或特称命题，只要保持一致（5.3A）。于是，我们把上述论证看作AAA-1或AII-1式。文恩图和判定直言三段论的有效性的规则都表明AAA-1或AII-1是有效的。

现在让我们来看看能否构造一个该论证的证明。由于没有命题联结词，每个陈述都必须被看作简单陈述。于是我们把原论证表达为：

> A
> B
> ∴ C

一对简单陈述不会衍涵另一个与它们不同的简单陈述。如果你有疑问，可以构造一个逆向真值表，在其中假定两个前提为真而结论为假。因此，我们单该论证的符号表达是无效的。然而，我们知道，这个论证本身是有效的。那么，问题出在哪里？

问题在于命题逻辑的符号语言不足以表示该论证的结构。为了表示该论证的结构，我们需要表示组成它的那些命题的内部结构。为了做到这一点，我们发展了一种表示直言命题和单称命题结构的符号语言。

重要提示

一些读者可能担心会有什么样的新的符号记法。不必！那只是我们前两章中的做法的变体而已。我们发展了一种表示第3—5章中的老朋友直言命题的方法。它看上去令人生畏，但是你们很快就能掌握。一旦我们开始证明，你会发现你花较多时间所做的正好是我们在上一章中所做的。所以，如果你感染了恐符号症，那就做几个深呼吸吧！放松些！等着大大享受乐趣吧。

8.2 符号语102：量词逻辑的语言

A. 单称命题、主项和谓项

考虑陈述"奥拉夫是一只猫"。这是一个**单称命题**的例子。它是关于一个对象的。"奥拉夫"是**主项**，"猫"是**谓项**，动词"是"联结二者。谓项说出奥拉夫的一个性质或特征的名称。一个事物可以有很多性质，因此，下列陈述全都可能是真的：

> 奥拉夫是一只猫。
> 奥拉夫是一只暹罗猫。
> 奥拉夫是一个讨厌鬼。

许多事物能有相同的性质；或者，如果你喜欢，谓项可以对许多事物成立。因此，下列陈述也都为真：

> 德宝是一只猫。
> 希尔是一只猫。
> 丫丫是一只猫。

于是，你可以把单称命题的形式看作由动词"是"联结起来的两个空位：

> [主项] 是 [谓项]

你可以把任何**个体**——无论是人、动物或其他任何东西——的名称放在主项位置。你可以把任何性质的名称放在谓项位置。其结果将是一个单称命题。

我们建立的符号语言需要表达主项（个体的名称）和谓项：完整的形式是"[主项] 是一个[谓项]"。让我们用小写字母 a 到 w 来表示个体的名称。于是，名称"奥拉夫"可用 o 来表示。我们把个体的名称称为**个体常元**。

让我们用大写字母 A 到 Z 随之以表示主项的空位来表示谓词（谓语）。于是，谓词"是一只猫"可表示为 C。我们把谓词的名称称为**谓词常元**。于是，"奥拉夫是一只猫"可以表达为 Co。[①]

有时我们想谈论一个谓词而不谈论它对其成立的一个特殊对象。例如，我们可能想谈论"是一只猫"对其成立的某个（未知）事物。我们用**个体变元**——个体常元的占位者——来表示这些未知的事物。我们用字母 x、y 和 z 作为个体变元。于是，谓词"___是一只猫"可表示为 Cx，读作"x 是 C"。这被看作是一个**命题函数**。一个命题函数可以被定义为一个如下的表达式：(1) 包含个体变元；(2) 当用个体常元代替个体变元时，变成一个陈述。**注意，命题函数不是命题**——它们没有真值，因为他们是文法上不完整的。任一单称命题都是一个命题函数的代入例，在那个命题函数中用个体常元代替个体变元的结果。只以单称命题作为代入例的命题函数——如 Hx、Mx、Fx、Bx 和 Cx 这样的东西——称作简单谓词，以别于我们即将介绍的那些更复杂的命题函数。

类似的，有时我们想一般地谈论谓词。我们用大写希腊字母——通常用 Φ（phi）或 Ψ（psi）——作为**谓词变元**。

我们可以将应用于单称命题的量词逻辑语言小结如下：

[①] 本书中我们只考虑诸如"是一只猫"的一目谓词（一个空位的谓词）。如果你选修外加的逻辑课程，你会发现多目谓词或关系。它们用差不多相同的方式表示，但涉及更多的个体常元。例如，命题"约翰在贝琳达左边"可以表示为 Ljb；"胡安妮塔在露丝和德米特里中间"可以表示为 $Bjld$。

这种陈述	可被符号表示
____是一只猫。	Cx
____是一个人。	Hx
____是一个讨厌鬼。	Nx

这种陈述	可被符号表示
苏格拉底是人。	Hs
普罗塔哥拉是要死的。	Mp
苏格拉底是个塌鼻子。	Ss
亚里士多德不是个塌鼻子。	$\sim Sa$

这种陈述	可被符号表示
苏格拉底是____	Φs
亚里士多德是____	Φa
____是____	Φx

B. 全称命题和特称命题

现在我们可以用符号表示本章开头那个论证的第二个前提和结论了。"苏格拉底是人"表示为 Hs,"苏格拉底是要死的"表示为 Ms。为了表示第一个前提,我们需要表示全称命题的方法。为了使我们的语言完整,我们还需要表示特称命题的方法。那么,让我们从一些简单的思考开始。

考虑陈述"每一事物(都)是费解的"。我们用上面讨论过的方式处理谓词"是费解的"。"____是费解的"用符号表示为 Px。怎么处理"每一事物"?回顾第 3 章,"每个"和"所有"这些词是全称量词,我们需要一个符号来表示这些词。我们用一个放在括号里的 x ——(x) ——表示全称量词。①这称为**全称量词**,于是 $(x)Px$ 表示"每一事物是费解的"。$(x)Px$ 读作"对于所有 x,Px"或"对于所有 x,x 是 P"或"全部的 x,Px"。

我们还需要一种量词来表示像"有些事物是费解的"这样的特称命题。我们用倒置的 E 随之以一个 x ——$\exists x$ ——代表诸如"有些""存在一个"和"至少有一个"这些词。这称为**特称量词**。于是,$(\exists x)Px$ 表示"有些事物是费解的"。$(\exists x)Px$ 读作"存在一个 x,Px",或"存在一个 x,使得 x 是 P"或"存在 x,Px"。

介绍完量词的表示方法,现在我们可以转向标准形式的直言命题了。

直言命题断定事物类之间的关系。如第 3 章所见,有四类直言命题:

全称肯定命题:A:所有 S 是 P。
全称否定命题:E:没有 S 是 P。
特称肯定命题:I:有些 S 是 P。
特称否定命题:O:有些 S 不是 P。

---

① 有些逻辑教科书里,全称量词表示为:$(\forall x)$。

一个全称肯定命题的翻译应该能表示所有真的全称肯定直言命题。命题"所有独角兽都是长有一只角的马"是真的——它反映了独角兽的定义。由于不存在独角兽，它必须理解为是说，如果有独角兽，那么它们是长有一只角的马。由于不存在独角兽，这个条件命题毫无疑问是真的。承认这个事实，我们可以合理地把该命题翻译为：

$(x)(Ux \supset Hx)$

Ux断定"x是一只独角兽"，Hx断定"x是长有一只角的马"。

全称否定命题可以作类似的理解。"没有狗是猫"断定的是：任意事物，如果它是狗，那么它不是猫。于是可以把这命题符号表示为：

$(x)(Dx \supset \sim Cx)$ [1]

一般地说，符号表示一个全称命题时，使用一个全称量词并把该陈述当作条件陈述。于是，全称肯定命题的一般形式为$(x)(\Phi x \supset \Psi x)$。全称否定命题的一般形式为$(x)(\Phi x \supset \sim \Psi x)$。

特称命题可以被理解为合取。"有些狗是柯利牧羊犬"的意思是至少存在一个东西，它既是狗又是柯利牧羊犬。表示为：

$(\exists x)(Dx \cdot Cx)$

类似地，"有些狗不是柯利牧羊犬"表示为：

$(\exists x)(Dx \cdot \sim Cx)$

一般地说，**表示一个特称命题，要使用一个特称量词并把该陈述当作合取**。于是，特称肯定命题的一般形式为$(\exists x)(\Phi x \cdot \Psi x)$，特称否定命题的一般形式为$(\exists x)(\Phi x \cdot \sim \Psi x)$。

分组记号在命题逻辑中很重要，它们对直言命题的符号表示同样重要。分组记号显示量词的辖域。在陈述$(\exists x)(Px \cdot \sim Qx)$中，两个谓词都处在那个量词的辖域中。它们是被量词约束的。约束了命题函数中的变元就把命题函数转变为陈述。如果我们有一个形式为$(\exists x)Px \cdot \sim Qx$的陈述，那么其中只有$Px$被量词约束。这里，$\sim Qx$是一个命题函数。作为一个命题函数——一个谓词连同一个未约束的变元——它没有真值。如前所见，命题函数转变为陈述的一个途径是用个体常元代替它的变元。我们现在应该注意到，当命题函数被约束在量词的辖域中时，所得到的公式是一个有真值的陈述。

C. 有时陈述更复杂

正如在命题逻辑中陈述可能变得相当复杂，直言命题的符号表示可以由超过两个谓项组成。有时你会关注论域的一个有限的部分。例如，命题"每个学习逻辑的人都是聪明的

---

[1] 你可能合理地认为"没有狗是猫"意指连一只是猫的狗都不存在。这个命题可以用符号表示为$\sim(\exists x)(Dx \cdot Cx)$。如我们将在下一节看到的，$\sim(\exists x)(Dx \cdot Cx)$逻辑等值于$(x)(Dx \supset \sim Cx)$。我们宁愿用$(x)(Dx \supset \sim Cx)$来表示全称否定命题，因为它在全称命题的符号表示之间提供了一种视觉的统一性。

(Everyone who learns logic is wise)",语词"每个人(everyone)"表明你关注的是人。于是引进一个谓词表示人(Px),以及一个谓词表示逻辑学习者(Lx)和一个谓词表示聪明的东西(Wx)。这样,你的命题将看来如下:

$$(x)[(Px \cdot Lx) \supset Wx]$$

命题"垂钓的人是船主人(Someone who fishes is a boat owner)",符号表示为:

$$(\exists x)[(Px \cdot Fx) \cdot Bx]$$

当然,存在着在讨论命题逻辑时你看到的、对命题的别的不同的资质认定,这种情形也能带进量化命题中:

任何长毛狗都既不是猫也不是马。
$$(x)[(Dx \cdot Lx) \supset \sim(Cx \vee Hx)] \text{ 或 } (x)[(Dx \cdot Lx) \supset (\sim Cx \cdot \sim Hx)]$$
有些猫是会睡觉的动物。
$$(\exists x)[Cx \cdot (Ax \cdot Sx)]$$
如果弗洛伊德是哲学家,那么哲学家是红头发的。
$$Pf \supset (\exists x)(Px \cdot Rx)$$
并非所有吃虾的人都是渔民当且仅当他们是猎人。
$$(\exists x)[(Px \cdot Sx) \cdot \sim(Bx \equiv Hx)] \text{ 或 } \sim(x)[(Px \cdot Sx) \supset (Bx \equiv Hx)]$$
如果所有的猫都是哺乳动物,那么有些大型犬不是爬行动物。
$$(x)(Cx \supset Mx) \supset (\exists x)[(Dx \cdot Lx) \cdot \sim Rx]$$

有时翻译前要考虑原句的意思。看陈述"所有三年级和四年级学生都有资格获得奖学金"。这是一个全称命题,条件句的前件是合取命题吗?不可能,是吗?无论你们学校用什么标准,没有人同时是三年级和四年级的学生。因此,原命题必须翻译为:

$$(x)[(Jx \vee Sx) \supset Ex]$$

当然,有很多奇特的方式来构造5.3节所考察的全称和特称命题。"除了聪明人没有别人是逻辑学家"应该翻译为:

$$(x)[Lx \supset (Px \cdot Wx)]$$

"所有公民,除了未满18岁的,都有选举权"应该翻译为:

$$(x)(Ux \supset \sim Vx) \cdot (x)(\sim Ux \supset Vx)$$

"只是有些学生在优秀生名单上"应该翻译为:

$$(\exists x)(Sx \cdot Dx) \cdot (\exists x)(Sx \cdot \sim Dx)$$

当然,有些陈述没有量词,在这种情况下,你必须考问什么量词会产生一个真陈述。例如,"猫是哺乳动物"大概意指"所有的猫是哺乳动物"。

量词逻辑的语言

$Ax, Bx, Cx \cdots Zx$	谓词：性质的名称
$a, b, c \cdots w$	常元：个体对象的名称
x, y, z	遍历个体的变元
Φ, Ψ	遍历谓词的变元
$(x)(\Phi x \supset \Psi x)$	所有的 Φ 是 Ψ。 对于所有 x，如果 x 是 Φ，那么 x 是 Ψ。
$(x)(\Phi x \supset \sim\Psi x)$	没有 Φ 是 Ψ。 对于所有 x，如果 x 是 Φ，那么 x 不是 Ψ。
$(\exists x)(\Phi x \cdot \Psi x)$	有的 Φ 是 Ψ。 存在一个 x，使得 x 是 Φ 并且 x 是 Ψ。
$(\exists x)(\Phi x \cdot \sim\Psi x)$	有的 Φ 不是 Ψ。 存在一个 x，使得 x 是 Φ 并且 x 不是 Ψ。

英语到符号语 / 符号语到英语的字典

Φ 和 Ψ 是遍历谓词的变元，x、y 和 z 是遍历个体的变元

English to Symbolese

A (an)	A Φ is Ψ.	$(\exists x)(\Phi x \cdot \Psi x)$
A (an) ... is not ...	A Φ is not Ψ.	$(\exists x)(\Phi x \cdot \sim\Psi x)$
A few	A few Φ are Ψ.	$(\exists x)(\Phi x \cdot \Psi x)$
A few ... are not ...	A few Φ are not Ψ.	$(\exists x)(\Phi x \cdot \sim\Psi x)$
All	All Φs are Ψs.	$(x)(\Phi x \supset \Psi x)$
All except	All except Φ are Ψ.	$(x)(\Phi x \supset \sim\Psi x) \cdot (x)(\sim\Phi x \supset \Psi x)$
Almost all	Allmost all Φ are Ψ.	$(\exists x)(\Phi x \cdot \Psi x) \cdot (\exists x)(\Phi x \cdot \sim\Psi x)$
Any	Any Φ is a Ψ.	$(x)(\Phi x \supset \Psi x)$
At least one	At least one Φ is Ψ.	$(\exists x)(\Phi x \cdot \Psi x)$
At least one ... is not ...	At least one Φ is Ψ.	$(\exists x)(\Phi x \cdot \Psi x)$
Diverse	Diverse Φ are Ψ.	$(\exists x)(\Phi x \cdot \Psi x)$
Diverse ... are not ...	Diverse Φ are not Ψ.	$(\exists x)(\Phi x \cdot \sim\Psi x)$
Every	Every Φ is a Ψ.	$(x)(\Phi x \supset \Psi x)$
Many	Many Φ are Ψ.	$(\exists x)(\Phi x \cdot \Psi x)$
Many ... are not ...	Many Φ are not Ψ.	$(\exists x)(\Phi x \cdot \sim\Psi x)$
No	No Φ is Ψ.	$(x)(\Phi x \supset \sim\Psi x)$
No	No Φ is Ψ.	$\sim(\exists x)(\Phi x \cdot \Psi x)$

None but	None but Ψs are Φs.	$(x)(\Phi x \supset \Psi x)$
None of	None of the Φs are Ψs.	$(x)(\Phi x \supset \sim\Psi x)$
Not all	Not all Φs are Ψs.	$(\exists x)(\Phi x \cdot \sim\Psi x)$
Not any	Not any Φ is Ψ.	$(x)(\Phi x \supset \sim\Psi x)$
Not any	Not any Φ is Ψ.	$\sim(\exists x)(\Phi x \cdot \Psi x)$
Not every	Not every Φ is Ψ.	$(\exists x)(\Phi x \cdot \sim\Psi x)$
Not only	Not only Ψ are Φ.	$(\exists x)(\Phi x \cdot \sim\Psi x)$
Not quite all	Not quite all Φs are Ψs.	$(\exists x)(\Phi x \cdot \Psi x) \cdot (\exists x)(\Phi x \cdot \sim\Psi x)$
Numerous	Numerous Φs are Ψs.	$(\exists x)(\Phi x \cdot \Psi x)$
Numerous ... are not ...	Numerous Φs are not Ψs.	$(\exists x)(\Phi x \cdot \sim\Psi x)$
Only	Only Ψs are Φs.	$(x)(\Phi x \supset \Psi x)$
Only some	Only some Φs are Ψs.	$(\exists x)(\Phi x \cdot \Psi x) \cdot (\exists x)(\Phi x \cdot \sim\Psi x)$
Several	Several Φs are Ψs.	$(\exists x)(\Phi x \cdot \Psi x)$
Several ... are not ...	Several Φs are not Ψs.	$(\exists x)(\Phi x \cdot \sim\Psi x)$
Some	Some Φs are Ψs.	$(\exists x)(\Phi x \cdot \Psi x)$
Some ... are not ...	Some Φs are not Ψs.	$(\exists x)(\Phi x \cdot \sim\Psi x)$
The	The Φ is a Ψ.	$(x)(\Phi x \supset \Psi x)$ [1]
The only	The only Φ is a Ψ.	$(x)(\Phi x \supset \Psi x)$
There exists	There exists a Φ that is Ψ.	$(\exists x)(\Phi x \cdot \Psi x)$
There is a	There is a Φ that is Ψ.	$(\exists x)(\Phi x \cdot \Psi x)$
There is exists ... that is not ...	There exists a Φ that is not Ψ.	$(\exists x)(\Phi x \cdot \sim\Psi x)$
There is no ... unless ...	There is no Φ unless it is Ψ.	$(x)(\Phi x \supset \Psi x)$
Various	Various Φs are Ψs.	$(\exists x)(\Phi x \cdot \Psi x)$
Various ... are not ...	Various Φs are not Ψs.	$(\exists x)(\Phi x \cdot \sim\Psi x)$
Whatever	Whatever is Φ is Ψ.	$(x)(\Phi x \supset \Psi x)$

Symbolese to English

$(x)(\Phi x \supset \Psi x)$ All Φs are Ψs.

Any Φ is a Ψ.

Every Φ is a Ψ.

For any x, if x is Φ, then x is Ψ.

None but Ψs are Φs.

Only Ψs are Φs.

The only Φ is a Ψ.

The Φ is a Ψ.

---

① 这是"the"在"The dog is a mammal"的使用方式，不是"The present king of France is bald"中"the"的使用方式。后者的意思是存在恰好一个事物，它是当今法国国王并且是秃头。这表示这种陈述所需要的符号记法超出了本书的范围。

	There is no Φ unless it is Ψ.
	Whatever is Φ is Ψ.
$(x)(\Phi x \supset \sim\Psi x)$	For all x, if x is Φ, then x is not Ψ.
	No Φ are Ψ.
	None of the Φs are Ψs.
	Not any Φ is a Ψ.
$\sim(\exists x)(\Phi x \cdot \Psi x)$	See $(x)(\Phi x \supset \sim\Psi x)$.
$(\exists x)(\Phi x \cdot \Psi x)$	A Φ is Ψ.
	A few Φ are Ψ.
	At least one Φ is Ψ.
	Diverse Φ are Ψ.
	Many Φ are Ψ.
	Numerous Φs are Ψs.
	Several Φs are Ψs.
	Some Φs are Ψs.
	There exists a Φ that is Ψ.
	There is a Φ that is Ψ.
	There is an x such that x is both Φ and Ψ.
	Various Φs are Ψs.
$(\exists x)(\Phi x \cdot \sim\Psi x)$	A Φ is not Ψ.
	A few Φ are not Ψ.
$(\exists x)(\Phi x \cdot \sim\Psi x)$	At least one Φ is not Ψ.
	Diverse Φ are not Ψ.
	Many Φ are not Ψ.
	Not all Φs are Ψs.
	Not every Φ is Ψ.
	Not only Φ are Ψ.
	Numerous Φs are not Ψs.
	Several Φs are not Ψs.
	Some Φs are not Ψs.
	There exists a Φ that is not Ψ.
	There is a Φ that is not a Ψ.
	There is an x such that x is a Φ and x is not a Ψ.
	Various Φs are not Ψs.
$(x)(\Phi x \supset \sim\Psi x) \cdot (x)(\sim\Phi x \supset \Psi x)$	All except Φ are Ψ.
$(\exists x)(\Phi x \cdot \Psi x) \cdot (\exists x)(\Phi x \cdot \sim\Psi x)$	Almost all Φ are Ψ.
	Not quite all Φs are Ψs.
	Only some Φs are Ψs.

练习题

Ⅰ．用括号内的缩写符号将下列陈述翻译成命题函数和量词的逻辑记法。注意：每个公式必须由一个量词开头，不能由否定符号开头。

1. 每只土豚都是哺乳动物。（Ax：x 是土豚；Mx：x 是哺乳动物。）
3. 至少有一只怪兽是令人恐惧的。（Mx：x 是怪兽；Fx：x 是令人恐惧的。）
5. 有些吃玉米的动物不是浣熊。（Ax：x 是动物；Cx：x 吃玉米；Rx：x 是浣熊。）
7. 如果菲利西亚喝可可饮料，那么所有学生喝可可饮料。（f：菲利西亚；Cx：x 是喝可可饮料者；Sx：x 是学生。）
9. 没有狗食用 H*E*D 牌狗粮而口臭的。（Dx：x 是狗；Ex：x 食用 H*E*D 牌狗粮；Bx：x 是口臭的。）
11. 奥斯瓦尔德喜欢狗当且仅当有些教授喜欢狗。（Dx：x 喜欢狗；Px：x 是教授；o：奥斯瓦尔德。）
13. 如果有教授喜欢猫，那么赫尔南德斯教授就喜欢猫。（Px：x 是教授；Cx：x 喜欢猫；h：赫尔南德斯教授。）
15. 有些狗是哺乳动物当且仅当所有的狗都是脊椎动物。（Dx：x 是狗；Mx：x 是哺乳动物；Vx：x 是脊椎动物。）
17. 所有整数要么是偶数要么是奇数。（Wx：x 是整数；Ex：x 是偶数；Ox：x 是奇数。）
19. 如果所有人都是群居动物，那么没有人是一座孤岛。（Mx：x 是人；Ix：x 是一座孤岛；Sx：x 是群居动物。）
21. 蜜桃适宜加在香草冰淇淋中，坚果适宜加在巧克力冰淇淋中，奶油糖果加在香草冰淇淋和巧克力冰淇淋中都很适宜。（Px：x 是蜜桃；Vx：x 适宜加在香草冰淇淋中；Nx：x 是坚果；Cx：x 适宜加在巧克力冰淇淋中；Bx：x 是奶油糖果。）
23. 任何身材高大的男人如果皮肤是棕黑色，又英俊潇洒，那么他是有吸引力的。（Tx：x 是身材高大的；Mx：x 是男人；Ax：x 是有吸引力的；Dx：x 是皮肤棕黑的；Hx：x 是英俊潇洒的。）
25. 任何当逃兵的人都是懦夫。（Px：x 是人；Cx：x 是懦夫；Dx：x 是逃兵。）

Ⅱ．符号表示下列陈述。其中的许多陈述的翻译需要考虑一些比较少见的量项，或者在没有给出量项时确定陈述中所假定的量词。

27. 电影分级不总是精确的。（Mx：x 是一种电影分级；Ax：x 是精确的。）
29. 只有毕业生可以参加毕业典礼。（Gx：x 是一名毕业生；Px：x 是一个可以参加毕业典礼的人。）
31. 记者出席了。（Rx：x 是一名记者；Px：x 出席了。）
33. 没有年轻的球员作弊。（Bx：x 是年轻的球员；Cx：x 作弊。）
35. 一个孩子用手指指向国王。（Cx：x 是一个孩子；Px：x 用手指指向国王。）
37. 只有勇士才配得上美人。（Bx：x 是勇敢的；Dx：x 配得上美人。）
39. 并非每一个应聘者都会被雇佣。（Ax：x 是一个应聘者；Hx：x 被雇佣。）

8.3 有效性证明

本节是第 7 章中证明技巧的发展，我们可以把那些技术用于量词逻辑。我们所做的许多将与第 7 章中所做的完全一样。我们引进四条推理规则来消去和引入量词。还引进一组逻辑等值命题来表明跨量词地移动否定号的效果。一旦有了这些规则和等值式，我们就能证明传统直言逻辑中的十五个有效推理形式以及其结构比传统三段论更复杂的论证的有效性。[①]

第7章中的推理规则和归属于替换规则的等值式不能直接应用于量化陈述中。例如，给你：

$(x)(Px \supset Qx)$
$(x)(Qx \supset Rx)$
$\therefore (x)(Px \supset Rx)$

你或许会猜测（正确地！）要用假言三段论来得到结论。但是，在括号外面还有那些量词。一组括号外有量词就如同命题逻辑中一组括号外有否定词。你可以将所有归属于替换规则的等值式应用于括号内的材料，但不能在括号外有否定词或量词的情况下直接使用那九条推理规则。[②]为了能使用那九条推理规则，我们引进新加的四条推理规则使我们能够在证明中消去和引入量词。与原来的那九条推理规则一样，量词示例和概括规则只应用于证明中一整行公式。

全称示例规则（U.I.）允许从一个一般陈述推出它的一个特殊实例。有两种形式：用常元或变元来示例。令小写希腊字母 ν 为可由任何常元（$a, b, c \cdots\cdots w$）代替的变元。令 x、y 和 z 为个体变元。全称示例规则表示为：

$(x)\Phi x \qquad (x)\Phi x$
$\therefore \Phi \nu \qquad \therefore \Phi y$

如果 x 总是 Φ，那么任一个体都是 Φ。于是任选你喜好的常元——$a, b, c \cdots\cdots w$。它也是 Φ。稍后再解释第二种情况。

> 所有的骑士都是武士。
> 安东尼·霍普金斯爵士是骑士。
> 因此，安东尼·霍普金斯爵士是武士。

这个论证的形式证明需要引用全称示例规则

1. $(x)(Kx \supset Wx)$
2. Ks
   $\therefore Ws$
3. $Ks \supset Ws$ 1 U.I.
4. Ws 2, 3 M.P.

由于第1行肯定命题函数 $Kx \supset Wx$ 的全称量化式为真，我们可以通过全称示例得到想要的代入例，于是我们从第1行得到第3行，$Ks \supset Ws$。再通过使用肯定前件式从第2、3行得到结论。

[①] 后者有时被称为非三段论。
[②] 当然，当整个陈述实际上能与证明中的另一行同时使用时除外。

220　逻辑要义

为了理解为什么要有一种用变元来表述的全称示例规则，需要结合**全称概括**规则（U.G.）来说明，这个规则允许我们引入一个全称量词。全称概括规则可以表述为：

$$\Phi y$$
$$\therefore (x)\Phi x$$

记住，推理规则是保真的：如果前提为真，结论也必定为真。如果从一个用常元给出的陈述进行全称概括，许多时候结论就会是假的。考虑陈述"如果科林·鲍威尔是国务卿，那么他是牙买加后裔"。这个陈述是真的：2001—2004年鲍威尔是美国国务卿，他是牙买加后裔。如果你基于该陈述进行全称概括，则结论"所有国务卿都是牙买加后裔"就将是假的。亨利·基辛格、马德琳·奥尔布奈特、康多莉莎·赖斯都曾是美国国务卿但都不是牙买加后裔。[①]因此，只能从一个以变元示例的陈述进行概括。

接下来怎么办？你只能通过全称示例规则来得到一个用变元示例的陈述。当你用变元示例时，你实际上是把一般性从量词移进该陈述本身。正是这样而且只有这样才能进行全称概括。你不应该感到意外。如我们在第4章讨论直言三段论时所见，全称命题的结论只能从两个全称命题有效地推出。[②]于是，如果结论是全称命题，前提是一致的，那么前提必须也是全称的。因此，当确定是用常元还是变元来示例时，应该视结论而定。

重要提示

"我们要把 x 变为 y 吗？"你可能会问。"难道不都是变元吗？"这大抵是个口味和看起来清晰的问题。全称示例规则允许你去掉量词，全称概括规则允许你重新引入量词。如果你认为从 x 变为 y 再回到 x 更清楚，那就这样做吧。不然的话，如果你用 x 示例，那你仍然在遵循全称示例规则。除非你面对的是一个包含命题函数的陈述。在那种情况下，一个约束变元必须代以一个不在命题函数中出现的变元。

所有的骑士是武士。
所有有天赋的演员是骑士。
所以，所有有天赋的演员是武士。

此论证的形式证明需要引用全称概括规则：

1. $(x)(Kx \supset Wx)$
2. $(x)(Tx \supset Kx)$
   $\therefore (x)(Tx \supset Wx)$
3. $Ky \supset Wy$　　　　　1 U.I.
4. $Ty \supset Ky$　　　　　2 U.I.
5. $Ty \supset Wy$　　　　　4,3 H.S.
6. $(x)(Tx \supset Wx)$　　6 U.G.

从前提能够通过全称示例推演得出陈述（$Ty \supset Wy$）。因为 y 指称任何使得该陈述为真的

---

① 如果你把一个非典型的例子普遍化，你的论证就犯了轻率概括的非形式谬误（见2.3节）。如下一章所见，它是一个从很弱的证据进行概括的例子。

② 当然，许多以全称命题作前提和结论的直言三段论是无效的，因为它们违反了周延性规则，反对有两个否定的前提的规则或者反对有一个否定的前提和一个肯定的结论的规则。

个体，我们知道任一代入例都必须为真，而据全称概括规则所有代入例都必须为真。因此，使用全称概括规则，我们就从 $(Ty \supset Wy)$ 得到 $(x)(Tx \supset Wx)$。

令 ν 表示任一个体常元（$a, b, c \cdots w$），**存在示例**规则（Existential Instantiation，E.I.）表述为：

$(\exists x) \Phi x$
$\therefore \Phi \nu$

ν 是证明中的一个新常元（限制）。

记住，存在命题断定至少有一个事物使得该陈述为真。你示例时所做的是说，对于某个个体对象例如 a，Φ 为真。除了这个个体能使该陈述为真，你对该个体别无所知。这是为什么对存在示例有所限制的原因。比方说有一个论证，前提为"布兰妮·斯皮尔斯是一名歌手"（Ss）。如果又有另一个前提说"有些歌手是著名唱意大利咏叹调的"（$\exists x)(Sx \cdot Kx)$，用布兰妮·斯皮尔斯来为这个前提示例，就会产生假陈述"布兰妮·斯皮尔斯是著名唱意大利咏叹调的"（$Ss \cdot Ks$）。那个限制可以系统地防止这类错误。该限制是我们的规则是保真的所必须的。

对存在示例的限制有一个实用的结果：**总是在你为全称命题示例之前，先为存在命题示例**。如果有几个存在命题，在为任何全称命题示例之前，先为全部存在命题示例——每个都用一个不同的常元。你当然可以为各个全称命题多次示例，对你已用来为存在命题示例的每个常元都再用一次。

所有的骑士是武士。
有些有天赋的演员是骑士。
所以，有些有天赋的演员是武士。

1. $(x)(Kx \supset Wx)$
2. $(\exists x)(Tx \cdot Kx)$
   $\therefore (\exists x)(Tx \cdot Wx)$
3. $Ta \cdot Ka$ 2 E.I.

前提 2 中断定的存在量化式为真，当且仅当它至少有一个真的代入例。其结果，通过存在示例，我们能给 $(Tx \cdot Kx)$ 指派任何在此证明中先前未使用过的个体常元。因此，通过存在示例规则，从第 2 行得到 $(Ta \cdot Ka)$。这是推演得出结论的必要步骤（我们下文中在引用存在概括规则后，就完成这个证明）。

令 ν 表示任一个体常元（$a, b, c \cdots w$），**存在概括**规则（Existential Generalization，E.G.）表述为：

$\Phi \nu$
$\therefore (\exists x) \Phi x$

这说的是如果 Φ 对某常元比方说 a 为真，那么存在一个 x 使得 x 是 Φ。这个单称陈述让你知道有哪一个；相应的存在陈述则告诉你至少有一个事物但没有告诉你是哪一个。

> 所有的骑士是武士。
> 有些有天赋的演员是骑士。
> 所以，有些有天赋的演员是武士。

1. $(x)(Kx \supset Wx)$
2. $(\exists x)(Tx \cdot Kx)$
   ∴ $(\exists x)(Tx \cdot Wx)$

3. $Ta \cdot Ka$	2 E.I.
4. $Ka \supset Wa$	1 U.I.
5. $Ka \cdot Ta$	3 Com.
6. Ka	5 Simp.
7. Wa	4,6 M.P.
8. Ta	3 Simp.
9. $Ta \cdot Wa$	8,7 Conj.
10. $(\exists x)(Tx \cdot Wx)$	9 E.G.

由于第 9 行能被正确地演绎得出，并且由于一个命题函数的存在量化式为真当且仅当它至少有一个真的代入例，因此，我们可以在第 10 行通过存在概括规则（E.G.）推出结论。

到这里，我们关心的是那些允许我们引入或消去量词的规则。推理规则只应用于证明中一整行公式。但是正如在命题逻辑中有归属于替换规则的等值式一样，在量词逻辑中也有一些归属于替换规则的附加的等值式。这些等值式称为**量词等值式**（Quantifier Equivalence，Q.E.）：

$$[\sim(x)\Phi x] \underline{\underline{T}} [(\exists x)\sim\Phi x]$$
$$[(x)\sim\Phi x] \underline{\underline{T}} [\sim(\exists x)\Phi x]$$
$$[(x)\Phi x] \underline{\underline{T}} [\sim(\exists x)\sim\Phi x]$$
$$[(\exists x)\Phi x] \underline{\underline{T}} [\sim(x)\sim\Phi x]$$

量词等值式会使你回想起德摩根律。正如一个析取的否定等值于析取支的合取一样，当你把否定号移动"跨越"一个量词时，全称命题变为特称命题，而特称命题变为全称命题。后有两个等值式允许否定号移动跨越一个量词而无须使用双重否定。如果量词左边有否定号，就不能示例。量词左边的否定号辖制一整行公式。于是，你需要先使用量词等值式才能示例。

第 8 章 量词理论

推理规则：量化式		
名称缩写	形式	作用
全称示例 U.I.	$(x)\Phi x$ $\therefore \Phi \nu$ （ν 是一个常元） 或 $(x)\Phi x$ $\therefore \Phi y$ （y 是一个个体变元）	这个规则消去全称量词，并将其变元替换为一常元或变元。
全称概括 U.G.	Φy $\therefore (x)\Phi x$ （y 是一个个体变元）	这个规则引入全称量词。你只能从命题函数出发进行全称概括。
存在示例 E.I.	$(\exists x)\Phi x$ $\therefore \Phi \nu$ （ν 是一个常元）	这个规则消去特称量词，并将其变元替换为一常元。
存在概括 E.G.	$\Phi \nu$ $\therefore (\exists x)\Phi x$ （ν 是一个常元）	这个规则引入存在量词。你只能从用常元给出的陈述出发进行存在概括。

量词等值式
这些陈述能在证明中相互替换： $[\sim(x)\Phi x] \underset{=}{T} [(\exists x)\sim\Phi x]$ $[(x)\sim\Phi x] \underset{=}{T} [\sim(\exists x)\Phi x]$ $[(x)\Phi x] \underset{=}{T} [\sim(\exists x)\sim\Phi x]$ $[(\exists x)\Phi x] \underset{=}{T} [\sim(x)\sim\Phi x]$

练习题

Ⅰ．在下列的形式证明中有些证明步骤的理据有误，请加改正。

1. 1. $(x)(Px \supset Sx)$
   2. $(\exists x)(Px \cdot Tx)$
   $\therefore (\exists x)(Tx \cdot Sx)$
   3. $Pa \cdot Ta$ 2（U.I., U.G., E.I., E.G.）？
   4. Pa 3 Simp.
   5. $Pa \supset Sa$ 1（U.I., U.G., E.I., E.G.）？
   6. Sa 4, 5 M.P.

7. $Ta \cdot Pa$ 3 Com.
8. Ta 7 Simp.
9. $Ta \cdot Sa$ 6,8 Conj.
10. $(\exists x)(Tx \cdot Sx)$ 9 (U.I., U.G., E.I., E.G.)?

Ⅱ.在下面的形式证明中,属于某些步骤的表达式缺失。请根据为各行提供的理据加以补充。

3. 1. $(x)(Kx \supset \sim Sx)$
   2. $(\exists x)(Sx \cdot Wx)$
      ∴ $(\exists x)(Wx \cdot \sim Kx)$
   3. ?   2 E.I.
   4. ?   1 U.I.
   5. Sa 3 Simp.
   6. $\sim\sim Sa$ 5 D.N.
   7. $\sim Ka$ 4,6 M.T.
   8. $Wa \cdot Sa$ 3 Com.
   9. Wa 8 Simp.
   10. $Wa \cdot \sim Ka$ 7,9 Conj.
   11. ?   10 E.G.

Ⅲ.运用关于量词的推理规则为下列论证构造形式证明。

5. $(\exists x)(Jx \cdot Kx)$ 7. $(x)(Sx \supset \sim Tx)$
   $(x)(Jx \supset Lx)$ $(\exists x)(Sx \cdot Ux)$
   ∴ $(\exists x)(Lx \cdot Kx)$ ∴ $\exists x(Ux \cdot \sim Tx)$

9. $(\exists x)(Yx \cdot Zx)$
   $(x)(Zx \supset Ax)$
   ∴ $(\exists x)(Ax \cdot Yx)$

Ⅳ.用所给出的记号翻译下列论证,并构造其有效性的形式证明。

11. 所有舞蹈家都是热情洋溢的。有些剑术家不是热情洋溢的。因此,有些剑术家不是舞蹈家。(Dx, Ex, Fx)

13. 只有和平主义者是贵格会会员。存在笃信宗教的贵格会会员。因此,有时和平主义者是笃信宗教的。(Px, Qx, Rx)

15. 安妮:没有野兽是如此凶残,但又懂得一些怜悯之心的。
    格洛斯特:而我并不懂得怜悯之心,所以我不是野兽。(Bx, Px, g)
    ——威廉·莎士比亚,《理查三世》,第一幕第二场

Ⅴ.下面的每一个公式都逻辑等值于下述四种形式之一的一个实例:$(x)(\Phi x \supset \Psi x)$、$(x)(\Phi x \supset \sim \Psi x)$、$(\exists x)(\Phi x \cdot \Psi x)$ 或 $(\exists x)(\Phi x \cdot \sim \Psi x)$ 利用量词等值式加上归属替换规则的其他等值式,判断下列公式等值于它们中的哪一个。

17. $\sim(x)(Px \supset \sim Sx)$ 19. $\sim(x)(Dx \supset Gx)$
21. $\sim(x)(Cx \supset \sim\sim Dx)$ 23. $\sim(x)(\sim Kx \vee \sim Lx)$
25. $\sim(x) \sim (\sim Ux \cdot \sim Vx)$

Ⅵ.为下列各论证构造一个有效性证明。

27. $(x)[(Px \supset Qx) \cdot (Rx \supset Sx)]$ 29. $(x)(Gx \supset Qx)$
    $\sim(x)(Tx \supset Qx)$ $(\exists x)(Px \cdot Qx) \supset (x)(Rx \supset Sx)$
    $(x)(\sim Rx \supset Ux)$ $(\exists x)[Px \cdot (\sim Sx \cdot Gx)]$
    ∴ $(\exists x)[Tx \cdot (Px \supset Ux)]$ ∴ $(\exists x)(Rx \supset \sim Hx)$

31. $(x)[Px \supset (Qx \supset Rx)]$
    $(\exists x)(Px \cdot Sx)$
    $(\exists x)(\sim Rx \cdot Tx)$
    $(\exists x)(Px \supset \sim Qx) \supset (x)(Sx \supset \sim Rx)$
    $\therefore (\exists x)(Px \cdot \sim Qx)$

33. $(\exists x)(Qx \cdot \sim Tx)$
    $(x)[Qx \supset (Tx \lor \sim Px)]$
    $(\exists x)(\sim Tx \cdot Sx)$
    $(\exists x)(Qx \cdot \sim Px) \supset (x)(Sx \supset Px)$
    $\therefore (\exists x)(Sx \cdot \sim Qx)$

35. $(x)[Px \supset (Qx \cdot Rx)]$
    $(\exists x)(Sx \cdot \sim Rx)$
    $(\exists x)(Px \cdot Tx)$
    $[(\exists x)(Sx \cdot \sim Px) \cdot (\exists y)(Qy \cdot Ty)] \supset (\exists z)(Zz \cdot Fz)$
    $(x)[Fx \supset (Px \lor \sim Zx)]$
    $\therefore (\exists x)(Zx \cdot Px)$

8.4 条件证明与间接证明

在量词逻辑中构造条件证明和间接证明与在命题逻辑中的程序是一样的。如果你打算构造一个条件证明，做出一个条件证明假设作为外加前提，再用一个条件陈述解除该假设。如果你打算构造一个间接证明，则假设你想达到的结论的否定作为外加前提，直到你表明了从经增补的那组前提得到一个陈述及其否定，把该陈述及其否定联结为合取，然后通过述出你想达到的结论（你的假设的否定的否定）解除该假设。你可以在一个条件证明的辖域中构造另一个条件证明，但是最后做出的假设必须是最先解除的假设。你可以在一个间接证明的辖域中构造另一个间接证明，但是最后做出的假设必须是最先解除的假设。你可以在一个条件证明的辖域中构造一个间接证明，或者相反。一旦一个假设被解除，在该假设的辖域内推出的那些结论都不能在后来的证明中使用。让我们来看一些例子。

考虑以下论证：

$(x)(Px \supset Qx)$
$(x)[Qx \supset (Rx \cdot \sim Sx)]$
$\therefore (x)(Px \supset Rx)$

结论是全称陈述。注视该结论。如果你想构造一个条件证明，那么以结论的量词的辖域中的命题函数的前件作为假设，[①]进行下去，直到得到结论的量词的辖域中的命题函数的后件，解除假设，再用全称概括规则。证明如下：

1. $(x)(Px \supset Qx)$
2. $(x)[Qx \supset (Rx \cdot \sim Sx)]$
   $\therefore (x)(Px \supset Rx)$

---

① 也就是，你将假设Px。如果你喜欢在进行全称示例时把变元改为y或z，那么就假设Py或Pz，并且用相同的变元进行全称示例。

| 3. Px A.C.P.
| 4. $Px \supset Qx$ 1 U.I.
| 5. $Qx \supset (Rx \cdot \sim Sx)$ 2 U.I.
| 6. Qx 4,3 M.P.
| 7. $Rx \cdot \sim Sx$ 5,6 M.P.
| 8. Rx 7 Simp.
9. $Px \supset Rx$ 3–8 C.P.
10. $(x)(Px \supset Rx)$ 9 U.G.

在条件证明中全称概括规则的应用是有限制的。在条件证明中不允许引入一个命题函数作为假设，然后在该条件证明的辖域中对那命题函数进行全称概括。

如果要为上述论证构造一个间接证明，所作的假设应是结论的否定。证明看来如下：

1. $(x)(Px \supset Qx)$
2. $(x)[Qx \supset (Rx \cdot \sim Sx)]$
∴ $(x)(Px \supset Rx)$

| 3. $\sim(x)(Px \supset Rx)$ A.I.P.
| 4. $(\exists x) \sim (Px \supset Rx)$ Q.E.
| 5. $\sim(Pa \supset Ra)$ 4 E.I.
| 6. $\sim(\sim Pa \vee Ra)$ 5 Impl.
| 7. $\sim\sim Pa \cdot \sim Ra$ 6 De M
| 8. $Pa \cdot \sim Ra$ 7 D.N.
| 9. $Pa \supset Qa$ 1 U.I.
| 10. $Qa \supset (Ra \cdot \sim Sa)$ 2 U.I.
| 11. Pa 8 Simp.
| 12. Qa 9,11 M.P.
| 13. $Ra \cdot \sim Sa$ 10,12 M.P.
| 14. Ra 13 Simp.
| 15. $\sim Ra \cdot Pa$ 8 Com.
| 16. $\sim Ra$ 15 Simp.
| 17. $Ra \cdot \sim Ra$ 14,16 Conj.
18. $(x)(Px \supset Rx)$ 3–17 C.P.

如同你会推想到的，当在以一致的前提进行间接论证时，总是至少会有一个存在陈述。在刚才的证明中，结论的否定通过量词的等值式变成一个存在陈述。如果结论是一个存在陈述，它将通过量词等值式变成一个全称陈述。考虑以下证明：

1. $(x)(Px \supset Qx)$
2. $(\exists x)(Px \cdot Rx)$
∴ $(\exists x)(Qx \cdot Rx)$

| 3. ~($\exists x$)($Qx \cdot Rx$)　　　A.I.P.
| 4. (x)~($Qx \cdot Rx$)　　　3 Q.E.
| 5. $Pa \cdot Ra$　　　2 E.I.
| 6. $Pa \supset Qa$　　　1 U.I.
| 7. ~($Qa \cdot Ra$)　　　4 U.I.
| 8. Pa　　　5 Simp.
| 9. Qa　　　6, 8 M.P.
| 10. ~$Qa \lor$ ~Ra　　　7 De M.
| 11. ~~Qa　　　9 D.N.
| 12. ~Ra　　　10, 11 D.S.
| 13. $Ra \cdot Pa$　　　5 Com.
| 14. Ra　　　13 Simp.
| 15. $Ra \cdot$ ~Ra　　　14, 12 Conj.
16. ($\exists x$)($Qx \cdot Rx$)　　　3–15 I.P.

当然，正如你在进行命题逻辑证明时所做的那样，可以同时使用条件证明和间接证明。

1. (x)($Px \supset Qx$)
2. (x)($Qx \supset Rx$)
∴ (x)($Px \supset Rx$)

| 　3. Px　　　A.C.P.
| | 4. ~Rx　　　A.I.P.
| | 5. $Px \supset Qx$　　　1 U.I.
| | 6. $Qx \supset Rx$　　　2 U.I.
| | 7. Qx　　　5, 2 M.P.
| | 8. Rx　　　6, 7 M.P.
| | 9. $Rx \cdot$ ~Rx　　　8, 4 Conj.
| 10. Rx　　　4–9 I.P.
11. $Px \supset Rx$　　　3–10 C.P.
12. (x)($Px \supset Rx$)　　　11 U.G.

条件证明和间接证明通常比直接证明长。尽管如此，如在命题逻辑中那样，条件证明和间接证明的规则往往使证明轻松得多。

构造量化条件证明和间接证明的经验法则

在构造条件证明和间接证明时，有几点需要记住：

1. 如果结论是全称陈述，进行条件证明时假设作为结论中陈述的前件的那个命题函数。一般你不会假设一个量化陈述：如果在你假设它时它是量化的，在你解除该假设时，它必须是量化的。

2. 如果要证明一个存在陈述，你大概要使用间接证明。

3. 如果结论是一个联言陈述，如 $(x)(Px \supset Qx) \cdot (\exists x)(Qx \cdot \sim Rx)$，你大概要分别处理各联言支。

4. 如果结论是一个选言陈述，如 $(x)(Px \supset Qx) \lor (\exists x)(Qx \cdot \sim Rx)$，你大概要假设整个结论的否定。

5. 如果结论是一个条件陈述，如 $(x)(Px \supset Qx) \supset (\exists x)(Qx \cdot \sim Rx)$，你大概要假设前件（那全称陈述）来构造条件证明。

6. 如果结论是一个双条件陈述，如 $(x)(Px \supset Qx) \equiv (\exists x)(Qx \cdot \sim Rx)$，你大概要构造两个条件证明，首先假设左支来推出右支，然后假设右支来推出左支。

■—练习题—■

为下列各论证构造一个条件证明或间接证明。

1. $(x)[Px \supset (Qx \cdot Rx)]$
 $\therefore (x)(Px \supset Qx)$

3. $(x)[Px \supset (Rx \lor \sim Sx)]$
 $(x)(Rx \supset \sim Sx)$
 $\therefore (x)(Px \supset \sim Sx)$

5. $(x)[(Px \lor Qx) \supset (Rx \cdot Sx)]$
 $(x)[Rx \supset (Qx \cdot \sim Sx)]$
 $\therefore (x)(Qx \supset \sim Sx)$

7. $(x)[(Px \cdot Qx) \supset Rx]$
 $(\exists x)(Px \cdot \sim Rx)$
 $\therefore (\exists x) \sim Qx$

9. $(x)[Px \supset (Rx \lor \sim Sx)]$
 $(\exists x)(Px \cdot \sim Rx)$
 $\therefore (\exists x)(Px \cdot \sim Sx)$

11. $(x)[(Px \lor Qx) \supset (Rx \cdot Sx)]$
 $(x)[Rx \supset (Tx \lor \sim Px)]$
 $\therefore (x)[Qx \supset (Px \supset Tx)]$

13. $(x)[Px \supset (Qx \equiv Rx)]$
 $(\exists x)(Px \cdot Rx)$
 $\therefore (\exists x)(Rx \cdot Qx)$

15. $(x)[(Qx \equiv Rx) \supset \sim Px]$
 $(x)(Px \supset Rx)$
 $\therefore (x)(Px \supset \sim Qx)$

17. $(x)[(Px \supset \sim Qx) \supset \sim (Px \lor Qx)]$
 $(x)(Qx \supset Rx)$
 $(x)(Rx \supset Qx)$
 $\therefore (\exists x)[(Px \supset Rx) \cdot (Rx \supset Px)]$

19. $(x)[Px \supset \sim (Qx \lor Rx)]$
 $(x)[\sim Px \supset \sim (\sim Qx \lor \sim Rx)]$
 $\therefore (x)(Qx \supset Rx)$

8.5 无效性的证明

在本节，我们将发展一种逆向真值表的变体来作为证明量词逻辑中的无效性的一种手段。记得（6.6节）在命题逻辑中构造一个逆向真值表时，假设前提为真结论为假，然后一致地给那些简单陈述指派真值，以使该假设成立。如果能一致地指派真值，那就证明了该论证无效。如果不能,则证明该论证有效。在量词逻辑中,这种技法只能证明一个论证的无效性。我们从铺垫一些关于量化陈述的性质的评注和把逆向真值表技法改而适用于量词逻辑开始。

如果打算把一种真值表技法应用于量词逻辑，开始必须考虑量化陈述的真值条件。一个全称陈述对所有事物都为真。如果一个 $(x)\Phi x$ 形式的陈述为真，那么 x 的所有代入例都关乎 Φ 为真。另一种表述为：

$$(x)\Phi x \underline{\underline{T}} [\Phi a \cdot \Phi b \cdot \cdots \cdot \Phi w]$$

其中从 a 到 w 包括了 x 的所有代入例。[①]一个存在命题至少对一个事物为真。如果一个形式为 $(\exists x)\Phi x$ 的陈述为真，那么，a 是 Φ，或 b 是 Φ，或 x 的其他某个代入例是 Φ。另一种表述为：

$$(\exists x)\Phi x \underline{\underline{T}} [\Phi a \vee \Phi b \vee \cdots \vee \Phi w]$$

当我们在量词逻辑中构造证明时，向来会考虑一个由所有事物组成的论域——论证所关涉的对象集。为了表明论证形式是无效的，其充分条件是在论域中存在一个对象——变元的一个代入例——使得所有前提都真而结论假。对一个论域加上一个给那个论域中论证的谓词的真值指派的一种详细列示称作一个模型。所以，我们可以考虑由不同数目的对象组成的模型，并且能详细列示它们的真值条件。

在正好有一个个体的论域中：

$$(x)(\Phi x) \underline{\underline{T}} \Phi a \underline{\underline{T}} (\exists x)(\Phi x)$$

在正好有两个个体的论域中：

$$(x)(\Phi x) \underline{\underline{T}} [\Phi a \cdot \Phi b] \text{ 和 } (\exists x)(\Phi x) \underline{\underline{T}} [\Phi a \vee \Phi b]$$

在正好有三个个体的论域中：

$$(x)(\Phi x) \underline{\underline{T}} [\Phi a \cdot \Phi b \cdot \Phi c] \text{ 和 } (\exists x)(\Phi x) \underline{\underline{T}} [\Phi a \vee \Phi b \vee \Phi c]$$

注意，在它们各自的论域中考虑，这些双条件陈述是重言式，因此那个双条件陈述的两个支陈述能够在它们出现的论证中相互替换。

一个包含量词的论证是无效的，如果有一个至少包含一个个体的"可能的论域"或模型使得在那模型中该论证的前提都真而结论假。对于任何一个无效的量化式论证，都有可能描述出一个包含某一定数目的个体的模型，使得该论证的逻辑等值的真值函数展开式能通过真值指派的方法被证明无效。

证明一个包含概括命题的论证无效性的程序如下：

1.尝试一个包含个体 a 的一元素模型，就那个模型相对于 a 写出那个逻辑等值的真值函数的论证。

2.如果该真值函数的论证能通过给其中的简单支陈述指派真值——一种所有的前提为真而结论为假的情况——而被证明为无效，那么你就完事了；你已经证明原论证无效。如果不能，实行第3步。

[①] 当然，我们不是说，论域中只有二十三个对象。

3.如果一个一元素模型没能表明该论证无效,尝试一个包含个体 a 和 b 的两元素模型。如果原论证包含一个全称量化的命题函数 $(x)(\Phi x)$,用合取联结 Φa 和 Φb。如果原论证包含存在量化了的命题函数 $(\exists x)(\Phi x)$,用析取联结 Φa 和 Φb。

4.如果这个论证能通过给其中的简单支陈述指派真值而被证明为无效,那么你就完事了;你已经证明原论证无效。如果不能,实行第5步。

5.如果一个两元素模型没能表明该论证是无效的,尝试包含个体 a、b 和 c 的三元素模型。依此类推。

$$(x)(Cx \supset Dx)$$
$$(x)(Ex \supset Dx)$$
$$\therefore (x)(Ex \supset Cx)$$

一个包含一个个体 a 的一元素模型,相对于 a,将给出下面的真值函数论证:

$Ca \supset Da$
$Ea \supset Da$
$\therefore Ea \supset Ca$

现在为这一形式的论证构造一个逆向真值表。在这里,结论的前件必须为真而后件为假,真值必须到处一致地指派。

$Ca \supset Da$	$Ea \supset Da$	$\therefore Ea \supset Ca$
F　　F	T　　T	T　　F
T	T	F

这表明,该模型无效,因而原论证形式无效。

有时一个对象的论域不能表明一个论证形式是无效的,但是两个对象的域则可以。

考虑论证形式:
$$(\exists x)(Dx \cdot Ex)$$
$$(\exists x)(Fx \cdot Ex)$$
$$\therefore (\exists x)(Dx \cdot Fx)$$

从正好由一个对象(a)组成的模型开始,构造逆向真值表。由于结论是一个合取——有3种真值指派使得它为假——如果第一种不能表明该论证无效,就需要考虑对结论的其他供选的真值指派:

$Da \cdot Ea$	$Fa \cdot Ea$	$\therefore Da \cdot Fa$
(F/T)　T	T　　T	F　　T
F	T	F
T　　T	(F/T)　T	T　　F
T	F	F
(F/T)　F	(F/T)　T	F　　F
F	F	F

一个由一个对象(a)组成的论域不能表明该论证形式是无效的。一个由两个对象组成的论域能吗? 能。

$$(Da \cdot Ea) \vee (Db \cdot Eb) \quad (Fa \cdot Ea) \vee (Fb \cdot Eb)$$
$$\text{F T} \quad \text{T T} \quad \text{T T} \quad \text{F T}$$
$$\text{F} \quad \text{T} \quad \text{T} \quad \text{F}$$
$$\text{T} \quad \text{T}$$

$$\therefore (Da \cdot Fa) \vee (Db \cdot Fb)$$
$$\text{F T} \quad \text{T F}$$
$$\text{F} \quad \text{F}$$
$$\text{F}$$

我们现在有一个使得全部前提为真而结论为假的模型。这表明该论证形式无效。

现在考虑如下这个论证形式：

$$(\exists x)(Px \cdot \sim Qx)$$
$$(\exists x)(Px \cdot \sim Sx)$$
$$\therefore (x)(Sx \supset Qx)$$

同样，一个一元素的模型不能表明此论证形式是无效的：

$$Pa \cdot \sim Qa \quad Pa \cdot \sim Sa \quad \therefore Sa \supset Qa$$
$$\text{T F} \quad \text{T (T/F)} \quad \text{T F}$$
$$\text{T} \quad \text{T} \quad \text{F}$$
$$\text{T} \quad \text{F}$$

但是一个两元素的模型则能表明该论证形式是无效的：

$$(Pa \cdot \sim Qa) \vee (Pb \cdot \sim Qb) \quad (Pa \cdot \sim Sa) \vee (Pb \cdot \sim Sb)$$
$$\text{T F} \quad \text{T T} \quad \text{T T} \quad \text{T F}$$
$$\text{T} \quad \text{F} \quad \text{F} \quad \text{T}$$
$$\text{T} \quad \text{T} \quad \text{F} \quad \text{T}$$
$$\text{T} \quad \text{T}$$

$$\therefore (Sa \supset Qa) \cdot (Sb \supset Qb)$$
$$\text{T F} \quad \text{F T}$$
$$\text{F} \quad \text{T}$$
$$\text{F}$$

更复杂的（非三段论）论证也能用同样的程序证明其无效。考虑下面的论证：

> 经理和主管要么是有能力的工作者要么是老板的亲戚。
> 任何敢抱怨的人要么是主管要么是老板的亲戚。
> 惟独经理和班组长是有能力的工作者。
> 有些人敢抱怨。
> 因此，有些主管是老板的亲戚。

这个论证可以被符号表示为：

$(x)[(Mx \lor Sx) \supset (Cx \lor Rx)]$
$(x)[Dx \supset (Sx \lor Rx)]$
$(x)(Mx \equiv Cx)$
$(\exists x)Dx$
$\therefore (\exists x)(Sx \cdot Rx)$

我们能通过描述一个包含单个个体 a 的论域或模型，证明它无效。在那个模型中，上述论证逻辑等值于：

$[(Ma \lor Sa) \supset (Ca \lor Ra)]$
$[Da \supset (Sa \lor Ra)]$
$(Ma \equiv Ca)$
Da
$\therefore (Sa \cdot Ra)$

指派 Ca、Da、Fa 和 Ra 为真，指派 Sa 为假，就产生真前提和假结论。从而表明有一个原论证的模型使得其前提真而结论假，所以原论证无效。

练习题

Ⅰ. 证明下列论证的无效性。

1. $(x)(Sx \supset {\sim}Tx)$
   $(x)(Tx \supset Ux)$
   $\therefore (x)(Sx \supset {\sim}Ux)$

3. $(x)(Sx \supset {\sim}Tx)$
   $(x)(Ux \supset {\sim}Tx)$
   $\therefore (x)(Ux \supset {\sim}Sx)$

5. $(x)(Gx \supset Hx)$
   $(x)(Gx \supset Ix)$
   $\therefore (x)(Ix \supset Hx)$

7. $(x)(Px \supset {\sim}Qx)$
   $(x)(Px \supset {\sim}Rx)$
   $\therefore (x)(Rx \supset {\sim}Qx)$

9. $(\exists x)(Vx \cdot {\sim}Wx)$
   $(\exists x)(Wx \cdot {\sim}Xx)$
   $\therefore (\exists x)(Xx \cdot {\sim}Vx)$

Ⅱ. 运用所给出的记号证明下列论证的无效性。

11. 没有外交官是极端主义者。有些狂热者是极端主义者。因此有些外交官不是狂热者。（Dx, Ex, Fx）

13. 有些医生是江湖郎中。有些江湖郎中不是负责任的。因此有些医生不是负责任的。（Px, Qx, Rx）

15. 如果有东西是金属的，那么它是易碎的。存在易碎的装饰品。因此存在金属的装饰品。（Mx, Bx, Ox）

Ⅲ. 运用所提供的缩写记号翻译下列论证。然后或者构造一个其有效性的形式证明，或者证明其无效。

17. 所有的马都是哺乳动物。有些马是宠物。因此，所有的宠物都是哺乳动物。（Hx, Mx, Px）

19. 熊是哺乳动物。所有宠物都是哺乳动物。因此，熊是宠物。（Px, Mx, Bx）

21. 教皇是高大的。所有高大的人都是思维敏捷的。因此，教皇都是思维敏捷的。（Px, Tx, Sx）

Ⅳ. 对于下列各论证，或者构造一个其有效性的形式证明，或者证明其无效。如果要证明是无效的，也许需要一个包含多达三个元素的模型。

23. $(x)\{[Ix \supset (Jx \cdot {\sim}Kx)] \cdot [Jx \supset (Ix \supset Kx)]\}$
    $(\exists x)[(Ix \cdot Jx) \cdot {\sim}Lx]$
    $\therefore (\exists x)(Kx \cdot Lx)$

25. $(x)[Wx \supset (Xx \supset Yx)]$
    $(\exists x)[Xx \cdot (Zx \cdot {\sim}Ax)]$
    $(x)[(Wx \supset Yx) \supset (Bx \supset Ax)]$
    $\therefore (\exists x)(Zx \cdot {\sim}Bx)$

27. $(x)\{[(Lx \lor Mx) \supset \{[(Nx \cdot Ox) \lor Px] \supset Qx\}$
    $(\exists x)(Mx \cdot {\sim}Lx)$
    $(x)\{[(Ox \supset Qx) \cdot {\sim}Rx] \supset Mx\}$
    $(\exists x)(Lx \cdot {\sim}Mx)$
    $\therefore (\exists x)(Nx \supset Rx)$

V. 使用所给出的记号，对下列各论证，或者构造一个其有效性的形式证明，或者证明其无效。

29. 氩化合物和钠化合物要么是油性的要么是挥发性的。并非所有的钠化合物都是油性的。因此有些氩化合物是挥发性的。（Ax，Sx，Ox，Vx）

31. 没有金制成的东西不是昂贵的。没有武器是用银制成的。并非所有武器都是昂贵的。因此并非所有东西都是由金或银制成的。（Gx，Ex，Wx，Sx）

33. 有些摄影师技术精湛但缺乏想象力。只有艺术家是摄影师。摄影师并不都是技术精湛的。任何熟练工都是技术精湛的。因此不是每一个艺术家都是熟练工。（Px，Sx，Ix，Ax，Jx）

35. 打折商品要么残旧了要么过时了。没有什么残旧的东西是值得购买的。有些打折商品是值得购买的。因此有些打折商品是过时的。（Cx，Sx，Ox，Wx）

37. 所有逻辑学家都是深沉的思考者和有影响力的作家。为使作品有影响力，作者须在面对普通读者时写得简洁易懂，在面对专业读者时写得综合广泛。没有深沉的思考者在他有能力迎合普通读者时去迎合专业读者。一些逻辑学家的作品是综合广泛的而不是简洁易懂的。因此并非所有的逻辑学家都有迎合普通读者的能力。（Lx，Dx，Wx，Ex，Gx，Cx，Tx，Ax）

39. 金子是值钱的，戒指是装饰品。因此金戒指是值钱的装饰品。（Gx，Vx，Rx，Ox）

章节摘要

在本章，我们发展了一种符号系统来考察量化命题，这是命题逻辑符号语言的改进。

8.2 节介绍了这种语言。在这个语言中大写的字母表示谓词，小写字母从 a 到 w 表示个体的名称（常元）。x、y 和 z 是遍历个体的变元，希腊字母 Φ 和 Ψ 是遍历谓词的变元。符号 (x) 表示全称量词，$(\exists x)$ 表示存在量词或特称量词。

8.3 节介绍了 4 条新加的推理规则。全称示例规则和存在示例规则允许用一个个体来重述一个量化陈述。全称示例规则允许你用一个个体常元或个体变元来重述一个量化陈述。存在示例规则允许你只是用一个对该证明是新的个体常元来重述一个量化陈述。全称概括规则和存在概括规则允许引入量词。给定一个用个体变元断定的陈述，可以概括为一个全称命题。给定一个用个体常元断定的陈述，可以概括为一个存在命题。我们还讨论了量词等值式。量词等值式归属于替换规则。当你把否定号（$\sim$）移动跨越量词时，全称量词变为存在量词，存在量词变为全称量词。

8.4 节讨论了量词逻辑的条件证明和间接证明。

8.5 节讨论了如何运用逆向真值表证明量词逻辑中论证形式是无效的。

第 9 章
归 纳

9.1 归纳概述
9.2 类比论证
9.3 类比论证的评价
9.4 说明与假说
9.5 对最佳说明的论证

9.1 归纳概述

此前6章专注的是演绎论证。一个有效的演绎论证是不可能出现前提真而结论假的。因此，一个可靠的演绎论证允许你确然地断定其结论。

归纳论证都不是有效的演绎论证。因此，一个归纳论证即使前提为真，你也不能确定其结论为真。一个归纳论证的结论总可能是假的。归纳论证是可错的。我们只能以一定程度的概率知道归纳论证的结论之真。

尽管如此，所有的偶然陈述的真值都是通过归纳得知的。你构造的论证大多是归纳论证。所有关于自然界的知识——包括科学知识——都依赖于归纳推理。因此，归纳论证具有实践上的重要性。所以，我们需要有评价归纳论证的标准。

正如我们已经看到的那样，对于演绎论证有一些准则使我们能够决定性地确定一个论证形式是否有效。如果一个论证形式是无效的，它也可能提供一些证据，但是它不能为结论之真提供决定性证据。有的归纳论证与其他的论证相比为它们的结论提供了较好的证据——它们是较强的。评价归纳论证的准则是意在表明归纳论证是强还是弱的准则。为了说明这一点，让我们来看一种典型的归纳论证，枚举论证。[①]

你在湖边观察天鹅。你看到的第一只天鹅是白的，第二只、第三只也是白的。你继续观察，你所看到的第n只天鹅也是白的。于是你得出结论：所有的天鹅都是白的。你的论证可表示为：

  观察到的天鹅#1是白的。
  观察到的天鹅#2是白的。
  观察到的天鹅#3是白的。
  ……
  观察到的天鹅#n是白的。
  所以，（大概）所有的天鹅都是白的。

你有好的理由接受这一结论吗？没有。某天在某个湖边观察一群天鹅并不能告诉你所有过去、现在、将来、任何地方存在的天鹅全体的情形。你能为你的结论增加论证的强度吗？可以，你可以观察更多的天鹅。与你看到的是哪些天鹅有关系吗？有点。

你是基于一个样本，即数目有限的一组所调查的那类对象，得出一个归纳概括。在有些情况下，样本可能是全体；例如，你能够基于对莎士比亚所有戏剧的分析，得到一个一般

[①] 有人宣称所有归纳论证都是枚举论证。如果是这样，那么归纳论证/有效演绎论证的区分将不能把所有论证没有剩余地分为两类了。而且，如我们后面所建议的，枚举论证不大像是归纳论证最基本的形式。

性断定，假定我们已经获得莎士比亚所有的戏剧。通常，如天鹅的例子，样本是很有限的。这时，如果你增加样本中天鹅的数目，那就增加了结论为真的概率。但是，如果你和动物相处一段时间，你就会知道在不同地域动物的外表（和遗传学）会有所不同。例如，得克萨斯州的兔子比弗吉尼亚州的大，而鹿则相反。所以，你希望在你的样本中包含这些差异。基于对其他动物的遗传物质的知识，你得出结论：遗传差异与地域相关。而且，地理位置的不同或许须是显著的。[1]因此，如果你的观察仅限于明尼苏达州明尼阿波利斯市郊是不够的。如果你去南卡罗来纳州查尔斯顿、得克萨斯州布朗斯威尔和加利福尼亚州的圣地亚哥观察，发现遗传差异的机会就会更大。然而，要得到正确的结论，你还必须环游世界：去尼加拉瓜、巴西、丹麦、意大利、俄罗斯、中国和澳大利亚。

在澳大利亚的墨尔本，你看到一只大黑鸟，问导游："这是什么鸟？""这是天鹅。原来黑天鹅不仅是伦敦的一家酒吧的名字！"观察到一只不是白色的天鹅表明你的结论"所有天鹅是白的"是假的。这是一个归纳反例。归纳反例是足以表明一个归纳论证结论为假的事例。你的结论是一个全称概括。观察到黑天鹅表明你的结论的矛盾命题——"有些天鹅不是白的"——是真的。

陈述"所有天鹅是白的"是一个强的结论。结论的强度由证明结论为假所需要的证据的数量决定。一只非白色的天鹅就足以表明该结论是假的。你的证据可以足以是表明一个比较弱的结论是真的，例如，"大部分天鹅是白的。"要证明这个结论为假，你需要表明超过50%的天鹅不是白的。

因此，我们可以把枚举归纳论证的评价准则总结为：

1. 随着观察对象数量的增加，概括被加强。
2. 样本越多样，概括的基础越好。
3. 结论越强，论证越弱。

结束我们考察天鹅的全球之旅后，我们有好的理由接受较弱的结论"大部分天鹅是白的"吗？毕竟，我们已经看到了成千上万只天鹅，其中只有几百只是澳洲的黑天鹅。我们有相当好的证据证明大部分现存的天鹅是白的。然而，"大部分天鹅"是指现正存在的、曾经存在的、和将要存在的大多数天鹅。我们的论证提供了好的证据——但不是决定性证据——大部分现存的天鹅是白的。我们不能看到死去较久的天鹅的颜色；我们所能做的只能是去读历史记录，而那肯定是不完全的。未来的天鹅也是另外一回事。

归纳论证是重要的，原因之一是我们用它们来预测未来。当你还是个孩子时，你可能不止一次碰过滚烫的炉子，你感到很疼，并得出结论如果你再碰炉子，会再次感到疼。从此，你躲开炉子。你可能读了几集《哈里·波特》，发现每一集都很有趣，并推论下一集也同样有趣，而期待下一集。你会犯错吗？会。说的是，维多利亚女王读了刘易斯·卡罗尔写的《爱丽丝》系列小说之一，非常喜欢，向卡罗尔要他的下一部著作，他照办了。那本书是论数学

---

[1] 你应该注意到，这些关于不同地域的天鹅的遗传构造可能有差异的考虑，是基于天鹅与其他种类动物的相似性的。在其他种类动物中，存在与地域差异相关的遗传差异。因此，很可能在天鹅中与地理位置对应会存在遗传差异。这是一个类比论证（argument by analogy）。我们将在下一节考察类比论证。

基础的——我相信那也是很有趣的，尽管女王可能没有注意到。① 我们的假定是，在某个层面上，未来将类似过去。这个假定称为自然齐一原理（Principle of the Uniformity of Nature）。我们所有的归纳论证都假定它。在我们关于天鹅的论证中，它是这样起作用的：

> 大多数过去和现在的天鹅都是白色的。
> 未来将类似过去。
> 所以，大多数未来的天鹅将是白色的。

重要提示

在工业化前的英国，有一种普通的白色蛾子。同种的蛾子今天通常是黑色的。这种改变可以用自然选择原理来说明。随着建筑物受到更多烟尘覆盖，那种蛾子中的黑色成员具有更大的存活价值：它们更不容易被天敌看见。因此，带有黑性基因的蛾子不断繁衍；带有白性基因的蛾子灭绝了。

大概250年前，苏格兰哲学家大卫·休谟（1711—1776）怀疑自然齐一原理能否被认为为真。② 他争辩说自然齐一原理不是自明的真理：你至少能想象一个事件发生但并不总是有随后事件发生的情况。从经验出发的论证假定自然齐一原理为真。因此，以任何从经验出发的论证来支持自然齐一原理就是窃取论题。所有论证都或者是从自明的前提出发的论证或者是从经验出发的论证。所以，没有论证能够证明自然齐一原理是真的。因此，没有办法知道该原理是真的。因此，任何归纳论证包含一个并非已知为真的隐含前提（自然齐一原理）。注意，自然齐一原理可能是真的，但是无法知道它如此。因此，怀疑归纳论证是有根据的。

当然，我们总是假定自然齐一原理是真的：如果不这样，就简直不可能安排我们的生活。但是即使自然齐一原理为真，也不意味着我们能这样推理：正是因为大部分天鹅都是和曾经是白的，所以，大部分将来的天鹅也是白的。为什么？因为自然齐一原理只适用于一个很基本的层面上。让我们想象在2255年有一个事件改变了世界上除了澳洲之外所有天鹅的遗传构造。从2255年往后，所有非澳洲的天鹅都是蓝色的。让我们假定蓝色的天鹅很是多产，在整个世界历史上蓝天鹅的数量是白天鹅的2倍。我们关于大部分（过去、现在、将来的）天鹅是白色的之概括就会是假的。但这仍然与自然齐一原理一致。为什么？天鹅的颜色是由遗传因素决定的。有可能所有具有某种基因 α 的天鹅都是白色的，而具有一种基因 β 的那些天鹅都是蓝色的。颜色的遗传说明比外表颜色本身更基本。的确，遗传学的事实将使我们能说明这种变化。

因此，归纳论证为结论提供了某种并非决定性的证据。关涉未来的论证，——因此所有全称概括——都假定了不能证明为真的自然齐一原理。评价归纳论证的准则是判断归纳强度的指导方针；它们一般不是决定性宣称对一个论证是否可接受的根据。

本章余下的部分将考察类比论证（9.2—9.3）以及科学和日常生活中对最佳说明的论证（9.5）。

---

① 刘易斯·卡罗尔（真名，查尔斯·勒特威奇·道奇森）是一位数学家。所以，维多利亚女王的推理——他的上一部书是关于爱丽丝有趣奇遇的，因此，他的下一部书也是——或许不是基于自然齐一原理的太简单的应用；它可能反映了对于她的推理，样本太小了。

② David Hume, *An Enquiry Concerning Human Understanding*（1784），Section 4，Part II。

> **类比论证的特征**
>
> 跳棋和国际象棋有很多共同之处。它们都在相同的棋盘上两人对垒,双方都试图吃掉对方的棋子;它们都是博弈;通常有胜负之分;都有一套必须遵守的规则。由于跳棋是一种容易掌握的游戏,因此,国际象棋也是。
>
> 这个例子表明了类比论证的一些特征,以及反驳这样的论证的几种途径。跳棋和国际象棋确实具有前提中提到的所有的共同点。但是它们也有重要的区别,其中相当重要的是国际象棋有多种不同的棋子,每一种的走法和吃掉对方棋子的方法都不同。这些区别使得国际象棋比跳棋更难掌握。

9.2 类比论证

归纳论证有很多种,最常用的或许是类比论证,对两个或两个以上实体进行类比是指出它们相似的一个以上的方面。**类比论证是因为两个或两个以上事物在某(些)其他方面相似而推论它们在某一方面相似。**由于我们甚至在把对象归类这样的基本活动中也使用类比,类比论证可说是归纳论证中最基本的类型。例如,为什么把鲸归为哺乳类而不是鱼类的一个理由是它们较之典型的鱼类——如鳟鱼、鲈鱼、梭鱼——有更多的方面像典型的哺乳类——如狗、猫、牛、人。[①]

类比是许多日常推理的基础。它用已有的经验来预测将来。由于类比论证属于归纳,它们不以有效或无效来区分;它们的结论有不同程度的概率,那是取决于下面要讨论的因素而赋予它们的。首先,我们来看两个类比论证的例子:

> 有些人认为对教师进行雇佣前测验是不公平的——是一种双重的危害。"教师们已经是学院的毕业生,"他们说,"为什么他们还要被测验呢?"这很简单。律师也是学院毕业生和专业学校毕业生,而他们必须参加律师资格考试。而且很多其他行业也要求应聘者参加并通过一些考试来证明他们有专业知识:会计师、保险从业员、医生、建筑师。因此,没有理由就不应该要求教师也这么做。[②]

这里所断定的类比是教师类似于其他专业人士(会计师、医生、律师等),论证是因为教师类似于给定方面的其他专业人士,因此教师也应该像其他专业人士那样进行资格考试。

> 我们观察到我们所居住的地球与其他行星——土星、木星、火星、金星、水星——有很多的相似之处。它们都像地球那样围绕太阳转,尽管距离和周期不同。它们都像地球那样从太阳那里获得光。有些行星还像地球那样围绕地轴自转,因而有日夜交替。有些行星还像地球那样有月亮,当太阳不出现时给它们光亮。它们全都像地球那样在运动中遵从同样的引力规律。从所有这些相似性看,认为那些行星像我们地球住有不同等级的生物不是没有道理的。这个从类比得来的结论具有一定的概率。[③]

---

① 新近用于生物分类的方法是关注它们的血统。
② Albert Shanker, "Testing Teachers", *New York Times*, 8 January 1995.
③ Thomas Reid, *Essays on the Intellectual Powers of Man*, Essay 1, 1785.

> **非论证的类比**
>
> 20世纪初叶，物理学家用关于太阳和行星的普通知识作为一种图景来想象原子和电子是如何活动的。电子被认为像行星围绕太阳转那样围绕核子转。当然，物理学家清楚地知道这种图景不是实打实拿过来的，它也不是原子结构真地像太阳系那样运转的证据。他们是在以说明而不是论证的方式使用类比。

这里的类比是太阳系中地球与其他行星之间就物理特征而言的类比。类比论证则以这组相似性为前提，推出由于地球上有生物，因此太阳系的其他行星上很可能也有生物。论证者意识到这个结论只是在一定程度上或然的；某些方面的类似不能保证存在更多的相似性，而且可能有其他因素降低我们赋予结论的概率。

重要的是要注意有很多时候类比并不用作论证。文学中的隐喻和比喻就是类比不用于支持结论的明显事例。例如，在陈述"在强射灯的照射下，教堂的两座钟楼像魁梧的凌驾在长体型的建筑物之上"[①]中，用哨兵作比喻来描述教堂的钟楼。另一种非论证的类比的用法是，在说明中，当我们把类比用于以不熟悉的事物与较熟悉的事物比较时，目的是说明清楚而不是论证。例如，一位数学老师说明如何做某一道题时把它与你已经知道怎么做的另一道题作比较。

每个类比推理都是从两个或两个以上事物在一个或多个方面的类似推出那些事物在其他方面的类似。 类比论证的一般形式或结构如下（a、b、c和d表示任何东西，P、Q和R表示这些东西相似的属性或者"方面"）：

a、b、c、d都具有属性P和Q。
a、b、c都具有属性R。
因此，d也具有属性R。

把类比论证重述为这种形式有助于识别特别是评价类比论证。

──练习题──

下列段落含有类比。其中有些包含类比论证，有些则对类比作非论证的使用，请予区分。

1. 你会喜欢这家餐厅的烤宽面条的。你已经尝过了他们的比萨、通心粉、细面条并且你觉得它们都很好吃。

3. 你哥哥是数学专业的，GPA（总平均成绩）在3.0以上，他第一学年选修了这门课并且顺利通过了。现在你也是数学专业，GPA也在3.0以上，并且你现在也是第一学年，所以你选修这门课也应该能顺利通过。

5. 你知道在不用止疼药的情况下拔掉一颗牙齿是什么感觉吗？那就是昨天我去看那个颁奖晚会的感觉。

---

① Dan Brown, *The Da Vinci Code* (New York: Doubleday, 2003), p. 54.

7. 希腊创造了一个伟大的帝国，然后它衰落了。罗马创造了一个伟大的帝国，然后它也衰落了。虽然美国现在是一个伟大的帝国，但它终将衰落。
9. 确实，科学变得如此专业化以至于良好的基础科学教育都不能保证一个人能够成为所有学科的专家。这种情形同样出现在非科学的研究领域。比方说历史学家们已经成为特殊时期或特殊领域（军事史或者科学史、经济学史）的专家，这并没有阻止我们教授历史。

——Bruce J. Sobol, *Current Issues and Enduring Questions*（Boston：St. Martin's Press，1990）

11. 男人和女人拥有不同的生殖策略，但是不能认为两者有优劣之分，这就像不能认为鸟的翅膀与鱼的鱼鳍有优劣之分一样。

——David M. Buss, "Where is Fancy Bred？ In the Genes or in the Head？"

The New York Times，1 June 1999

13. 维特根斯坦常常拿思考与游泳相比：在游泳时我们的身体有向水面浮起的趋势，以致扎入水底需要耗费很大体力，同样的，在思考时我们需要耗费很大脑力，使我们的心智远离肤浅，扎到哲学问题深处。

——George Pitcher, *The Philosophy of Wittgenstein*

15. 在学校的孩子就像在医院里那样。他可以涨红脸告诉自己他的药效果多好；但是他想的却是这些药有害或者这些药很难吃。如果按照他们自己的想法，一粒药都不想吃。所以我认为我正领导着的这一队奔向终点的勇敢而坚定的旅行者表现得却像一群戴着镣铐的囚徒，在严厉惩罚的威胁之下，行走在崎岖的只能看清几步之遥的，不知通往何处的道路上。孩子们对学校的感觉就是如此：他们觉得学校就是一个他们让你一直前进，不停地干这干那，一旦你有懈怠或者出错的话，他们就令你很难堪的地方。

——John Holt, *How Children Fail*

9.3 类比论证的评价

没有一个类比论证是演绎有效的，但有些类比论证比另一些类比论证更有说服力。本节介绍类比论证的评价准则。它们使得我们能够判断类比论证的相对强度。

类比论证的形式为：**如果一些对象共有一定数量的性质，那么如果其中除一个外所有对象都具有某另外的性质，那么很可能剩下那个对象也具有那种性质。**

注意，类比有四个基本要素。其一是**类比的依据**，指具有全部所考虑的性质的对象。如果有三个对象 A、B、C，每个对象都具有性质 a、b、c，A 和 B 还具有性质 d，问题是 C 是否具有性质 d，那么，A 和 B 就是类比的依据。其二是**类比的延伸对象**，指与类比的依据相比较的对象，已知它具有若干与类比的依据中的对象共同的性质。在上例中，C 是类比的延伸对象。其三是类比的基础，包括已知类比依据与类比的延伸对象所共有的那些性质。在上例中，a、b、c 是**类比的基础**。其四是**类比的问题延伸**，指的是类比依据中对象共同具有，但不知道延伸对象是否具有的性质。在上例中，类比的问题延伸是 d。

我们用两个平常的例子来说明什么要素使类比推理有更多（或更少）效力。假设你要选购一双某类型的鞋，因为你曾经穿过而且很满意类似的鞋；又假设你选择某个品种的狗，因为同品种别的狗表现出很讨你喜欢的性格。这两个例子都依赖类比论证。为了评价这两个样本论证其实是所有类比论证的强度，可有如下六个准则：

1. 实体数目　如果我关于某类型鞋的经验仅限于我穿过和喜欢的一双，我会因为再次买表面类似的鞋发现意外的缺点而感到失望。但是，如果我已经多次购买我喜欢的那类鞋，我就有理由认为下一双与之前穿过的一样好。对同类事项多次的同类经验比单独一个事例给予结论——这次购买是称心的——更多的支持。每一个实例可以看成一个增补的实体，实体的数目是评价类比论证的第一准则。

一般而言，**比较的实体数目越大（类比的依据越大），论证越强**。但是实体数目与结论的概率之间没有简单的比例。与聪明温顺的金毛猎犬相处的六次愉快经验使你推论，下一只金毛猎犬也是聪明温顺的。但是，前提中具有六个实例的类比论证结论其概率并非正好三倍于前提只有两个实例的相似论证结论的。实体数目的增加是重要的，但还要考虑其他因素。

2. 相似方面的数目　前提中提及的实例可能有各种相似性：或许是鞋子的款式、价格和用料相同；或许是狗的品种相同、来自相同年龄的相同饲养者，等等。前提中提及的实例彼此相似而且也与结论中的实例相似的所有那些方面，都增加了结论中的实例具有该论证所指望的其他属性——在新鞋的例子中是令人相当满意，在新狗的例子中是天性温顺可人——的概率。

这个准则也植根于常识：**结论中实体似于前提中实体的方面的数目越大（包括在类比基础中的性质越多），结论为真的概率就越大**。但是在结论与所辨认的相似方面的数目之间不存在简单的数字比例。

3. 前提中实例的多样性　如果对象以若干种方式相似，则所提对象间特征的差别可以增加类比的强度。如果之前的好鞋子既有购自百货店的又有购自专卖店的，既有纽约制造的又有加州制造的，既有邮购的又有直销的，我会相信令我满意的是鞋子本身而不是导购。如果之前的金毛猎犬既有雄性的又有雌性的，获得时既有来自饲养者的幼犬又有来自动物保护会的成年犬，我会更相信是它们的品种——而不是它们的性别或年龄或来源——令我早先满意。**当相当数目的对象在相当数目的方面相似时（当论证的依据和基础很强时），类比的依据中对象间的差别能增强类比的结论的证据**。

4. 相关性　与相似方面的数目同样重要的，是前提中实例与结论中实例相似方面的种类。如果那双新鞋与之前的那些一样都是在周二买的，那是一种与对它们的满意度没有关系的相似性；但是如果那双新鞋与所有之前的那些一样，来自同一制造商，那自然就很有关系了。**当相似方面是相关的时候，它们能增加论证的强度，而一个高度相关的因素比一堆不相关的相似性对论证的贡献都更大**。

有时对于哪些属性在建立我们结论的相似性中相关有不同意见。但是相关本身的含义是没有争议的。一种属性与另一种属性相关，当两者是有联系的，当它们之间有某种因果关系时。这是为什么识别这类那类因果联系在类比论证中是关键性的，也是为什么建立这样的联系往往对在法庭上确定证据可承认相关与否是关键性的。①

类比论证无论它们是由因到果还是由果到因，都可以是概率大的。甚至在前提中的属

---

① 你可能正确地推论，第三和第四种考虑之间有联系。当类比论证的依据中的对象在性质有显著差异时，那些对它们来说不是共同的性质就没有因果关联。

性既不是结论中的属性的因也不是它的果时,只要二者都是同一原因的结果,它们也可以是概率大的。医生知道病人的某个病征,就可能准确预见另一个病征,不是因为其一是另一的原因,而是因为它们由同一病征导致。车的颜色与它的表现或可靠性无关,但是车的颜色会与推销员能否尽快把车卖出去有关。

5. 不类似处 不类似处(disanalogy)就是差别点,是关于类比的依据中的对象与那些延伸对象不同的一个相关方面。考虑买鞋的例子。如果我们计划买的鞋子看起来像我们已有的鞋,但更便宜,制造商也不同,这些不类似处会使我们有理由怀疑那双鞋能否令我们满意。

上面所说的相关性在这里也是重要的。当识别到的差异点是相关的,与我们寻求的结果有因果联系时,不类似处会损害类比论证。投资者往往基于它成功的"跟踪记录"购买一支股票基金,他们推论由于之前购买获得资本增值,将来的购买也将如此。但是如果我们知道它盈利时期的基金经理已经换人了,我们就面对一个大为减弱那个类比论证的强度的不类似处。

不类似处削弱类比论证。它们往往被用来攻击类比论证的进行。作为批评者我们可以试着表明结论中的情况与之前的情况有重要差别,而对之前情况成立的不大会对结论中的情况成立。在法律上,使用类比是普遍的,有些先前的案件常被提到法庭上作为审理当前案件的先例。这种论证就是类比论证。而辩护律师则会寻找当前案件与先前案件之间的差别;就是说,律师会设法表明,因为当前案件中的事实与那些先前案件中的事实有关键性的差别,在眼下的问题上它们不能充当好的先例。如果那些差别是巨大的,不类似处是关键性的,就能够成功地驳倒已经提出的类比论证。

因为不类似处是反驳类比推理的基本武器,凡能抑制潜在的不类似处的都能加强那个类比论证。这就说明了为什么如第三个准则所说,前提中实例的多样性增加论证的力量。前提中实例彼此之间越不相同,批评者指出它们全部与结论之间的、会弱化论证的相关的不类似处的可能性就越小。举例说:金·库马是大学一年级学生,她的十位中学校友已经在同一所大学成功地完成学业。我们可以用类比推断,她很可能也获得成功。但是,如果所有其他那些学生都在与大学生活有关的某方面彼此相似,但在那个方面——例如,学习用功,善于支配时间——与金·库马不同,这个不类似处将损害金·库马能成功的论证。但是,如果我们得知十位成功的学长之间在许多地方——经济背景、家庭关系、宗教信仰等——各不相同,那么他们之间的差异就抑制了这样的潜在的不类似处。金·库马能成功的论证将得到加强——如同我们之前看到的——如果前提中提到的金·库马的那些中学校友彼此不怎么相像而表现出实质性差异的话。

要避免一种混淆。不类似处削弱类比论证的原理与前提之间的差异增强这样的论证的原理是相对立的。前者,差别在前提中的实例与结论中的实例之间;后者,差别只在前提中的诸实例之间。不类似处是我们已有经验的事例与就之做结论的事例之间的差别。提出不类似处来进行反驳,我们可以说结论是没有道理的,因为关键事例中的情境与以往事例中的情境并不相似。那样的类比被说成是牵强附会的;那个类比不成立。然而,当我们指出前提之间的不相似时,我们是在加强论证,其实是在说,该论证具有广泛的效力,它在这样的事例中也在其他的事例中成立,因此前提中实例各异的那些方面与结论所关注的事情没有关联。

总之:不类似处损害类比论证;前提间的不相似点(dissimilarity)增强它。而两者都系

> **类比论证**
>
> 这是来自20世纪50年代民防系统短片的一个类比论证。
>
> "我们都知道原子弹是多么的危险。由于它可能被用来攻击我们,我们必须做好防备,正如我们一直以来防备周围许多其他危险一样。火是危险的,如果有人粗心大意,它可能烧掉整座大厦。然而,我们有防火准备。我们有很好的消防部门去救火,学校里也有消防教育教你怎么做。机动车也是危险的,它们有时引发事故。然而,我们有所防备。我们有汽车司机和行人都必须遵守的安全法规。现在我们必须防备一种新的危险原子弹。"该论证的结构如下:
>
> 火是危险的,机动车是危险的,原子弹是危险的。
> 我们能通过防备和知道怎么做来避免火和机动车的危险。
>
> 因此,我们能通过防备和知道怎么做来避免原子弹攻击的危险。
>
> 这个论证易受许多可能的不类似处的攻击。例如,尽管火、机动车和原子弹都能造成危险,但是它们所造成的危险是不可比的。原子弹的破坏性比火和机动车的要巨大得多。又如,预防失火和机动车事故的措施其效能是已知的。而另一方面预防原子弹攻击的措施其效能是未知的——值得怀疑的。

于相关性问题:不类似处是要表明存在着结论中的事例不同于前提中的那些事例的相关的方面;前提间的不相似点则是要表明,可能已被认为与所关心的属性有因果联系的,其实是完全无关的。

注意,第一个准则是关于说该类比在其间成立的个体对象的数目的,它也与相关性有关联。所诉之于的实例的数目越大,在它们之间成立的不相似点的数目就越大。因此增加个体对象的数目是值得期待的——但是随着个体对象的增加,每个新增事例的影响力减弱了,因为它可能提供的多样性很可能已由先前的实例提供了——在那种情况下它对保护结论免受不类似处损害贡献甚少,甚至全无。

6. 结论所做的断言 每个论证都宣称前提提供了接受结论的理由。很容易看到,宣称的越多,支撑那个宣称的负担就越大,这对每个类比论证都成立。结论相对于前提较弱或要求不过分,对确定推理的价值是关键性的。

如果我的朋友开他的新车一加仑汽油能行驶30英里,我会推论,如果我买同样牌子同样型号的车,一加仑汽油至少能行驶20英里。这个结论较弱,因此非常有可能。如果我的结论相当强——比如一加仑汽油至少能行驶29英里——这将从我的证据得到不那么好的支持。一般地,**结论越弱,加给前提的负担就越小,该论证就越强;结论越强,加给前提的负担就越大,该论证就越弱**。记住,结论的强度由证明结论为假的容易程度决定。

要加强一个类比论证,可以是通过在所肯定的前提的基础上降低结论的强度,也可以通过保持断言不变而用新加的或更强有力的前提来支持它。同样,如果一个类比论证的结论被加强了而它的前提保持不变,或者断言保持不变而支持它的证据被发现有漏洞,那么这个类比论证就被削弱了。

练习题

Ⅰ.下面的每个类比论证，各有6个供选前提。请指认出各个类比和基于它的论证。然后确定各个供选前提如果添加到原来的论证中之后是会增强还是削弱结论。在每一情况下请说出你的判断所依据的类比论证准则，并说明那个准则是如何适用的。

1. 两个内科医生正在讨论一个病人的病情："我们的检查显示病人白血球低，血压低，腹部出现皮疹，食欲不振。这些都是瑞特·巴特勒综合症的典型症状。尽管这是一种罕见病，但是仍然至少有1000多例患者的记录，患者男女都有。因此我们要给这位很可能患有该病的病人开出所推荐的处方。"

   a. 假设只有五个病例有与该病相连的症状。
   b. 假设以前所有的病例都是男性患者，而当前的患者是女性。
   c. 假设发现当前的病人与所记录的病例都有另外两个症状。
   d. 假设我们注意到所有所记录的病例的病人都有居中的名字，而这名患者没有。
   e. 假设发现所有所记录的病例的病人都不是O型血，而这名患者是O型血。
   f. 假设医学文献表明，在所有具有这四个特别的症状的人们中，只有70%的人确实是得了那种病。

3. 州立大学的一位忠实校友被州立大学橄榄球队最近的四连胜所鼓舞，他决定拿钱出来赌球队下一场仍会获胜。

   a. 假设自从上一场比赛后，州立大学杰出的四分卫在训练中不幸受伤，而整个赛季剩下的时间都要躺在医院里。
   b. 假设四连胜的场次中有两个客场两个主场。
   c. 假设在比赛即将开始之前宣布，州立大学化学系有人获得了诺贝尔奖。
   d. 假设州立大学代表队不仅赢了最近的四场比赛，其实最近六场比赛都取得了胜利。
   e. 假设球队先前的四场比赛都是在大雨中进行的，而天气预报说下周六还会有雨。
   f. 假设最近的四场比赛都至少胜出四个触地得分。

5. 贝尔选了三门历史课并且发现它们很令人兴奋而且有用。所以他又选了一门历史课，并且很有信心地预期这也是值得的。

   a. 假设他原先选的三门课分别是古代史、现代欧洲史和美国史。
   b. 假设他原先选的三门课都是由同一个教授授课的，而这位教授被安排教现在的这门课。
   c. 假设他原先选的三门课的授课老师是史密斯教授，并且现在这门历史课的授课老师是琼斯教授。
   d. 假设贝尔发现选修先前三门历史课程成为他人生中最激动人心的智慧经历。
   e. 假设他原先选的三门课是早晨九点上课，而现在这门的上课时间仍是早晨九点。
   f. 假设除了那三门历史课之外，贝尔还选了人类学、经济学、政治学和社会学，并且他都非常感兴趣。

Ⅱ.分析下面段落中的类比论证的结构，使用已经说明的六个准则对它们进行评估。

7. 动植物的每一个物种都是由经过超出几万年的极精细的选择选定的大量生殖物质决定的。现在我们可以理解为什么这些精细选择的有机体中的变异几乎始终是有害的。这种情况可以用J.B.S.霍尔丹博士的一句话来讽示：我的钟走时并不精准。如果我往钟里射进一颗子弹，它有可能变得更准确，这是可以想象的，但更大的可能是它会根本停止不走了。乔治·比德尔教授与此相联问道："排版错误会改善《哈姆雷特》，这种几率有多大呢？"

   ——Linus Pauling, *No More War!*

9. 如果单独一个细胞在合适的条件下，在几年的时间内便可以长大成人，那么确实不难理解，一个细胞是怎样在合适的条件下，在好几百万年的时间，产生出人类种族起源的。

   ——Herbert Spencer, *Principles of Biology*

11. 我们不能要求所有的东西都能被定义，就像我们不能要求化学家会分解所有的物质。简单的东西不能被分解，并且那些逻辑上简单的东西不能有真正的定义。

    ——Gottlob Frege, "On Concept and Object"

9.4 说明与假说

说明要回答的问题是"为什么?"或"怎么样?"说明增加我们对世界的认识。当我们不知道为什么发生某事时,我们提出一个假说。假说是所提出的一个"为什么?"问题的答案或一个"怎么样?"问题的解决。假说,如果是真的,就能说明某一**现象**,所要说明的事件或情境,为什么会那样。

本节我们考察评价说明的准则,讨论评价假说的准则。我们考察那些准则是如何应用于不同情境并考察几个例子。在运用这些准则时你要假定假说具有论述所要求的所有性质。(a)假说不能只是换个说法重述该现象。(b)假说必须没有歧义。(c)假说必须是一致的,没有衍涵自相矛盾的陈述。(d)假说和基于该假说的预测必须是精确的。

假说说明为什么一个现象是那样的,它为**预测**(prediction)和**倒推**(retrodiction)提供基础。预测是宣称某现象将会在一组特定情况下出现。倒推则宣称某现象已经在一组特定情况下出现。倒推通用于史学研究中。预测和倒推为检验假说提供基础。因此,假说的恰当性的第一个准则是:

H1: 假说必须是可检验的

怎样检验一个假说呢?

假设某天早晨我上自己的车,转动钥匙,却没有任何反应。我的车怎么没有打着呢?我提出假说:电池没电了。这能说明为什么车没有打着。检验这个假说必须有一个程序。懂点汽车,我提出如下条件句:

> 如果电池没电了,且我用跨接电线把我的电池与另一辆启动了的车上的电池连接起来,那么我的车就会启动。

因此,我用跨接电线连接我的车和我儿子的车,启动他的车,然后试着启动我的。哇!打着了。我已经找到问题的原因了吗?很可能。虽然我们知道还有别的考虑来增强证据,这个检验趋于证实我的假说。证据倾向于表明我的假说是真的。这反映了关于假说的可接受性的第二个准则:

H2: 如果基于假说的预测为真,那么倾向于表明该假说是真的

假说是廉价的。只有可检验的假说才是有价值的。例如,如果我的假说是:"今天早上通用汽车的神对我皱眉头了",我就无法检验它了。假说的价值主要不在于我的预测是可行的这一事实,而在于事实:如果我的预测失败,那就表明该假说是假的。记住,我并不知道问题出在电池上。我所知道的是,如果假说是真的,那么该检验程序将使车启动。该检验程序,当它成功时,为电池没电提供了证据。你是在从结果(车能启动)推断假定的原因(电池没电了)。这是一个肯定后件的例子。[1]

---

[1] 问题可能不是电池没电了。例如,可能是电池的连接端生锈了,而当我在连接跨接电线时刮去够多的锈,使得电路又通了。

如果车仍未能启动会怎么样？那就表明该假说是假的。这是否定后件式的例子。论证进行如下：

> 如果电池没电而我用跨接电线把我的电池与另一辆启动的车上的电池连接，那么我的车会启动。
> 我的车没有启动。
> 所以，（据否定后件式）并非既是电池没电而我又用跨接电线把我的电池与另一辆启动的车上的电池连接。
> 因此，（据德摩根律）或者电池并非没电，或者我没有用跨接电线把我的电池与另一辆启动的车上的电池连接。
> 我已经用跨接电缆把我的电池与另一辆启动的车上的电池连接。
> 因此，（据双重否定律和析取三段论）电池并非没电。

这足以**证伪**那个假说，就是说，证明该假说是假的。①注意，由于没有检验假说的程序，"今天早上通用汽车的神对我皱眉头了"这一假说是不可能被证伪的。

评价假说的第三个准则是：

H3：如果一个假说有一个更广的说明域，也就是说，如果它比其他供选假说能说明更多的现象，那么，该假说就更可能是真的

把我儿子从响亮的鼾声中弄醒来启动他的车之前，我可能自问我的假说能否说明比我的车不能启动更多的事实。懂点汽车电子系统，我假定如下一串假说：

> 如果电池没电，我开车灯，车灯就不会亮。
> 如果电池没电，我打开收音机，收音机就不会响。
> 如果电池没电，我试图打开车窗，车窗就不会打开。
> 如果电池没电，我开动雨刷，雨刷就不会动。

我做了相应的检验。每个预测都应验了。这些检验，加上连接电线的检验，反映出**一致性**（consilience）。一致性是指几种不同形式的归纳证据指向同一个结论的倾向性。

在实践中，当一个假说要说明**反常现象**（anomaly），即一个不能基于已接受假说或理论来说明的事实时，这个准则尤其重要。能说明反常现象，还能说明基于先前假说所能说明的事实，往往是宣称新假说优于旧假说的基础。

你应该注意到，这个例子中我只考虑电池没电这个假定。我可以有更复杂的假说，例如，电池没电并且油泵不起作用了。电池没电假说在牵涉较少理论假定的意义上是比较简单的。一般地说：

---

① 至少，在这个简单例子中它是充分的。在一种复杂的情况下，诸如与科学理论相关的假说，预测失败表明或者该假说是假的，或者科学理论的某个因素是假的。例子见后文。

H4：如果两个假说都能说明某一个现象，并且其中一个假说牵涉较少的理论假定，那么，那个牵涉较少假定的假说更有可能是真的

　　这有时被称为**简约原则**，或**奥卡姆剃刀**，因力主此原则的那位13世纪英国哲学家而得名。简约原则，就像说明域的考虑，倾向于整合我们对一种或一组现象的认识。进一步，理论假定的数目越小，越容易证伪该假说（理论）。因此，如果能只基于电池没电来说明为什么汽车不能启动，那就比电池没电并且还有其他问题更有可能是其原因。更有趣的例子是，如果基于生理现象（神经系统的状态）来说明所有的心理现象，那么一种对心理状态的物理说明则很可能是真的。

　　你也应该注意，我的假说不是凭空捏造的。如几乎所有已驾驶了几年车的人一样，我对于汽车的运作只是略知一二。我知道，例如，汽车不是由松鼠蹬轮子提供动力的。我的假说与自动机器理论相一致。一般地，

H5：一个假说，如果它与最好的通行理论说明相一致，则它更有可能是真的

　　这需要注意如下几点。（1）该理论引导你考虑什么是很有可能的相关的假说。我可能对汽车的运转知之甚少，但是我知道如果它不能启动，通常是电力系统或者动力系统出问题。我也会知道电池没电是汽车不启动的最常见原因。因此，我从这里开始。（2）理论说明。如果有一种广泛认可的理论——电力的、化学的或机械的等理论——它说明了为什么你的假说是有道理的，你就有理由相信你的假说是真的。如我们下面将要看到的，一个假说被接受的基础是它顺应一个已经建立的理论框架。这是一个理论一致性问题。（3）理论说明是保守的。如果已经有了一个对一种现象的说明，新的说明必须基于其他接受假说的准则表明它优于那个已被接受的说明。特别是，它必须说明一些已被接受的理论所不能说明的事物。

　　还有一个理论上的品德应该提到，这个品德是不能加于我们的电池没电的例子的。

H6：一个假说，如果它是富有成果的，即能预测先前未知的现象，则它更有可能是真的

　　一个假说如果能正确预测先前未知的现象，就是富有成果的。爱因斯坦广义相对论预见的现象之一是光线靠近巨型物体会弯曲。这个预测能在日食时被检验。在日食过程中，月亮挡住太阳的光线，离太阳边缘很近的星星变得可以看见了。这是因为从这些星星发出的光经过太阳的引力场。如果爱因斯坦广义相对论是正确的，那么它应该能正确预见日食时这些星星的表面位置。1919年日全食时的观察表明那些星星的表面位置正如爱因斯坦所预测的。他的理论是富有成果的。

　　既然我们提出假说用来解决日常生活中的问题，让我们从一些故障排查的例子开始，然后再转向科学理论的证实。

　　我们每天都从事故障排查。对于很多人，这是日常工作的主要部分——他们称之为"诊断"。当故障排查时，准则H1、H2和H5起主导作用，H3起次要作用。典型情况是，你在寻找现象的一个原因，因此，H4（简约性）是隐含的。例如，假定某个晚上你走进自己的公寓，按开关开灯，可毫无反应。马上在你脑中浮现若干假说，它们都能说明为什么灯不亮：

1. 整个城市停电了。
2. 你的房子停电了。

3. 灯泡烧坏了。
4. 开关坏了。
5. 电线短路了。

以上每条都是基于你对电灯会亮的理论了解（H5）。如果你的证据与假说不一致，假说就会被拒绝。你看一眼窗外，看到街灯亮着，邻居家的灯也亮着。由此（1）被拒绝。你打开另一盏灯的开关，灯亮了。由此（2）被拒绝。基于你对灯泡的认识，（3）是个好假说。你检验这个假说（H1），换灯泡。但是灯仍然不亮。于是你拒绝（3）。现在情况变得严峻了。要检验（4），你必须去商店买一个新的开关换上。于是，你可能会跳过（4），来到（5）。如果电路短路，有时会引起断路开关跳闸。于是你去检查断路闸盒来检验这个假说（H3）。断路开关没有跳断电路。如果电路短路，有时轻摇电线能让灯闪烁。你试了，没什么动静。现在，你比较相信问题出在开关。换了开关，安上原来的灯泡。灯亮了。所以，问题就出在开关上，对吧？

有一天，我在听我喜欢的磁带时，我的收录机停了。根据经验，我提出三个假说。

1. 电源线不通了。
2. 机器内部电路不通，不是在（a）录放器内就是在（b）机器的其他地方。
3. 带动录放器的皮带断了。

我做了个简单测试。我把按钮从"放音"转到"收音"，有相应声响了。这倾向表明电源线没毛病（不是假说1），而且机器内除录放器外其他部分也没有坏（不是假说2b）。当然，我对电源线有经验。我知道电源线不通有时可以通过轻柔触动而接通，可能我把按钮转向收音时就发生这种事了。于是，我几次抖动、扭曲、抻拉电源线，收音持续良好。我有更多理由相信问题不出在电源线上（不是假说1）。于是，回到假说（2b）和（3）。如果录放器的电路不通，就要买个新的了。我不知道怎么检查电路不通或晶体管损坏。我喜欢的立体声维修师傅的格言是："我不修理录放机，因为你买一个新的会更便宜。"但是检验假说（3）很容易。把录放机放置了几天后——总是有注意电聚集的警告，所以必须小心！——我打开录放机后盖。皮带断了。于是我换了一条新的，合上后盖，放入磁带。录放器运转了，但是磁带听起来音质不好。为什么呢？又有三个假说：

1. 磁头脏了。（它们很久没清洗了。）
2. 磁带不好了。
3. 被我修糟了。

清洁磁头并没有改变音质。于是，我换了一盘较新的商制磁带，音质变好了。于是，我得出结论：（a）录音机的问题是皮带断了，（b）我解决问题的方法是换皮带，（c）我屋子里至少有一盘有毛病的磁带。

在所有这些例子中，我们都考虑了诸供选假说。当我们基于某个假说所作的预测被证伪时，我们就拒绝它。当我们基于某个假说所作的预测被证实时，我们就采用它作为相信假说为真的理由。诊断一个问题的原因时，对诸供选假说一视同仁是重要的。

有一天我从桌子边走过，感到脚部剧痛并有血从伤口流出。我在伤口上贴了个止血贴就没再想它了——除了走路时。由于在我桌子板上有个突起的钉子，我假定我的脚后跟撞到了钉子头。我打的破伤风针是新出的，于是我不管它。几天后，伤口化脓了。医书上说："如果伤口化脓了，就要去看医生"。于是，我去看医生并告诉他我撞到钉子的假说。我也提到渗出的脓里有些灰色的斑点。"伤口里的那些大灰斑是木屑吗？""不是"，他说"那就是感染了。"他开了抗生素药膏和药片给我。

医生是对的吗？是，也不是。服药几天后，伤口没有脓了。于是我假定是伤口感染了。伤口里的大灰斑仍在。还感觉就像走在一个小板上似的。几周后，我剪掉死皮并剔掉了一根不小的灰色木刺。我确信说出我的钉子假说使医生忽视了其他供选假说。

---练习题---

给出一个或一组假设来说明为什么会出现下述现象。设计一个检验程序确定哪个假设最可能是正确的。并说明你为什么相信你的程序。

1. 现在是上午十点。你错过了早晨八点的考试。你本来是打算去考试的，但是你没有听到你的闹钟响。这是怎么回事？
3. 你公寓里的抽水马桶偶尔会自己"运行"。你冲了一下水，一切正常，但是一个小时之后就会出现水箱灌水的声音，大概持续三十秒。水箱从不溢水。你检查了水箱里的东西，然后你推断问题关系到（1）浮子，（2）冲水阀，（3）水箱球，（4）球底座（水箱球下的密封垫圈）。你知道当你冲水的时候水箱球升起。当浮子到达某个水平线的时候水箱就注满水了，这时冲水阀关闭。你怎么判定问题产生的可能原因呢？
5. 你的自动咖啡壶偶尔让咖啡渣倒入咖啡瓶里。这证明咖啡壶的过滤网已经松垮了。通常这没什么问题。通常当你倒咖啡时，湿漉漉的过滤网会紧紧地贴在咖啡笼的边缘上。通常只有当你倒到接近过滤盒的底部并且过滤网跟咖啡笼契合不好时，才会有咖啡中混入渣子的问题。你怎么解决这个问题呢？

9.5 对最佳说明的论证

故障排查的事例提供了对最佳说明的论证的例解。你给出了如果是真的就将说明该现象供选假说。你检验它们。当你得到想要的结果时，你认为你的假说是正确的。故障排查采取不要玩弄成功的观点来选择最佳说明。如果你成功了，难道不意味着你的假说是正确的吗？不是那样的。有时在"修理"某个东西时，你无意中改变了别的东西，而那才是问题的实际原因。我们全都在不时"修理"什么东西，可是发现几天或几周后问题又再次出现。这表明我们所接受的假说是假的，或者，我们对该现象的说明是不完整的。更换熔断的保险丝能说明为什么你的面包机停工了。但是如果你把一片面包放入面包机，结果新的保险丝又熔断了，那么就需要检查为什么电路超负荷了。

知识随着时间缓慢地增长。我们提出假设并检验之。假说需要用更一般的假说或理论来说明。一个说明性的理论包括若干经证实的、彼此相关的、能说明特定类型现象的假说。更一般的假说或自然法则陈述说明较具体的假说。理论统摄各种各样的现象。它们的说明域宽广（H3）。让我们一起来看飞机坠毁的可能说明以及一些证实科学假说的事例。

第 9 章　归纳　251

　　1974年8月2日，英国梦幻号客机离开阿根廷的布宜诺斯艾利斯，前往智利的圣地亚哥。但是它没有到达终点。4名资深的机组成员在预定到达圣地亚哥前4分钟联系地面控制中心，表明它当时正在航线上。它还用摩尔斯电码发来"S.E.N.D.E.C."。当控制塔要求说明时，这个信息又发来了两次，然后飞机就消失了。当时民航飞机还未采用雷达监控，也没有无线导航系统。当时地空联系只能靠摩尔斯电码，除非飞机很靠近目的地。

　　航空调查在进行中。什么也没发现。这引出不同的假设。（1）飞机被蓄意破坏。这能说明在相同航线上彼此相隔几个月另外两架飞机的失踪（H3）。（2）由于飞机上有一名乘客是国王乔治六世的信使，而当时英国和阿根廷的关系紧张，飞机可能是被炸毁的。（3）还有个UFO假说：飞机被外星人绑架了。据说这也许还能说明梦幻号最后发出的神秘信号（H3）。

　　没有一个说明是很好的。如果飞机是被蓄意破坏的或被炸毁的，那应该能找到飞机残骸。但是没有。关于蓄意破坏还有另外一个问题。如果飞机是被破坏的——如果有过破坏飞机的阴谋——只有找到有个阴谋的证据，那假说才是合情理的。阴谋论很流行。历史学家说阴谋论往往促就糟糕的历史。如果有一个阴谋，你必须表明不同的人为一个特别的目的一起工作。为了表明这是可能的，必定有一种同谋者之间联络的方式。有望有些同谋者同一时间在同一地点出现。没有同谋者会面的证据，就不大会存在一个阴谋。即使嫌疑人相识并且聚在一起，除非有进一步的证据，否则没有根据宣称很可能存在阴谋。书面证据（信件和文书）或者已知积极参与行动本身也是阴谋的证据。基于这些考虑，暗杀林肯总统和撞毁世界贸易中心双子塔的阴谋都有很好的证据。而存在暗杀肯尼迪总统的阴谋其证据则少多了。[①] 没有证据证明梦幻号是被阴谋破坏的。没有指认出任何可能的阴谋者。由于飞机完全消失了，没有飞机被蓄意破坏的物证。因此，阴谋论假说纯属推测。

　　UFO假说在理论根据上是可疑的。合情理的说明总是谨慎的。它们基于最好的通行理论（H5）。外星人并不与当前对世界的科学说明相契合。而且，把外星生命形式引入说明性理论会产生一个比当前通行者复杂得多的理论。因此，简约性（H4）的考虑提示，如果该现象能不引入外星人来说明，根据准则H4和H5，那将是一个更优的说明。进一步，尽管UFO假说可以说明其他奇异现象（H3）——庄稼怪圈，所谓的受害者关于外星人绑架的称述，天空的奇异光亮，等等——它不是可检验的（H1），也不能在梦幻号的事例中为预测提供基础（H2）。所以，UFO假说也纯属推测。

　　梦幻号失踪了53年后，在距离圣地亚哥50英里的图蓬加托山上找到了一些梦幻号飞机残骸和人类遗骨。这使得UFO假说更可疑了。智利军方探查队在方圆约1公里范围内找到约10%的飞机残骸。残骸的散播广度与炸弹炸机应有的情况不吻合，这使得飞机遭蓄意破坏的假说更加可疑。而且，推进器的损坏表明飞机是直接撞向山的。

　　在偏离航线50英里处智利最高峰之一的一条冰川底部发现飞机残骸，引起一连串问题。飞机怎么会偏离航线这么远？飞机残骸散落的地方就是飞机撞机的现场吗？

　　在格陵兰岛250英尺冰下发现一架第二次世界大战战机。它与另外5架战机被遗弃在那

[①] 其中一个原因是对事实有争议。所有的子弹都是从教科书储存大楼射出的吗，还是有的子弹是从那个小草丘射出的呢？如果子弹是从几个地方射出的，那么就有某种存在阴谋的证据，但是它要与宣称有几个独立的刺杀总统的密谋的那些事实相一致。

里，随着雪越积越厚，飞机被冻在格陵兰冰川里。如果梦幻号在山的较高处撞毁，残骸最后也会变成冰川的一部分。冰川会借地心引力从山上往下移动。冰川到达比较温暖的地方后溶化，从而吐露它含有的东西。因此，调查者有了假说：梦幻号在山脉高处撞毁，引起雪崩，成为冰川的一部分。这个假说能这样来检验，看看是否如预测的那样，未来几年能在该冰川底部找到更多的飞机残骸以及乘客和机组人员的遗骨。因此，此假说是可检验的（H1），办法是预测未来将会出现的事件（H2）。而且，它与科学的通行的最好理论相吻合（H5）。如果它是正确的，它还能说明其他现象（H3）。梦幻号失事后，图蓬加托山附近地域被搜索过，但没有任何发现。冰川地区的巨响声和震动往往导致雪崩。因此，相当可能的是，飞机撞击冰川导致雪崩，覆盖了残骸。这能说明为什么在1947年调查者飞越该地域上空时没有看见任何残骸的痕迹。于是，根据准则H1、H2、H3和H5，这个假说优于空难后的推测性假说。此外，与其他任何供选假说相比，它都是理论上较简单的（H4）。因此，它是目前对梦幻号失踪的最佳说明。但是那没有说明为什么飞机偏离航线50英里。

1947年8月2日是个有风暴的日子。在有风暴的日子里，飞行员在云层上面飞行。梦幻号是由兰开斯特式轰炸机改装的。它是当时最强大的飞机之一，因此能够飞越高山。飞机气流在高于风暴的高度漂浮。飞机气流在1974年是未知的。因此，飞机气流的作用未被纳入梦幻号的导航计算中。这也许能说明航空术的失误。这是惟一说明吗？不是，但它很可能是最佳说明。你能说明为什么吗？

当然，这些假说没有一个能说明摩尔斯电码"S.E.N.D.E.C."，那仍然是个谜。[1]

让我们转过来看某些科学发现以及上述准则是如何被用来确证那些假说的。先来看玛丽·居里发现镭的事例。

居里夫人 19世纪初，物理学和化学都尊崇数学模型。自然法则如牛顿运动定律用数学方法来描述。数学方程必须两边相等。亨利·贝克勒尔发现铀具有放射性后，科学家能使用静电计确定定量样本铀的放射量。玛丽·居里对铀产生了兴趣并考察了沥青铀矿的样本。这时方程的两边并不相等。给定沥青矿和其他已知成分中的铀的总量，其放射性比它应有的要高。这直接引发玛丽·居里假设沥青矿中有另一种未知的、她称之为镭的放射性元素。她的假说提供了预测和检验程序的基础（H1）。如果她对铀矿提纯，将能分离出一种元素而它具有能说明为什么方程两边不等的性质。她的假说很简单。她最初的想法是那种放射性上的差异能由出现一种未知的元素得到说明（H4）。皮埃尔·居里和玛丽·居里花了3年时间从几吨沥青矿中提炼出1分克（1/10克）的纯镭。然而，她的假说须要修改。有两种元素来说明那种放射性上的差异。在分离出镭几个月前，他们分离出当时也是未知的钋。由于她的预见是真的，这倾向于确证她的假说（H2）。她的假说是富有成果的（H6）。如同她后来的工作所证实的，它扩展了多个方向——包括医学——探究的领域。

但是她的假说的确证不只是从几吨沥青矿提炼出新元素的事例。还涉及表明她的发现在当时科学理论中的地位（H5）。当时的理论为甚至在她分离出那元素之前宣称她的镭假说合乎情理提供了基础。

德米特里·伊凡诺维奇·门捷列耶夫在19世纪后期研发的元素周期表，为已知元素提

---

[1] 对梦幻号更完全的讨论见http://www.pbs.org/wgbh/nova/vanished/resources.html以及后面的链接。

供了系统的理解。这使得门捷列耶夫能在1871年预见镓、锗和钪这些随后发现的元素的存在及其化学性质。也使得玛丽·居里能够把镭置入一个一般的架构中并系统地描述它的化学性质。这种外部一致性,即有支持证据的居里夫人的假说之断言与当时科学理论假说的一致性,是人们接受钋和镭的发现的部分原因。

巴里·马歇尔 有时候一个假说与"常识"相悖——因而似乎违反H5——但是,后来证明它是真的。在某些情况下,存在不同的说明模型,而问题是一个在某个其他领域成功的说明模型能否推广到当前事例。

考虑胃溃疡的事例。20年前,关于它们的原因知之甚少。

> 一片胃溃疡是发生在胃内膜上约30毫米宽的溃烂面。这种溃疡的确切原因还不知道。而有证据表明,来自十二指肠的胆汁对胃内膜的刺激是原因之一。①

溃疡的原因被假定为是遗传因素与环境因素的共同作用,②承受压力或对压力的反应被认为对出现溃疡起作用。③溃疡的典型处方是抗酸药和休息。但是,约95%这样治疗过的病人会在2年内复发。

于是,巴里·马歇尔和J·罗宾·沃伦两位博士上场了。1982年马歇尔和沃伦博士研究了100例溃疡病人的活组织,发现87%的病人体内有类似弯曲杆菌的细菌。他们从未在没有溃疡或胃炎(溃疡的一种常见先兆)的患者身上发现过这种细菌。他们提出假说,这种病菌至少是绝大部分病人得溃疡的原因。通过文献研究,马歇尔发现早在1893年,科学家已经知道胃里有细菌,而1940年的一篇论文中指出非处方药铋看来能治愈某些溃疡。最后他发现了用一种铋和抗生素的调理处置能治愈75%的病人的溃疡——患者两年内没有复发。而他们又花了差不多10年时间来说服医学界。④

注意最初的问题。有过被广泛接受的关于溃疡原因的说法。马歇尔的假说与其不一致。那么,基于H5,它被视为不大可能的。另一方面,细菌致病理论自巴斯德时期以来都被证明是很富于成果的(H6)。由于马歇尔的假说与一个富于成果的一般理论联系紧密,它应该被视为很有可能的(H5)。理论上,与H5有关的这两种考虑是势不两立的。实践中,任何与"常识"相悖的假说都面临艰辛的斗争。其原因与纯理论的考虑相比更多的是基于"心理惯性"。⑤

马歇尔的假说是,溃疡与其他疾病一样都是由细菌引起的。如果该假说是真的而且能找到抗生素的正确组合,那么病人服用抗生素就能治愈溃疡(H1)。检验的结果是好的(H2),

---

① Jeffrey R. M. Kunz, ed. -in-chief, *The American Medical Association Family Medical Guide* (New York: Random House, 1982), p.465

② Editors of Prevention Magazine Health Books, *Everyday Health Tips: 2000 Practical Hints for Better Health and Happiness* (Emmaus, PA: Rodale Press, 1988), p.19.

③ Sharon Faelton, David Diamond, and the Editors of Prevention Magazine, *Take Control of Your Life: A Complete Guide to Stress Relief* (Emmaus, PA: Rodale Press, 1988), pp.205-208.

④ 关于马歇尔的探索的某些细节,见Suzanne Chazin, "The Doctor Who Wouldn't Accept No", *Reader's Digest*, October 1993, pp.119-124,以及其中援引的医学杂志论文。

⑤ 一位物理学家有一次告诉我,量子力学之被接受,是因为老一辈的、在引入量子力学之前受训练的物理学家相继去世了。

事实上比标准的溃疡治疗方案有效。他的假说并不比压力假说复杂（H4）。而该假说的说明范围比压力假说的广泛（H3）。马歇尔的假说说明了为什么某种细菌当且仅当有胃溃疡或胃炎时就也才在患者肠胃中找到。只有在马歇尔说服其他人进行临床试验而试验结果与马歇尔的假说一致之后，他的假说才被接受。

芭芭拉·麦克林托克 现在考虑一个科学之社会学的例子。芭芭拉·麦克林托克（1902—1992）是一位美国遗传学家，1983年因植物遗传学方面的工作而获得诺贝尔生理学奖。贯穿她的职业生涯，她的研究专注于玉米的遗传学。她的早期工作被广泛接受。她早期的论文属于遗传理论的经典。1944年，她开始研究玉米中不稳定的变异。她的假说是有些变异出现不是源自DNA链上通常携带特性的基因，而是源自临近的基因。她的假说是新颖的，很激进，以至被忽视了10年以上。

为什么她的工作被忽视了呢？考虑以下三个假说:(1) 麦克林托克是性别歧视的受害者；(2) 她的假说不合情理；(3) 没人关注。上述三个假说哪个是最佳说明呢？为什么？要回答这个问题，需要回顾一些历史事实。

从历史背景看，麦克林托克的假说是不合情理的（H5）。她于1951年发表她的假说。当时大多数遗传学研究集中于果蝇和细菌，特别是大肠杆菌。当时认为，任何在相当简单的组织中的遗传变更都对应于较复杂组织诸如玉米笋中的遗传变更。而且，遗传学研究的一个基本假设是在DNA中的遗传信息不能支配变更，除非借助变异。麦克林托克的研究不仅专注于当时不太行时的对象（玉米），而且它还敢于冲击当时遗传学研究的基本的现行假设。

20世纪60年代早期，弗朗索瓦·雅各布和雅克·莫诺论辩说，细菌中的蛋白质合成不是受结构DNA基因本身调控，而是受与结构基因相邻的两个基因调控。这是对10年前的基本假设的拒绝，它把麦克林托克的工作带入遗传学研究的主流。

那么，什么是麦克林托克在科学上短暂失宠的最佳说明呢？是否（1）她是一位在男性处支配地位领域的女性，因此，她是性别歧视的牺牲者？让我们承认这个不愉快的事实，女性，特别是在某些领域里，是性别歧视的受害者。但是性别歧视假说不能说明麦克林托克早期工作被广泛接受的事实，也不能说明后来她被喝彩的事实。因此，假说（1）似乎不是麦克林托克在20世纪40—50年代的工作被拒绝的最佳说明。是否（2）她的假说被视为不合情理呢？这确实至少是部分说明。她的假说冲击了当时遗传学研究的基本假定。在这一方面，麦克林托克的假说与马歇尔的溃疡假说相像。给定假说提出时的知识状态，它是不合情理的。这说明了为什么麦克林托克假说曾遭拒绝。这也说明了为什么它最终被接受。20世纪60年代早期，她的关于玉米笋的遗传行为的假说也能说明细菌的遗传行为。她假说提供了两种组织的遗传行为的最可行的说明，同时，DNA链上的信息并不支配变更主体的假定被抛弃。因此，这个说明比（1）好，理由有二。第一，它说明了为什么她的假说开始被拒绝而最终被接受。第二，科学史提供了很多接受一个正确假说需时久远而且需要更替基础理论假设的例子。

重要提示

侦探小说迷应该会意识到最佳说明的论证是虚构的侦探的老生常谈。柯林·德克斯特笔下的侦探莫尔斯的神秘故事给出了绝妙的例子，它们事关如何提出和检验——有时是骇人听闻的——假说以及持续磨砺它们。《少女之死》很棒，它讲的是一百多年前的谋杀案。杰弗里·迪弗的《骨殖搜集者》以及林肯·莱姆的系列小说也都是例示最佳说明的论证的好读物。

这个说明比（3）没人关注更好吗？好像是。某些后来被认为是重要的发现曾经被忽视一段时间。亚历山大·弗莱明在1929年宣布他发现了青霉素。它被忽视了10年。只有当第二次世界大战爆发后，青霉素的潜在重要性才被承认。麦克林托克的假说是纯理论的。她的假说本身不能救人，它不能提供一种更好的杂交玉米，不能产生任何直接的经济效益或人道主义效益。这是一个只有遗传学研究者才感兴趣的假说——他们从不同的角度探寻，因为麦克林托克的假说与当时遗传学中的主导理论假设不一致。基于这个原因，假说（2）看似提供了麦克林托克在科学上短暂失宠的最佳说明。

在问题解决与拼图游戏之间好有一比。各拼图块拼凑得当，就能得到想要的画面。类似的，当一点一滴的证据搭配得当时——当你有一个能说明所有那些证据的假说时——这个假说一定是正确的。这个类比并不完美。如果有一套拼图块能用不同的方式拼凑出不同的画面，那么，这个类比就更接近完美了，因为你不能确定你的说明是正确的——总有供选的假说。尽管如此，如果你遵循评价对最佳说明的论证的准则，而当有更多的证据变得可用时，你愿意不断修改你的结论，那你就应该得到概率不断增大的结论。

练习题

1.下面的一段文字来自亚瑟·柯南·道尔爵士的著作《血字的研究》中的《演绎的科学》一章，为什么把它描述为对最好的说明的论证比把它说成一个演绎事例更合适呢？

谢洛克·福尔摩斯说道：“我在解决这个问题时运用了大量专业知识，这使得事情变得大为容易。你所蔑视的那篇文章中出现的那些推理规则在实际工作中对我来说毫无用处。观察对我来说是第二天性。当我们第一次见面时，我说你来自阿富汗，当时你感到很惊讶。"

"你说过，没错。"

"根本不是那么回事。我知道你来自阿富汗。我长期有个习惯,思考的火车在我脑海里迅速的驶过，意识不到中间步骤，直达我的结论。然而其中有那么几个步骤。其推理路数是：'这是一位从事医疗行业的绅士，同时又有军人气质。显然是名军医。他刚从热带地区来，因为他的面色黝黑，而那并不是他天生的肤色,因为他的手腕是浅色的。他遭受过艰辛和病痛,憔悴的脸色显露无疑。他的左臂受过伤，因为姿势僵硬而不自然。热带的哪个地方能使一位英国军医饱受痛苦并且手臂负伤呢？不用说，那是阿富汗。'整个思路用不了一秒钟。于是我说你来自阿富汗，而你很惊愕。"

3.请使用评价对最佳说明的论证的准则来评价下面的论证。

远东元素像一股浓烈的香气弥漫在披头士1965—1967年的唱片中。乔治·哈里森把能发出嗡嗡响声的西塔琴引入披头士的乐曲中。披头士乐队第一次经历了逆向录音和引入玄学主题。然后并不是每一个人都对乐队的突然变化感到开心。

看起来美国大众拒绝接受他们偶像的新变化。如果披头士乐队真的有什么变化的话，必须有其原因。在披头士乐队发行了1967—1969年的专辑之后，过去狂热的粉丝就变成了现在的审讯者。这就需要一个替罪羊，当"保罗死了"的谣言于1969年10月出现的时候，那些带有不安全感的粉丝只是极急切地寻找为披头士行事的稀奇变化提供答案的线索。

答案是明显的：保罗·麦卡特尼确实是死了，来了一位招摇撞骗者接手他的位置。

——R. Gary Patterson, *The Walrus Was Paul: The Great Beatle Death Clues*
(New York: Fireside Books, 1998), p. 37

5. 在1692年马萨诸塞州的一个叫萨勒姆的村庄里，许多年轻的妇女对该村和附近的很多女人和男人的巫术提出指控。19人被以巫术的罪名判罪并被处以绞刑。

下面是三个对此现象的说明。根据评价假说的准则，哪个是那现象的最好说明？为什么？如果你不能确定，那就说明你打算如何确定什么是最好的说明。

（1）科顿·马瑟（1663—1728）是因克瑞斯·马瑟的儿子，约翰·柯顿和理查·马瑟的孙子。作为一个第三代的清教徒，科顿·马瑟因他的神学研究和对科学的兴趣而闻名。1692年，他出版了一本名为《论巫术》的书。那书是多种论述巫术和鉴定巫师的理论的汇编。他列出的表明一个人很可能是巫师的特征如下：(a) 有中过他的巫术的人证；(b) 不寻常的身体标记；(c) 过着"荒淫无耻的生活"；(d) 不一致的证言；(e) 与恶魔立下契约并且拒绝神的荣耀；(f) 特定的手势；(g) 与他们熟悉的对象谈话（例如猫或者其他动物）；(h) 拥有画像和玩偶；(i) 有持续一段时间的狂喜；(j) 承认自己的巫术并且谴责他人是巫师。所有因巫术被指控的人都表现出上述几个特征。被指控的人是巫师。

（2）剧作家亚瑟·米勒（1915—2005；上过密歇根大学）在他的剧作《萨勒姆的女巫》中提出了另外一个说明。这个剧本写于麦卡锡聆讯期间，在那个时期众多著名的人物被叫到参议院回答对他们是共产主义者或共产主义同情者的指控。米勒暗示这类似于对巫术的审讯。他写道：

> 上文所谈论的萨勒姆悲剧生发自一个悖论。这是一个我们现在仍然生活在其掌握之中的悖论，而且还看不到解决它的前景。简单地说是这样的：从好的方面讲，赛伦的人民创造了一个神权政治、一个行政和宗教权力联合的机构，它的功能是保持社区的凝聚，阻止任何形式的分裂，而任何物质的或意识形态的敌人可以促使分裂成为毁灭。它是为了一个必要的目标而建，并且达到了这个目标。但是所有的组织都应该基于排斥和禁止的理念，就像两个物体不能占据同一个空间一样。很明显，在新英格兰，这样的时候到了：秩序的压制重于组织该秩序来对抗的那些危险所似乎要保证的。抓捕巫师的行动，是在天平开始偏向更大的个人自由的时候，对存在于各阶层中间的恐慌的一种荒谬的宣示。[*The Crucible*, Act I (New York: Penguin Book, 1954), pp. 6–7.]

（3）玛丽·斯塔基（波士顿大学的文学学士和硕士）是一名记者，她曾经在好几个学校教书，其中包括位于新伦敦的康涅狄格大学。她写的书《马萨诸塞的恶魔：一个关于萨勒姆巫术审判事件的现代探索》（1949）把这种现象称为歇斯底里。

> 事发时对萨勒姆村来说并没有新的特殊情况。相似的群众歇斯底里而且规模大得多的例子不断地在中世纪出现，就像这次一样，作为重压和社会无组织状态的结果，总是在战争或者黑死病流行之后。曾经有儿童十字军、自鞭身教徒、圣维托斯舞仪教，以及一次又一次巫术的爆发。瑞典最近就曾经发生过一次，并且论起规模来，萨勒姆事件实在是小巫见大巫。
>
> 并没有哪些人更容易感受从世上消逝的"鬼魂附体"。一次激奋的宗教复兴就会激起萨勒姆村当时经历的事情；一次私判死刑，一个希特勒也将如此，死亡的电影明星或是活着的忧怨歌手也将如此。那些女孩中有些并不比一群漏网逍遥的少女更严重地着魔。痛苦真是够多的，值得研究和治疗，但是几乎没有得到什么这类研究和治疗。
>
> 从长远来看值得我们注意的不是女孩们的愚蠢表现而是社区对她们的行为的反应。正是该社区——延长至包括整个海湾殖民地——结果遭受到财富的极具破坏性的攻击，不仅是愚昧无知的心灵，而且是最优秀的心灵。差不多普遍存在的对恶魔和巫术的信

服这一点并不能单独说明所发生的理性的屈服。事实上，全体国民并不比那些女孩们较少渴望它的酒神节的神秘仪式。一个天性长时间被他们的严苛信仰所控制的人，他的安全感因恐惧和焦虑日渐削弱以至于再也不能忍受下去，要求被净化。受恶魔破坏他们达不到，他们需要一个替罪羊和一个大规模的私判死刑。他们做到了。

还真是没人在"密谋"，尤其是不幸的玛丽［华伦］。社区一般都被巫术控制，地方长官不比那些女孩们好多少——中了愚蠢的催眠术，一方面的表现是恐慌，另一方面的表现是参加斗争的热诚。在这种情况下，理性的声音总听起来像是亵渎神明，而持异议者都属于恶魔。奇怪的不是玛丽的变节被谴责而是它受到了仁慈对待。（*The Devil in Massachusetts*, pp. 46–47, 102）

7. 1844—1848年间维也纳综合医院中的众多产妇在产后不久就死亡。死亡的原因是一种叫产褥热的病症。医院有两个妇产科。在第一妇产科8.8%的产妇在1844—1847年间死于产褥热。在第二妇产科同期仅有2.33%的产妇死于产褥热。医学院的学生在第一妇产科实习。助产士在第二妇产科实习。伊格纳·塞麦尔维斯（1818—1865）受命调查此事。

这里有好几个假说。（1）这简单地是一种流行病。但这种说法既不能说明为什么在第一妇产科比在第二妇产科更流行，也不能说明为什么第一妇产科产妇的产褥热死亡率高于该医院之外。（2）过于拥挤和通风不良是所提出的两个假说，但是这些因素在第一妇产科与第二妇产科之间并没有什么不同。（3）有人提出医学院实习生的检查技术很粗糙，但是那些技术与第二妇产科助产士的也并无二致，而且产妇在生产过程中自然产生的受伤害要多于检查引起的。（4）在第一妇产科，而不在第二妇产科，施行临终礼拜的神父由一个摇铃的随从导引。摇铃仪式随着死亡率没有变化而停止了。（5）在第一妇产科，产妇仰卧接生，在第二妇产科，产妇侧卧接生。在第一妇产科改变接生姿势后死亡率没有变化。

1847年塞麦尔维斯的一个同事去世了。夺取他生命的病症的征候跟产褥热的相符。在得病之前他的同事的手曾经在实行尸体解剖时被手术刀刺破。医学院的实习生在照料第一妇产科的产妇之前经常解剖尸体。塞麦尔维斯提出了一个新假说和一种检验法。这个假说是医学院实习生携带着来自尸体的一种感染物。他要求医学生在给产妇做医疗检查时用石灰氯化物（漂白粉）溶液洗干净手，以此检验他的假设。在1848年，第一妇产科的产妇死亡率降到1.27%，相比之下第二妇产科的死亡率是1.33%。

为什么相比之下塞麦尔维斯的假说有更大的概率是真的呢？

9. 1857年，路易·巴斯德试图去找出有些批次的葡萄酒和啤酒会变坏的原因。那时葡萄酒是通过在大桶里压碎葡萄，然后使果汁发酵得到的。这不同于啤酒的生产过程，新啤酒是通过添加从以前成功酿制的啤酒获得的酵母酿制而成的。巴斯德之前的时代就有很好的证据表明酵母是某些活的生物。他关于啤酒酿制的研究表明，该批酵母的数量会极大的增加直到糖被耗尽，这时发酵结束。他得出的结论是酵母的存在对酒的生产是必要的，而他的假说是那些"坏的"批次的啤酒和葡萄酒是有害的微生物造成的。他同时也在研究牛奶变酸现象。他后半生研制出预防炭疽病和狂犬病的疫苗。

在巴斯德之前，疾病被认为是由化学反应引起的，而关于微生物在发酵中的作用则缺乏认识。请说明为什么巴斯德关于发酵是微生物作用的结果之假说可以被视为"富有成果的"呢？

章节摘要

归纳论证提供证据证明结论很可能是真的。不像有真前提有效的演绎论证，没有归纳论证能确定性地表明其结论是真的。

9.1中简要地考察了枚举论证。一个枚举论证的强度随着样本（即为结论提供根据的对象）的增大和样本的更多样而增强。样本的多样性由取样在时空中不同的所在决定。最后，结论越强，证据对它的支持就越弱。结论的强度由找到它的反例的容易程度决定。一个归纳反例能表明结论是假的。例如，陈述"所有的天鹅都是白的"是很强的断言，后来只要找到一只非白色的天鹅就是足以表明该陈述为假的反例。

9.2—9.3中考察了类比论证。类比是基于事物之间的比较。一个类比论证认为因为两个或更多事物在某些方面是相似的，那些对象中除一个外全都具有另一种性质，所以很可能剩下的对象也具有该性质。评价类比论证的六个准则为：

1. 比较的事物的数目越大（类比的依据越多），支持结论的证据就越强。
2. 比较的对象相似的方面越多（类比的基础越大），支持结论的证据就越强。
3. 当相当多的事物在相当多的方面相似时（当类比的依据和基础都很强时），类比依据中对象之间的差异能增强支持结论的证据。
4. 那些方面当它们相关时能增加论证的力量。单个高度相关的因素对论证的贡献大于一堆非相关的相似性。
5. 不类似处降低类比论证的强度。
6. 结论越弱——越难证明结论是假的——前提的负担就越小，该论证就越强；结论越强，前提的负担就越大，论证就越弱。

9.4—9.5节中考察了说明与对最佳说明的论证。评价假说的六个准则是：

H1：假说必须是可检验的。

H2：如果基于假说的预测是真的，那就倾向于表明该假说是真的。

H3：如果一个假说有一个更广阔的说明域，也就是说，如果它比其他供选假说能说明更多的现象，那么，该假说更有可能是真的。

H4：如果两个假说都能说明某一现象，而其中一个假说包含更少的理论假定，那么，那个包含更少假定的假说更有可能是真的。

H5：一个假说，如果它与通行的最好的理论说明相一致，则它更有可能是真的。

H6：一个假说，如果它是富有成果的，即能预见先前未知的现象，则它更有可能是真的。

这些准则不仅用于判断一个个假说是否很可能是真的，而且还用于评判诸供选假说确定两个以上假说中哪个提供了对现象的最佳（最有可能的）说明。对最佳说明的论证在科学研究和日常生活中都是很常见的。

附录
真值树

A.1 命题逻辑
A.2 量词逻辑
    量词否定
    存在示例
    全称示例

真值树提供了一种判定命题逻辑中的任一论证是否有效的方法，这种方法也能证明量词逻辑中有效论证的有效性。与真值表一样，真值树的判定程序也是完全机械的：如果正确地遵循程序，就能证明某一论证的有效性，不用制定证明策略。它假定结论的否定（假定结论是假的）作为一个新增前提，这一点很像逆向真值表和间接证明。

A.1　命题逻辑

真值树的判定程序是直截了当的。那些前提构成树干。

1.把结论的否定添加到树干中。

2.应用下列规则把那些复合陈述分解成其简单支陈述。这样一来，就从树干产生出树枝。将分解结果置于那个复合陈述之下的每个开放的枝上。在应用规则的时候，要在被施行了一条规则的每个复合陈述旁边划一个钩号（验讫通过记号√）。

真值树的分枝规则			
条件句	合取	析取	双条件语句
$p \supset q$	$p \cdot q$	$p \vee q$	$p \equiv q$
/ \	p	/ \	/ \
$\sim p$　q	q	p　q	p　$\sim p$
			q　$\sim q$
条件句的否定	合取的否定	析取的否定	双条件语句的否定
$\sim(p \supset q)$	$\sim(p \cdot q)$	$\sim(p \vee q)$	$\sim(p \equiv q)$
p	/ \	$\sim p$	/ \
$\sim q$	$\sim p$　$\sim q$	$\sim q$	$\sim p$　p
			q　$\sim q$

消去所有的双波浪号（~~）

3.自下而上检查树枝和树干，查看是否同时有一个简单陈述及其否定。

4.如果在从树枝往上直达树根的一条连续路径上同时有一个简单陈述及其否定，就在那个枝的末梢打一个叉号（×），将其封闭。对一个封闭的枝下面不要再加什么东西了。

5.如果还有枝是开放的，并且还有未曾应用规则的复合陈述，就对这个复合陈述应用规则并打个√，把分解结果附加到每个开放的枝之下。

6.如果所有的枝都是封闭的，原论证就是有效的。如果树中所有的复合陈述都已经应用了规则，并且至少有一个枝是开放的，则原论证是无效的。

下面通过考察几个例子，就清楚这个程序了。

如何用一个真值树来证明析取三段论的有效性呢？析取三段论的形式是：

  $p \vee q$
  $\sim p$
  $\therefore q$

首先，把结论的否定添加到树干中：

  $p \vee q$
  $\sim p$
  $\therefore q$
  $\sim q$

对第一个前提应用析取分解规则。这就产生了两个分枝，左边分枝上是 p，右边分枝上是 q：

  $\checkmark p \vee q$
   $\sim p$
   $\therefore q$
   $\sim q$
   / \
   p q

从该树的末梢出发，向上追查每个枝子，看是否有一个简单陈述及其否定。向上追查左边的枝，发现既有 p 又有 $\sim p$。向上追查右边的枝，发现既有 q 又有 $\sim q$。

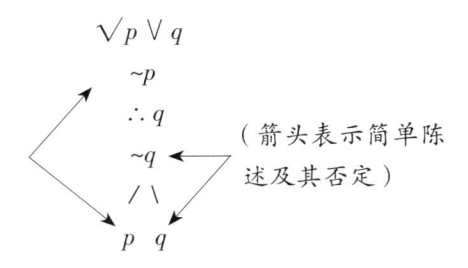

  $\checkmark p \vee q$
   $\sim p$
   $\therefore q$
   $\sim q$ ← （箭头表示简单陈
   / \   述及其否定）
   p q

每当在单独一个枝中出现一个陈述及其否定，就要在该枝的末梢打一个 ×，宣布该枝是封闭的。

  $\checkmark p \vee q$
   $\sim p$
   $\therefore q$
   $\sim q$
   / \
   p q
   × ×

由于所有的枝都是封闭的，因此该真值树表明原论证是有效的。

如果某论证形式是无效的，例如否定前件式，那么它的真值树就不会是所有的枝都是封闭的。否定前件式是：

$$p \supset q$$
$$\sim p$$
$$\therefore \sim q$$

把该结论的否定添加到树干中：

$$p \supset q$$
$$\sim p$$
$$\therefore \sim q$$
$$\sim\sim q$$

由于这里有一个双波浪号，我们先把它消去，然后对这里的条件句应用规则：

$$\sqrt{}\ p \supset q$$
$$\sim p$$
$$\therefore \sim q$$
$$q$$
$$/\ \ \backslash$$
$$\sim p\ \ \ q$$

这时，两个枝都不封闭。没有 p 来封闭末梢是 $\sim p$ 的那一枝；也没有 $\sim q$ 来封闭末梢是 q 的那一枝。如果对一个论证中所有复合陈述都应用那些规则后还剩下哪枝是开放的，那么这个论证就是无效的。因此，否定前件式是无效的论证。

至此，我们考虑的论证都相当简单。当论证变得更复杂时，判定程序是一样的。试考虑如下论证：

$$p \supset (q \cdot r)$$
$$\sim r \vee s$$
$$\therefore \sim (p \cdot \sim s)$$

附加上结论的否定，并消去双波浪号：

$$p \supset (q \cdot r)$$
$$\sim r \vee s$$
$$\therefore \sim (p \cdot \sim s)$$
$$(p \cdot \sim s)$$

现在对所有复合陈述应用规则。从哪一个陈述开始在逻辑上并无区别，这样，就先从第一个前提开始进行下去。对这个条件句应用规则，就产生了一个分权的枝，左边分枝上是 $\sim p$，右边分枝上是 $(q \cdot r)$：

$$\bigvee p \supset (q \cdot r)$$
$$\sim r \vee s$$
$$\therefore \sim (p \cdot \sim s)$$
$$(p \cdot \sim s)$$

```
      ∧
   ~p   q·r
```

~p 这一枝上没有 p 来使该枝封闭，右边分枝上的陈述仍然是复合的。因此，此真值树的两个枝子都不是封闭的。

如果顺着真值树的树干往下做，那接下来就要图解第二个前提，这需要应用析取分解规则。这将需要在每个开放的枝下面附加分权的枝：

$$\bigvee p \supset (q \cdot r)$$
$$\bigvee \sim r \vee s$$
$$\therefore \sim (p \cdot \sim s)$$
$$(p \cdot \sim s)$$

```
       ∧
    ~p     q·r
    ∧       ∧
  ~r  s   ~r  s
```

对每个开放的枝，向上追查。在有 ~r 的任何枝上都没有 r。在有 s 的任何枝上都没有 ~s。因此，所有的枝子都不是封闭的。

接下来，对 $(q \cdot \sim s)$ 运用合取分解规则。这就在每个开放的枝下面都产生了一个直接的枝：

$$\bigvee p \supset (q \cdot r)$$
$$\bigvee \sim r \vee s$$
$$\therefore \sim (p \cdot \sim s)$$
$$\bigvee (p \cdot \sim s)$$

```
       ∧
    ~p     q·r
    ∧       ∧
  ~r  s   ~r  s
   p   p   p   p
  ~s  ~s  ~s  ~s
```

这时，有的枝是封闭的了。在最左边的枝中，从 p 往上追查，发现有一个 ~p，所以这一枝是封闭的。在左边第二个枝中，从 ~s 往上追查，发现这一枝上不但有 ~s 而且还有一个 s，所以这一枝也是封闭的。在左边第三个枝上，往上追查那些简单陈述，没有发现那些简单陈述的否定,所以这一枝仍是开放的。在最右边的枝上,发现既有~s又有s,所以我们能将这一枝封闭。这样,现在我们得到的真值树看来是这样的:

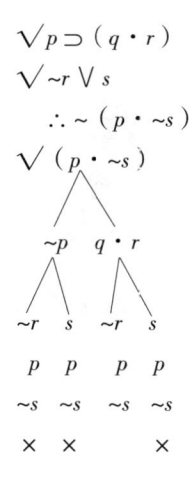

$$\sqrt{}\ p \supset (q \cdot r)$$
$$\sqrt{}\ {\sim}r \lor s$$
$$\therefore {\sim}(p \cdot {\sim}s)$$
$$\sqrt{}\ (p \cdot {\sim}s)$$

```
       ~p      q·r
      /  \    /  \
    ~r    s  ~r   s
     p    p   p   p
    ~s   ~s  ~s  ~s
     ×    ×        ×
```

我们会注意到,还有一个复合陈述仍未对它运用分解规则,即(q·r)。故而,我们对这个陈述运用合取分解规则,并将所得结果附加于那个开放的枝之下:

$$\sqrt{}\ p \supset (q \cdot r)$$
$$\sqrt{}\ {\sim}r \lor s$$
$$\therefore {\sim}(p \cdot {\sim}s)$$
$$\sqrt{}\ (p \cdot {\sim}s)$$

```
       ~p     √q·r
      /  \    /  \
    ~r    s  ~r   s
     p    p   p   p
    ~s   ~s  ~s  ~s
     ×    ×   q   ×
                r
```

现在,从这一枝末梢的r往上追查,发现有一个~r。可见,这一枝是封闭的。因此,原论证形式是有效的:

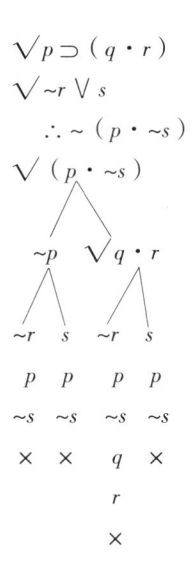

$\sqrt{}\, p \supset (q \cdot r)$
$\sqrt{}\, \sim r \vee s$
$\therefore \sim (p \cdot \sim s)$
$\sqrt{}\, (p \cdot \sim s)$

```
           ~p         √ q·r
          /  \        /   \
         ~r   s     ~r     s
         p    p     p      p
         ~s   ~s    ~s    ~s
         ×    ×     q      ×
                    r
                    ×
```

正如我们上面提到的那样，把那些规则运用到那些前提、结论的否定和新产生的复合陈述之上的顺序，逻辑上没有区别。因此，我们刚刚所构造的真值树不存在什么错误。然而，当论证变得更复杂的时候，让真值树是"修剪了的"，这会使日子更好过。如果在运用其他规则之前先运用能产生直接的枝的规则（关于合取、条件句的否定、析取的否定的规则），那就会产生比较少的分枝。随着对那些规则更加熟悉，你还会选择运用那些会加快封闭一个枝的分权规则。因而，上述论证的真值树也可以是这样的：

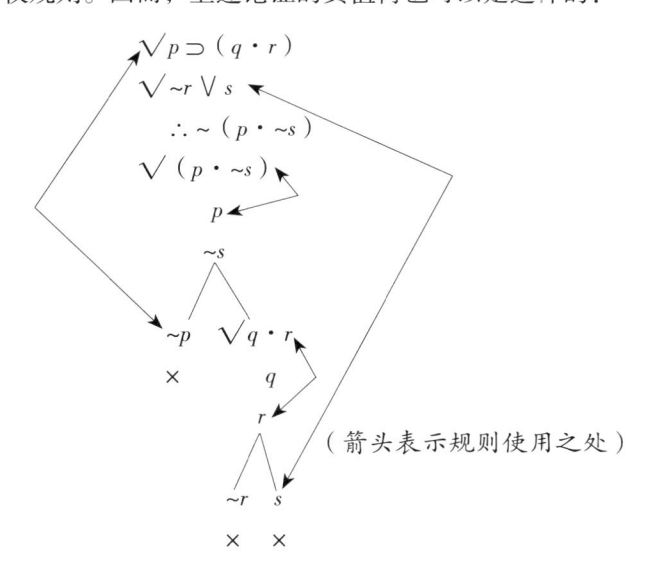

$\sqrt{}\, p \supset (q \cdot r)$
$\sqrt{}\, \sim r \vee s$
$\therefore \sim (p \cdot \sim s)$
$\sqrt{}\, (p \cdot \sim s)$
p
$\sim s$

```
       ~p      √ q·r
       ×        q
                r
               / \
              ~r  s
              ×   ×
```

（箭头表示规则使用之处）

练习题

用真值树方法检验6.5节的1—34题。

A.2 量词逻辑

量词逻辑中的真值树用到命题逻辑中的规则,外加三个涉及量词的附加新规则。一旦去掉量词,就正好是按照在命题逻辑中构造真值树时那样去做。然而,这里有两个不同点。其一,因为会对量化陈述进行示例,即借助一个常元(a,b,c……w)重述该命题,所以,许多时候会不止一个常元来为一个给定的量化陈述示例。其二,在量词逻辑中,如果一个论证的真值树是封闭的,那么这个真值树就证明了该论证有效。然而,若一个真值树不封闭,那并不证明那个论证是无效的。要证明一个量化式论证是无效的,需要遵循8.5中所说的程序。

要想弄明白我们为什么需要更多的规则,以及如何使用那些规则,不妨集中考虑下面的论证:

$$(x)(Mx \supset Px) \qquad (x)(Mx \supset Px)$$
$$(\exists x)(Sx \cdot Mx) \qquad (x)(Sx \supset Mx)$$
$$\therefore (\exists x)(Sx \cdot Px) \qquad \therefore (x)(Sx \supset Px)$$

量词否定

在构造一个真值树时,我们总是首先把结论的否定添加到树中。这样,如果结论是$(\exists x)(Sx \cdot Px)$,我们就要把$\sim(\exists x)(Sx \cdot Px)$添加到树干中。如果结论是$(x)(Sx \supset Px)$,我们就把$\sim(x)(Sx \supset Px)$添加到树干中。正如我们不久就会看到的,只有在量词统辖整个陈述时,才能对这个陈述进行示例。如果在一个量词的左边有一个波浪号,那么在进行示例之前就需要先把这个波浪号移过那个量词。**量词否定规则告诉我们,当把一个波浪号移过一个量词时,全称量词(x)变为存在量词$(\exists x)$,而存在量词$(\exists x)$变为全称量词(x)。** 你要在对之运用量词否定规则的陈述旁边打个√,并将得到的陈述直接写在它的下面。

$$(x)(Mx \supset Px) \qquad (x)(Mx \supset Px)$$
$$(\exists x)(Sx \cdot Mx) \qquad (x)(Sx \supset Mx)$$
$$\therefore (\exists x)(Sx \cdot Px) \qquad \therefore (x)(Sx \supset Px)$$
$$\sqrt{} \sim (\exists x)(Sx \cdot Px) \qquad \sqrt{} \sim (x)(Sx \supset Px)$$
$$(x) \sim (Sx \cdot Px) \qquad (\exists x) \sim (Sx \supset Px)$$

存在示例

在量词逻辑中构造一个真值树时,要将所有的变元替换为常元,即个体的名字(a,b,c……w)。**存在示例这条规则允许将一个存在陈述中的一个变元替换为一个常元,而那个常

元对该真值树来说是新的。那个常元必须对于该真值树来说是新的（该真值树中先前没有出现过的）。为什么？让我们假设，给定这样一个陈述，"有的美国国务卿是精于弹奏钢琴的"。这个陈述对于康多莉莎·赖斯是成立的，但对于前任国务卿科林·鲍威尔就不成立。常元的选择是任意的：你不知道它适用于谁，但是不管它适用于谁，所得的陈述都会是真的。限制对新常元意味着，对同一常元，要在用它做全称陈述示例之前，先用它做存在陈述示例。因此，要先验出存在陈述，并引进一个新的常元。如果要示例为a，就在钩号（√）上记上一个小a（$\sqrt[a]{\ }$），以此表明已经就常元a为它示例。

$(x)(Mx \supset Px)$
$\sqrt[a]{\ }(\exists x)(Sx \cdot Mx)$
$\therefore (\exists x)(Sx \cdot Px)$
$\sqrt{\ } \sim (\exists x)(Sx \cdot Px)$
$(x) \sim (Sx \cdot Px)$
$Sa \cdot Ma$

因为第二个前提是一个存在陈述，所以在为任何全称陈述示例之前先要为那个陈述示例。

$(x)(Mx \supset Px)$
$(x)(Sx \supset Mx)$
$\therefore (x)(Sx \supset Px)$
$\sqrt{\ } \sim (x)(Sx \supset Px)$
$\sqrt[a]{\ }(\exists x) \sim (Sx \supset Px)$
$\sim (Sa \supset Ma)$

由于对此论证的结论使用量词否定规则的结果是个存在陈述，因而在为任何全称陈述示例之前先要为那个陈述示例。

全称示例

全称示例规则允许将全称陈述中的一个变元替换为任一常元。因此，如果已经就a为存在陈述示例了，就要就a验出全称陈述（记上$\sqrt[a]{\ }$），并用a去替换那些变元。

$\sqrt[a]{\ }(x)(Mx \supset Px)$
$\sqrt[a]{\ }(\exists x)(Sx \cdot Mx)$
$\therefore (\exists x)(Sx \cdot Px)$
$\sqrt{\ } \sim (\exists x)(Sx \cdot Px)$
$\sqrt[a]{\ }(x) \sim (Sx \cdot Px)$
$Sa \cdot Ma$
$Ma \supset Pa$
$\sim (Sa \cdot Pa)$

$\sqrt[a]{\ }(x)(Mx \supset Px)$
$\sqrt[a]{\ }(x)(Sx \supset Mx)$
$\therefore (x)(Sx \supset Px)$

$\sqrt{} \sim (x)(Sx \supset Px)$
$\sqrt[q]{}(\exists x) \sim (Sx \supset Px)$
  $\sim (Sa \supset Pa)$
  $Ma \supset Pa$
  $Sa \supset Ma$

现在，就要像在命题逻辑中构造真值树那样继续进行了。为了让真值树修剪得当，要先运用能得到直接的枝的规则，然后再运用得出分枝的规则，并封闭那些含有一个陈述及其否定的枝。

$\sqrt[q]{}(x)(Mx \supset Px)$
$\sqrt[q]{}(\exists x)(Sx \cdot Mx)$
  $\therefore (\exists x)(Sx \cdot Px)$
$\sqrt{} \sim (\exists x)(Sx \cdot Px)$
$\sqrt[q]{}(x) \sim (Sx \cdot Px)$
$\sqrt{} Sa \cdot Ma$
$\sqrt{} Ma \supset Pa$
$\sqrt{} \sim (Sa \cdot Pa)$
  Sa
  Ma
  $\diagup \quad \diagdown$
$\sim Ma \quad Pa$
$\times \quad \diagup \quad \diagdown$
  $\sim Sa \quad \sim Pa$
  $\times \quad \times$

$\sqrt[q]{}(x)(Mx \supset Px)$
$\sqrt[q]{}(x)(Sx \supset Mx)$
  $\therefore (x)(Sx \supset Px)$
$\sqrt{} \sim (x)(Sx \supset Px)$
$\sqrt[q]{}(\exists x) \sim (Sx \supset Px)$
$\sqrt{} \sim (Sa \supset Ma)$
$\sqrt{} Ma \supset Pa$
$\sqrt{} Sa \supset Ma$
  Sa
  $\sim Pa$
  $\diagup \quad \diagdown$
$\sim Ma \quad Pa$
$\diagup \quad \diagdown \quad \times$
$\sim Sa \quad \sim Ma$
$\times \quad \times$

这两个真值树都是封闭的。因此，这两个论证都是有效的。

如果有几个存在命题，那就需要用不同的常元来为每一个存在命题示例。如果在同一论证中只包含单独一个全称命题，那就可以对这个命题多次示例。

考虑下面这个论证：

$$(\exists x)(Px \cdot Qx)$$
$$(\exists x)(Qx \cdot \sim Rx)$$
$$(x)[Px \supset (Sx \cdot Rx)]$$
$$\therefore (\exists x)(Px \cdot Sx) \cdot (\exists x)(Qx \cdot \sim Px)$$

我们注意到，此论证的结论是两个存在命题的合取。添加这个合取式的否定最终会产生一对分权的枝。若想让真值树修剪得当，或许要在对结论的否定式运用规则之前，先为那些前提示例并且对经过为那些前提示例所得到的陈述运用规则。下面是构造此真值树的一种方式：

$$\overset{a}{\sqrt{}}(\exists x)(Px \cdot Qx)$$
$$\overset{b}{\sqrt{}}(\exists x)(Qx \cdot \sim Rx)$$
$$\overset{b}{\sqrt{}}\overset{a}{\sqrt{}}(x)[Px \supset (Sx \cdot Rx)]$$
$$\therefore (\exists x)(Px \cdot Sx) \cdot (\exists x)(Qx \cdot \sim Px)$$
$$\sim[(\exists x)(Px \cdot Sx) \cdot (\exists x)(Qx \cdot \sim Px)]$$
$$\sqrt{}\, Pa \cdot Qa$$
$$\sqrt{}\, Qb \cdot \sim Rb$$
$$Pa$$
$$Qa$$
$$Qb$$
$$\sim Rb$$
$$\sqrt{}\, Pa \supset (Sa \cdot Ra)$$
$$Pb \supset (Sb \cdot Rb)$$

注意：我们已就 a 和 b 为全称命题示例。

```
           /      \
         ~Pa    √ Sa·Ra
          ×       Sa
                  Ra
                /    \
              ~Pb   √ Sb·Rb
              /\     Sb
                     Rb
                     ×
```

$$\sqrt{}\sim(\exists x)(Px \cdot Sx) \qquad \sqrt{}\sim(\exists x)(Qx \cdot \sim Px)$$
$$\overset{a}{\sqrt{}}(x)\sim(Px \cdot Sx) \qquad \overset{b}{\sqrt{}}(x)\sim(Qx \cdot \sim Px)$$
$$\sqrt{}\sim(Pa \cdot Sa) \qquad \sqrt{}\sim(Qb \cdot \sim Pb)$$

```
   /    \              /    \
 ~Pa   ~Sa          ~Qb    Pb
  ×     ×            ×     ×
```

我们注意到，由于从结论的否定式得到的那些枝都含有全称式，就可以就任何东西为这些全称式示例。通过其中一枝就 a 示例，另一枝就 b 示例，我们就能封闭这株树。如果我们都就 a 为它们示例，那么右边的枝子就还不得不再就 b 示例，才能达致封闭。

─练习题─

为 8.3 节的 4—10 和 26—35 题的论证构造真值树。

─附录摘要─

真值树提供了一种机械的方法，据以判定命题逻辑中的任一论证有效与否，这种方法也能证明量词逻辑中的任一有效论证是有效的。

在命题逻辑中，将结论的否定添加到前提中形成树干。运用如下规则把复合陈述转为直接的或分杈的枝：

真值树的分枝规则			
条件句	合取	析取	双条件语句
$p \supset q$	$p \cdot q$	$p \lor q$	$p \equiv q$
$/\ \ \backslash$		$/\ \ \backslash$	$/\ \ \backslash$
$\sim p \quad q$	p	$p \quad q$	$p \quad \sim p$
	q		$q \quad \sim q$
条件句的否定	合取的否定	析取的否定	双条件语句的否定
$\sim(p \supset q)$	$\sim(p \cdot q)$	$\sim(p \lor q)$	$\sim(p \equiv q)$
p	$/\ \ \backslash$	$\sim p$	$/\ \ \backslash$
$\sim q$	$\sim p \quad \sim q$	$\sim q$	$\sim p \quad p$
			$q \quad \sim q$

消去所有的双波浪号（~~）

如果所得之树的每一枝都是封闭的，即每一枝都含有一陈述及其否定，那么该真值树就证明了原论证是有效的；如果有任何一枝是开放的，则证明该论证是无效的。

真值树方法的程序在量词逻辑中也是相似的，但是增加了另外三条规则：将否定记号移过量词和消去量词的规则。量词否定规则告诉我们，当把一个波浪号移过量词时，全称量词（x）变为特称量词（$\exists x$），存在量词（$\exists x$）变为全称量词（x）。存在示例规则允许存在陈述里的一个变元替换为对该真值树来说是新的常元。全称示例规则允许全称陈述里的一个变元替换为任一常元。当运用示例规则时，在所针对的那个陈述旁边划验讫号（✓），要标明所例示的那个常元（a, b, c …… w）（比方说记为ᵃ✓）。每次运用存在示例规则的时候，所引进的常元必须是新的。一个全称命题能就任何常元来示例，而且可以在同一真值树里就几个常元被示例。然后，就运用规则将复合陈述分解为简单陈述。如果真值树的所有枝都是封闭的，即每个枝都含有一个陈述及其否定，那么该真值树就证明了原论证是有效的。然而，对于一个量化式论证的真值树来说，如果至少有一个枝没有封闭，这并不证明该论证是无效的。

重要词汇

A

A Proposition A命题 见全称肯定命题（Universal Affirmative Proposition）

Absorption（Abs.）吸收律 吸收律是一条逻辑推理规则，九个基本的有效论证形式之一。如果 p 蕴涵 q，那么吸收律允许推出 p 蕴涵 p 且 q。符号表示为：$p \supset q$，$\therefore p \supset (p \cdot q)$，176–180

Accent，Fallacy of 重读谬误 一个论证，当其一个前提的表层意义依赖于一种可能的重读，而从它得出的结论则依赖于对相同词语作不同重读的意义，它就犯了重读谬误。有一种类型的重读谬误出现在引用语不完整或脱离语境而其含义改变时。重读是一种非形式的歧义性谬误，54

Accident，Fallacy of 偶性谬误 当一个论证诉诸一个全称陈述并且（1）或者该全称陈述是错的（2）或者一个适用于多数事例的概括原则被不合适的运用于某一个别事例时，就犯了非形式的偶性谬误。对群体的错误概括而导致的偶性谬误的特例有"老套子"谬误和"来历"谬误。偶性是一种非形式的预设性谬误，47–50。亦见逆偶性（Converse Accident）。

Ad baculum 诉诸威力 见诉诸威力谬误（Force，Fallacy of Appeal to）

Ad hominem 诉诸个人（以人为据） 见人身攻击谬误（Argument Against the Person, Fallacy of）

Ad ignorantiam 诉诸无知 见诉诸无知谬误（Ignorance，Fallacy of Appeal to）

Ad misericordiam 诉诸怜悯 见诉诸怜悯谬误（Pity，Fallacy of Appeal to）

Ad populum 诉诸情感 见诉诸情感谬误（Emotional Appeal，Fallacy of）

Ad verecundiam 诉诸权威 见诉诸不当权威谬误（Authority，Fallacy of Appeal to Illegitimate）

Addition（Add.）附加律 附加律是一条逻辑推理规则；九个基本的有效论证形式之一。给定任一命题 p，附加律允许推出 p 或 q。符号表示为：p，$\therefore p \vee q$，176–180

Affirmative Conclusion from a Negative Premise，Fallacy of 从否定前提得肯定结论的谬误 从否定前提得肯定结论的谬误（从否定得肯定的谬误）是关于直言三段论的七种形式谬误之一。它在于从一个否定前提推出一个肯定的结论，108–109

Affirming the Consequent 肯定后件谬误 肯定后件是一种形式谬误。之所以这样命名，是因为非条件前提肯定的是条件前提的后件而不是其前件。符号表示为：$p \supset q$，q，$\therefore p$，158，161，246

Ambiguity，Fallacies of 歧义性谬误 如果同一个词、短语或句子的意义在一论证中发生了改变且结论是依据已经变化了的意义而得出的，则该论证犯了非形式的歧义性谬误，33，52-60。亦见一词多义（Equivocation）、歧读（Amphiboly）、重读（Accent）、分举（Division）、合举（Composition）

Amphiboly, Fallacy of 歧读谬误 当一个论证中包含一个含混的陈述，这个陈述在前提被解释为是真的而在据此导出的结论中它又被解释为是假的时，该论证就犯了歧读谬误，53-60

Analogical argument 类比论证 类比论证是归纳论证的一种，因为两个事物在某（些）其他方面相似而推论它们在某一方面也相似；239-249

 criteria for appraising 评估类比论证的准则 239-249

Analogy 类比 在一个类比中，得出两个或多个事物之间在一个或更多方面的相似性。类比被用于加强描述或帮助说明——也被广泛应用于归纳论证，239-249

 logical analogy, refutation by 运用逻辑类比进行的反驳 97-98

Analyzing arguments 论证的分析

 diagraming in 论证分析的图示法 22-24，24-28

 interwoven argument and 交织的论证与论证的分析 23

 paraphrasing in 论证分析的解析法 21-22

Antecedent 前件 在一个假言命题（"如果……那么……"）中，前件是紧跟在"如果"后面的那个分支命题，139

Argument 论证 一个论证是由一组命题组成，其中的一个命题被宣称为由其他的命题推出，这些命题被认为为那个命题为真提供支持或根据，2，3

 by analogy 类比论证 20，23，239-249

 analysis of 论证的分析 21-24

 complex 复杂论证 24-28

 conclusion of 论证的结论 3

 deductive 演绎论证 3，15-16，93-283

 explanation and 说明与论证 6-8

 inductive 归纳论证 3，20-21，236-258

 in ordinary language 日常语言中的论证 116-133

 paraphrasing 论证的解析 21-22

 premise and 前提与论证 3

 recognizing 论证的识别 8-14

 refutation of by logical analogy 通过逻辑类比反驳论证 97-98

 sound 可靠的论证 17-19

 standard form of 标准形式的论证 4，94-96

Argument Against the Person, Fallacy of 人身攻击谬误 如果在回应一个论证的时候抨击的不是论证本身而是抨击做出论证的那个人，就犯了人身攻击这种非形式谬误。人身攻击谬误有三种形式：（1）诽谤型的人身攻击论证攻击的是论证者的人格。（2）情境型的人身攻击论证诉诸某种情境，被攻击者从那情境中发现他或她自己成为其论证不可信的一个理由。（3）"你也是"型专注于攻击论证与论证者行为的不一致。人身攻击是一种非形式相干性谬误，38-39

Argument form 论证形式 论证形式是展示逻辑结构的符号序列。它包含陈述变元而不是陈述，使得用陈述一致地替换陈述变元后其结果是一个论证，94-95，156-157

 common invalid argument 常见的无效论证形式 158-159

 common valid argument 常见的有效论证形式 159-161

 truth table and 真值表与论证形式 156-163

Aristotelian logic 亚里士多德逻辑 亚里士多德逻辑是关于三段论推理的传统理论，其中预先假定了对直言命题的某些确定解释。特别是，全称命题被认为具有存

在含义。在这方面，它是与对直言命题的现代符号逻辑的或布尔的解释相对立的，73，75-80

Aristotle 亚里士多德 64

Association（Assoc.）结合律 结合律是归属替换规则的一种逻辑等值表达式。据此，[$p \vee (q \vee r)$]可以替换为[$(p \vee q) \vee r$]，反之亦然；同时，[$p \cdot (q \cdot r)$]可以替换为[$(p \cdot q) \cdot r$]，反之亦然，183

Authority，Fallacy of Appeal to Illegitimate 诉诸不当权威谬误 如果一个论证当作相关领域的权威来援引某人或某事物作为理由，而他/它实际上不是，那么该论证就犯了诉诸不当权威谬误（*ad verecundiam*）。诉诸不当权威是一种非形式的相干性谬误，35-38

B

Begging the question 窃取论题 如果一个论证把它着手证明的结论假定为一个前提，它就是窃取论题。窃取论题谬误出现的三种情况为：(1)论证的结论只是前提的复述。(2)在一个论证链条中，最后一个论证的结论是第一个论证的前提（循环论证）。(3)论证的前提中使用了假定结论所断定的内容的词语（性质词语窃取论题，question-begging epithet）。窃取论题是一种非形式的预设性谬误，47

Biconditional Proposition，or Biconditional Statement 双条件命题，或双条件陈述 这是一种复合陈述或命题，它断定其两个分支陈述具有相同的真值，因而是实质等值的。顾名思义，既然两个分支陈述同真或同假，则它们相互蕴涵。双条件陈述用符号表示为 $p \equiv q$，可读作"p当且仅当q"，140。亦见实质等值（Material Equivalence）

Boolean Interpretation 布尔型解释 布尔型解释是本书采纳的对直言命题的现代解释。因英国逻辑学家乔治·布尔（1815—1864）而得名。在布尔型解释下，全称命题（A命题和E命题）没有存在含义。73-74，86

C

Categorical Proposition 直言命题 直言命题是一种可被分析为关于类或范畴的命题，它肯定或否定一个类S全部或部分地包含于另一个类P中。传统上区分四种标准形式的直言命题：A：全称肯定命题（所有的S是P）；E：全称否定命题（没有S是P）；I：特称肯定命题（有些S是P）；O：特称否定命题（有些S不是P），64-91

classes and 类与直言命题 64-67

symbolism and Venn diagrams for 直言命题的符号表示和文恩图 68-70

translating into standard form 直言命题翻译为标准形式 119-126

Categorical Syllogism 直言三段论 直言三段论是一个由三个直言命题组成的演绎论证，其中正好包含三个词项，每个词项均在三段论中始终具有相同的意义，而且正好分别出现在其中两个命题中，94

Venn diagram technique for testing 检验直言三段论的文恩图方法 99-104

rules for testing 直言三段论的检验规则 105-111

亦见析取三段论（Disjunctive Syllogism）、假言三段论（Hypothetical Syllogism）、三段论论证（Syllogism Argument）

Circular Argument 循环论证 见窃取论题（Begging the Question）

Class 类 所有都具有某种特有特征的对象的汇集，55-57，64

Classical logic 经典逻辑　见亚里士多德逻辑（Aristotelian logic）

Commutation（Com.）交换律　交换律是归属替换规则的一种逻辑等值表达式，它允许合取陈述或析取陈述的分支可以有效地变换顺序。根据交换律，$(p \vee q)$与$(q \vee p)$可相互替换，$(p \cdot q)$与$(q \cdot p)$亦如此，183

Complement，or Complementary Class 补，或补类　一个类的补是不属于该类的所有事物的汇集，76

Complex argumentative passages 复杂的论证性段落　24–28

Complex Question 复杂问语　一个谬误的复杂问语为基于那个假定的问题的回答的一个结论提供基础。该假定的问题一定或者是"设下圈套的"，就是说，对所假定的问题的回答使回答者陷入困境，或者对所假定的问题的回答是假的。复杂问语是一种非形式的预设性谬误，45

Component of a Statement 陈述的分支　一个陈述的分支是一个陈述的组成部分，它本身也是一个陈述而且具有这样一种性质，即如果在较大的陈述中把它替换为其他陈述，结果依然是有意义的，136–140，174

Composition，Fallacy of 合举谬误　如果一个论证不正当地推断，对一个整体的部分成立的性质适用于该整体，或者对一个类的成员成立的性质适用于整个类，它就犯了合举谬误。合举是一种非形式的歧义性谬误，55–56

Compound Proposition，or Compound Statement 复合命题，或复合陈述　如果一个命题（陈述）由两个或两个以上的命题组成，则这个命题就是复合命题（陈述），3，136–144

　Truth tables for 复合命题的真值表　136–144

Conclusion 结论　在任一论证中，结论是这样的一个命题，该论证的其他命题都被宣称为给它以支持或者是作为它的理由给出的，3

Conclusion-indicator 结论指示词　结论指示词是出现在论证中的单词或短语（例如"所以"或"因此"），它们通常表示尾随其后的是那个论证的结论，8–10

Conditional proposition，Conditional statement 条件命题，条件陈述　条件命题即假言命题，是具有"如果p那么q"形式的复合命题或复合陈述，9，99，139–140

　Truth tables for 条件命题的真值表　139
亦见实质涵蕴（Material Implication）

Conjunct 合取支　合取支是一个合取陈述的分支陈述，138

Conjunction 合取　合取（陈述）是一种具有$p \cdot q$形式的真值函数复合陈述，使得$p \cdot q$真当且仅当p和q同时为真，138

Conjunction（Conj.）合取律　合取律是一条推理规则的名称，九个基本的有效论证形式之一。它允许两个假定为真的陈述组合成一个复合陈述。符号表示为：p，q，$\therefore p \cdot q$，176

Consequent 后件　在条件(假言)命题（"如果……那么……"）中，后件是紧跟"那么"后的支命题，139

Constant 常元　见个体常元（Individual constant）

Constructive dilemma（C.D.）构成式二难推理　构成式二难推理是一条逻辑推理规则，九个基本的有效论证形式之一。它允许从一对条件陈述的前件的析取推导出这对条件陈述的后件的析取。符号表示为：$(p \supset q) \cdot (r \supset s)$，$p \vee r$，$\therefore q \vee s$，176

Contingent Statement 偶真陈述　偶真陈述

的真值取决于世上的事实，152

Contingent Statement Form 偶真式 偶真（陈述的形）式既非重言式也非矛盾式的陈述形式。偶真式至少在一个真值赋值下为真，同时也至少在一个真值赋值下为假，152

Contradiction 矛盾式 矛盾式是必然为假的陈述。它是一种由于其逻辑形式而不能有真的代入例的陈述形式，151-152

Contradictories 矛盾关系 如果两个命题中任何一个命题都是另外一个命题的拒斥或否定，则这两个命题是矛盾关系（相矛盾的）。在逻辑的对当方阵中，相矛盾的两个命题由方阵的对角线表示。A 命题和 O 命题以及 E 命题和 I 命题分别具有矛盾关系，75

Contraposition，Contrapositive 换质位法，换质位命题 在直言逻辑中，把一个直言命题主项和谓项对换（互换位置）且分别替换成它们的补，就得到该命题的换质位命题。"所有人都是哺乳动物"的换质位命题是"所有非哺乳动物都是非人"。A 和 O 命题分别与它们的换质位命题逻辑等值，而 E 和 I 命题则不然，85-87

Contraries 反对关系 如果两个命题虽能同假但不能同真，则这两个命题具有反对关系（是相反对的）。在传统对当方阵中，A 和 E 命题具有反对关系；但在布尔解释下，因为它们可以同时为真，A 和 E 命题不具有反对关系，76

Converse，Conversion 换位法，换位命题 在直言逻辑中，通过把一个命题的主项和谓项互换位置就得到它的换位命题。E 和 I 命题与它们的换位命题逻辑等值，A 和 O 命题则不然。被换位的命题称作被换位命题，81-83

Converse Accident，Fallacy of 轻率概括谬误 如果一个论证所得出的一般性断言——不管是普遍的还是统计的——基于不充分的证据，特别是，当支持这个概括的样本是非典型的时候，就是犯了轻率概括谬误（逆意外谬误）。轻率概括是一种非形式的预设性谬误，48-49，56-57

Copula 联项 联项是任一形式的动词"是"，被用来连接直言命题的主项和谓项，65

Corresponding propositions 对应命题 具有相同的主项和谓项且同质但量不同的命题叫做对应命题，90

D

De Morgan's Theorem（De M.）德摩根律 德摩根律（德摩根定理）是归属替换规则的一个逻辑等值表达式，它允许析取的否定与其析取支的否定的合取互换：$\sim(p \vee q) \underline{\text{T}} (\sim p \cdot \sim q)$；并且允许合取的否定与其合取支的否定的析取互换；$\sim(p \cdot q) \underline{\text{T}} (\sim p \vee \sim q)$，154-155

Deduction 演绎 演绎（论证）是传统上区分的两大类型的论证之一，另一种是归纳。演绎论证要求为结论提供确定性的根据。若一个演绎论证是有效的，则不可能出现前提真而结论假的情况，15-16，93-283

Denying the Antecedent 否定前件 否定前件是一种形式谬误。之所以这样称呼是因为论证中的非条件前提 $\sim p$ 否定了条件前提中的前件而不是后件。符号表示为：$p \supset q$, $\sim p$, $\therefore \sim q$，161-162，167

Disanalogy 不类似处 在一个类比论证中，不类似处是前提中提及的事例与结论中提及的事例的不同点，241-243

Disjunct 析取支 析取支是析取命题的支命题，139

Disjunction 析取 析取是意指"或者"的真值函数联结词。若析取中至少有一个析取支为真且析取支可以都真，则称为弱析取或相容析取，用楔形号（∨）表示。当析取中至少一个析取支为真且至少一个析取支为假时，则称为强析取或不相容析取。不相容析取的符号表示为：$(p \vee q) \cdot \sim (p \cdot q)$。除非有特别理由，一个析取陈述才被认为是不相容析取，一般情况下析取被当成相容析取看待，139

Disjunctive Statement Form 析取陈述形式 析取陈述形式是一种用符号表示为 $p \vee q$ 的陈述形式。它的代入例是一个析取陈述，139

Disjunctive Syllogism（D.S.）析取三段论 析取三段论是一种推理规则。它是一种有效的论证形式，其中一个前提是析取命题，另一个前提是析取命题中第一个析取支的否定，结论是第二个析取支为真。符号表示为：$p \vee q,\ \sim p,\ \therefore q$，156，176

Distribution（Dist.）分配律 分配律是归属替换规则的一个逻辑等值表达式。分配律允许某些特定的成对的符号表达式的互换。用符号形式表示：
$[p \cdot (q \vee r)] \underset{T}{\equiv} [(p \cdot q) \vee (p \cdot r)]$；
$[p \vee (q \cdot r)] \underset{T}{\equiv} [(p \vee q) \cdot (p \vee r)]$

Distribution（in categorical logic）（直言逻辑中的）周延 在直言逻辑中，如果一个词项述及一类事物的全部，则它是周延的。A命题的主项是周延的，E命题主项和谓项都周延，I命题主项和谓项都不周延，O命题的谓项周延，183-184

Division，Fallacy of 分举谬误 如果一个论证非法地宣称一个对整体成立的词项对部分也成立，或者一个对一类事物成立的词项对那个类中的一个成员也成立，它就犯了分举谬误，56-57

Dot 圆点 表示合取的符号（·）。具有 $p \cdot q$ 形式的陈述为真当且仅当 p 和 q 都为真，138

Double Negation（D.N.）双重否定律 双重否定律是归属替换规则中的一个逻辑等值表达式，它断言陈述 p 的双重否定逻辑等值于 p，用符号表示为：$p \equiv \sim\sim p$，154

E

E Proposition E命题 见全称否定命题（Universal Negative Proposition）

Elementary Valid Argument Form 基本的有效论证形式 基本的有效论证形式是指一组特定的演绎论证形式，它们被用来作为推理规则因此也可以被用来构造有效性的形式证明，174-176

Emotional Appeal，Fallacy of 诉诸情感谬误 如果一个论证以相信某命题为真可使人"感觉良好"作为相信一个命题为真的充分理由，则犯了非形式的诉诸情感（ad populun）谬误。诉诸情感是一种相干性谬误，39-40

Enthymeme 省略三段论 省略三段论是一个未完全陈述出来的论证，未陈述出来的那部分被认为是理所当然的，12-14，129-131

Enumeration 枚举 见枚举归纳（Induction by Enumeration）

Equivocation，Fallacy of 一词多义谬误 如果在论证过程中语词或短语的含义有所转移，那么该论证就犯了非形式的一词多义谬误。一词多义是一种歧义性谬误，52

Exceptive Proposition 除外命题 除外命题是这样一种命题，它断言某个类除其中的一个子类的成员外所有成员都是另外某个类的成员。除外命题都是复合命题，因为它既断言了一项类的包含关系又断言了一项类的排斥关系。例如，"除雇员外所有人都是明智的"就是一个除外命题，其中既断言"所有非雇员是明智的"

又断言"没有雇员是明智的",125

Exceptive（or Strong）Disjunction 不相容（或强）析取 见析取（Disjunction）

Exclusive Premise，Fallacy of 前提皆否定谬误 当一个直言三段论包含两个否定前提时，就犯了前提皆否定的形式谬误，108

Exclusive Proposition 区别命题 区别命题是一种直言命题，它断言谓项惟独（排他性地）适用于所指明的主项。例如"除了将军没有人佩戴金星"断言谓项"佩戴金星"只适用于将军（"所有佩戴金星的军官都是将军"），123-124

Existential Fallacy 存在谬误 在对直言逻辑作布尔解释下，如果一个直言三段论从两个全称前提推出特称结论，那么就犯了存在谬误。存在谬误只适用于作布尔解释的直言逻辑，109

Existential Generalization（E.G.）存在概括 量词理论中的一条推理规则，说的是从命题函数的任一代入例可以有效推出该命题函数的存在量化式。用 v 表示个体常元，Φ 表示谓词变元，x 表示个体变元，存在量化可以符号表示为：Φv，$\therefore (\exists x) \Phi x$，221-222

Existential Import 存在含义 存在含义是平常断言某特定种类的对象存在的命题的一种属性。特称命题（I命题和O命题）总是有存在含义；因此，"有些狗是温顺的"断言了狗的存在。至于全称命题（A命题和E命题）是否具有存在含义，对命题的亚里士多德解释和布尔解释有所不同，73-74

Existential Instantiation（E.I.）存在示例 存在示例是量词理论中的一条推理规则，说的是允许从一个命题函数的存在量化式有效地推出这个量化式的代入例，但要求代入的须是在那一语脉中先前未曾出现过的任一个体常元。用 a 表示该证明中的新的个体常元，Φ 表示谓词变元，x 表示个体变元，存在示例可用符号表示为：$(\exists x) \Phi x$，$\therefore \Phi a$，其中 a 是证明中的新常元，221

Existential Presupposition 存在预设 在亚里士多德逻辑中，存在预设是无限制地预先假定命题所述及的任何类都有成员，73

Existential Quantifier 特称量词 特称量词（$\exists$）是现代量词理论中的符号，它表示紧随其后的任何命题函数都有真的代入例；"$(\exists x) Fx$"意思为"存在 x 具有性质 F"，212

Explanation 说明 说明是回答"为什么"或（有时是）"如何"问题的陈述。在科学说明中，通常依据一条自然律和一个关于前提条件的陈述得到对要说明的现象的一种描述，4，6-7，246-250

Exportation（Exp.）输出律 输出律是归属替换规则的一个逻辑等值表达式，它允许 $(p \cdot q) \supset r$ 形式的陈述与 $p \supset (q \supset r)$ 形式的陈述互换，即 $[(p \cdot q) \supset r] \equiv [p \supset (q \supset r)]$，188

F

Fallacy 谬误 谬误是指推理中的错误。它是一类论证，看似正确，经验证后实际上并非如此。谬误可以是形式的也可以是非形式的，32-33

False Cause，Fallacies of 虚假原因谬误 一个论证当它把一个不是原因的事物当成原因时，就犯了虚假原因的非形式谬误。当存在一条所说的因果链而其中至少有一个因果断言是假的时候，就出现"滑坡"谬误。在滑坡论证中，事情开始是很单纯的，但是沿着链条前进，事情

逐渐变得越来越糟，就像你从斜坡上滑下来。虚假原因谬误是一种非形式的预设性谬误，46-47

False Dichotomy, Fallacy of 假二分法谬误 假二分法是一个包含假的析取前提的析取三段论。假二分法是一种非形式的预设性谬误，50-51

Falsity, truth/validity and 假、真/有效性与假二分法谬误，17-19

Figure of a Standard-Form Categorical Syllogism 标准形式的直三段论的格 由中项在前提中的位置决定的三段论的逻辑样式。与中项的四种可能位置相对应，三段论分成四个格。第一格：中项是大前提的主项，小前提的谓项；第二格：中项在两个前提中均为谓项；第三格：中项在两个前提中均为主项；第四格：中项是大前提的谓项，小前提的主项，95-96

Force, Fallacy of Appeal to 诉诸威力谬误 如果一个论证隐含无根据的（或不适当的）威胁，那就犯了诉诸威力（Ad baculum）的非形式谬误。诉诸威力是一种非形式的相干性谬误，41-42

Formal Proof of Validity 有效性的形式证明 有效性的形式证明是一个陈述序列，其中每一陈述或者是一给定论证的前提或者是运用推理规则从序列中前面的陈述推导而来，而该序列中最后一个陈述是要证明其有效性的那个论证的结论，174-180

Four Term, Fallacy of 四（词）项谬误 四（词）项谬误是一种形式谬误，是一个直言三段论包含的词项超过了三个：通常至少有一个词项在一论证过程中意义有了改变。任何犯了四（词）项谬误的三段论就不真正是一个直言三段论，105-106

G

Generalization 概括 在量词理论中，概括是在一个命题函数前面添加全称量词或存在量词构成一个一般性命题的程序，119-223

Genetic Fallacy 来历谬误 见偶性（Accident）

H

Horseshoe 马蹄铁号 马蹄铁号是表示实质蕴涵的符号（⊃），139

Hypothetical Syllogism（H.S.）假言三段论 假言三段论是一条逻辑推理规则，是九个基本的有效论证形式之一。其前提由两个条件陈述构成，第一个前提的后件是第二个前提的前件，结论的前件是第一个前提的前件而结论的后件是第二个前提的后件。符号表示为：$p \supset q$, $q \supset r$, $\therefore p \supset r$，160，175

I

I Proposition I 命题 见特称肯定命题（Particular Affirmative Proposition）

Ignorance, Fallacy of Argument from 诉诸无知谬误 诉诸无知是具有如下两种形式之一的论证：（1）若 p 真，则我们就知道 p 真，我们不知道 p 真，所以 p 不真。（2）若 p 假，则我们就知道 p 假，我们不知道 p 假，所以 p 不假。如果其中某个前提为假，那就是错误的诉诸无知。诉诸无知谬误是一种非形式的相干性谬误，33-34

Ignoratio Elenchi 转移论题 见结论不相干（Irrelevant Conclusion）

Illicit Major, Fallacy of 大项不当周延的谬误 当三段论的大项在大前提中不周延但在结论中周延时，就造成此类形式错误，107

Illicit Minor, Fallacy of 小项不当周延的谬误 当三段论的小项在小前提中不周延但在结论中周延时，就造成此类形式错误，108

Immediate Inference 直接推理 直接推理是没有其他任何居间的前提而从单独一个前提直接得出结论的推理，75

Impl. 实质蕴涵律 见实质蕴涵律（Material Implication）

Implication 蕴涵 蕴涵是真的条件陈述或假言陈述的前件与后件之间的关系。由于有不同种类的假言陈述，也就有不同种类的蕴涵，包括：逻辑蕴涵、定义蕴涵、因果蕴涵、决策蕴涵和实质蕴涵，75–80

Inclusive Disjunction 相容析取 见析取（Disjunction）

Inconsistency 不一致 不一致是包含不能同时为真的命题的集合或含有矛盾前提的论证的特征，20, 192

Individual Constant 个体常元 逻辑记法中用来表示个体的符号（按常规一般是小写字母 a 到 w），210–211

Individual Variable 个体变元 用来表示一个个体常元的占位的符号（按常规一般是小写字母 x、y 或 z）。全称量词 (x)，意指"对所有 x……"，存在量词 $(\exists x)$，意指"存在一个 x 使得……"，211

Induction 归纳 归纳是传统上区分的两大类型的论证之一，另一种是演绎。归纳论证宣称其前提只为结论提供一定或然的而非确定性的支持，3, 20–21, 236–258。亦见类比论证（Analogical Argument）、枚举归纳（Induction by Enumeration）、归纳概括（Inductive Generalization）、概率（Probability）、运用逻辑类比进行的反驳（Refutation by Logical Analogy）

Induction by Enumeration 枚举归纳 枚举归纳是一种类型的归纳概括，其诸前提是关于两类现象在某场合重复相伴显现的事例，据此得出结论，这两类现象在那样的场合总是或通常是会相伴显现的，236–238

Inductive Generalization 归纳概括 归纳概括是从特殊经验事实达到一般性的或全称的命题的程序，236–238

Inference 推理 以一个或多个其他命题作为起点，在此基础上，得出并肯定一个命题的过程，3。亦见直接推理（Immediate Inference）

Inference, Rules of 推理规则 在演绎逻辑中，推理规则是可用于构造有效性的形式证明的规则，包括一组基本的有效论证形式、一条替换规则、一组引入和消去量词的规则，176

Instantiation 示例 在量词理论中，示例是用一个个体常元或个体变元代换一个一般性的陈述中的变元的程序。它是允许陈述出一般性的命题的一个"例子"的规则，219–222

Interwoven argument 交织的论证 23

Invalid 无效 如果一个论证形式有可能其所有前提都真而结论为假，那么该论证形式就是无效的（非有效的）。它是一个形式特征，就是说，是论证形式的特征，15

Irrelevant Conclusion 结论不相干 当论证得出不是前提所启示的结论时，就犯了非形式的结论不相干（Ignoratio Elenchi; non sequitur 转移论题，推不出）的谬误。它的两种普通的变体是红鲱鱼和稻草人。红鲱鱼：回应一个论证时转移主题。稻草人：回应一个论证时攻击一个被认为是未述出的（其实并未采取的）前提，或者歪曲结论并攻击之，42–43

L

Limitation, Conversion by and Contraposition by 限制换位和限制换质位　在直言逻辑的亚里士多德解释下，给定一个A命题为真，可以推出相应的I命题为真然后加以换位。这就是限制换位或差等换位。在直言逻辑的亚里士多德解释下，给定一个E命题为真，可以推出相应的O命题为真然后加以换质位。这就是限制换质位或差等换质位，83-84，88

Logical Equivalence 逻辑等值　若两个命题在相同条件下真假一致，则它们是逻辑等值的，82-88，152-155，183，188

M

Major Premise 大前提　在标准形式的直言三段论中，大前提是包含大项的那个前提，94

Major Term 大项　直言三段论的大项是以标准形式给出的结论中的谓项，94

Material Equivalence 实质等值　实质等值是一种真值函数关系（符号表示为 ≡）。两个陈述是实质等值的当且仅当在对它们的简单支陈述的所有真值赋值条件下它们都有相同的真值赋值。实质等值的两陈述总是相互实质蕴涵，140。亦见逻辑等值（Logical Equivalence）

Material Equivalence（Equiv.） 实质等值律　是归属替换规则的一个逻辑等值式的名称，它允许引入或消去三杠号（≡）。符号表示为：
$(p \equiv q) \underset{T}{\underset{=}{}} [(p \supset q) \cdot (q \supset p)]$，并且，
$(p \equiv q) \underset{T}{\underset{=}{}} [(p \cdot q) \vee (\sim q \cdot \sim p)]$，188

Material Implication 实质蕴涵　一种联结两个陈述的真值函数关系（符号表示为马蹄铁号，⊃）。除非 p 真而 q 假，否则 $p \supset q$ 形式的陈述都为真，139-140

Material Implication（Impl.） 实质蕴涵律　是归属替换规则的一个逻辑等值式的名称，它允许"$p \supset q$"与"$\sim p \vee q$"形式的陈述相互替换，188

Middle Term 中项　在标准形式的直言三段论中，中项是在两个前提中均出现但不在结论中出现的词项，94

Minor Premise 小前提　在标准形式的直言三段论中，小前提是包含小项的那个前提，94

Minor Term 小项　在直言三段论中，小项是以标准形式给出的结论中的主项，94

Modus Ponens（M.P.） 肯定前件式　肯定前件式是九个基本的有效论证形式之一。它作为推理规则允许：如果假定条件前提为真且该条件前提的前件为真，就可以推出条件前提的后件为真。符号表示为：
$p \supset q$，p，$\therefore q$，159，160，176

Modus Tollens（M.T.） 否定后件式　否定后件式是九个基本的有效论证形式之一。它作为推理规则允许：如果假定条件前提为真且该条件前提的后件为假，就可以推出条件前提的前件为假。符号表示为：
$p \supset q$，$\sim q$，$\therefore \sim p$，160，176

Mood 式　直言三段论的一种特征，由它含有的标准形式的命题的形式决定。既然正好有A、E、I、O四种形式的命题；而每个三段论正好包含三个这样的命题，因此三段论正好有64个式。每个式由组成三段论的命题的三个字母表示，AAA、AAI、AAE……直到OOO式，其中字母的顺序依次代表大前提、小前提和结论，95

N

Necessary and Sufficient Conditions 充分必要条件　在演绎推理中，两个实质等

值的陈述由于相互蕴涵而互为充分必要条件（充要条件）。因此，实质等值符号 $\equiv$ 可以读作"当且仅当"，140

Necessary Condition 必要条件 必要条件是这样一种情况，没有它另外某种情况便不成立。在演绎推理中，条件命题的后件是该命题前件的必要条件，139-140

Negation 否定 否定或否认一般用波浪号表示。~p 的意思为"并非 p"。一个命题为真，其否定就为假，一个命题为假，其否定就为真，138

Non Causa Pro Cansa 无因之因 见虚假原因（False Cause）

Non Sequitur 推不出 见结论不相干（Irrelevant Conclusion）

Nonstandard-Form Categorical Propositions 非标准形式的直言命题 非标准形式的直言命题是任何不具有标准形式的直言命题，116-128。亦见标准形式的直言命题（Standard-Form Categorical Propositions）。Techniques for translating into standard form 翻译为标准形式的方法 116-128

O

O Propositions O 命题 见特称否定命题（Particular Negative Propositions）

Obversion, Obverse 换质法，换质命题 在直言逻辑中，对一个给定命题换质就是改变该命题的质（从肯定变为否定，从否定变为肯定），并且把该陈述的谓项替换为它的补。任一直言命题的换质命题与给定的命题（被换质命题）逻辑等值。因此，对命题"所有狗都是哺乳动物"换质就得到"没有狗是非哺乳动物"，83-85

Ockham's Razor 奥卡姆剃刀 见简约原则（Parsimony, Principle of）

Opposition 对当关系 对当关系是对当方阵中所展现的几类直言命题（A、E、I、O）间的各种逻辑关系，包括差等关系，75

P

Parameter 参项 参项是对命题进行统一翻译时所引入的一个辅助符号或短语，旨在表述一个正好含三个项的三段论，使它能被准确验证，127-128

Paraphrasing argument 解析论证 21-22

Parsimony, Principle of 简约原则 简约原则也常被称为奥卡姆剃刀，它断言如果两个假说被用来说明某现象，那么其中涉及较少理论设定的那个假说更有可能是真的，248

Particular Affirmative（I）Proposition 特称肯定（I）命题 用 S 表示主项，P 表示谓项，则特称肯定命题就是具有形式"有些 S 是 P"的命题，67

Particular Negative（O）Proposition 特称否定（O）命题 用 S 表示主项，P 表示谓项，则特称否定命题就是具有形式"有些 S 不是 P"的命题，67

Particular Proposition 特称命题 特称命题是一种述及类的部分成员但不一定是全体成员的命题。特称肯定命题（习惯上称为 I 命题）说的是"有些 S 是 P"。特称否定命题（习惯上称为 O 命题）说的是"有些 S 不是 P"。在传统的和现代的逻辑中，特称命题都具有存在含义。在量词理论中，它们都用存在量词符号来表示，66

Petitio Principii 预期理由 见窃取论题（Begging the quenstion）

Pity, Appeal to 诉诸怜悯 非形式的诉诸怜悯（*argumentum ad misercordiam*）谬误是把对不幸情境的情感反应作为以某种方

式相信或行动的理由。诉诸怜悯是一种相干性谬误，40-41

Poisoning the Well 投毒入井 见人身攻击谬误（Argument Against the Person, Fallacy of）

Post hoc ergo proptor hoc 以先后为因果 见虚假原因（False Cause）

Premise-indicators 前提指示词 前提指示词是某些特定词语或短语（如"因为"和"由于"），可以表示紧随其后的是用作前提的陈述。它们是诸如"由于……是真的"短语的简说。由于同一词语也被用于非论证性语境，出现指示词并不保证就有了一个论证，8-10

Premise 前提 在论证中，前提是推理所依据的那些命题，它们是宣称为承认结论是真的提供根据或理由的命题，3-5

Presumption, Fallacies of 预设性谬误 预设性谬误出现在一个论证做了不是语境所保证的预设时。亦见偶性谬误（Accident）、窃取论题谬误（Begging the Question）、复杂问题谬误（Complex Question）、逆偶性的谬误（Converse Accident）、虚假原因谬误（False Cause）、假二分法谬误（False Dichotomy）、隐藏证据谬误（Suppressed Evidence）。45-51

Proposition 命题 命题或陈述是通过陈述句所断定的东西，因此总或者是真的或者是假的——虽然它的真假可能并不为人所知，2

　　exceptive 除外命题　125
　　exclusive 区别命题　123-124
　　existential 存在命题　221
　　nonstandard-form 非标准形式的命题　116-128
　　quantified 量化命题　210-232
　　sentence and 语句和命题　2-3
　　singular 单称命题　119-120, 210-211
　　subject-predicate 主谓命题　64-67

　　unstated 未陈述的命题　12-14
　　亦见直言命题（Categorical Proposition）、标准形式的直言命题（Standard-form Categorical Proposition）

Proposition Function 命题函数 在量词理论中，命题函数是至少包含一个未约束变元的符号串。命题函数如果其中那些未约束变元被替换为个体常元或者被量词约束，就转换成一个命题，211

Punctuation for Symbolic Logic 分组记号 符号逻辑中的标点符号是圆括号、方括号和大括号，都是在符号语言中用来使符号串不致有歧义，140-141

Q

Quality 质 质是直言命题都有的一种属性。它取决于该命题是肯定还是否定某种形式的类之间的包含关系。每一直言命题在质上都或者是肯定的或者是否定的，66

Quantification theory 量词理论 209；
　　asyllogistic inference and 非三段论推理与量词理论　306, 325
　　existential quantifier and 特称量词与量词理论　212
　　proving invalidity and 无效性的证明与量词理论　228-232
　　proving validity and 证明有效性与量词理论　218-225
　　quantified proposition and 量化命题与量词理论　210-217
　　singular proposition and 单称命题与量词理论　119-120
　　subject-predicate proposition and 主谓命题与量词理论　210-213

Quantifier 量词 在直言逻辑中，量词说明命题就其作断言的对象的数目。标准形式的直言命题的三个标准量词是"所有""没有""有些"。在量词逻辑中,量词是一些符号,表明该陈述是全称的(x)还是特称的($\exists x$),66,212

Quantity 量 量是直言命题都有的一种属性,取决于该命题述及的是其主项所指示的类的"所有"成员还是仅只"有些"元素。因此,就量而言,每一直言命题都或者是全称的或者是特称的,66

R

Red Herring 红鲱鱼 见结论不相干(Irrelevant Conclusion)

Reducing the Number of Terms in a Categorical Syllogism 直言三段论中词项数目的归约 常需从三段论中消去同义词和补类的名称,来减少直言三段论中词项的数目,以保证三段论正好含有三个项。这是将一个三段论翻译为标准形式以便验证其有效性之过程的一部分,116–118

Reduction to Standard Form 归约为标准形式 归约为标准形式是指重新表述直言三段论的前提和结论使得每个陈述都是标准形式的直言命题以及该论证中正好有三个词项。又叫翻译为标准形式,119–126

Refutation by Logical Analogy 借助逻辑类比进行的反驳 借助逻辑类比的反驳可用来表明一个无效的演绎论证的无效性。为反驳该论证,须构建一个具有相同形式但前提明显为真而结论明显为假的论证,97–98

Relevance, Fallacies of 相干性谬误 当前提与结论不相关联,因而不能确立结论为真时,就犯了那些非形式的相干性谬误,33–35。亦见人身攻击谬误(Argument Against the Person, Fallacy)、诉诸权威谬误(Authority, Fallacy of Appeal to Illegitimate)、诉诸情感谬误(Emotional Appeal)、诉诸无知谬误(Ignorance, Fallacy of Appeal to)、诉诸威力谬误(Force, Fallacy of Appeal to)、结论不相干谬误(Irrelevant Conclusion)、诉诸怜悯谬误(Pity, Fallacy of Appeal to)

Replacement, Rule of 替换规则 替换规则是一条推理原则,它断言归属于它的所有相互逻辑等值的表达式,无论出现在一个证明的何处,都可以相互替换,182–193

Rules of Inference 推理规则 推理规则是允许从假定为前提的陈述进行有效推理的规则,包括九个基本的规则以及替换规则,174–180

S

Self-contradictory Statement Form 自相矛盾的陈述形式 自相矛盾的陈述形式是所有代入例均为假的陈述形式,151,171

Sentence 语句 语句是表达一个完整思想的语言单位;语句可以表达命题,但它不同于其可用来表达的命题,2

Sentential Logic 语句逻辑 语句逻辑(又称命题逻辑)是建基于命题之间关系上的一种演绎逻辑系统,136。亦见符号逻辑(Symbolic Logic)

Sentential Variables 语句变元 语句变元是语句(命题)逻辑中代表命题的、从 p 到 w 的小写字母,157

Simple Predicate 简单谓词 在量词理论中,简单谓词指一个具有或真或假的代入例而它们均为单称肯定命题的命题函数,211

Simple Statement, or Simple Proposition 简单陈述,或简单命题 简单陈述是不包含其他陈述作为其组成部分的陈述(或

命题），2，136

Simplification（Simp.）简化律 简化律是九个基本的有效论证形式之一，它是允许分离合取陈述的推理规则。符号表示为：$p \cdot q, \therefore p$，176

Singular Proposition 单称命题 单称命题是断言某特殊个体有（或没有）某种具体属性的命题，119-120，210-211

Slippery Slope Argument 滑坡论证 见虚假原因谬误（False Cause, Fallacies of）

Sound 可靠的 有效而又有真前提的演绎论证被称为可靠的；如果一个演绎论证不是有效的或者至少有一个前提为假，它就是不可靠的，18-19

Specific Form of a Given Argument 给定论证的特有形式 一个给定论证的特有形式是指这样的论证形式：通过以不同的简单陈述一致地代换该论证形式的各个不同的陈述变元就产生给定的论证，156-157

Specific Form of a Given Statement 给定陈述的特有形式 一个给定陈述的特有形式是指这样的陈述形式：通过以不同的简单陈述一致地代换其中各个不同的陈述变元就产生该陈述，141

Square of Opposition 对当方阵 对当方阵是一种正方形的图，四种直言命题（A、E、I、O）被置于正方形的四个角上，以展示这些命题之间的逻辑关系（叫做对当关系）。在表现亚里士多德解释下的命题及其关系的传统的对当方阵与用于布尔和现代符号逻辑的对当方阵之间有重要的差异，后者中，一些传统的对当关系不成立，75-80；
Boolean 布尔对当方阵 80-81

Standard-form Categorical Propositions 标准形式的直言命题 标准形式的直言命题是名为A、E、I和O——分别指全称肯定、全称否定、特称肯定和特称否定——的四类直言命题。因为是标准形式，其量词必须是"所有""没有"和"有些"，而且要有主项、联项和谓项。

contradictories and 矛盾关系与标准形式的直言命题 75-76

contraries and 反对关系与标准形式的直言命题 76

distribution and 周延与标准形式的直言命题 71-72

existential import in interpretation of 标准形式的直言命题解释中的存在含义 73-74

immediate inferences and 直接推理与标准形式的直言命题，75-80

quality and 质与标准形式的直言命题 66

quantity and 量与标准形式的直言命题 66

subalternation and 差等关系与标准形式的直言命题 77

subcontraries and 下反对关系与标准形式的直言命题 76-77

traditional squarer of opposition and 传统对当方阵与标准形式的直言命题 75-80

亦见布尔型解释（Boolena Interpretation）

Standard-form Categorical Syllogism 标准形式的直言三段论 标准形式的直言三段论是前提和结论都是标准形式的直言命题（A、E、I或O）而且按照特定顺序组合的直言三段论，其顺序为：首先是大前提，其次是小前提，最后是结论，94-96

figure and valid forms of 格与标准形式的直言三段论的有效形式 95-96

mood and 式与标准形式的直言三段论 95

rules for and fallacies of 标准形式的直言

三段论的规则和谬误　105–111
syllogistic argument and　三段论论证与标准形式的直言三段论　97–98
Venn diagram technique for testing　检验标准形式的直言三段论的文恩图方法　99–104

Standard form of argument　论证的标准形式　94–96

Standard-form Translation　标准形式的翻译　见归约为标准形式（Reduction to Standard Form）

Statement　陈述　陈述或命题是通过陈述句所断定的东西。每一个陈述都必定是或真或假的，虽然一个给定陈述的真假可能并不为人所知，2–3。亦见论证（Argument）、命题（Proposition）

Statement Form　陈述形式　陈述形式是包含陈述变元而非陈述的符号序列，用陈述一致地替换其中的陈述变元就得到一个陈述，136。亦见给定陈述的特有形式（Specific Form of a Given Statement）

Statement Variable　陈述变元　陈述变元是一个占位符；可用陈述来替换的一个字母（习惯上是从 p、q 开始的小写字母），141

Straw Person　稻草人　见结论不相干（Irrelevant Conclusion）

Subalternation　差等关系　差等关系是在亚里士多德型（但不是布尔型）对当方阵中全称命题（A 和 E 命题）与其相应的特称命题（I 和 O 命题）之间的关系。在这种关系中，特称命题被称为"下位命题"，77

Subcontraries　下反对关系　两个命题如果虽可同真但不能同假的相关联那就具有下反对关系。在亚里士多德型对当方阵中，位居方阵底部两端的相对应的 I 和 O，是相互下反对的，但布尔型解释不承认 I 和 O 命题具有下反对关系，76–77

Subject term　主项　66

Subject–Predicate Proposition　主谓命题　传统直言命题是主谓命题。它们分为全称肯定命题（A）、全称否定命题（E）、特称肯定命题（I）和特称否定命题（O），66–67

Substitution Instance　代入例　对任一论证形式而言，用陈述一致地替换其中的陈述变元所得到的论证就是给定的论证形式的代入例。对任一陈述形式而言，用陈述一致地替换其中的陈述变元所得到的陈述就是给定的陈述形式的代入例，152，157

Sufficient Condition　充分条件　在条件陈述中，其前件是后件的充分条件，139

Superaltern　上位命题　见差等关系（Subalternation）

Suppressed Evidence，Fallacy of　隐藏证据谬误　如果一个论证忽视它所维护的结论相对立的证据，那它就犯了隐藏证据谬误。隐藏证据是一种非形式的预设性谬误，49–50

Syllogism　三段论　三段论是一个从两个前提推出一个结论的演绎论证
Venn diagram technique for testing　检验三段论的文恩图方法　94
亦见直言三段论（Categorical Syllogism）、析取三段论（Disjunctive Syllogism）、假言三段论（Hypothetical Syllogism）、肯定前件式（Modus Ponens）、否定后件式（Modus Tollens）、构成式二难推理（Constructive Dilemma）

Syllogistic Argument　三段论论证　三段论论证是一类论证，或者是标准形式的直言三段论或者能变形为标准形式的直言三段论而不改变其意义，116
enthymemes and　省略三段论与三段论论证　129–131

  in ordinary language 日常语言中的三段论论证 116

  reducing number of terms in 三段论论证中词项数目的归约 116–127

  uniform translation for 三段论论证的统一翻译 127–128

Symbolic logic 符号逻辑 符号逻辑是对演绎逻辑的现代处理的统称，136；

  biconditional statements in 符号逻辑中的双条件陈述 136

  conditional statements in 符号逻辑中的条件陈述 139–140

  conjunction in 符号逻辑中的合取 138

  disjunction in 符号逻辑中的析取 139

  negation in 符号逻辑中的否定 138

  punctuation for 符号逻辑中的分组记号 140–141

  rules of formation in 符号逻辑中的形成规则 140–142

T

Tautology 重言式 重言式是其所有代入例都必定为真的陈述形式，151

Tantology（Tant.）重言律 重言律是归属替换规则的一个逻辑等值表达式的名称，它允许 p 与 $(p \lor p)$ 互换，p 与 $(p \cdot p)$ 互换，188

Testability 可检验性 可检验性是科学（与非科学相对）假说的一种属性；其资质要由实验来证实或证伪，246

Tilde 波浪号 波浪号表示否定的符号($\sim$)，出现在被否定或否认对象的前面（左边），138

Traditional Square of Opposition 传统对当方阵 见对当方阵（Square of Opposition）

Translation to Standard Form 翻译为标准形式 见归约为标准形式（Reduction to Standard Form）

Transposition（Trans.）易位律 易位律是归属替换规则的一个逻辑等值表达式，它允许 $(p \supset q)$ 与 $(\sim q \supset \sim p)$ 互换，188

Truth Table 真值表 真值表是一种阵列，在其中通过列示复合陈述的简单分支命题的所有真值组合来展现该复合陈述的全部可能的真值。真值表可被用来定义真值函数联结词，138–141；也可以被用来检验许多演绎论证的有效性，156–159

  for biconditionals 双条件句的真值表 137

  for compound propositions 复合命题的真值表 146–150

  for conditionals 条件句的真值表 139–140

  for conjunctions 合取的真值表 138

  deduction compare to 演绎与真值表相比 156–157

  for disjunctions 析取的真值表 139

  natural deduction vs 与真值表相对的自然推演 174

  for negations 否定句的真值表 138

  testing validity of arguments on 论证有效性的真值表检验法 156–159

Truth value 真值 真值是任一陈述是真是假（T或F）的身份，2

Truth/falsity, validity and 有效性与真/假 17–19

Truth–Functional Component 真值函数分支 真值函数分支是复合陈述中的分支陈述，它们被具有相同真值的其他陈述替换后，该复合陈述的真值保持不变，171

Truth–Functional Compound Statement 真值函数复合陈述 真值函数复合陈述是其真值完全由其分支陈述的真值决定的复合陈述，136

Truth–Functional Connective 真值函数联结词 真值函数联结词是真值函数复合陈述中分支陈述之间的逻辑联结词

(～、·、∨、⊃、≡)，136–140

Tu Quoque 你也是 见人身攻击谬误（Argument Against the Person, Fallacy of）

U

Undistributed Middle, Fallacy of 中项不周延的谬误 中项不周延的谬误是一种三段论的谬误，指直言三段论的中项在两个前提中均不周延，106–107

Uniform Translation 统一翻译 统一翻译在于使得有可能把三段论论证重述成标准形式的技术（常需使用辅助符号），127–128

Uniformity of Nature, Principle of 自然齐一原理 自然齐一原理是施行于归纳论证的一种假设，它假设过去成立的自然律将来也成立，237–238

Unit Class 单元类 单元类是只包含一个成员的类，119

Universal Affirmative（A）Proposition 全称肯定（A）命题 全称肯定命题断言其主项类全部地包含于其谓项类之中。用S表示主项，P表示谓项，它是具有"所有S是P"形式的陈述，66

Universal Generalization（U.G.）全称概括 全称概括是量词理论中的一条推理规则，它允许从一个给定对任一任意选定的个体的真表达式（借助个体变元给定的一个陈述）有效推出一个全称量化表达式。令Φ是变程为谓词的谓词变元，x和y是个体变元，可用符号表示为：$\Phi y, \therefore (x)\Phi x$，221–222

Universal Instantiation（U.I.）全称示例 全称示例是量词理论中的一条推理规则，它允许从一个命题函数的全称量化式有效地推出该命题函数的代入例。令Φ是变程为谓词的谓词变元，v是变程为个体常元的变元，x和y是个体变元，可用符号表示为：$(x)\Phi x, \therefore \Phi y; (x)\Phi x, \therefore \Phi v$，219

Universal Negative（E）Proposition 全称否定（E）命题 全称否定命题断言其主项类全部排斥于其谓项类之外。用S表示主项，P表示谓项，它是具有"没有S是P"形式的陈述，66–67

Universal Proposition 全称命题 全称命题是述及一整个类的命题。全称肯定命题（习惯上称A命题）说的是"所有S都是P"。全称否定命题（习惯上称E命题）说的是"没有S是P"。在亚里士多德解释下全称命题有存在含义，73；在布尔解释下全称命题没有存在含义，73–74。在现代符号逻辑中，全称命题没有存在含义且用全称量词作符号表示，212，亦见直言命题（Categorical Proposition）

Universal Quantifier 全称量词 全称量词是量词理论中的符号(x)，它被置于命题函数之前，用来断言紧随其后的谓项对所有事物都成立。因此，"$(x)Fx$"意思是"给定任一x，F都对它成立"，212

Unstated proposition 未陈述的命题 12–14

V

Valid（Validity）有效的（有效性） 一个演绎论证是有效的当且仅当其所有前提为真而结论为假是不可能的，15。"有效性"是一种形式特征，只适用于论证，与使用于命题的"真"有区别，16–19；
proving, in quantification theory 在量词理论中证明有效性 218–223
truth/falsity and 真/假与有效 16–19

Variable 变元 见个体变元（Individual Variable）、陈述变元（Statement Variable）

Venn Diagram Technique 文恩图方法 文

恩图方法是用文恩图检验三段论有效性的方法，99–104

for categorical proposition 用于直言命题的文恩图方法　68–70

Venn Diagrams 文恩图　文恩图是直言命题和论证的图形表达，它用交叉的圆来展示其逻辑形式，69–70

W

Wedge 楔形号　楔形号是表示弱（相容）析取的符号（∨）。任一具有 $p \vee q$ 形式的陈述，除非 p 和 q 同时为假，否则都是真的，139

译后记

由美国夏威夷大学欧文·M·柯匹教授、密歇根大学卡尔·科恩教授和詹姆斯·麦迪逊大学丹尼尔·E·弗莱格教授合著的《逻辑要义》一书的第一版是作为欧文·M·柯匹教授所著的知名教科书《逻辑学导论》一书的简明本而出的,第二版则根据许多教师的建议作了一些修订。本书根据第二版翻译。

经北京大学陈波教授介绍,2010年8月,后浪出版公司与我联系,要我领衔翻译《逻辑要义》一书,列入该出版社的"大学堂"丛书出版。经过慎重考虑,我答应了此事并与出版社签订了出版合同。经过一年多的努力,本书的翻译终于完成。

本书的译者主要是华南师范大学逻辑学专业的老师和博士、硕士研究生,翻译的具体分工如下:胡泽洪译前言、致谢、第1、3、4、6章、附录及相应的答案、重要词汇,其中第4章和附录与博士研究生王龙海一起翻译,第6章、重要词汇与博士研究生邓雄雁一起翻译。赵艺译第2、5、7、8、9章,其中每一章的练习题及答案由硕士研究生刘德华翻译。此外,博士研究生牛奔玉在本书图表的绘制方面做了大量的工作。

本书初稿大约在2011年4月完成,初稿完成后,胡泽洪对全部译稿进行了统改。为确保翻译质量,特请我国知名逻辑学家、北京师范大学宋文淦教授对全书进行了认真细致的审校。在此向宋老师表示衷心的感谢和敬意!

考虑到全书篇幅及本书只给出了所有奇数号练习题的答案,因此,我们在翻译中也只翻译了所有奇数号的练习题。

我们期待本书的翻译出版对于推进我国逻辑学的教学与研究,促进我国的逻辑学教材建设起到积极的作用,也希望广大读者对翻译中可能出现的问题和不足提出建议,以便改进。

胡泽洪
2011年11月18日于广州

出版后记

这是一本清晰简明、生动鲜活的逻辑学著作，即使你是刚入门的新手，也不会再觉得逻辑是难以逾越的，通过阅读本书，一定会使你发现生活世界的逻辑。

《逻辑要义》以简洁的结构体系，将整个逻辑学习过程简化，堪称逻辑学教材普及本，是逻辑学专业学生和读者所迫切需要的。第2版在保持柯匹一贯严谨性的基础上，兼采以本书作为教材的教师的建议，并更新了大量生动鲜活的实例，使学生能够更加清楚准确的把握逻辑的基本概念和原则。本书所阐明的关键概念和主题，尤其是逻辑技巧，对我们的日常生活具有极其重要的指导意义。

修订第2版整体设计上更适合于教学。首先，每章针对疑难问题都会给出"重要提示"，有助于消除学生在逻辑学习中的顾虑和畏难心理，并指明在不断积累的基础上这些难题多会迎刃而解。其次，本书在每章之后都有一个小结——"章节摘要"，并且随文对一些重要规则列表归纳，这些都是本书最大的特色，既方便教师教学，又有利于初学者自学。

此次出版，卡尔·科恩教授专门为中译本撰写了"致中国读者"一篇，针对逻辑学习中的两大错误观点进行驳斥，为逻辑这一在生活世界中具有举足轻重作用的学问正名。在联系科恩教授期间，我们得到了罗兰·布鲁姆（Ronald M. Bloom）的鼎力相助，在此表示诚挚的谢意。同时，也要感谢北京大学陈波教授热忱推荐此书，并盛赞这是一本不可多得的逻辑入门书。

需要特别说明的是，为减轻读者的经济负担，同时考虑到练习题答案的不可或缺性，我们特意将练习题答案放于后浪出版公司官网，以方便读者下载使用。

网址为：www.hinabook.com/zz/Copi。

服务热线：133-6631-2326　188-1142-1266

服务信箱：reader@hinabook.com

后浪出版公司
2018年1月

图书在版编目（CIP）数据

逻辑要义：第2版 /（美）欧文·M·柯匹,（美）卡尔·科恩,（美）丹尼尔·E·弗莱格著；胡泽洪等译. -- 北京：北京联合出版公司, 2018.2（2020.6重印）
ISBN 978-7-5596-1416-2

Ⅰ.①逻… Ⅱ.①欧…②卡…③丹…④胡… Ⅲ.①逻辑学 Ⅳ.①B81

中国版本图书馆CIP数据核字(2018)第002861号

Essentials of Logic, 2nd Edition
Irving Copi, Carl Cohen, Daniel Flage [胡泽洪、赵艺等译]
Copyright © 2007, 2004 Taylor & Francis.
All rights reserved. Authorized translation from English language edition published by Routledge, an imprint of Taylor & Francis Group LLC.
No part of this publication may be reproduced or distributed by any means, or stored in a database or retrieval system, without the prior written permission of the publisher.
本书中文简体翻译版授权由后浪出版咨询（北京）有限责任公司独家出版并限在中国大陆地区销售。未经出版者书面许可，不得以任何方式复制或发行本书的任何部分。

本书封面贴有Taylor & Francis防伪标签，无标签者不得销售。

逻辑要义（第2版）

作　　者：[美]欧文·M·柯匹　卡尔·科恩
　　　　　丹尼尔·E·弗莱格
译　　者：胡泽洪　赵　艺　等
选题策划：后浪出版公司
出版统筹：吴兴元
特约编辑：马春华　张　鹏
责任编辑：李　征
营销推广：ONEBOOK
装帧制造：墨白空间
封面设计：周伟伟

北京联合出版公司出版
（北京市西城区德外大街83号楼9层　100088）
北京天宇万达印刷有限公司印刷　新华书店经销
字数468千字　787毫米×1092毫米　1/16　18.75印张　插页10
2018年4月第1版　2020年6月第3次印刷
ISBN 978-7-5596-1416-2
定价：60.00元

后浪出版咨询(北京)有限责任公司 常年法律顾问：北京大成律师事务所　周天晖 copyright@hinabook.com
未经许可，不得以任何方式复制或抄袭本书部分或全部内容
版权所有，侵权必究
本书若有质量问题，请与本公司图书销售中心联系调换。电话：010-64010019